近代日本における学校選択情報

雑誌メディアは何を伝えたか

菅原亮芳

学文社

目　　次

序　章 …………………………………………………………………………5
　第1節　本研究の目的　5
　第2節　主題と関心　5
　第3節　先行研究の検討　9
　第4節　主たる方法—メディア分析と「教育情報」—　13
　第5節　本書の構成と教育情報誌の選択　15

第1章　明治期刊行「進学案内書」が伝えた進学情報 ………………………23
　第1節　先行研究の紹介と検討　23
　第2節　明治期刊行「進学案内書」の書誌的検討　24
　　　　（1）利用者の回想　（2）発行状況　（3）編著者　（4）定　価　（5）出版社
　　　　（6）発行部数　（7）発行の趣旨と目次構成の変化
　第3節　上京に当たっての注意　39
　第4節　学校選択情報　42
　第5節　受験情報　48
　第6節　学問選択情報　53
　第7節　小括—学校建設期の青年たちにとって進学情報とは何であったか—　56

第2章　大正期刊行「進学案内書」が伝えた進学情報 ………………………59
　第1節　大正期刊行「進学案内書」の書誌的検討　59
　　　　（1）発行状況　（2）編著者　（3）出版社　（4）定　価　（5）発行部数
　　　　（6）発行の趣旨と目次構成の変化
　第2節　上京に当たっての注意　86
　第3節　学校選択情報　91
　第4節　受験情報　97
　第5節　学問選択情報　101
　第6節　独学情報　106
　第7節　小括—学校拡張期の青年たちにとって進学情報とは何であったか—　109

第3章　昭和戦前期刊行「進学案内書」が伝えた進学情報 …………………115
　第1節　昭和戦前期刊行「進学案内書」の書誌的検討　115

　　　　　（1）発行状況　（2）編著者　（3）出版社　（4）定　価　（5）発行部数
　　　　　（6）発行の趣旨と目次構成の変化
　　第2節　上京に当たっての注意　140
　　第3節　学校選択情報　142
　　　　　（1）『全国上級学校大観』の誕生　（2）学校選択情報の時系列的比較
　　第4節　受験情報　152
　　　　　（1）中等学校への受験情報　（2）高等諸学校への受験情報
　　　　　（3）高等専門諸学校への受験情報　（4）高等工業学校への受験情報
　　第5節　学問選択情報　171
　　第6節　独学情報　174
　　第7節　小括―学校定着期・戦時期の青年たちにとって進学情報とは何であったか―
　　　　　177

第4章　明治・大正・昭和戦前期刊行「苦学案内書」が伝えた進学情報 …183
　　第1節　明治・大正・昭和戦前期刊行「苦学案内書」の書誌的検討　184
　　　　　（1）発行状況　（2）編著者　（3）出版社　（4）定　価　（5）発行部数
　　　　　（6）発行の趣旨と目次構成の変化
　　第2節　上京苦学に当たっての注意―苦学観の変遷から見た―　204
　　第3節　学資情報　226
　　第4節　苦学生に適した職業情報―内職的職業と収入―　233
　　第5節　苦学生に適した学校選択情報　244
　　第6節　小括―苦学情報の特徴と変化―　256

第5章　『受験と学生』『学生』『中学生』
　　　　―大正・昭和戦前・戦中期の高等教育志願者にもたらされた教育情報―
　　　　………………………………………………………………………………267
　　第1節　小酒井五一郎と研究社　270
　　第2節　発刊の趣旨と創刊号の誌面構成の特徴　272
　　第3節　「特集」号の特徴とその変化　275
　　第4節　模索期としての『受験と学生』―1918～26年―　281
　　　　　（1）誌面構成とその変化　（2）紹介された教育情報
　　第5節　拡張期としての『受験と学生』―1927～41年―　292
　　　　　（1）誌面構成とその変化　（2）紹介された教育情報の特質
　　第6節　戦時体制下における誌名の改称―『学生』から『中学生』へ―　317
　　　　　（1）『学生』の誌面構成の特徴とその変化

(2)『中学生』の誌面構成の特徴とその変化　(3) 紹介された教育情報
　第7節　小括—教育情報の特徴と変化—　331

第6章　『受験界』が伝えた「専検」と受験者・合格者⋯⋯⋯⋯⋯⋯⋯⋯⋯335
　第1節　「専検」試験制度史の展望　337
　　　(1) 第1期：模索・形成期　(2) 第2期：確立・整備期
　　　(3) 第3期：展開・戦時期
　第2節　『受験界』の書誌的概観　341
　第3節　『受験界』が伝えた「専検」システム情報　343
　　　(1)「専検」試験制度について　(2)「専検」受験へのアドバイス
　第4節　『受験界』にあらわれた「専検」合格者・受験者　347
　　　(1) 全体的傾向　(2) 受験者のキャリア　(3) 講義録・夜学等の利用
　　　(4)「専検」以外に合格した検定試験　(5) 受験動機
　　　(6) どのように学習していたか
　第5節　小括—資格試験と「学び」の実態—　362

結　章⋯⋯⋯⋯⋯⋯⋯⋯⋯⋯⋯⋯⋯⋯⋯⋯⋯⋯⋯⋯⋯⋯⋯⋯⋯⋯⋯⋯⋯⋯367
　第1節　要　約　367
　第2節　今後の研究課題　373

巻末資料編⋯⋯⋯⋯⋯⋯⋯⋯⋯⋯⋯⋯⋯⋯⋯⋯⋯⋯⋯⋯⋯⋯⋯⋯⋯⋯⋯⋯377
　Ⅰ　第1～4章までの主要目次　377
　　　Ⅰ-1　明治期刊行「進学案内書」主要目次
　　　Ⅰ-2　大正期刊行「進学案内書」主要目次
　　　Ⅰ-3　昭和戦前期刊行「進学案内書」主要目次
　　　Ⅰ-4　明治・大正・昭和戦前期刊行「苦学案内書」主要目次
　Ⅱ　明治・大正・昭和戦前期刊行「進学案内書」「苦学案内書」文献目録　399
　　　Ⅱ-1　凡　例
　　　Ⅱ-2　明治期刊行「進学案内書」文献目録—1883～1912（明治16～45）年—
　　　Ⅱ-3　大正期刊行「進学案内書」文献目録—1913～26（大正2～15）年—
　　　Ⅱ-4　昭和戦前期刊行「進学案内書」文献目録—1927～45（昭和2～20）年—
　　　Ⅱ-5　明治・大正・昭和戦前期刊行「苦学案内書」文献目録—1900～41（明治
　　　　　　33～昭和16）年—

あとがき—小さな研究自伝を兼ねて　439

序　章

第1節　本研究の目的

　近代日本特に明治期から昭和戦前・戦中期までの期間に，在籍中の学校よりも上級にある学校を目指して学習を続ける若者たちに，どのようなメディアが，どのような選択のもとに，いかなる情報を伝えたか。本書はこれを，歴史的，実証的に考察する。

　取り上げるメディアとしては，進学案内書，苦学案内書，上級学校進学のための雑誌，資格試験準備雑誌のなかから代表的なものを選ぶ。各雑誌等の分析に当たっては，まず雑誌そのものの書誌的分析に努め，次いでそれぞれが伝えた情報はどのような特性をもち，どのように変遷したか，その特性や変遷は試験制度や学校制度の変化とどのように関連していたかを考察する。

　以上の作業を通して，第1に，近代の日本でどのような情報が青年の志をインスパイア（鼓舞）したかを確かめ，第2に，従来の日本教育史研究の限界にとらわれず，青年の「学び」の全体的な構造を解明することを目指す。

第2節　主題と関心

(1) 従来の日本近代教育史研究は，例えば，就学・進学の量的拡大，学校制度の整備，制度化された教育課程の展開等々の歴史を主たる対象として展開され

てきた。換言すれば，実在する学校制度を主たる対象とし，それと実態的な関係をもつ学習活動が主たる関心事だったといってよい。それだけに，学校という場以外で行われていた多種多様な「学び」が考察の対象になることは稀であった。もちろん学校外での「学び」は，主に，社会教育史，成人学習史の領域では少なからざる研究を産み出してきたものの，それら以外にも正規の学校外で学習を続ける若者たちが存在しつづけてきたことは，概ね無視されてきた。

　本研究ではこれらの限界を克服し，学校内における制度化された学習と並列する多様な「学び」を視野に入れつつ，近代日本の「学び」と進学の構造の全体像の解明に一歩を踏み出したいと考えている。

　ところで，近代日本の「学び」の全体像を，「日本で初等教育（1880年代末から義務教育機関とされた）を修了した者たちが，どのような進路を辿ったのだろうか」という問いを立て青年たちのライフコースと「学び」との関係地図を描いてみると，次の5つに整理できよう[1]。

> A．中学校－高等学校（または大学予科）―大学のコース（男子のみ）
> B．中学校・高等女学校・実業学校―専門学校のコース（中学校は男子のみ。また，男子には敗戦前まで軍関係学校もあった）
> C．中学校・高等女学校・実業学校までで卒業するコース
> D．高等小学校（＝小学校高等科）または青年学校普通科―青年学校本科のコース。男子のみは義務制
> E．小学校卒業後直ちに実業・家業などにつくコース

もちろん以上のほかにも，例えば，高等小学校に進んだのち，師範学校予科から師範学校一部そして高等師範学校等の進路系統もあった。このような更なる複雑さを念頭に置きながらも，A－Eは最大公約数的に中等教育への接続関係を考えて，整理したものである。

　ここから初等義務教育卒業者には多様な進路のコースが開かれていたこと，しかし卒業時の12歳の時点で子どもたちの将来の進路系統はほぼ決定されていたことがわかる。すなわち12歳で学校を卒業した子どもたちにとって，学校選択の違いが，自らの将来に大きな差がつくことを運命的に感じ取らせるようなシステムが，セットされていたのである。

第2節　主題と関心　7

　それにしても，正規の学校体系での「学び」だけでなく正規の学校体系外で学習しつづける若者たちの「学び」の世界は存在しなかったのだろうか。

　ここに1つの資料がある。資格認定試験受験準備雑誌『受験界』(1920年創刊)に掲載された「受験界特大附録全国学校系統一覧図」である(図0.1 参照)。

　この図には，1920年代の「小卒後」の進路系統が描かれている。この図を詳細に眺めてみると，文部省管轄の「通常の」学校教育以外のルートに進んだ青年たちの「学び」の場が明記されている。

　例えば，陸軍幼年学校や陸軍士官学校，海軍機関学校や海軍兵学校等の軍関係の学校，「他省管轄」の逓信官吏学校・逓信講習所や鉄道局講習所[(2)]等である。

　他方，文部省管轄下のルートに限定しても，中学校卒業資格のない者が専門学校受験資格を獲得するための検定試験すなわち専門学校入学者検定試験(いわゆる「専検」)や「高等試験令第七条及第八条ニ関スル件」に依る試験(いわゆる「高資」)等や初等・中等教員資格試験(「文検」等)，さらには「専検指定学校」(「夜間中学」等)に進学し，勉学し，卒業後に上級学校受験資格を獲得しようと志す人々をインスパイアする多様な進学系統が示されている。

　この図は，1920年代には近代日本の学校システムが制度的に完成されていたこと，その周辺にはさまざまな学校教育に与ることができない青年たちが存在し，その人々のための「学び」の世界が広がっていたことを示している。もちろん，男子青年に限らず，女子青年の「学び」の世界も視野に入れなければならない。また日本国内だけでなく「外地」[(3)]であった朝鮮，台湾，満州等での青年たちのライフコースと「学び」にも着目しなければならない。近代日本の青年の「学び」の全体像は，これらの多種多様な「学び」を総合的に，歴史的に検証することによって，はじめて描くことができる。

　しかし本研究では，冒頭の近代日本の「学び」と進学の構造の全体像を視野に入れつつ「1.本研究の目的」で記した範囲に視野を限定し，歴史的・実証的に考察する。先に，近代日本の「青年の『学び』の構造の全体像の解明」に一歩を踏み出したいと記した理由も，またここにある。

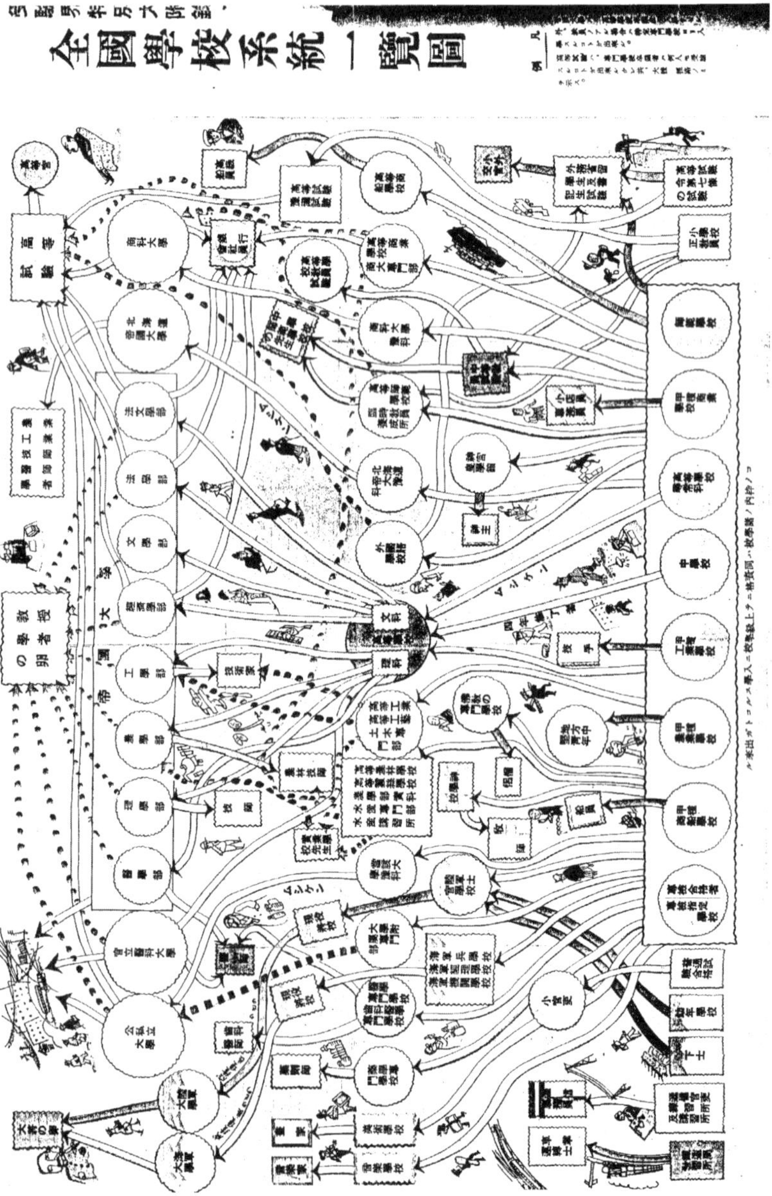

8　序章

図 0.1　雑誌『受験界』に掲載された「全国学校系統一覧図」

(2) 本研究で用いる「学び」というタームの含意について述べておきたい。

近代日本における青年の『学び』と教育情報という場合の「学び」とは，「意欲と志を大きな動機として，知を獲得していく一連の活動」を指す。すなわち，主体＝学ぶ者が，「降りてくる」教育内容を受容するのではなく，自らの計画のもとに，意欲と課題認識をもって勉学するプロセスである。このタームは，周知のように，受験競争が激化し，児童・生徒の通塾率が激増し，しかも不登校，校内暴力等の病理現象が学校に蔓延した1980年代から頻用されるようになり，現在では学習という言葉と並ぶほどに用いられるようになった(4)。

繰り返しになるが，学習と「学び」とを通底する基盤は，意欲と志である。もちろん制度化されたカリキュラムのもとでの学習にも，この2つは不可欠である。しかし，学校という場以外で行われていた多種多様な「学び」，すなわち本研究で取り上げる種々のメディアが読者対象とした集団の「学び」にも，上記の2つは明らかに存在した。諸メディアは，それをどのように鼓舞したかを探りたい。とりわけ進学・受験・資格志向の集団にあっては，自ら志を立て，勉学の条件を獲得し知力の証明に生活をかけなければならなかったという点で，学校における学習だけに依存しておけばよかった前者と大きな違いがあったはずである。学習と「学び」との共通性を認識しつつも，あえて「学び」という言葉を用いた理由はここにある。

第3節　先行研究の検討

近代日本教育史に関する先行研究では，本研究が課題とする点にどのように言及しているであろうか。

第1に，教育ジャーナリズム史研究である。教育学研究分野，なかでも日本教育史研究分野における教育ジャーナリズム研究の蓄積は少なくない。例えば，戦後おおいに進められてきた民間教育運動や，木戸若雄が先鞭をつけ，その後大田堯・中内敏夫・民間教育史料研究会が，さらに樽松かほる・小熊伸一・菅原が組織した「教育ジャーナリズム史研究会」が，近年では小林優太による雑

誌研究⁽⁵⁾，本山幸彦らの教育世論形成史研究⁽⁶⁾，石戸谷哲夫が先鞭をつけた教員史研究⁽⁷⁾，海後宗臣，稲垣忠彦，新谷恭明，渡部宗助，竹中暉雄らの教育政策史研究⁽⁸⁾，最近では今田絵里香らのジェンダー研究⁽⁹⁾，辻本雅史の教育メディア史研究⁽¹⁰⁾等があり，それらは資料としての雑誌を抜きにしては行いえないものである⁽¹¹⁾。

　しかし，これらの研究は，①「雑誌を利用した」研究であるだけに，雑誌そのものの「顔」が見えないという憾みがある。また，雑誌そのものも，ともすれば断片的・恣意的に使用されている。②本研究の関心からすれば，肝心な，「学び」の質や中身が正面から分析することになっているとはいえない。③初等・中等・高等の各レベルで「勅令」を通じて正規につくられた正統的な「学校」教育の「成功者」に光があてられる結果となり，そのような「学び」の場での非成功者や，あるいはそうした学校での学習を断念していった人々に対してどのようなメッセージが届けられたかを分析する視点が弱い。本研究が目指したのは，こうした限界を克服して，より限定した種類のジャーナルを選び，モノグラフィックに研究を深めたいということである。

　第2に，近代学校体系の整備と青年の進路拡大との関係から派生する「正規の学校を志向する学び」について，先行研究ではどのように解釈されてきたのだろうか。

　この問題については寺﨑昌男の研究を参照したい。寺﨑は，日本の近代学校体系の整備と青年の進路，すなわち「日本の青年の上級学校進学という一つの生き方に対して，学制以降進められた日本の近代学校体系の整備は，どのような影響を与えたか。言い換えれば，学校という一つの社会的制度が青年たちの進路選択の上にいかなる条件であった」⁽¹²⁾かと問い，学界内外の研究蓄積を再整理した。この研究のなかで，寺﨑が重要視しているのは，近代日本における学校序列の形成と入試競争との関係性である。言い換えれば，「官高私低」の構造をもった学校序列の存在とその機能の問題である。この問いに対して，寺﨑は，第1に1900（明治33）年前後には「帝国大学を頂点とし，そのすぐ下に直接的な予備教育機関である高等中学校（後の旧制高校）を配する」⁽¹³⁾学校シス

テムが制度的な完成を遂げたとし，第2に「ピラミッド型の高等教育構造と結びついて法学・医学あるいは工業技術等に関するプロフェッショナルな資格制度が成立してきた」[14]時期であることを述べ，第3に「高等教育における官民格差，ピラミッド型学校配置を基盤とする学歴主義，特定校への進学者の集中と卒業生のキャリアパターンの固定化」[15]が入試制度の弊害をもたらす要因であると指摘し，そして第4に高等教育における「官高私低」の構造をもって学校序列が形成され，青年たちの前に「進学体系の王道」[16]ができ上がったのは20世紀初頭であると展望した。

　このような展望は正鵠を射たものと考える。ただし，「高等教育における官民格差，ピラミッド型学校配置を基盤とする学歴主義，特定校への進学者の集中と卒業生のキャリアパターンの固定化」が存立したとしても，それはどのようなメディアが発する情報を通じて形成されたか。また，指摘されるような学校序列が存在していたとしても，その序列性は，いかなるメディアと言説を通じて青年たちの前に届けられたかは明らかではない。また序列化された学校体系がそのように機能していたとしても，その事実はいかに広報され，どのような情報が発信されたかの分析は，少なくとも上記寺崎の論文発表以後20年間はなされてこなかった（そのことに踏み込もうと試みたものとして拙編『受験・進学・学校』学文社，2008年がある）。

　第3に，「学校に収斂されない学び」，つまり「資格を志向する学び」について，先行研究はどのように取り上げてきたのだろうか。この点については，教育社会学研究者たちの歴史研究が多くなされてきた。

　例えば，大野郁夫[17]，吉田文[18]，竹内洋[19]，山本明[20]等の研究がある。天野，吉田の研究は大学講義録と実業講義録の歴史的研究で本書の研究テーマに近接した研究である。しかし購読者すなわち学習者の実態分析は部分的であり，本格化されていない。天野は，独学と講義録という観点から「専検」「文検」にも言及している。山本は教養と生きがいという観点から中学講義録と立身出世の問題を扱った。一方，竹内は，「苦学」「専検」「講義録」という観点から受験生の心性史のなかでのそれらの機能に言及し，例えば苦学では，「庇

護型」苦学から「裸一貫型」苦学[21]へ変化したことを指摘した。竹内は，明治30年代にはじまる高等小学校卒業者の増加，それに伴う「高等小学校現象」[22]が苦学・独学ブームを引き起こし，「勉学立身価値の行き場のないエネルギー」[23]の噴出が中学講義録等を中心とする講義録の簇生とその発展に強く結びついたとした上で，講義録は「学歴，上昇移動のセンスを内面化しながら就学がかなわないフラストレートされた心情の受け皿」[24]であり，「学歴・上昇移動の仮装を取りながら漸次勉強立身をクールアウトしていく冷却媒体（クーラー）だったというのが本当の機能」[25]であったと指摘している。竹内は，「専検」の合格という経歴は独学・苦学の成果であるとしても，キャリアにおいては汚点であるとし（こうした見方は山本にも共通していた），また山本は「中学校の免状は，体制内的存在となるためのパスポートであった」[26]とも指摘している。

　これらの研究は，正規の中等学校を卒業しえなかった，学歴をもたない者の行動規範や自発的なエネルギーが，学歴に準ずる資格取得に収斂されたとみなし，そのことが逆に学歴主義的な秩序を強化する役割を果たして戦前期の社会構造のなかに取り込まれていったことを強調している点に特徴がある。それは客観的には誤りではない。彼等の指摘するように，たしかに講義録すらも「民衆のアスピレーションの冷却装置」，「フラストレートされた独学青年のルサンチマンの受け皿」であった。

　しかし，筆者は，異なった見解をもつ。筆者はかつて，『文検世界』等の受験雑誌に掲載された合格体験記を材料に「文検」受験者・合格者の学習体験とライフコースについて検討を行った。また「文検」合格者の会，「永福同学の会」のメンバーにも共同研究者たちとともにアンケート調査を実施した。そこで得られた結果は，受験動機が必ずしもstatus-seekingなものでなかったこと，ならびに「教職に関する自己学習」の機会として意識されていたという事実があったことであった[24]。

　すなわち講義録が作り上げてきた独学者たちの「学び」の世界は多様であり，想像を超えた豊かな「学び」の世界が展開されていたのではないだろうか。講

義録による「学び」や資格の取得を志向する「学び」は，果たして竹内がいうように「立身出世」への願望や心性の，あるいは「学歴志向」への適応だけだったのか。

改めて，以上のような前提ないし結論を問うてみる必要があると思われる。竹内や山本の研究は，「中学講義録」のみに着目し独学者たちの「学び」を学歴に準ずる教育資格に結び付けすぎている嫌いがある。また，上記の諸先行研究で引用されている体験回想は断片的に過ぎ，受験者・合格者の側からの分析としては，資料において不十分である。

第4節 主たる方法―メディア分析と「教育情報」―

先に第2節の「主題と関心 (1)」で述べたことを中心に歴史的な視点を加えて敷衍してみよう。本研究の課題を達成するためには，とくに3つの視点を設定したい。

第1は，明治・大正・昭和戦前期において進学・学校情報としての教育情報を提供した進学案内・苦学案内，青少年向け雑誌，受験雑誌等のメディアの分析であり，その研究である。

ここにいう教育情報とは，これらの雑誌メディアや「進学案内」等が伝える教育関係情報を指し，それを広義の教育情報と見なすこととする。繰り返しになるが，本研究が分析の主たる対象とするのは，このような教育情報を提供したメディアの分析である。

教育情報を伝えたメディアの分析を行う場合，メディアは多種多様で，膨大な情報を読者に提供する。他方，その情報の内容はメディアの性格と密接に関係している。その性格を解明する方法を仮に書誌的研究と呼んでおこう。

本研究では，能う限り収集できた資料に基づいて，創刊に至った理由と経緯や編集主体，編集状況，発行者，読者層，流布地域，発行部数等の変化とその性格について検討を行う。これらの書誌的研究を通じて，それぞれのメディアそれ自体がもっている特性を描き出すことが，教育情報の内容をより正確に読

解できる前提であると考える。

　第 2 は，メディアが伝える教育情報の質を考察することである。一体，どのような情報が提示されたか，そしてそれらの情報はどのように変化したか，情報選択の実態とその変化を実証的に明らかにしようとすることが本研究の課題の一部である。

　その際，近代日本の学校体系の整備・完成過程と進学系統の形成とに関する多くの先行研究に学びながら再整理しておく必要がある。「正規の学校を志向する学び」つまり学校に収斂される「学び」に誘引される情報の変化，そしてその特質の考察が必要である。他方，学校だけに収斂されない「学び」，学校を相対化する「学び」，すなわち「資格を志向する学び」とそれを誘引する情報の質の分析が重要となる。

　前者についていえば，例えば明治時代の進学案内書についてみると，それが最も早く刊行されるのは 1883（明治 16）年であった。やがて 20 世紀初頭には毎年 2 ないし 3 種類から 6 種類以上の案内書がさまざまな出版社から刊行され，ピークは 1909（明治 42）年あたりであった。進学案内書が伝える進学情報を検証していくと，正規の進学ルート形成に照応した情報の変化が，手に取るようにわかる。他方，受験雑誌は，どうであったろうか。

　明治時代に単独にしかもインパクトのある受験雑誌は誕生しなかった。しかし，明治の後期から青年たちの受験・進学の実態と学習方法に関する参考情報を提供するメディアが登場した。すなわち『中学世界』等の青少年向け雑誌の受験雑誌化である。また大正期に入るとなんらかの検定試験準備書としての受験雑誌『受験界』，受験生に大きな影響を与えた上級学校進学のための受験雑誌メディア『受験と学生』等が創刊された。

　これらのメディアは，受験・進学・学校・学問情報をどう伝えたか。それらの情報は時代を変革させるものであったか。それとも適応的に対応するものであったのか。進学・受験情報の質とその変化という視点からこれら受験雑誌を検討することは重要と考える。

　第 3 に，上述したような学校に収斂された「学び」つまり競争としての「学

び」が日本人の心性に深く根ざしつつあったころ，その周辺には学校に収斂されない「学び」，学校を相対化する「学び」が広がっていた。そこにあらわれた「学び」の実際を，『受験界』が提供した教育情報を素材として検討したい。

　学問選択が職業序列と資格取得との相関関係と絡み合いながらキャリア意識形成に重要な要因となっていっただけでなく，学校体系の整備・完成に伴い，職業資格だけでなく専門学校入学者検定制度（いわゆる「専検」）をはじめとする受験資格を獲得することがその後の人生を決定する大きな要因となっていった。これらの資格を志向する「学び」は，大学・学校と異なって「定員」をもたなかったために，競争としての「学び」とは大きく異なっていた。このような資格を志向する「学び」を，それを誘引したメディアならびに，そのメディアが伝えた受験者・合格者体験者たちの学習の志向性や動機，そして現実の学ぶ人々の姿を描き出すことから明らかにしたい。

第5節　本書の構成と教育情報誌の選択

　本書は，全6章からなる。

　第1章「明治期刊行『進学案内書』が伝えた進学情報」，第2章「大正期刊行『進学案内書』が伝えた進学情報」，第3章「昭和戦前期刊行『進学案内書』が伝えた進学情報」，第4章「明治・大正・昭和戦前期刊行『苦学案内書』が伝えた進学情報」，第5章「『受験と学生』『学生』『中学生』－大正・昭和戦前・戦中期の高等教育志願者にもたらされた情報－」，第6章「『受験界』が伝えた『専検』と受験者・合格者」の6章である。

　第1～3章の主たる対象は「進学案内書」である。管見の限りでは，進学案内書が最も早く刊行されるのは「諸学校令」公布2年前の1883（明治16）年であった。以後，多い年には10種類以上の案内書が刊行された。1945（昭和20）年2月までに刊行された進学案内書は，累計484冊を数える。

　発行主体は，当初大小さまざまな出版社であったが，やがて少年園，博文館，実業之日本社等著名な出版社も発行に参入した。大正期になると，例えば東京

市役所が案内書を編集し三省堂から出版するという事例が見られ，また昭和期になると大阪府教育会が発行主体となって入学便覧を発行するなど公的機関の参加も見られるようになる。他方，大正期には，大明堂等の資格試験準備雑誌の出版社が案内書を出すようになり，昭和期になると研究社や旺文社等も乗り出してくる。このように多種多様な刊行状況が見られたが，以下のような視点から考察する。

①学習の前提である「上京」についてどのような注意が表記されているか。
②「学校選択情報」，とくに官公立学校と私立学校の選択についてどのように説いているか。
③入学試験にあたっての心構えについて何を記しているか。
④専攻学問の選択についてどのような情報を提供しているか。

以上につき，時代的な変遷を加えて考察する。

第4章で取り上げる「苦学案内書」の「苦学」とは，青年たちが「働いて学資を稼ぎながら勉強する」(『日本国語大辞典』小学館，1972年)という意味で使用する。管見の限りであるが，苦学案内書が単独で，最も早く刊行されるのは，中等教育の法制度が整備された1900年すなわち明治33年であった。1920年代に入ると苦学という文字を冠する案内書の刊行は極めて少なくなるが，1941(昭和16)年11月までに発行された苦学案内書の累計は97種を数える。

発行主体は進学案内書同様，大小さまざまな出版社であったが，やがて博報堂，金港堂，内外出版協会，警醒社等の著名な出版社も発行に参入してくる。このような刊行状況が見られたが，以下のような視点から考察する。

①「上京苦学に当たっての注意」がどのように表記されているか。
②「学校選択情報」では，苦学生に適した学校選択についてどのように説いているか。
③苦学するためにはどのような職業に就くことが望ましいと記しているか。
④専攻学問の選択についてどのような情報を提供しているか。

以上についても，時代的な変遷を加えて考察する。

第5章で取り上げる上級学校受験準備雑誌『受験と学生』は，1918(大正7)

第 5 節　本書の構成と教育情報誌の選択　17

年に研究社から創刊され，1942（昭和17）年4月『学生』と改題，1944（昭和19）年5月『中学生』と改称され第二次世界大戦後も刊行された長命な受験雑誌である。発行主体である研究社は，日本の英学の発展に大きく寄与した出版社であった。1907（明治40）年小酒井五一郎によって創立され，現在もなお存続する著名な出版社である。昭和に入ると欧文社から『受験旬報』が発刊され，やがて『受験と学生』と併立する2大誌になるのだが，創刊時期の早さを考慮して本誌を取り上げる。

　発行部数は，旺文社の『螢雪時代』に続き第2位の座を維持するほど広く読まれた雑誌であった。例えば1935（昭和10）年には，3万8000部，1937（昭和12）年には3万7000部であった。大明堂から刊行されていた受験雑誌『受験生』(3700部）等と比べると大きく引き離していた。

　このような『受験と学生』を，以下のような視点から考察する。
①創立者小酒井五一郎とはいかなる人物であったのか。
②発行の主旨はいかなるものであったか。
③誌面構成とその変化はどのようになされ，どのような特質をもっていたのか。
④紹介された受験，進学，資格情報の特徴はいかなるものであったのか。
　以上につき，時代的な変遷を加えて考察する。
　第6章で取り上げる雑誌『受験界』は，資格認定試験受験のための準備雑誌である。1920（大正9）年4月に受験界社より創刊され，『教学錬成』『学芸界』と改称しつつ，1945（昭和20）年12月号をもって廃刊となった。

　発行主体，受験界社は平岡繁樹の手で創立された。『受験界』の発刊の目的は，「高文普文其他官界各種試験」すなわち「高文」だけでなく，「専検」「裁判所書記」等の資格試験の「受験者の師友たるべき指導機関」として受験指導に当たることであった。誌面構成は，「講話」「研究」「模範答案」「最近問題」「最新学説」「講評と注意」「受験談」「雑俎」から成り立っている。なかでも多くの紙幅を割いているのが，各種検定試験の合格体験記である。

　このような特徴が見られるが，ここではもっぱら「専検」に焦点をあて，

「専検」合格を目指した人々の手記に着目して，以下のような視点から考察したい。

①「専検」受験についていかなる注意が表記されたか。

②受験者・合格者たちの全体的な傾向はどうであったか。

③受験者・合格者のキャリア・受験動機はどうであったか。

④受験者・合格者はどのように学習していたか。

以上につき，時代的な変遷を加えて考察する。

結章では，全6章の研究を要約し，進学，受験，資格志向に対する各メディア情報の特性について総括整理しつつ，近代日本における青年の「学び」と教育情報についてこれらのメディアが語りかけたものは何かについて論究したい。あわせて今後の研究課題をあげて結章としたい。

注
(1) 寺﨑昌男「日本の近代中等教育と人間形成」『教育の原理Ⅰ』(東京大学出版会) 1985年，48頁。
(2) 三上敦史「鉄道教習所の教育史1」「鉄道教習所の教育史2」『職業と選抜の歴史社会学』世織書房，2004年および「逓信講習所・通信官吏練習所に関する歴史的研究—文部省所管学校との関係に注目して—」『日本の教育史学』第50集，教育史学紀要，2007年を参照。
(3) 稲葉継雄『旧韓国—朝鮮の「内地人」教育』九州大学出版会，2005年および同前『旧韓国〜—朝鮮の日本人教員』九州大学出版会，2001年等を参照。
(4) 筆者は，現在出版されている教育関係文献に「学び」という言葉がいつごろ登場するのか，そして「学び」という言葉が広まり，浸透したのはいつごろなのかを調べてみた。ここでは国立国会図書館蔵書検索（NDL—OPAC）を利用した。明治初年より2006年までを時期対象としての和図書において「学び」という言葉がタイトルに，あるいは副題に冠された文献（著書や報告書類）をピックアップして時系列に並べ，その変化と特徴を概観してみた。最も早く登場する文献は，1874年刊行の訳本で『西史初学び巻之上』（竹乃家）であったことがわかった。その文献の出版を皮切りに，明治期には35冊，大正期には58冊，昭和戦前期（但し1943〜46年までは不明）には196冊。戦後になると5年刻みで見てみると1947〜51年までは48冊，1952〜56年までは28冊，1957〜61年までは29冊，1962〜66年までは28冊，1967〜71年までは37冊，1972〜76年までは57冊である。ところが1977〜81年までは104冊となっている。1977年の学習指導要領改訂で「ゆとりと充実」が基本的な考え方として提示されたことが主要因と

なり，当該文献の冊数が増加したものと考えられる。1982〜86年までは99冊，1987〜91年までは83冊，1992〜96年までは151冊，1997〜2001年までは296冊，そして2002〜06年までになると426冊となっている。1年間に出版される当該文献数が50冊を越えるのは1999年で，63冊であった。その後2000年には81冊，2005年には96冊を数えている。1998年の学習指導要領改訂で「生きる力」や自ら学び考える力の育成が強調されたことに起因したこと，日本教育界のなかに「学び」という言葉が学校教育の閉塞感を打破してくれるのではないかという気分空気が広がったからではないかと推察される。以上のことから1990年代以降日本の教育界では「学び」という言葉が急激に注目され，2000年代に入ると広く普及し，教育界のみならず日本社会のなかに浸透していったのではないだろうか。ちなみに，「学び」をタイトルにした文献には，以下のようなものがある。例えば，1975年…佐伯胖『「学び」の構造』（東洋館出版社），1981年…尾形憲『学びへの旅立ち』（時事通信社），1982年…高瀬善夫『学びの場と人』（毎日新聞社），1985年…安井俊夫『学びあう歴史の授業』（青木書店），1987年…東洋他編『岩波講座 教育の方法1 学ぶことと教えること』（岩波書店），1995年…佐藤学他編『学びへの誘い［シリーズ「学びと文化」1］』（東京大学出版会），1996年…堀尾輝久他編『講座学校5 学校の学び人間の学び』（柏書房），1997年…佐藤学『学びの身体技法』（太郎次郎社），1999年…佐藤学『学びの快楽—ダイアローグへ—』（世織書房），辻本雅史『学びの復権—模倣と習熟—』（角川書店），2000年…佐藤学『「学び」から逃走する子どもたち』（岩波書店），グループ・ディダクティカ『学びのためのカリキュラム論』（勁草書房），2001年…寺﨑昌男他編集代表『新しい「学びの様式」と教科の役割』（東洋館出版社），片山宗二・木原俊行編『新しい学びをひらく総合学習』（ミネルヴァ書房），里見実『学ぶことと学び方』（太郎次郎社），2002年…片山宗二・田中耕治編『学びの創造と学校の再生—教科の指導と学習の指導—』（ミネルヴァ書房），田中萬年『生きること・働くこと・学ぶこと』（燭灯舎），2005年…渡部信一『ロボット化する子どもたち—「学び」の認知科学—』（大修館書店），2008年…小山静子・太田素子編『「育つ・学ぶ」の社会史—「自叙伝」から—』（藤原書店），田中智志編『グローバルな学びへ—協同と刷新の教育—』（東信堂），2012年…佐伯胖他編『ワークショップと学び1』（東京大学出版会），石井順治『「学び合う学び」が深まるとき』（世織書房）など。次に，筆者は，事典・辞書類にいつごろ「学び」という言葉が登場してくるのかを調べてみた。とくに平原春好，寺﨑昌男が編集代表をつとめ，学陽書房から刊行されている『教育小事典』を手がかりにした。ところが，初版本，1982年版には「学び」という項目は取り上げられていない。他の事典 辞書も調べてみた。例えば，1986年…堀尾輝久他編『岩波教育小辞典』（第6刷，岩波書店），1988年・山住正己他編『現代教育学事典』（労働旬報社），1990年…細谷俊夫他編集代表『新教育学事典』（2刷，第一法規出版），1995年…岩内亮一他編『教育学用語事典第三版』（学文社）である。これらの辞書・事典にも「学び」という言葉は辞書項目としては採用されていなかった。筆者は，さらに踏み込んで各年度の『現代用語の基礎知識』や『imidas』も調べてみたが，「学び」という言葉は掲載されていない。そこで，もう一度，学陽書房の事典を経年的に調べてみた。その結果，2002年の新版第2版に初めて登場することがわかった。執筆者は佐藤学である。この点から推測するに「学び」という言葉が辞書項目に登場するのは2000年代に入ってからではないかと推察される。2002年…安彦忠彦他編『新版

現代学校教育大事典』(ぎょうせい)は「学び」「学び方」「学び方学習」という3項目を掲載した。ここでも「学び」の執筆者は,佐藤学であった。2010年に,認知科学の立場から「学び」そのものを対象とした本格的な事典が誕生した。それが佐伯胖監修・渡部信一編集『「学び」の認知科学事典』(大修館書店)である。この事典は,現在の「学び」研究の最高水準を示したものとして高く評価でき,おおいに参考になる。

(5) 永島寛一『雑誌論入門』吾妻書房,1967年。木戸若雄『明治の教育ジャーナリズム』近代日本社,1962年。『大正時代の教育ジャーナリズム』玉川大学出版部,1985年。『昭和の教育ジャーナリズム』大空社,1990年,民間教育史料研究会『明治・大正・昭和(戦前)教育関係雑誌総覧稿』1968年。民間教育史料研究会・大田堯・中内敏夫編『民間教育史研究事典』評論社,1976年。梅松かほる・菅原亮芳「民間教育雑誌の成立に関する一断面(上)(下)」『桜美林大学論集』第16・17号,1988・89年。梅松かほる・小熊伸一・菅原亮芳「近代日本教育雑誌史研究(1)・(2)」『桜美林大学論集』第17・18号,1989・90年。同前「大正・昭和戦前期における教育雑誌の変容過程」『立教大学教育学科研究年報』第36号,1992年。小熊伸一「戦時体制下における教育情報の統制」『教育学研究』第61巻第2号,1994年。小林優太「『教育雑誌』とは何か」名古屋大学大学院教育発達科学研究科教育科学専攻『教育論集』第52号,2009年。

(6) 本山幸彦編『明治教育世論の研究 上・下』未来社,1972年。

(7) 石戸谷哲夫『日本教員史研究』『野間教育研究所紀要』第15輯,講談社,1958年。石戸谷は,日本教育史研究分野において最も早く新聞を史料として多いに活用した研究者である。新聞を新しい史料としてより活用することを,次のように勧めた。

「粗雑といえば,この研究では新聞や雑誌の記事が比較的に多く使われている。ひとつには,社会史的なものをねらって,意図して試みたことでもある。この種の資料は,アカデミックな品格を認められていないようである。同じ事実に関して他にもっと信憑できる正確な資料が使える場合には,それに拠るべきだと,私も考えている。ただし,新聞記事といっても種類がいろいろあって,他では得られない独自の性質のものも存するのである。それに私は,新聞記事の方が他のまごびき的資料よりも正確である例をいくつも発見した。この研究報告に,もうすこしでもとりえがあるのならば,それは私が向こうみずに新聞や雑誌のジャンルにとびこんだことによるのかもしれない。この報告の粗雑さについていえば,それは新聞や雑誌を材料としたからでなく,それらの材料として使う程度がまだまだ足りないからである。」(「はしがき」3頁)

また日本のメディア史研究者・山本武利は,新聞が利用されていない原因を「新聞史の研究レベルが低いため,各紙の史料的価値づけが難しい」こと,「また,新聞の原本やマイクロフィルムが図書館などで十分に所蔵,整理されていないことも,原因としてあげられるだろう」と指摘している(『近代日本の新聞読者層』法政大学出版局,1981年,48頁)。この点に関しては,雑誌研究も同様なことがいえる。そこで筆者も含め,梅松かほる(桜美林大学),小熊伸一(中部大学)と協力して,教育ジャーナリズム史研究会を組織し,1986~94年にわたり,『教育関係雑誌目次集成 第Ⅰ~Ⅳ期全85巻』を,日本図書センターより刊行した。ちなみに,1930年代に哲学者の戸坂潤は「ジャーナリズムと哲学の交渉」という一文において「現に今後の歴史資料としては何よりも新聞や雑誌が一等貴重なものだろうし(尤も今日の西洋紙が一体百年後まで形を保存できるかどうかも考えて見なくてはならないが),それから日本でも新聞記者の間

から相当優れた歴史家を輩出している。歴史というものの観点を尊重することを知って，ジャーナリズムというものの観点を尊重しないということは，至極非哲学的な不均衡だろう」と新聞や雑誌を資料の価値の高いものと評価している（『戸坂潤全集　第四巻』勁草書房，1966年，151頁）。また，近年の研究では，吉田則昭・岡田章子編『雑誌メディアの文化史』森話社，2012年が参考となる。

(8) 海後宗臣編『井上毅の教育改革』東京大学出版会，1969年。稲垣忠彦「雑誌『信濃教育』から学んできたこと―五十余年を振り返って」『信濃教育』第1500号記念号，2011年，信濃教育会（寺﨑昌男先生より御教示いただく）。同前「教育方法史研究における明治十年代前期の問題―『月桂新誌』の分析を中心に―」細谷俊夫編『学校教育学の基本問題』評論社，1973年。新谷恭明「1940年代前半における福岡県教育会の活動について―1940〜44年発行の『福岡県教育』掲載記事を通じて―」『九州大学大学院教育学研究紀要』第13号，2010年，同前「1940年代前半『福岡県教育』掲載記事の分析―国民学校令の実施をめぐって―」『九州大学教育基礎学研究会』第9号，2012年。竹中暉雄「地方教育界―京都府を中心に―」本山幸彦編『明治教育世論の研究　下』福村出版，1972年。渡部宗助『府県教育会に関する歴史的研究―資料と解説―』科学研究費報告書，1991年。梶山雅史編著『近代日本教育会史研究』学術出版会，2007年。同前『続・近代日本教育会史研究』学術出版会，2010年。

(9) 今田絵里香『「少女」の社会史』勁草書房，2007年。木村涼子『主婦の誕生―婦人雑誌と女性たちの近代―』吉川弘文館，2010年。

(10) 辻本雅史『「学び」の復権―模倣と習熟―』角川書店，1899年。『思想と教育のメディア―近世日本の知の伝達―』ペリカン社，2011年。

(11) 上記の文献の他に，教育雑誌を利用した研究の中で本研究の課題と深く関わる文献や論文には，以下のようなものがある。

前田愛「明治立身出世主義の系譜」『文学』1965年。寺﨑昌男「明治学校史の一断面」『日本の教育史学』第14集，1971年。竹内洋『日本人の出世観』学文社，1979年。雨田英　「近代日本の青年の『成功』・学歴」『学習院大学文学部研究年報』第35輯，1985年。青柳宏「投書雑誌・『頴才新誌』の研究」『名古屋大学教育学部紀要』第38号，1992年。E・H・キンモンス『立身出世の社会史』玉川大学出版部，1995年。酒井晶代「雑誌『少年園』における『少年』」『愛知淑徳短期大学研究紀要』第38号，1999年。板橋政裕「明治前期の教育雑誌における就学促進論説の研究」『明星大学大学院人文学研究科年報』第1号，2003年。戸，理「大正・昭和初期における大学・学生観―雑誌『実業之日本』における言説分析を中心に―」東京大学大学院教育学研究科『東京大学大学院教育学研究科紀要』第49号，2010年。

(12) 寺﨑昌男「日本における近代学校の整備と青年の進路」『教育学研究』第44巻第2号，1977年，49頁。

(13) 寺﨑昌男「入試制度の歴史的背景―戦前日本を中心に―」『大学入試制度の教育学的研究』東京大学出版会，1983年，28頁。

(14) 同上。

(15) 同上，29頁。

(16) 寺﨑昌男編『日本の教育課題　6　選抜と競争』東京法令，1994年，11頁。

(17) 天野郁夫『日本の教育システム』東京大学出版会，1996年。同前『学歴の社会史

―教育と日本の近代化―』新潮社，1992年。同前『試験の社会史―近代日本の試験・教育・社会―』東京大学出版会，1983年。
(18)　吉田文「実業講義録の世界」『近代化過程における遠隔教育の初期的形態に関する研究』(研究報告67) 放送教育開発センター，1994年。
(19)　竹内洋『立志苦学出世―受験生の社会史―』講談社，1991年。
(20)　山本明『講座・比較文化第四巻日本人の生活』研究社，1980年。
(21)　前掲 (19)，139頁。
(22)　前掲 (19)，134頁。
(23)　前掲 (19)，135頁。
(24)　前掲 (19)，151頁。
(25)　前掲 (19)，158頁。
(26)　前掲 (20)，190頁。
(24)　寺﨑昌男・「文検」研究会編『「文検」の研究―文部省教員検定試験と戦前教育学―』学文社，1997年，257頁。

第1章

明治期刊行「進学案内書」が伝えた進学情報

第1節　先行研究の紹介と検討

　本章では，明治10年代半ばに登場し，その後明治末年まで夥しい数の出版を続けてきた進学案内書の分析を行うことを目的としている。進学案内書が盛り込んでいた情報は，とくにマス・メディアの発達していなかった明治時代においては青年たちの就学，進学あるいは勉学の志と，具体的な学校—制度としての学校—とを繋ぐ有力な手段であったと同時に，かれらの「志」に一定の方向性を与える有力な要因であったと考えられる。

　これまで日本近代教育史研究のなかで，進学案内書を使用した先行研究がなかったわけではない。既に「序章」で述べたように，例えば，寺﨑昌男，天野郁夫が学校序列の歴史や入学試験の歴史，学歴主義の成立という観点から論文として発表している[1]。しかし，それらにおいて進学案内書は補助的な資料として利用されているにすぎない。一方，教育史以外の分野においても政治学者の岡和田常忠が青年論の分析[2]において，その重要性を指摘しているが，書誌的研究が丁寧に進められているとは見うけられない。

　進学案内書が，教育史研究の資料として軽視されてきたのはなぜか。1つの大きな理由として，これまでの教育史研究が政策主体者，政策意志決定過程，法令の性格等を中心に述べられてきたため，現実に教育を受けてきた人々が具体的に進学の道をどう切り開いたか等という視点は不問に付されてきたからで

はないかと思う。近代日本における青年と学校の関連を日本近代学校の構造的・機能的性格を明らかにする立場に立ってみたとき，青年たちの進学要求を方向づけていったと思われる進学案内書群は，不可欠の資料ではないだろうか。しかしそのためには，基本的な作業として，進学案内書群を恣意的ではなく，網羅的に取り上げ，本格的な書誌的分析，全面的な内容分析を行う必要があると考える。

例えば，進学案内書は一体いつごろから登場してくるのか，どのような人物が何を目的として編集したのか，進学案内書を刊行した出版社の立場，意向はどこにあったのか，そして，進学案内書の出版頻度は時期ごとにどのような変化と特色をみせているのか，案内書によって青年たちに提供された情報は時期ごとにどのような変化を示すのか，その変化は何を意味するのか，またその情報を得た青年たちは，どのように方向づけられていったのかなどの問題を明らかにする必要がある。その上で，進学案内書の情報の歴史的変化を明治教育史のなかに位置づける必要があると考える。

第2節　明治期刊行「進学案内書」の書誌的検討

(1)　利用者の回想

作家・正宗白鳥は，岡山で宣教師経営の学校で学んでいた。しかし，その学校は潰れ，故郷に戻り遊学[3]の風景を夢見ていた。明治20年後半から30年にかけてのことである。

> 「これから何処の学校へ行こうかと，『遊学案内』など取り寄せて考慮しながら，他郷遊学の光景を空想しているのは楽しかったのであろう。私はキリスト教関係から京都の同志社へ行こうかとも思っていたが，どうせ他郷遊学の目的を果たすのなら東京でなければいけないと思った。（中略）東京なら慶應義塾か早稲田専門学校か。当時は五大法律学校といわれ，法律の学校がまだ栄えていたが，法律は私にとっては考慮の外であった。それで，私はとにかく英語を学ぶことを東京における修業の中心目的とした。ただの英語学校に入るよりも規模の大なる早稲田にでも籍を置いていようと思って，早稲田の専修英語科に入ることにした。

籍は早稲田に置いていても，富士見町のイースレーキへ英語塾に通ったり，山吹町の宣教師経営の英語夜学校へ行ったり，日曜日には，神田の国語伝習所へ通っていたこともあった。私は自分勝手な自由教育をやっていたのだ。」（日本経済新聞社編・発『私の履歴書　第二集』1965 年，261 頁と『私の履歴書　文化人 1』1983 年，60－61 頁）

また，1921（大正 10）年 3 月号の資格検定受験雑誌『受験界』（1920 年創刊）に「中学の夜学と編入試験」という一文を投稿した司法官試補・S 生は次のように記した。

　「私は中学校を楽々と卒業さして貰へるやうな豊かな家に生まれたのではない。勉強どころではない家業を手伝はなければならぬのだから，検事が頭にこびりついて居る私の悩みは一通りではなかつた。苦学案内とか何とかいふ一書を手にして東京の様子とか，編入試験模様の大体を知つた。そこで私は僅かばかりの旅費を調へ，父に強請つて家を飛び出し種々波欄曲折を経て幸いに判検事試験に及第し今は地方の裁判所に在りて司法官試補として実務の修習を命ぜられ程遠からず検事に任命せらるゝ運になつた。」（「中学の夜学と編入試験」『受験界』1921 年 3 月号，14 頁）

このように白鳥は，他郷遊学，とりわけ東京遊学を空想し上級学校進学を意欲と志を軸に，S 生は進学案内書に代えて苦学案内書を水先案内人として上京進学した。後者は，中学編入を果たし，その後に見事判検事試験に合格し，夢を実現しようとしている。

青年たちの学ぶという意欲と志に一定の方向性を付与するメディアとして，案内書は極めて有効な本であったことが語られている。

(2)　発行状況

正宗白鳥も取り寄せたという進学案内書はいつごろ登場し，どのような変化と特色を示すのだろうか。

図 1.1, 1.2 は出版状況の推移を整理したものである。図 1.2 は 5 年ごとのものである。まず出版点数の推移について検討してみよう。双方の図からわかるように，1897（明治 30）年を起点として緩やかに出版点数が上昇し，1900（明治 33）年を境に案内書が急増し，1906（明治 39）年が 13 冊とピークになり，

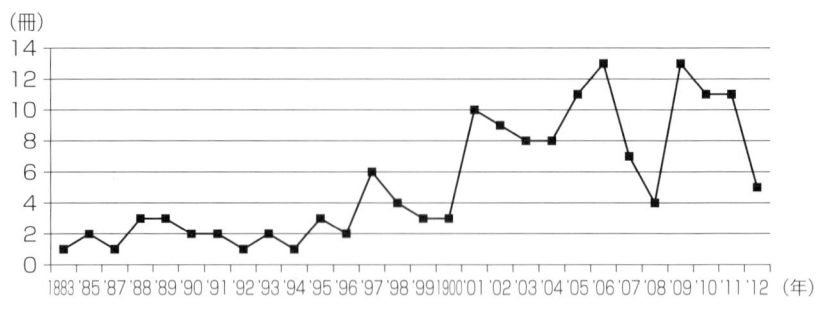

図 1.1　明治期刊行進学案内書の年間発行数の推移

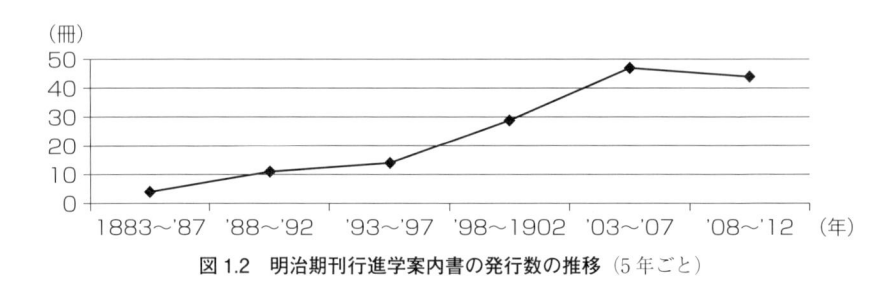

図 1.2　明治期刊行進学案内書の発行数の推移（5 年ごと）

ダッチロールするものの 1909（明治 42）年まで増加し，その後減少する。

次に，明治期刊行進学案内書の文献目録（巻末資料編Ⅱ-2）に依拠し，まず刊行状況を見てみよう。

文献目録左欄の番号に明らかなように，明治期には都合 149 冊が刊行されたことを確認している。1883～1900（明治 16～33）年までは 39 冊であるのに対し，1900～45（明治 33～昭和 20）年までは 110 冊と全体の約 74 % がこの時期に集中している。

案内書は，1883（明治 16）年のものが最初である。編者である鹿児島県士族・小田勝太郎は「府下有名ノ官私諸学校ノ学科課程等ヲ纂集シ者ニシテ則チ各地方ヨリ新ニ笈ヲ負フ者ノ便益ニ供ス」（凡例）という趣旨のもと 700 頁を超える大部な各学校の規則のみを掲載した案内書を発行した。このように「学則」や「一覧」のみ収録した案内書は，明治期には 14 冊を数えている。例え

ば大学館社主となる岩崎鐵次郎（紀州の出身）が編纂し，1890（明治23）年に成文社から出した『遊学者必携東京諸学校規則集』等がある。大正期，昭和戦前期にもこの種のものは発行された。

次に，「上京に当たっての注意」という進学情報と共に学校選択情報として「各学校の規則」がセットで掲載された進学案内書が登場するのは，1885（明治18）年7月である。諸学校令発布直前に，下村泰大が編輯し，1898（明治31）年刊行され，大ベストセラーとなった尾崎紅葉の『金色夜叉』等を出版した春陽堂創業者・和田篤太郎が「発行所」となって，「留学」という2文字を冠して上梓した『東京留学案内　完』である。四六判で94頁から成り，目次は「留学者への注意」「各学校の学則　筆者」という2部構成であった。この案内書は同年10月に増補再版され，「各学校の規則」の掲載が初版と比して20校増え，68校になっていた。明治10年代に出版されたものは，管見の限り，以上3冊である。

明治20年代に入ると，1877（明治20）年当時書生であった本富安四郎の手になる『地方生指針』を皮切りに，今日，現存し，手にとってみることが可能なもの，また発行されていたという記述のある案内書を含めて，都合20冊が刊行されていたことを筆者は確認している。

ここで注目されるのは，1890（明治23）年を初版とする榊信一郎・少年園編『東京遊学案内』が登場することである。この案内書は1893（明治26）年から毎年版を重ね，時には年2回の重版を続け，1905（明治38）年まで改訂増補し「20版」というように他の本を引き離す程多くの版を重ねていた[4]。この少年園の案内書は，出版過程で発行所が代わるが，その精神は内外出版協会にも継承された。内外出版協会は1908（明治41）年に高橋都素武の手で『全国学校案内』を，1911（明治44）年に内外出版協会編として『最新全国学校案内』を出版した。

上述の如く，明治20年代において進学案内書の主流を占めていたものは，なんといっても少年園の案内書である。少年園本は，後に出版される夥しい数の進学案内書の先駆をなしたものであった。

20世紀に入る明治30年代には，どのように変化したか。

この時期には，さまざまな種類の案内書が登場した。第1には，従来の総合的上級学校進学案内書が刊行されつづける。その一方で，第2には，苦学生（＝「自活勉学生」あるいは「貧書生」）を対象とした苦学案内書が上梓された。最初の登場は，光井深が大学館から出版した『学生自活法』である。このことは苦学生問題が社会問題化してきたことを意味していた（苦学案内書の検討は第4章で詳述する）。第3には，明治20年代は基本的には「東京」中心の案内書であり，その傾向は大正期，昭和戦前期を通して不変であったものの，30年代に入ると，若干であるが地域的広がりをみせていることである。ただし，地域は限定されている。例えば，近畿地区，とくに京都，大阪である。1902（明治35）年刊行の『京都遊学案内』はその代表格である。これは1897（明治30）年に京都帝国大学が創立されたことと関連があろうと思われる。

第4としては，学生論・処世論等と併せて編集されたものが出るようになったことである。例えば，1901（明治34）年刊行の柳内蝦洲『東都と学生』（新声社）等である。第5として，女子を対象とした案内書が見られる。例えば，鈴木絹一『東京女子遊学案内』（積文社）等である。第6には，学問の選定に関する情報を中心としたものである。例えば，1901年の『学生の将来』（新声堂）や1905（明治38）年2月を初版とする吉田甚蔵『中学小学卒業生志望確立　学問之選定』（保成堂）等である。因みに，1909（明治42）年には大日本国民中学会創設者河野正義編の『学生立志要鑑』が東京国民書院より出版されていた。第7には，学生自身の手で書かれたと思われる案内書である。例えば，1906（明治39）年に河野亀治の手になる『学界之先蹤　青年修学指針』（博文館）等がある。第8に，実業界や実業学校を対象としたものである。例えば1905（明治38）年刊行，吉田甚蔵『青年之成功各種実業学校教示』（保成堂）等である。第9に，各学校の評判を案内するものも出始める。例えば，1905（明治38）年に俳人・臼田卯一郎の手になる『最近学校評論』（秋霜社）等がある。そして第10としては，軍人を目指す青年たちを対象とした案内書である。例えば，1905（明治38）年山徳貫之輔『受験必携陸海軍志願者案内』等というよう

に多種多様な案内書が登場してくるのである。また，書名に「遊学」だけでなく「修学」「学校」「就学」等という名称も使われはじめ，その傾向は顕著になった。

次に明治40年代に入ると，注目されるのは第1には，30年代と比して案内書の種類等に大幅な変化が見えないことである。第2には，小学校卒業生を対象としたものと中学校卒業生を直接対象とした案内書が出版されることをあげることができる。例えば，1909（明治42）年…洞口北涯『中学卒業者成功案内』（海文社），1910（昭和43）年…高柳曲水『小学校立身案内』（育英書院），1912（明治45）年…佐藤正『中学校を出でゝ如何に進む可き乎』（大成社）等である。

このように，明治期には10種類の案内書が登場し，博文館，民友社等の大手出版社が案内書を出版するようにもなった。

（3）　編著者

進学案内書の著者たちは，無名な人物たちが多く，彼等のキャリアはなかなか掴めていない。今回の調査で判明したもののみを紹介する（巻末資料編Ⅱ-1を参照）。

例えば『東京留学案内』の編者・下村泰大は，「埼玉県平民」（奥付より）である。『地方生指針』の著者・本富安四郎は，『山髙水長録』（1935年）によれば，1865（慶応元）年長岡藩士の三男として誕生した。1880（明治13）年1月，長岡学校に入学，4年後，20歳で同校の教員となった。1886（明治19）年5月，22歳のとき，教員を辞し上京し，東京英語学校（現・学校法人日本学園）に学んだ。1887（明治20）年，生家は火災，もとより実家からの送金はなかったが，篤志家からの学資援助も絶たれ，同校夜学科に転じた。昼間は芳林学校と称する私立小学校で教鞭を執った。1889（明治22）年3月夜学科を卒業した。同年10月には鹿児島県宮之城村の盈進高等尋常小学校教員として赴任，1890（明治23）年10月に校長に昇任した。1894（明治27）年5月，古志郡長岡尋常中学校に発展した母校の教員となった。1912（明治45）年48歳で逝去するが，この間，母校の教員として一生を貫いた人物である（『本富安四郎先生年譜』より）。

この案内書を著した時は，東京英語学校在学中の学生であった[5]。この書の「序」に東京経済新聞主幹・田口卯吉が一文を寄せ「此書の著者本富君は今ま尚書生の境遇にある人なり」[6]と記した。榊信一郎，大橋又四郎は雑誌『少年園』の編輯局の人間である（『少年園』奥付より）。また木下祥眞（きのしたよしま）については，山縣悌三郎が「余の使用人」で「庶務掛」と書いている[7]。岩崎鐵次郎は1890（明治23）年に成文館をおこし，やがて「大学館社主（大学館の出版物の奥付より）」となった人物である。しかし大学館の創設は不明である[8]。『東京修学案内』の著者・須永金三郎は「当時としては例のない発行部数一万部」（『博文館五十年史』）を売り上げた青少年向け雑誌『日本之少年』（1889年創刊，後『少年世界』に継承）の編集主幹（第3代目）であった[9]。内山正如は博文館刊行の『日本之教学』の編集部員[10]，上村貞子は高知県の出身で土陽新聞社に入るが，後上京し博文館に入り『中学世界』の主筆になった。上村は，内山が1899（明治32）年に刊行した『日用百科全書第37編就学案内』を改訂し1904（明治37）年に『日用百科全書第37編官私立諸学校就学案内』として出版したが，翌年には40歳という若さで病没している[11]。吉川庄一郎は，都新聞社に1894（明治27）年に入社するが，この間，出版社保成堂も経営していた（『都新聞史』より）。佐藤儀助とは，文学の大手出版社新潮社の創設者・佐藤義亮の幼名である（天野雅司『佐藤義亮伝』より）。渡邊光風は群馬県前橋の歌人で，文芸雑誌『新文林』（後，『中学生』と改題）を主筆をつとめた[12]。臼田卯一郎は俳人で，俳号は亜浪。1879（明治12）年，長野県北佐久郡小諸新町に生まれる。実家は「半農半商」であった。小学校卒業後，小諸義塾に学び，町役場に勤めたが，1896（明治29）年に上京し，工手学校予科（現在の学校法人工学院大学），明治法律学校（現在の学校法人明治大学）を転々として学んだ。病気のため一時帰郷。1901（明治34）年，和仏法律学校（現在の学校法人法政大学）に学ぶ。また一時帰郷の後，1903（明治36）年に妻を伴って上京。1904（明治37）年，「苦学多年のすえ法政大学卒業」した[13]。1906（明治36）年，電報通信社に入社し政治部担当の記者時代に『最近学校評論』を刊行している。1914（大正3）年腎臓を病み，静養中に高浜虚子に会い俳壇に立った。1951（昭和26）年11月10日逝去した。

『新苦学法』の島貫兵太夫は，苦学生救済を目的として設置された日本力行会の創始者である[14]が，詳細は第4章第1節（2）を参照願いたい。

このように，編著者のキャリアとしては，第1に書生であった者，第2に青少年向け雑誌等の編集に携わっていた者や文筆家，第3に新聞記者，第4にクリスチャン等であることがわかったが，とても全貌を掴むことはできない。

（4）定　価

案内書の定価は，1904（明治37）年を境に上昇した（巻末資料編Ⅱ-2右欄参照）。1883～1903（明治16～36）年までの20年間においては，現調査段階であるが，最も廉価なものは6銭，値のはるものは60銭であった。6銭の案内書は1883（明治16）年発行の『東京諸学校学則一覧』であり，700頁を越える大部なものである。この間に発行された案内書のなかで定価が判明したものは52冊，定価の平均は26銭であった。これに対して，1904～1912（明治37～45）年までの8年間で，最も安価なものは15銭，高価なものは2円である。この間に刊行された案内書のなかで定価が判明したものは74冊，定価の平均は42銭と大幅に価格を上げている。

この変化は，政府が日露戦争下における戦時財政計画に基づく広範な増税を行ったことや日露戦後の大戦景気とその反動恐慌等の影響で日本経済が慢性的不況に陥ったことが大きな要因と考えられる。しかし，「定価2円」という別格なものは除き，進学案内書は比較的低価格の出版物として読者に提供されていたのである。

（5）出版社

第1には，明治20～30年代にかけて，近代青少年雑誌の先駆的役割を果たす案内書を出した出版社は少年園であった。その少年園は，明治40年代には都合により内外出版協会と改称した。

少年園の歴史に関しては，萩野富士夫や小熊伸一[15]等の研究が詳しい。しかし，彼等の研究を通しても「少年園」という出版社がいつ創設されたかは明

らかにはなっていない。『少年園』という青少年向け雑誌が創刊されたのは，1888（明治21）年11月3日（天長節）のことである。この雑誌と同時に，発売所「少年園」は誕生したものと考えたほうが自然である。『少年園』を刊行した山縣悌三郎は，同時に教科書の発売元としての「学海指針社」をも経営していた。編輯者と経営者とを兼ねた出版社が少年園であり，学海指針社という特徴を有していた。そして，これらを経営していたのは教育者であり，ジャーナリストであった山縣悌三郎である。雑誌『少年園』には，編集主幹は悌三郎，発行人は悌三郎の父，山縣順と記されている。

悌三郎は，『少年園』の創刊号より1890（明治23）年5月号まで「はし書き」「出京前の注意」「東京の学事」「慶應義塾」「女子の遊学」「東京大学」「高等中学の三予備黌」「地方の少年へ」等の「遊学の栞」を書いていた。この記事を下原稿に，1890（明治23）年8月，榊信一郎の編輯となる『明治廿三年東京遊学案内』が発行された。発行者は山縣順，発売所が少年園となっている。だが少年園は，1895（明治28）年4月雑誌『少年園』を廃刊とした。その理由は定かではないが，認可範囲を逸脱したことが直接の原因であったようである。すなわち渋沢栄一や岩崎弥之助等「紳商」の遊惰に対する記事が当局の忌避に触れ，内務省より学術雑誌としての認可を取り消されたからであったといわれている[16]。山縣は8月に少年園営業部を内外出版協会と改称した。しかし彼は，1914（大正3）年営業不振のため内外出版協会を閉じた。1940（明治15）年1月18日永眠，享年81であった。明治期に少年園，内外出版協会が出した案内書は22冊である。

第2には，明治30年代から末年まで一大青少年向け雑誌を中心とした雑誌王国を築いた博文館等の大手出版社のものである。

博文館は1887（明治20）年6月大橋佐平によって創業されたが，実質的経営者は佐平の長男新太郎であった。博文館は，雑誌メディアを中心に書店経営や出版活動を行い「博文館王国」をつくり上げた出版社である。博文館の経営を盤石なものにしたのは，日清戦争報道雑誌『日清戦争実記』である。だが博文館は従来刊行していた雑誌を総て廃刊し，1895（明治28）年には『太陽』『少

年世界』等を出した。

　博文館が進学案内書を上梓するのは、雑誌『中学世界』創刊の翌年 1899（明治 32）年のことである。博文館編輯局・内山正如編『就学案内』がそれである。博文館の案内書は、内山本を皮切りに明治期には 10 冊が発行されている。博文館創業者・佐平は 1901（明治 34）年 11 月に亡くなり、実質的に新太郎がリーダーとなった。1918（大正 7）年には、博文館は株式会社に改組された。しかし筆者は、大正期に博文館が進学案内書を発行したことを確認していない(17)。

　第 3 に、それらと平行して修学堂、大学館、東華堂といった受験参考書等を刊行した出版社によって進学案内書は発行された。「受験学会」という名の編者は、東華堂内に設置されたものである。しかし、これらの出版社の全容を把握することは現在のところできていない。

(6) 発行部数

　発行部数については、皆目判明しない。ただ『少年文庫』の記事によれば、1890（明治 23）年版の少年園「東京遊学案内」は 2000 部印刷したという記述が残されている(18)。その後、少年園の案内書は、明治末年まで途切れなく発行された。また古田甚蔵『中学小学志望確立　学問之選定』を出した保成堂の広告には、「初版五千部たちまち売切再版発行」という記事が掲載されていた(19)。

(7) 発行の趣旨と目次構成の変化

　ここでは、苦学案内書を除いて、①総合的上級学校進学案内書、②学問選択情報を中心とした案内書、③中等教育機関進学希望者向け進学案内書、④高等教育機関進学希望者向け進学案内書の発刊の趣旨と目次構成について検討する。

①総合的上級学校進学案内書について

　明治期刊行「進学案内書」のなかでも、とくに春陽堂刊『東京留学案内完』(巻末資料編Ⅰ-1 資料 1) は、「上京に当たっての注意」と「各学校の規則」をセットでガイドしたものである。増補版には「凡例四則」があり、そこでは

「本書ハ各地方ノ学生ニシテ東京ニ遊学セントスルモ学校規則課程等ノ分明ナラザラザルガ為メニ躊躇スルモノヽ便利ニ供スルモノトス」と目的のもとに出したと記している。

嵩山社刊『地方生指針』(巻末資料編Ⅰ-1資料2)の発行の趣旨は，「地方書生タル者東都ノ事情ヲ明カニセス書生社会ニ必要ナル関係ヲ知ラスシテ只漫然上京スルニ由ルノミ蓋シ東都ノ事情ヲ記スル者世ニ其書ナキニ非ス然レトモ其記スル所或ハ冶郎情子ノ為メニシ或ハ風人韻士ノ為メニシ其専ラ書生社会ノ為メニスルカ如キ者ニ至テハ未タ世ニ其書アルヲ聞カサルナリ (中略) 書生ノ指針ナカル可ンヤ是レ余輩ノ更ニ譾陋ヲ顧ス敢テ先ツ此一書ヲ編シ他日有識ノ補正ヲ待ツ所以ナリ」(4-5頁) と述べている。つまり東京案内にはじまり，東京での学生生活情報，学校情報，書生論，苦学情報等々，多岐に亘ってガイドしている。

少年園刊『明治廿三年東京遊学案内』(巻末資料編Ⅰ-1資料3)は，「本書は新上京の遊学者」を読者対象とするとしている (「凡例」1頁)。上述の『地方生指針』と比較すると構成が整備されている。この案内書のもう1つの特徴は，「英語，数学，漢学等の受験学科を教授する初等学校の規則を密に」していることである (「凡例」1-2頁)。また第1章の「発端」というコーナーでは，「東京遊学の誘因」は博覧会の及ぼす影響にあるが，地方少年は熟慮して行動せよ，と説いている (7，13頁)。内国勧業博覧会は1877 (明治10) 年に上野公園で第1回が開催され，その後1881 (明治14) 年，1890 (明治23) 年と開催された。とくに1890 (明治23) 年4月1日に東京で開催された博覧会には「来観人員として往々二萬人に上れり (中略) 是等東京遊覧の人博覧会場見物の人が，一旦都下を辞して其郷里に帰るの日に於て，幼稚なる我が地方の同胞に齎らす所の東京土産は果して如何やうなる者なりしや。(中略) 帝国議会，博覧会の地方少年に及ぼす影響を茲に憶測して，東京遊学の最近誘因を述べたる迄にして，素より遊学の真原因となすに足らざる者なるべく，又若干の先見と思慮とを有する少年ならば斯かる一時の刺激に因つて漫然上京の途に就くごとき気遣ひなかるべし」と述べ，しかし注意はしておくというのである (2-14頁)。因みに

國雄行の研究によれば，紀元2550年に当たり，帝国議会開設，教育勅語が発布された1890（明治23）年に開催された第3回「内国博」への会期中全体の入場者数は「何とか一〇〇万人を突破した」とされている[20]。

少年園刊『明治廿六年東京遊学案内』（巻末資料編Ⅰ-1資料4）は，少年園の1893（明治26）年本である。編集者が代わったことにより項目が大きく変化した。日清戦争勃発を目の前に，またさまざまな近代セクターが整備されていくなかでどのような将来像を展望するのか，どのようなライフデザインを形成しようとするのか，どのような学問を選択するのかなどの人生問題に情報を提供し併せて学校選択情報等を提供した案内書である。東京堂刊『明治廿六年東京修学案内』（巻末資料編Ⅰ-1資料5）も人生選択として学問選択や学校選択各情報を提供している案内書という特徴を有している。またこの案内書は，官立学校と私立学校との比較を時事漫画風に行っている点も注目される。

博文館刊『日用百科全集第三十七編就学案内』（巻末資料編Ⅰ-1資料6）は，博文館が初めて刊行した案内書である。この案内書は他の案内書に比して，本文の上欄に「鼇頭（ごうとう）」あるいは「鰲頭（ごうとう）」が設けられている。1899（明治32）年4月に初版を発行し，5月には「5版」を数えている。また1904（明治37）年には編集者を上村貞子に変更し『日用百科全書第三十七編改訂就学案内』を出した。とくに「鼇頭」に「諸学校入学成功法」を設け，「　諸学校入学に就て研究する必要」等の学校情報，「八　教員志望者に告ぐ」等という人生選択としての学問選択情報，そして「廿一　入学試験の英語に就て」等の入学試験受験勉学情報，「苦学者苦心談」という苦学情報，そして「専門学校入学者検定規程」「中等教員検定に関する規程」等の独学情報も提供したところに特徴がある。従来の案内書には入学試験情報として官立諸学校の入学試験問題は掲載されたが，入学試験受験勉学情報が提供されたのはこの案内書からである。また，「専検」（1903年3月31日文部省令14，4月1日施行「専門学校入学者検定規程」）等の独学情報の提供もこの案内書が最初である。「専検」は，1903（明治36）年の制定であるから素早い対応であった。

内外出版協会刊『東京遊学案内』（巻末資料編Ⅰ-1資料7）は，少年園の1902

(明治35) 年本である。この案内書の特徴は第1章で「中等教育の素養」という節を設けたこと，第2章で「受験の格例」を備え受験の慣例について情報を提供したことである。

　新声社刊『東都と学生』(巻末資料編Ⅰ-1資料8) は，後の日本文学・世界文学の新潮社の創業者・佐藤儀助（後，義亮と改称）の編輯になるものである。佐藤は1899 (明治32) 年，新声社内に大日本文章学会（1902年以降日本文章学院と改称）を設置し通信教授による作文指導を行った。この事業が成功した。その要因は，読者とのコミュニケーションのチャンネルを確保したところにあった[21]。このような事業拡張の最中に『学生叢書』を刊行した。この案内書は，その「第二」号で，著者は柳内蝦洲である。蝦洲は発行の趣旨を，「東都は，学生を蠹毒する悪魔の叢窟なる乎，はた人物を養成すべき無二の揺籃なる乎。これ教育界に横はれる大問題也。這問題未だ解決せられず。而して当に新涼九月，学生の笈を負うて京に上るの時とはなれり。学生叢書，こゝに東都と学生の一巻を公にする所以也」(「序」) と記している。この案内書は，都市化が伸展する明治30年代後半において都市論と学生論を切り口として「学び」の方法を案内したものである。

　内外出版協会刊『全国学校案内』(巻末資料編Ⅰ-1資料11) は，少年園の後進，内外出版協会の案内書であるが，書名に「全国」が冠されていることが特徴である。全国と冠した案内書は1907 (明治40) 年に刊行されているものの，それは「直轄学校」のみの案内であった。しかしこの『全国学校案内』は，ネーションワイドな案内である。また同書は「私立と官立との得失」を明確に打ち出し，学校案内を学問分野別に掲載した最初のものということができる。

　博文館刊『最近調査男女全国学校案内』(巻末資料編Ⅰ-1資料12) は，博文館の案内書である。「第二章」で「各学校系統表」を掲げ，青年の人生選択として学問選択と学校選択をする上で序列が明確になった学校系統表を掲げている案内書である。また「第八章　各種任用試験規則」では，教育資格を求めての独学ではなく職業資格獲得のための一人勉強に対する情報も提供している点が特徴である。

②学問選択情報を中心とした案内書について

保成堂刊『中学小学卒業志望確立学問之選定』(巻末資料編Ⅰ-1資料9)は，学問選択情報を正面から取り上げた案内書である。目次に示されているように高等文官，外交官，司法官志望者，軍人，文学者，美術家，実業家等々将来就きたいと考える職種に向けてどのように学問すればよいか，そのためにはどのような学校で学ぶことが得策か，有利かなどを情報化した。

これより以前に学問選択情報を中心として編集されたのは，佐藤儀助編輯，全104頁からなる『学生の将来』であり，1901 (明治34) 年に刊行された。著者は，農学士・柳内蝦洲である。目次構成は，「第一　学生の将来とは何ぞ」「第二　目的の選択」「第三　学校の選択」「第四　如何にして文学者たらんとする乎」「第五　美術家たらんとする乎」「第六　宗教家たらんとする乎」「第七　政治家たらんとする乎」「第八　法律家たらんとする乎」「第九　新聞記者たらんとする乎」「第十　外交家たらんとする乎」「第十一　結末の言」からなっている。

東京国民書院刊『学生立身要鑑』(巻末資料編Ⅰ-1資料10) は，大日本国民中学会創設者の河野正義が編輯となっている。政治家である島田三郎，慶應義塾塾長を務めた鎌田栄吉，早稲田大学総長を務めたの高田早苗等錚々たる人物に序を依頼し，かつ第二編独学ではジャーナリスト　山路愛山，児童文学者・巌谷小波等の独学論を収録し，第三篇では工業家志望者には高等工業の手島清一，教育家志望者には新渡戸稲造，文学者志望者には島村抱月等の談話を掲載している。第四編立志編では渋沢栄一，徳富蘇峰，夏目漱石，鳩山和夫，戸水寛人等の立志物語を紹介している。このように錚々たる人物を列挙できたのは，河野の顔の広さと商人としての才覚もさることながら，金の力がものをいったのであろう。河野は1902 (明治35) 年に大日本国民中学会を創設し，独学者に通信教育教材「中学講義録」等を出し「疑似中学校」の世界を提起し，成功した人物である。1909 (明治42) 年といえば，大日本国民中学会を創立して10年にも満たないなかで，何とかその存在を国民に認知してもらうために躍起になっていた時である。「中学講義録」を普及させるための，いわば売るための

プロパガンダであり，他の案内書と比してより商業主義的色彩の強い案内書ではあるが，独学青年たちだけでなく多くの青年たちが将来進むべき職業と学問選択のための指針となった案内書であることは間違いない。とくに，独学者には好個な案内書となっていたものと推察される。

③中等教育機関進学希望者向け進学案内書について

大成社刊『中学を出で，如何に進むべき乎』（巻末資料編Ⅰ-1資料13）は，中学校卒業者を単独の読者対象とした案内書である。だが，これも先の学問選択情報誌と軌を一にしている。この種の案内書としては，1909（明治42）年に『中学卒業者成効案内』（全134頁）が出ている。目次は，以下のとおりである。

はしがき
第一章　卒業後の方針は在学中に確定し置くべし
第二章　方針は如何に定むべきか
第三章　無闇に高等の学府に学ばんとするは愚の極なり
第四章　大学を卒業すれば直ちに多額の金を取ること容易なりと思ふは誤なり
第五章　資力十分ならざるものは強いて高等の学府に入らんとするを慎むべし
第六章　富豪の子弟に比較的学業の上達せるもの少きは何の故か
第七章　富める中学卒業者は如何なる進路を取りて立身すべきか
第八章　学資十分ならざる中学卒業者は如何にして立身すべきか
第九章　中学卒業者の立身の早道
第十章　中学卒業生の入学し得る官費学校
第十一章　多額の学資を要せざる有望の学校
第十二章　苦学の方法
第十三章　苦学に適当なる学校
第十四章　試験及第の秘訣
第十五章　総括

この案内書は，どちらかというと「楽学生」はいうに及ばず，主には自活苦学生を読者対象としている。東京市本郷区室町に在住する著者・洞口北涯は「はしがき」で「社会に煩悶せる中学校卒業生諸君の，立志の友」になるべく上梓したと書いている。

④高等教育機関進学希望者向け進学案内書について

高等教育機関を単独で案内したものは，明治期には極めて少ない。1912（明

治45）年に大正期における案内書のヒットメーカー・出口競（経歴については後に詳述する）の処女作となる『全国高等学校評判記』（敬文館，全262頁）である。「序（笹川潔）」にはじまり，「高等学校評判記に題す」を黒田巾が記している。目次は，「問題となれる一高の解剖　一高気質の変遷－籠城主義揺ぐ－文芸部と運動部－校長排斥由来」等にはじまり，「第二高」から「第八高」までの都合9校の高等学校生活を紹介している。「序」の笹川は「第三高」出身者で，讀賣新聞主筆である。黒田巾は，のちに評論家となり『日本近世教育史（同文館，1904年）』を書いた，文学士・横山健堂の号である。

　本評判記には，1911（明治44）年讀賣新聞社社会部の記者時代の出口が，「問題となれる一高の解剖」を執筆している。他の二高から八高までの記事は『中学世界』や『国民新聞』等に掲載したものであり，それらをまとめて一冊としたのである。

　このように明治期の進学案内書は，内容は一様ではないが，最大公約数的にいえば「上京に当たっての注意」「学校の選択」「学問の選定」「東京での学生生活上の注意」と「各学校の諸規則」を掲載する案内書が多い。明治30年代に入ると，入学試験問題を掲げる案内書も登場する。30年以前は制度システムとしての学校の紹介であったものが，「法律，政治，経済」というように学問領域ごとに紹介するようになる。そして，学校の種類は高等教育機関だけでなく中学校・高等女学校，さらには各種学校にあたる学校も案内の対象としている。

第3節　上京に当たっての注意

　以下，第6節までの4節にわたって，テーマに分節した上で考察を加えよう。学校・学問を選択しようとした青年たちに進学案内書の著者たちは具体的にどのような情報を提供したのか。その歴史的変化を分析したい。

　まず，上京にあたっての注意である。

　明治10年代の上京進学に関しては，以下の資料群からわかるように，案内

書はそのことを概ね喜ばしきこととして迎えている。

　「地方ヨリ遠ク笈ヲ負フテ都下ニ遊学セントスル者ノ心得ベキコト種々アリ是等ノ事柄ヲ一向ニ頓着セズシテ只一東京々々トノミ口ニ称ヘ心ニ思ヒ東京サヘ出レバ袖手シテ居ルモ大学者ニ成ラルゝ如ク考フルハ大ナル誤解（中略）茲ニ概括シテ其要件ヲ挙レバ第一事ノ得失ヲ考ヘズシテ妄リニ東京ニ遊学セントスルノ志ヲ圧ヘ地方ニ在テ学ビ得ベキ丈ハ成ルベク地方ニアリテ実力ヲ養成スベキ事第二既ニ遊学セシ後ハ確立不変ノ目的ヲ定メ且始終其進路ヲ維持スル事第三学校ヲ択ム事第四遊惰放蕩ニ流レザル事第五摂生ニ注意スベキ事」（下村泰大編『東京留学案内　完』1885 年, 1−2 頁）

　「王政維新ニ及ンテハ（中略）少壮青年ノ徒ハ皆笈ヲ負フテ東都ニ遊学シ大学ニ中学ニ各専門学校ニ各々志ス所ニ入リオヲ磨キ知ヲ研キ一府ノ数万ノ書生ヲ群集スルニ至ル（中略）而シテ僅々二十年間ヲ以テ今日ノ如ク文明ノ駸々乎トシテ其歩ヲ進メシハ和漢西洋古今ノ史乗ニ照シテ嘗テ其比類ヲ見サル所ニシテ（中略）是ニ由テ之ヲ観ルトキハ書生ノ増加スルハ即チ文明ノ進歩スル所以ニシテ国家ノ為ニ大ニ慶スヘキナリ」（本富安四郎著『地方生指針』1887 年, 序 2−3 頁）

　「振古無双の大事業も往々此の如き少年の計画に依て成就せられ，前人未発の大真理も適ゝ此の如き少年の想像に依て発揮せられ，忽然世界の大舞台に光輝を放ち来ること誠に先例なしとせず。然るに何者の老大漢か，敢て少年の壮図を斥け其計画を無謀なりと排して，諸君が折角の巧名心に挫折を与へむと試むる者ぞ。少年の企画と想像とは往々身を誤るの原因となれども，又事を成すの大原力たり。只其成功を得ると得ざるとは，堅忍不抜の精神を具すると具せざるとに帰すべきのみ。（中略）東京遊学の一念は又何としても禁ずべきにあらず。（中略）諸君が遊学と出掛けらるゝは素より国の為家の為又各自の為にして，誠に望ましきことなれども，諸君は家を出るの初めに，如何に世に処するの目的を立てしぞ。（中略）朝に政治学を修めながら又夕には経済学に志し，今日法律を学ぶと思へば又明日は医学に転ず。附和雷同，流行を趁ふて奔ること影の形に随ふが如く，時好に投じて転ずること響の声に応ずるが如し。斯くの如くして此処に一年彼処に二年と歳月を送り，遂に何事も為すなくして其身を誤る者の多きは，恐らく一般の幣習なるに似たり。当時在京の書生に就て其志す所を問へば，其目的を定めずして各所を漂泊して歩く者，或は十中の五六に居らむ。（中略）在京の書生十幾万，是等の中に就て優等なる者は先づ官立の学校に就き各自専門の学業を修めて其志を遂げむとすれども，学校の定員に限りありて，十に一を取り，百に十を採り，甚しきに至つては二千名の志願者より僅に二十人を挙ぐる仕末なれば，普通の学力を有する者は余儀なく従来の素志を変じて手当り次第招募に応じ，斯くても尚僥倖を期する能はずして中途に彷徨ふが多かるべし。（中略）専門学科を修めむ

とせは大いに普通学の知識を要すること，（中略）将来社会に出るに及んで如何なる業務に従事して其身を処せむとする積りなるか，此事諸君が履修すべき学科に関係あることなれば，大いに考察を要すべきなり。」（少年園編『東京遊学案内』1891 年，2 - 10 頁）

このように，目的意識の重要性をあげる際にも，国家，家，個人と序列で記述が行われ，国のための勉学ということに力点が置かれている。しかし，明治 30 年代に入ると 20 年代とは違い，徐々に上京進学することの無益さを語るようになる。

「東京に遊べる学生は殆ど十万に近し，彼らの嘗て笈を負ふて郷貫を辞するや何人か学若し成らずんば死すとも還らずの意気なきものあらんや，東京に出づれば一躍して学士となり，博士となり，局長となり，大臣とならんと夢の如き巧名の影を追ひしものに非らんや，斯くして彼等の東京に入るや，漸次に鉄の如き剛腸は，東都淫靡の風に軟化せられて綿の如くなり，再び其身を検する時は全く一個の遊蕩児となり了せざる者幾何ぞ，斯くして十万の学生中其名を成すものは僅に百分の一だにも足らざるに至る，東都は斯くの如にして，多くの地方青年を殺せり，或る意味に於ては東都は愞に青年に死を与ふる者他，嗚呼。（後略）」（柳内蝦洲『東都と学生』1901 年，6 - 7 頁）

次に，明治 40 年代に入ると「中央」へ出て立身出世する機会は，明治初年のように皆の前には開かれていなかったことを哀れみをもって物語っている。

「吾人は東京至る処，殊に神田本郷辺を通る毎に，其の無数の学生を見，彼等の前途を思ふて坐ろに暗涙に咽ばざるを得ないのである。彼等の多くは父兄が粒々辛苦の余に出づる汗水金を学資となし，其のあたら青春の精力を窮屈極る学窓の下に傾けて，やがて一片の卒業証書を得れば，社会は直ちに礼を厚うしてこれを迎へ，黄金名誉立処に与へられ，土百姓の息子一躍して当世の紳士となり，美しき妻君の手を携へて故郷に錦を飾るべく夢想して居るであらう。而して彼等の父兄もこれを楽みに働いて居るのだ。あゝ又悲惨なる哉である。彼等は此の如き大希望を似て，学校の門を出て社会の門に入る，社会は果たして彼等が夢想の如く易々たるものであつたらうか，曰く否，否，大に否！礼を厚うして迎ふるどころか一顧だも与へてくれぬ。多少の学識あるもの手に唾して相当の地位を取つたは昔日の夢に過ぎない。職業少なくして，人徒らに多き今の社会に於て，明治草創時代の夢を繰返す如きは馬鹿の骨頂である。（中略）あゝ粒々辛苦の余に出た汗水金を学資と為し，多年刻苦勉励，自由を束縛され，頭脳を悩まし，漸くにして学校を出でゝも己一人の食料すら得られない彼等の失望幾何ぞ其父兄の失望

幾何ぞ。堂々たる学士様にして二十円，三十円の地位を争ふ世の中，況んや他の私立学校出身者の如きに於てをやである。」(渡邊光風『立志之東京』1909年，176-179頁)

この時期になると，ますます詳しい案内書が出てくる。それは何を意味するのだろうか。筆者の見るところ，1つ目は学歴社会の形成，2つ目には中学校の激増が上級学校進学者を常に保っていたこと，3つ目には案内書が伝える内容とは学校を卒業すれば何とかよい職につけるという明治以降，行動してきた日本人の意識が根底に根づきはじめてきたことを意味するのではないかと思われる。

第4節　学校選択情報

次に，案内書の進学情報のメインである学校の選択に関して検討してみよう。この案内項目のなかで基調として流れる情報は，官立学校と私立学校の格差についての記述である。

明治10年代後半から20年代の半ばにおいては，もっぱら学校の設備についての格差が述べられていた。

「東京ハ（中略）教育ノ田園即チ学校ニ至テモ其数甚ダ多ク大学専門学校中学校等各所ニ聳立シ小学校ノ如キハ数百十ノ多キニ至ル（中略）然レトモ退テ其学校部内ニ就キ一々調査スルトキハ往々教育ノ真面目ヲ失セルモノナシト云可カラス盖シ官立若シクハ公立ニ属スルモノハ無論憂慮スベキ者ナシト雖トモ新設ノ私立諸学校中ニハ往々其設立目的一ニ射利ノ点ニアリテ復タ世益ノ如何ハ措テ問ハザルモノアリ若シ誤テ此等ノ学校ニ入ルトキハ豈遠ク笈ヲ負フテ都下ニ来学スルモノノ利ナランヤ殊ニ晩近甚ダ驚クベク又タ恐レベキ弊風ノ生ゼシ（中略）頃日府下ニ於テ何学院若クハ何学館ト称シ新ニ大館大校ヲ建築シ大ニ生徒ヲ募集スル如キ有様ヲ諸新聞ニ広告シ或ハ此度ニ限リ無束脩ニテ生徒若干名ヲ限リ入学ヲ許ストカ又ハ院外生徒地方独習員ヲ応募スルナド広大ニ宣告シ巧ニ其虚勢ヲ張ラントスルモノアリト雖トモ実際其校ニ就キテ之ヲ見レバ豈図ランヤ小矮ナル下宿屋ノ二階ニシテ其職員ハ先生兼取次一人アルノミ其規則ヲ問ヘバ本館別課学云々ノ活版摺リ一紙ヲ携ヘ来テ示サル因テ顧テ基本料ヲ問ヘバ其答辞誠ニ曖昧ニシテ或

第4節　学校選択情報　43

ハ更ニ解ス可カラサルモノアリ蓋シ本科ナルモノハ実ニ有ルコトナクシテ其広告ハ啻ニ世人ヲ瞞着シテ僥倖ノ利ヲ射ラント欲スルノ狡猾手段ニ出ルノミ」（下村泰大編『東京留学案内』1885年、2-4頁）

「今東京府下私塾ノ多キ幾百タルヲ知ラス而シテ十ノ八九ハ皆書生ノ設立ニ係リ其教員タル者ハ皆　学資ニ窮スル貧書生カ内職ヲナスニ非サルナシ現時私塾ノ教員ニハ帝国大学及高等第一中学校ノ生徒　タル者甚タ多シ」（本富安四郎『地方生指針』1887年、10頁）

これらの資料からわかるように，私塾の教員は帝国大学，第一高等中学校の学生であったと表現している。

次の資料は日清戦争期に出版されたものだが，「官立学校と私立学校」という一項目を設け，とくに私学の実態について，学科目の未整備さ，特典の有無の面から批判的に述べ，官立学校が勝っている点を強調している。

「皇都十五区八百有八街，日本帝国学術中央集権の焼点として，大小学校の数は実に百を以て数ふ可し（勿論小学校は之を算せず），而して此等大小の学校中には，或は政府の設立に係るものあり，一私人の設立に係るものあり，公共の設立に係るものあり，其内官公二つの種類の学校に至りては，勿論毫末も懸念をなす可きものとてはあらずと雖も，所謂私立の学校に至ては，其名公利公益を目的とするとか，学術技芸の普及を主とするとか，外面上立派に金看板を掲ると雖も，裡面に立入つて仔細に之を観察する時は，其実所謂学問の問屋技芸の仲買人にして，単だ校主の懐中を温むるを以て唯一の目的とせるもの少なからず，此等の学校に於ては生徒は一人も多からんことを望むが故に，種々の手段を用ひて少年書生を誘入せんと力むるなり，曰く速成を以て僅々何週の間に何学の全科を終らしむ可し，曰く何月の間に何々の書を読み了らしむ可し，如斯して生徒の勧心を迎へん為め妄りに教科に高尚のを用ひ，スペリングより万国史に一足飛をなさしめ，万国史終ればスペンサーの哲学書を読ましめ，結局原書読みの原書知らずなる一種の不具的学者を養成する如さもの，屈指すれば其数啻に｜数のみならず，此等はまだしも可なり，猶一層甚しきものに至つては，卒業後は其職業を求め得さす可しと云ひ自活の傍充分に勉強せしむ可しと云ひ，不相当なる低額を以て就学寄食一切之を引受く可しと云ひ，其他種々なる甘言を以て誘ひ寄せ，其所持金を巻き上げて突き放すと云ふ如き詐欺的偸盗的な奸計を廻らすもの等往々之ありと聞く（中略）官公私立学校其孰れか最も之に適当するか。是れ吾れ吾人の一言せんと欲する所なり。今日の有様を以て云へば，外面上私立学校は遠く官立学校に及ばざるなり（中略）官立学校の卒業生には種々の特権あるも，私立学校の卒業生

には之あることなし，故に衣食の為に学問する者は，勢ひ官立学校を択んで之に入らざる可からず，貧乏なる私立学校に於て設け置かざる学科を修めんと望むものは之れまた是非とも官立学校を望んで之に入らざる可らず。所謂官立学校の特権なるものは，其校々によりて区々なれども，大低諸校に通じて之を有するものは左（以下…筆者）の如し，一，徴兵令に在て在学間徴兵の猶予を逑ふ得る事，及一年志願兵となるを得る事，（略）一，試験を経ずして官職を得る事（但し此任官は各校階級の上下及其校の所管により一定せず譬へば帝国大学の法学士は第二回試験のみにて高等官試補となるを得可く又民間に在ては試験を経ずして弁護士となるを得可く医学士は病院長医員及開業医となるを得可く，文，理，農，工の諸学士は各其専門の業務に向かつて技師試補，技手又は高等，尋常の中学，師範学校等の教員となるを得可し又高等中学，高等商業学校等の卒業生は私立学校に於る特別認可生と同じく，高等官の試験に応ずるの特権あり（後略）」（須永金三郎『東京修学案内』1893 年，17-28 頁）

　ところが，明治 30 年代も半ばに入ると，官（公）立の欠点を指摘する案内書も登場するが，結局，主調は，「されば学費に充分の余裕あり，修業年限に制限なきものは順序を踏んで帝国大学に進むを可とす」とされた（松本亀蔵『立志成業東京修学案内』1902 年，3 頁）。そして博文館の案内書も「学費に充分の余裕あり，修業年限に制限なきものは順序を踏んで帝国大学に進むを可とす」といったように，帝大を最終目標とすべきだと案内するようになる。

　「学科の選択に次で起こるべき主要の問題は学校の選択なりとす，官立の諸学校は，国費を以て支弁するものなるが故に，教授の任に当る職員の良好なるは云はずもあれ，書籍器具等悉く完備し，其他教授の法方（ママ），生徒の監督の如き，汎て教育上の設備欠くる所なしと雖も，私立学校の多くは其財源主として生徒の束脩月謝等に在るを以て，往々にして資力饒ならず，随つて万事不整頓なるを免かれず，尤も私立学校中にも諸般の設備能く整頓して，官立学校を凌駕するもの亦（すくな…筆者）からざれども，市内到処に散在する紛々たる小私立学校に至りては其内部の不秩序極まるものあり，甚だしきに至りては羊頭を懸けて狗肉を売る底の猾策を以て諸君を瞞着し，只管金銭を騙収することを目的とせる山師的学校さへありと云ふ，地方の新聞などに仰々しく広告し，極めて速成に修業し得て，而も容易に好地位を得らるべきが如く吹聴する私立学校の中には，実に此種のもの多しと聞く，東京の事情に慣れざる地方青年諸君の迂闊に斯る甘言を信じて上京入学せば，後悔立（とこ…筆者）ろに到るべし，仮令個程の山師学校ならずとも，資金饒ならざる小私立学校に在りては，良教員を聘する余裕なきは

第4節 学校選択情報 45

勿論，其維持上の必要より，成るべく多くの生徒を収容せんとし，生徒に対する規律も寛大なるより，風儀著しく乱れ居り，為めに良家の子弟をして，知らず知らずの間に挽回すべからざる墜落の弊習に染ましむる虞れ多し．諸君が地方に在りて，学校を選択するに際し，警戒を要すべき所なり，官立諸学校に在りては，何等疑念を挿むを要せざること論を持たず，家に余財ありて，又修業年限にも制限を要せざる身分の人は，順序を踏みて帝国大学に進むを第一とし，然らざるも其他の諸官立学校の中に就て我目的の学科に適する学校を選まば可なり，若し或事情より私立学校に入らんとせば，創業日久しくして基礎固く，已に天下の信用を縛せる私立学校の中に就て選まんこと最肝要なり，猥りに入学の容易なると修業の速成なるとに惑はされて，如何はしき私立学校に入らば，失敗を招くの因となるべし．本篇（の…筆者）載する所の各私立学校は大概相応に信用あるものなり，中にも慶応義塾，早稲田大学の如きは私立学校の巨擘として名声夙に世に洽ねく，官立の諸学校に比して毫も遜色なし，又東京法学院大学，明治大学，日本大学，法政大学，専修学校は従来五大法律学校として知られしものにして創立日久しく基礎鞏固なり以上諸学校を始め，國学院，哲学館大学，東京慈恵医院専門学校，台湾協会専門学校，明治学院，青山学院，東京農学校，等皆是専門学校令に基き文部省の認可を得たる専門学校にして，いづれも基礎固きものに属す．又程度のより低き実業学校，其他各種学校の中にては，国民英学会，正則英語学校，正則予備校，岩倉鉄道学校，東京商業学校，工手学校，東京物理学校，早稲田実業学校，早稲田尋常中学校，麻布中学校，独逸協会中学校，大成中学校，正則中学校，錦城中学校，日本中学校，成城学校，京北中学校，京華中学校，開成中学校，日本女子大学校，跡見女学校，東京女学館，三輪田高等女学校，共立女子職業学校，女子美術学校，日本女学校，東京裁縫女学校，等の如きは私立学校中殊に盛大なるものなり．」（上村貞子編『官公私立諸学校改定就学案内』1904年，5-8頁）

これらの記述からもわかるように，帝国大学最優先に志向することの優位性を直截に強調する．しかし同時に「天下に信用を博せる私立学校の中について」選択することが最も肝要であるとも述べる．また，専門学校令の公布に伴い専門学校入学資格を得るためには「専検」に合格し，専門学校入学資格を獲得することの重要性も指摘するようになる．

加えて，上記の記述からわかるように，上級学校進学と職業とを結びつけてそのような「人生選択としての学校選択」の関係を論じるようになるのも，明治30年代後半から40年代にかけてである．例として，図1.3，図1.4を掲げ

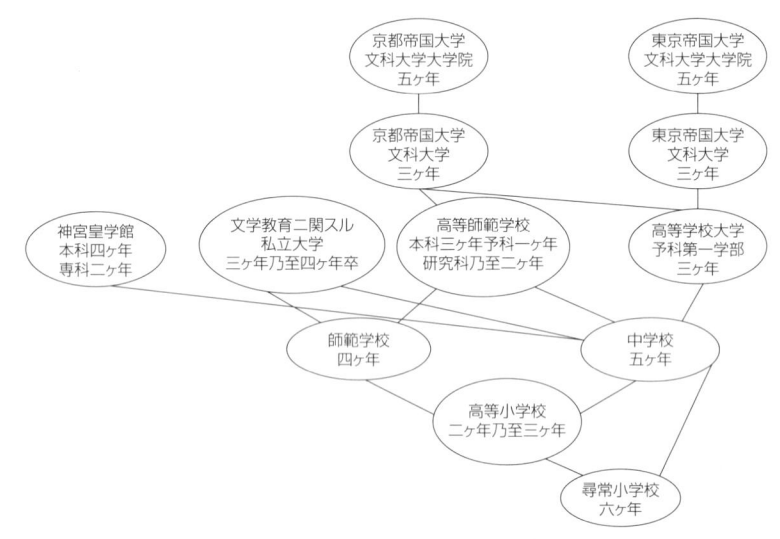

図 1.3 文学・教育に関する学校系統

出所：『男女全国遊学案内』博文館, 1912年, 8頁より

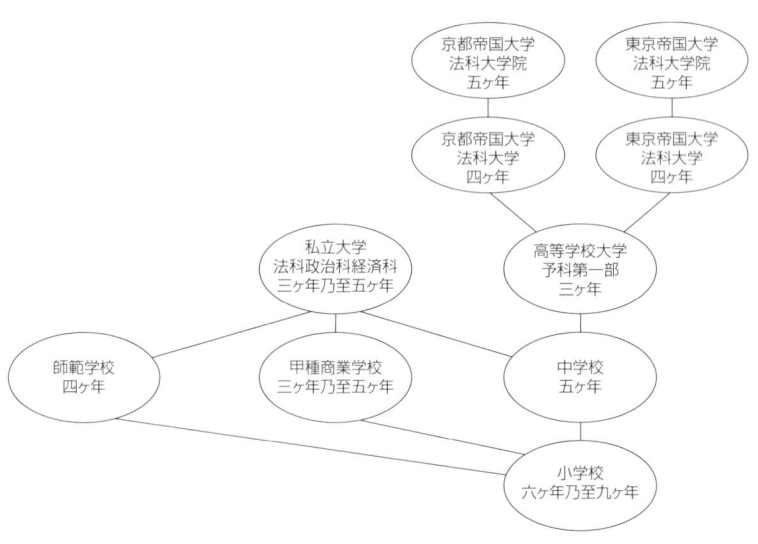

図 1.4 法律・政治経済に関する学校系統

出所：同上, 7頁より

ておこう。

　さらに，官立学校が上級学校進学者の向かうべき道であると（一）学校の設備，（二）特典の有無，（三）私立の長所，（四）「私立に入る人」と「官立に入る人」といった項目を立てて，一応「公平」に両者を比較しながらも，結局官立優位の情報を提供するような進学案内書も出てくる。

「（一）学校の設備
　　　　　　　　　　　　（略）
私立学校が，堂々たる官立諸学校に対し，その校舎，教師，諸器具等の設備に於て，到底之に比肩し能は（ママ）ざる（後略）。
（二）特典の差異
　　　　　　　　　　　　（略）
さて其の特典とは，概ね左の如くで有る。（◎符あるは官立私立共に有する特典，● （…筆者）符は官立にのみ有する特典。）
- ▲ 徴兵上の特典
  - ◎ 徴兵猶予
  - ◎ 卒業後一年志願兵及び或る学校を卒業せる者は軍医又は主計候補生を志願する事を得
  - ● 或種の学校生徒は其の在学中より軍医，主計，海軍機関官等の依托生たることを得
- ▲ 就職上の特典
  - ● 法科大学法律科卒業生は無試験を以て判検事，弁護士たるを得，但し私立大学卒業生は其の試験を受くるの権を有す
  - ● 或種の学校卒業生は無試験を以て中等教員免許又は医術開業免許を得，但し少数の私立学校に於ては之と同様の特典権を付与せらる
- ▲ 学資上の特典
  - ● 給費（即ち官費），若くは貸費の制度あり
  - ● 文部省其他の官省の留学生たること
　　　　　　　　　　　　（略）
（三）私立の長所
私立は自由活動，官立は一般に束縛に失する（中略）比の外，私立の主要なる特長と見るべきは，（1）官立よりも一般に修学年限の短き事，（2）従つて大に学資を節減し得べき事，（3）別に職業を有する者も余暇を利用すれば私立に入学し得る場合ある事などであるが，また（4）私立にして官立になき特殊の学科を有する時，（5）官立と同様，若は官立以上の成績ある学科を有する時（中略）

私立学校は，官立以外幾多の特色を有する学界の補助機関であつて，若し是れあるにあらずんば，我が学界は如何に惨憺たる光景を呈すべきかは，之を想像するに難くない。
(四) 私立に入る人と官立に入る人
凡そ中等教育の階悌を経由して，既に高等専門の学校に進入せんとする者は，特別の志望若くは何等かの故障なき限りは，学生は宜しく当面の順路として官立学校を選むべきである。若し夫れ，体壮健にして，才学俊秀学資豊富の者が，官立の大学予科を経て帝国大学に入学し，猶ほも進んで海外留学をなす時は，容易に志を遂ぐること，蓋し蛟龍の雲霧を得たると一般で有る。思ふに天下の学生をして，悉くより完備せる官立の卒業生たらしめときは，何人と雖も之を希望する所であるが，(中略)官立の入学試験に失敗したる場合を除き，偶々左記の如き位置境遇にある者は，寧ろ私立を選ぶの勝れるに若かざるを信ず。(1) 私立学校にして官立になき特殊の学科ある時，又は官立以上の成績ある学科を有する時。(2) 家事財政，又は健康の如何により，長年の就学を許さざる時。(3) 他に職業を有し，其余暇を利用して通学せんとする者。(私立には夜間の授業をなすもののあり。) (4) 自由の学問を喜び苛酷なる束縛を厭ふ者。(殊に文学宗教政治経済等の学生の如き。) (5) 自己の学力上私立に入学するの得策なる時。(中略) 但し，結論は前に帰へる，我が国現時の私立学校は，二三の例外を除いては，主義が朦朧で，設備が不完全で，(中略)故に吾人は，不健全なる官立志望者は排斥するが，当面の順路としては勿論官学を推奨し，同時に私立学校の志望者に対しては，飽くまで確固不変の意志を持し，放逸に流れず，遊惰に耽弱せざらん事を警告して置く。」(高橋素都武『全国学校案内』1909年，9-14頁)

ここに端的に表現されているように，たしかに官立学校批判も登場するが，しかし，明治期全般を通じて流れる情報の基調は，官立学校と私立学校の区別であり，その区別を根拠づける論拠は，実態上の格差における両者の格差を助長し，情報化してゆく傾向が生まれたことを自ずから示している。

第5節 受験情報

進学案内書が「受験」に関する情報を提供するようになるのは比較的遅く，明治30年代に入ってからのことである。このころになると，それまで1校であった帝国大学が京都にも設立された。入学試験に関する情報が流れるということは，下位に位置する学校と上位に位置する学校とをつなぐものが入学試験

であり，体系的に一貫性をもつ時代，すなわち初・中・高等教育を一貫する進学体系が，徐々に確立してきた時期ではなかったかと思われるのである。明治20年代の案内書は受験情報を掲載していない。

では，少年園の案内書は，どのように受験に関する情報を伝えたのか。

「斯くて愈々上京を利益と認むるに至りたらば，笈を負うて闕下に遊ぶは諸君の自由なりと雖も，諸君は成るべく郷里に於て，若くは府県の学校に於て其目的とする学校の入学試験に応じ得べき力を養ふを勉めらるべく，国語，漢文，作文は，東京に於てなすよりは，寧ろ地方にある中学に学ばるゝ方益ならむ」（少年園編『東京遊学案内』1897年，5頁）

ここには，受験準備は東京に出ずに，通学し勉学している地元の中学校において行うことが肝要であることを説いているのである。このことは各府県に中等教育が整備されたことを物語っている。

しかし，この案内書は，「彼の外国語に至りては却て是に劣るが如し。されは地方より上京のものは，暫く中等教育を主とする私立中学にありて，英語もしくは獨仏語の補修をなす方利益なるべし」（7頁）と諭すのである。入学試験で最も基幹とされる教科，アカデミック教科とされた国語漢文，数学，英語については詳細に教科書・学習参考書を紹介している。

1904年刊博文館の案内書は，官立学校への入学が厳しくなった状況を伝えた。

「今日のやうに諸官立学校へ入学するに困難になる時代はなからう，日清戦役時分までは，中学の数も少いから，随つて卒業するものも寡い，因て中学卒業者が高等なる学校に入学するにも左程困難でなかつた。されど今では中学校の濫設のため，全国を通じて其数公私立を合せて二百以上に上り，去る三十二年末の統計にても，中学卒業生の数は七千七百四十七人に達して居るから，今日に至るまでには猶漸次増加して居る筈である。日清戦役の当時即ち二十八年の中学校の数九十六其卒業生千五百八十一名に比すれば数倍になつて居る，誠に驚くべき多数である。今最近調査の統計により，日本中の諸官立学校，特に中学卒業生が入学すべき学校が如何程の入学を許可せしかを見るに左（下…著者）の通りである。

　　○高等師範　　　　一九八　　　美術学校　　　　　一二二
　　　札幌農学校　　　一八八　　　音楽学校　　　　　　八二

50　第 1 章　明治期刊行「進学案内書」が伝えた進学情報

高等商業	三一七	大阪工業	一一八
高等学校	一七〇八	東京商船	一〇〇
医学専門	五八二	郵便電信学校	一五一
東京工業	一五八	士官学校	七一九
〇工業教員	三四	海軍兵学校	二〇〇
〇商業教員	二九		
〇農業教員	三一	海軍機関学校	六六
外国語学校	五二九	通計	五一六七

　　　〇印は中学卒業の資格を必要とせず，師範学校卒業にても可なり
　　▲学習院高等科水産講習所は不明

　右（上…著者）の表で見ると，毎年五千百余人づゝ中学卒業者が高等の学校に入学するやうであるけれども，其実は決して左様でなく，従来は，右の諸学校中でも，是非とも中学卒業といふ資格を必要としたは高等学校位のもので他は大概競争試験に採用し，只其入学試験が中学程度であると云ふに過ぎなかつたし，事実上未卒業生も試験を受けて沢山這入つたのであるから，入学者は悉く中学卒業者ではなかつたのである。尤も昨年専門学校令の発布せられてからは，高等の諸専門学校の入学者は，中学卒業者若くは同等の学力あると文部大臣の指定したる者か，然らずんば専門学校入学者検定試験なるものに合格したものでなくては本科へ這入られぬことになつて，未卒業者の入学が従来よりは厳重になる傍にて神戸，長崎，名古屋等其他各地に高等の実業学校が出来，或は出来つゝあるから，追ひ追ひは中学卒業者の入学は今日のやうに困難なことは無くなるかもしれないが，目下の処は中学卒業後如何なる学校に入学すべきかゞまだ大問題である。上に挙げた入学者の表（表略…著者）は官立学校のみであるが，私立学校でも盛大なものは入学志願者が随分多く，又入学資格の制限が従来は官　立より寛であつたが，今日では，専門学校令に依つて居るものは矢張官立同様入学が厳重になつたのである。高等の私立学校にして，中学卒業生が入学する学校と云はゞ，先づ慶応義塾大学部，早稲田大学，法学院大学，日本大学，明治大学，法政大学，國学院，哲学館大学等で，以上は皆文部省認可の専門学校であるから，中学卒業以外の者の入学は従来よりは厳重になつたことであるが，兎に角全国幾千の中学卒業生諸君が入学すべき学校を定むるは目下最も緊要な問題である。」（上村貞子『官公私立諸学校改定就学案内』1904 年，「鼇頭」3-6頁）

　さらに，数年降って明治 30 年代後半になると，試験のための技術や心構えといった記述もみられる。

　　「我輩は諸君の前途を戦争に比較して聊か以て説明するあらんとす。暫らく之

第 5 節　受験情報

を聞け。第一諸君の前途は戦争なり。(中略) 就中中学を卒業して，後来大学教育を受けんとする諸君の前途は (中略) 劈頭第一に発足点に於て各中学に於て心身を磨ける多数の志願者と劇烈なる競争を為さざる可からず。此競争に於ては最早将来の戦争に与るの資格なき否舞台の入口にも達し得ざる多数者を生ず。幸にして此入学試験に及第すれば，第二には此処に始めて勝者と勝者との戦争となり，刻一刻戦争は劇烈ならんとす。此戦争も無事に通過して大学に入り，次で大学を卒業するとすれば，此処に始めて一個独　立の人として社会の戦場に出陣せざる可らず，此戦争たるや，最も旦長きものにして生涯の全部に亘るものなり。
　　　　　　　　　　　　　(略)
　高等学校の入学試験に及第せんとするものは，中学時代に於ては，単に一個完全なる中学生たらん事を期し，中学に於ける普通学を万遍なく脩むれば即ち足る。(中略) 高等学校の入学試験を受けんとする者は中学の四年五年をミツシリと勉強するが肝要に候，あながち高等学校に入る者のみならず総して中学の四年五年といふ末の二ケ年間の勉強は最も大切に候，此二ケ年の課業さへ真面目に勉強して来た人ならば高等学校と云はず他の専門校に入る上につきてもどちらへ廻つても頭の支えるようのことは無かるべく候。」(京都帝国大学自彊会同人編『学界先蹤青年修学指針』1906 年，164-175 頁)

やがて，健康への害や精神発達への害を情報にした記事も出てきた。ある案内書の著者は，「入学試験に就いて」という項目で次のように記した。

　「年々各官立学校に於て行はれつつある入学試験の制度は，実に昭代の一大不祥事であつて，其有為の青年に毒しつつあること，蓋し尠少ならずと云つてよい。しかし官立学校に入らんと欲せば，是非とも此の一人厄門を潜ぐらざる可らざるを以て，茲に入学試験に関して聊か陳述するの要あるを見る。さて中等諸学校の卒業生が，自己の目的を選択して，若し其の学校を官学に取らば，即ち当に入学試験の準備をしなければならぬ (勿論私立の学校にも，入学試験を要するものが幾らもあるが)。
　然るに入学試験の準備としては，人凡そ次の如さ三種の方法が有る。即ち (一) 自宅　勉強，(二) 卒業せる学校の補習科，(三) 受験学校入学。以上二種の方法の中に就て，第三の受験準備の学校には，一般に受験に適する良教師を有するを以て，第一及び第二の方法に依るよりも，遙かに好結果を収め得る様である。尚ほ受験準備の学校には，凡そ二個の種類があつて，其の第一種に属するものは，東京其の他各地方にある高等予備学校及び諸種の英語学校，数学理科学校等之れに該当し，中学卒業程度の学生の入学する純然たる受験学校である。次ぎに第二種に属する受験学校は，普通の中学校に受験準備の臭味を加へたる者であ

つて，彼の獨逸協會中学校，商工中学校，成城中学校，攻玉社中学校，及び海城中学校等の如きは，其の最も顕著なる者で有る。而して獨逸協會は医学及法律（独逸語を教ふ），商工中学は商工業，成城，海城，攻玉社等は軍事諸学校入学者の為めに便をはかり，又東京第一中学は独逸語，曉星中学は仏蘭西語を教授し，夫れぞれ受験上に好結果を示しつつある。」（高橋素都武『全国学校案内』1909年，16-17頁）

このように入学試験の青少年に与える弊害が，この時期から情報化されていたということではないかと思われるのである。

さらに1912（明治45）年，博文館刊行の『男女全国遊学案内』は「受験と入学の心得」という章を設けて「答案の書き」「身体の検査」等の情報を提供する一方で多くの頁を割いて約5年間の「官公立高等専門学校入学志願者と入学者の人員表」を掲載した（16-49頁）。しかし，その一方で，この案内書の1年前，内外出版協会は『最新全国学校案内』を出版し，「学修法と記憶法」という項目を設けた。そして受験と学生たちの「脳障害」の原因について，次のように記した。

「学生の脳障害を起す原因は，人々に依ツて多少の相違はあるが，根本は皆一つで，恐怖の念が主なるものである。例へば高等学校の入学試験に失敗した学生と仮定したならば，今度の試験に落第すると最早三年も損をする，愚図愚図して居ると，徴兵猶予の年限が切れるし，郷里よりの資金も続かなくなるといふような種々の恐怖が，頭の大部分を占めて来る。そこで，本の一二頁を読む中に，『今度こそ及第せねば一生の運命に関する』とか，『扨どんな問題が出るか知らん』と云ふが如き空想の為に（中略）本は幾ら読んでも解らない。其れが果して落第でもすると，愈々恐怖と心配とに囚はれて憂鬱の人となツて，青年の鋭気が挫けて了ふのである。」（『最近全国学校案内』1911年，36-37頁）

さらに「中等以下の者は勉強しながら成績悪く，のみならず頭を傷める者が多い」と指摘し「如何に頭脳を使用すべきか」と問い「学問は試験に及第しようと，ドッチでも構ふことは無い，という風に腹を据えてかゝるのである」（37頁）とカウンセリングするのである。受験と入学の心得，受験の秘訣という項目が登場する。進学案内書は，いつしか入学試験についての案内をメインストリームにするようになってきたのである。

第6節 学問選択情報

　ここでいう「学問」というのは，就業するための学問のことをさす。案内書がこの点に最初に言及するのは1891（明治24）年の少年園『東京遊学案内』からであった。

　　「維新以来星霜を経ること茲に早くも二十四年，其間には社会の局面に随分変動もあり波瀾もありて教育の方針亦幾たびか変更したるには相違なきも，之を要するに少年子弟は多くは政治法律に志し，卒業の後は『政務社会』に其身を投ずるが常なるに似たり。今日にても大学生中多数を占むるは法科にして，彼の六大認可学校が私立学校の中に於ても無双の勢力を占むるを見れば，其勢焔の今以て熾んなることは想像し得べし。（中略）併しながら之を以て立身の基礎となさむとするは大いに間違ツたる考なるべし。昔時大勢の定らざる以前に在ては政府の官吏程気楽なるものはあらざりしが，代議政治の実施以来政府の一挙一動は帝国議会の牽制を受け，政治機関を運転する費用の供給も年々歳々議会の減削を受くる傾向となりて誠に心細き次第となれり。（中略）然らば其報酬は大なるか，議員の俸給は如何といふに歳費僅に八百円，それも政党の運動費，選挙の競争費に全額を投じ，尚足らずして身代の半を投げ出すにあらざれば議員の地位だにも保つ可からず。道楽商売に割のよき仕事のあらざるは勿論なるが，中にも国会議員の如は余程身代のこたへたる者ならざれば叶はぬ事なり。我等が政治家の地位を以て立身の基礎にあらずといふ所以の理由茲に在り。次に『軍務社会』の事情（中略）富国は強兵の基礎にして，軍人も亦彼の政務官と等しく其の供給を租税に仰ぎ，而して其租税は殖産社会より出すところのものなれば，費用の点に於て国会より常に関渉を免れず。加之，政務及び軍務の二大局部は国家に於て重要の機関なるは勿論なれども（中略）共に欠くべからざるは富資即物産是なり。物産の供給と分配とは『経済社会』の掌るところ，国家貧富の分るゝところにして，第一，人民を養ふにも土地を守るにも之なくは所詮一日も支ふべきにあらず。（中略）我邦の人，動もすれば即ち欧米諸強国の軍備機関の鋭利を説き，其編制の美を称賛すれども，殊に知らず其軍備の強大は民力進歩の結果にして彼等の国に於ては我邦に殆んど数倍せる租税の過半を皆海陸の軍備に費し，其通商貿易を保護し其植民地を拡張して益々民業の発達を図るを。然るに何事ぞ，我邦人は之に反して上下一般衣食を政治社会に求め，或は軍隊社会に入つて其身を過さむとする者多きは。（中略）以上列挙せる各種の社会は『国家』を構成する三大機関にして，之を概括して我輩は茲に実務社会と謂ふ。（中略）尚比外に精神に属する機関の存すべければなり。学術社会，美術社会は即ち精神の区域に属し，其目的

とするところは或は真理といひ或は美趣といひ主として無形の事に係り，一種不可言の霊能に依て之を発揮し之を感得し以て人間生活をして高尚優美ならしむるものなり。(中略) 今は我国も立憲時代の創始に際して政治軍備殖産興業いろいろ忙しき最中なれば，迚も学術や美術などなどと気長な事に身を入れて其日を暮らすべきにあらず」(少年園編『東京遊学案内』1891 年，10-17 頁)

遡って，明治 20 年代の案内書は，青年たちに今後どのような学問，職業方面に進むことが自らの人生をより豊かなものにするかという"アドバイスとしての情報"は提供してきた。しかしその説き方は，進学と人生選択とを曖昧に重複させた形でのものではなかった。ところが明治 30 年代に入ると，学校で取得する知識や技術の差違が職業，さらには人生を宿命的に決定づけるという発想で，選択の決定的なファクターになる情報を提供するようになるのである。

「次に学校系統から注意すべきことがある。これは或工学者の話だが，同人は過ぐる年東京工業学校を卒業して，今は某会社の技師をやつて居る。技倆の点から云つても，新来の工学士などよりは遥かに上手である。処が技師長が欠員となつた。工場内の衆望はあり，技倆もあり，会社にも多年忠勤を擢んでゝ居つたり，技師長の候補者は某氏ならでは他に適任者なかるべしとの衆評である。然るに豈図らんや技師長の跡釜には他工場の工学士を持つて来た，其辞柄は，工業学校では技師長とするに不適任だ，工業学校以上の学校，即ち工科大学の卒業生でなければならないと云ふのださうだ。これは誠に詰らぬことなれども，我工業社会にかゝる意思のある今日では，工業学校卒業生は一段の弱みがある，損な位置に立つて居るといってよい。

某氏が歎じて云ふには『高等商業学校の卒業生は商業社会に幅が利く，会社に入つては支配人より重役までなれる資格がある，高等商業以上の学校がない為めに頭を抑へられる事はない。誠に羨むべしである』と，而して高等工業学校卒業生は，大工場の工務課長或は技師長は前云ふ通りの次第で，多くはヨリ高等なる工科大学の出身者の占むる所となるのであるから，高等工業に入学するものは，日本に其以上の学校があると云ふ事を知つて置かないと困る。これは今の年少諸君に取りて決して等閑に聞流すべきものでない。

学校系統は好く知つて置かねばならない。例へば軍医になるにしても，医学専門学校卒業生(即ち医学得業士)は，卒業後直ちに三等軍医又は少軍医に任ぜられ，年功を積んで一等軍医又は大軍医となるけれども，其以上即ち三等軍医正或は軍医小監などにはなかなかなれない，多くは尉官相当官に一生を終ることゝなる，佐官相当官となるには，中々の俊髦でなければならぬ，ところが医学士であ

るならば，卒業後直ちに二等軍医又は中軍医となり，ずんずん昇進して，左程の成績でなくとも，佐官相当官以上に進むことを得べく，人によらずして出身学校の如何によるのである。陸海軍の如く肩書を尊ぶ処では無理もない話しであるから，此学校系統のこともよくよく注意する必要がある，医学専門学校薬学科卒業生の薬剤官，農科大学実科，獣医科卒業生の獣医官，機械科卒業生の海軍技士などは，皆前と同じく其昇進については，予じめ覚悟する所なかるべからざる事である。」（上村貞子編『官公私立諸学校改定就学案内』1904年，17-20頁）

この記述からもう1つ明らかになることは，人生選択と結びつく学問選択においても，どの学校に通うことが立身出世できるかを，学校序列の成立との連関のもとに語っているということである。次に掲げるのは高級官僚選択と学校との関係を記したものであり，これは多数の中の一例にすぎない。

「第三章　高等文官志望者に与ふる解説
　第一節　概説
　茲に高等文官とは行政官たる高等官を指称するものにして過去の歴史は暫く之を措き現今に於ては或る特種の高等官を除きては等しく文官高等試験と云ふ関門を通過せざる可からす亦其特種の官吏とは彼の郡長典獄各省大臣秘書官の如き特別の任用に依り採用せらるゝもの是れ也此等は普通文官即ち判任官よりも昇進することを得敢て文官高等試験に及第せるを必要とせざる也亦彼の技術官たる技師教官たる大学教授の如きも同一先づ大体に於て已上数種のものを除きては如何に才能あるものと雖も試験を経るにあらざれば高等行政官たるを得ざる也故に将来高等行政官たる志望を有する青年は須からく官の挙行する文官高等試験に応じ其登第の栄を得る準備を為すを要す但し高等文官中奏任勅任とありて其勅任官は現行法上敢て亦試験を要せざる也即ち地方長官たる可き高等官二等已上の県知事及各本省の局長已上の如き是れ也而しも此等は吾人青年の今日只今一足飛びに企及し得可きことにあらず此れに付き能き先例あり先年彼の憲政党内閣の組織せられたる時に各国務大臣を始め多くの勅任官を政党員より採任せられたり然れども此等諸公先輩は学は洋の東西に渉り然らざる迄も多年の辛苦実験を経て才幹衆に秀で能く国家の大任を托するに足るものとして陛下の恩思召によりて任命せられたるものなるを以て此より修養に勉む可きもの或は学校を出て間も無き吾人青年は此等の考は暫く念頭外に置かざる可からず」（吉田甚蔵『中学小学卒業生学問之選択　全』1905年，12-13頁）

ここでは，学問選択は，官吏任用試験をはじめとする資格の獲得と絡みながら人生決定の重要な要因であることを示しているのである。

第7節 小　括—学校建設期の青年たちにとって進学情報とは何であったか—

　青年たちにとって進学情報とは何であったかと問う時，第1には基本的には官立学校を学校選択の第一志望とし，それ以外では，「創業久しく，官立にはない特有の学課を用意し，学科課程や施設設備が整っている私学」を選択することが得策とする情報を提供していた。

　第2には，「官高私低」の構造をもった学校序列と資格制度とをリンクさせた形での学問選択が重要であると伝えた。案内書は独自の情報ルートを通して，このような情報を国民のなかに共有させる役割を果たしたものといえるのではないだろうか。

　ところで，先述したように，寺﨑昌男は，青年たちの前に「進学体系の王道」ができ上がったのも20世紀初頭であったと指摘している（『日本の教育課題6　選抜と競争』東京法令，1994年）。これらの指摘をメディアと言説を通して青年たちの前に届けた情報誌が，まさに進学案内書であったのではないかと重ねて強調しておきたい。案内書の情報を歴史的に分析してみると，寺﨑の指摘が正鵠を射たものであることがわかる。

　情報の発出主体である著者たちの側から見ると，案内書の著者たちは，第1に，帝国大学を頂点とする学校序列が20世紀初頭に成立したこと，第2に，案内書の内容はそこに重点を置く情報を中心とするものへと変化したこと，第3に，その変化は学校の実態におけるヒエラルヒーの成立と深く即応し，かつ強化するものとなったことを制度史・実態史の変化に即応しながら説いた。そのことによって，青年たちの「学び」（学習内容や様式と進学の志向等）がキャナライズされたのではないかということを指摘しておきたい。

注
(1) 寺﨑昌男『日本の教育課題3　なぜ学校に行くのか』東京法令出版，1994年。同前『日本の教育課題6　競争と選抜』2000年。立教学院百二十五年史編纂委員会『立教学院百二十五年史　資料編　第1巻』1996年。天野郁夫『試験の社会史』東京大学出版

会，1983年。吉野剛弘「受験雑誌・進学案内書にみる近代日本における予備校」115，『哲学』三田哲学会，2006年，89-114頁。
(2) 岡和田常忠「青年論と世代論－明治期におけるその政治的特質」『思想』541，岩波書店，1967年，37-57頁。
(3) 社会主義者・堺利彦は『堺利彦伝』（中央公論社，1978年，87頁）において，「明治十九年四月，私は初めて生国豊前の地を離れて東京に『遊学』した。その頃，東京に『遊学』するのは，今日，ヨーロッパに『留学』するのと，ほとんど同じくらい珍しさを感じたので，昂奮，緊張，歓喜，勇躍，十七歳の少年は洋々たる前途の希望に燃えた」と述懐している。
(4) 1902年の少年園『東京遊学案内』には，「少年園編輯局には本書編纂の為め常に編輯員を置きて断えず改正増補に従事」していると記している。
(5) 毎日新聞社新潟支社『青春の森（第4巻）長岡高校編』1980年。本富安四郎の略歴に関しては，土田隆夫「井上圓了による『長岡洋学校和同會』の設立とその後の動向」東洋大学井上円了記念学術センター編『井上円了センター年報第21号』2012年，42-49頁に詳しい（寺崎昌男先生より御教示いただいた）。
(6) 本富安四郎『地方生指針』（嵩山房）1888年，「序」2頁。
(7) 山縣悌三郎『児孫のために余の生涯を語る　山縣悌三郎伝』弘隆社，1987年，162頁。
(8) 岩崎鐵次郎編纂『東京諸学校規則集』成文館，1890年，56頁。
(9) 東京書籍組合『東京書籍商伝記収覧』青裳堂書店，1912年。
(10) 坪谷善四郎『博文館五十年史』博文館，1937年，17-18頁。山口昌男『「敗者」の精神史』岩波書店，1995年，230頁。
(11) 明神健太郎『わが町の人々』（高知県佐川町）1980年，6-7頁。
(12) 『群馬県人名大事典』上毛新聞社，1982年，579頁。日本文学館編『日本近代文学史大事典第五巻』講談社，1978年，210頁。
(13) 小田切進『日本近代文学大事典　第一巻』講談社，1977年，201頁。
(14) 相沢源じ『日本力行會創立者島貫兵太夫』教文館，1986年。
(15) 小熊伸一「雑誌『少年園』にあらわれた明治20年代の青少年のキャリアデザイン―書誌的分析を通じて―」菅原亮芳『近代日本人のキャリアデザインの形成と教育ジャーナリズム』2011年，科学研究費研究成果報告書，43-45頁。
(16) 萩原富士夫「山縣邸三小論」『児孫のために余の生涯を語る　山縣悌三郎伝』203頁。
(17) 土屋礼子編著『近代日本メディア人物誌』ミネルヴァ書房，2009年，129-135頁。
(18) 『少年文庫』第2巻第7号，1890年。
(19) 吉田甚蔵『青年の成功官費貸費私費各種実業学校教示』保成堂，1905年，「広告」。
(20) 國雄行『博覧会と明治の日本』吉川弘文館，2010年，128頁。
(21) 宮崎睦之「〈独習〉と〈添削〉と－佐藤義亮の講義録」『日本近代文学』1995年5月。「講義する雑誌，講義する書物」『立教大学日本文学』1999年7月。

第2章

大正期刊行「進学案内書」が伝えた進学情報

第1節　大正期刊行「進学案内書」の書誌的検討

(1)　発行状況

1913〜26（大正2〜15）年までの14年間において刊行された，あるいは刊行されたという記述のある案内書は都合97種である（巻末資料編Ⅱ-3）。

図2.1にみられるように，14年間絶え間なく進学案内書が刊行されていたことがわかる。ピークは1913（大正2）年の9冊，1917（大正6）年の9冊，1921（大正10）年の9冊そして1925（大正14）年の12冊であり，峰が4回存在した。

より具体的には，どのような進学案内書が発行されていたか。

大正期の第1の大きな特徴は，単独で大学・高等教育機関のみを案内するガ

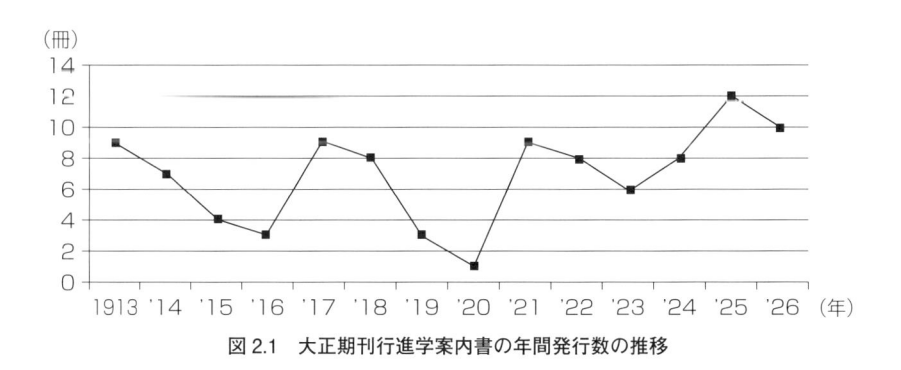

図2.1　大正期刊行進学案内書の年間発行数の推移

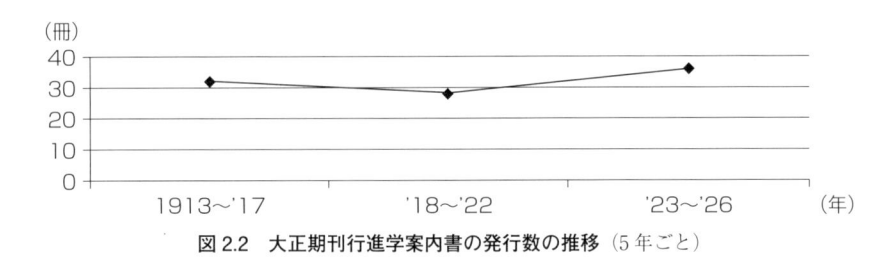

(冊)
40
30
20
10
0
　　　　1913〜'17　　　　　'18〜'22　　　　　　'23〜'26　　　（年）

図 2.2　大正期刊行進学案内書の発行数の推移（5 年ごと）

イドブックが刊行されることである。それは 1918（大正 7）年以降に定例化する。例えば，1921（大正 10）年 2 月初版で 11 月に「訂正改版」を出した服部英雄の編輯による『学校案内　高等専門学校志望の諸君へ』（弘道閣），1924（大正 13）年，1925（大正 14）年，1926（大正 15）年に高木亮『帝国大学入学受験提要』（文信社），1924（大正 13）年に田村初『高等学校各種専門学校入学受験案内』（文久社），1925（大正 14）年初版，1926（大正 15）年には 3 版を重ねた文信社の女子版『女子高等専門学校入学受験提要』，1925（大正 14）年に南光社が刊行した『全国大学高等学校専門学校入学案内』等である。

　この特徴の背景には，もちろん明治後半期から中学校生徒数が増加したことがある。一方，1918（大正 7）年，大学令が制定され，総合大学だけでなく単科大学や私立大学が大学として認められ，それに続いてとられた高等教育機関拡張政策との連動のなかでこれらの案内書が刊行されたこともいうまでもない。

　第 2 の特徴としては，地方公共団体とくに東京市役所が編輯した案内書が，三省堂から 1926（大正 15）年に『東都学校案内』として刊行されたことが注目される。この案内書は，後の 1927（昭和 2）年に改訂版を刊行するが，その奥付には「昭和二年十月十八日改訂六版，昭和二年十一月一日改訂十六版」とある。この記述を信じるならば，この案内書は世の青年や保護者に相当な反響を呼んだものと想像される。

　第 3 の特徴としては，数は少ないが，職業指導という観点から案内書が刊行されたことも注目に値する。大正期には，1923（大正 12）年に職業指導研究者・小山文太郎の『男女学生の向ふべき職業と学校の選定』（培風館）が刊行さ

れている。

　第4の特徴としては，苦学・独学案内書が数多く刊行されることである。例えば苦学案内書では，1913（大正2）年刊行の富屋翠軒『東京苦学立身案内』（魁進堂）を皮切りに22冊，独学案内書は1913（大正2）年刊行の伊藤忍軒『入学就職独学成功法』（光文社）を最初として2冊，苦学・独学案内は2冊，そして「官費・貸費等の学校案内」は2冊で都合28冊刊行されていた。大正期に刊行された案内書の総数は97冊であるので，約3割弱はこの種の案内書で占められていたことがわかる。苦学案内書については，第4章で詳述する。

　第5の特徴は，例えば1914（大正3）年『全国学校沿革史』，1926（大正15）年『大正十五年版　全国学校名鑑』等のように，1000頁を越す学校案内が，ネーションワイドに個別学校情報を集積して登場することである。

　第6の特徴としては，例えば1925（大正14）年『私学の熱叫　東都遊学案内』のように「私学に対する世人の誤解」を払拭する目的で刊行される案内書が初めて刊行された。これらは「官高私低」の観念が国民のなかにいかに広く浸透したかの証左といってよいであろう。

(2)　編著者

　個人名で案内書を著した人物を検討しよう。

　大正期に最も多くの案内書に登場した人物は，出口競である。出口は明治末期から登場するが，舞台が廻ったのは大正期であった。彼の名前は1917（大正6）年から1927（昭和2）年までに都合11回登場する。出口の他には，2回以上登場する著者は松尾正直，人生川志郎，中原隆三，森山正雄，富田浩等であるが，出口は群を抜いていた。

　出口は，苦学体験者であった。彼が，前出した日本力行会の島貫を頼り故郷熊本から上京したのは，1906（明治39）年，17歳の時のことであったという。単純に計算すれば，生年は1889（明治22）年である。島貫の修養会に出席し聖書等を学んでいたが，持金がなくなり鉄道院技師古川邸に書生に入った。月給は1円50銭という。この月給と持金を元手に正則英語学校で学んだ。1907

(明治40)年には雑誌社の事務員，1908(明治41)年には東京興信所の内報配達人を経験し，1909(明治42)年には現在の一橋大学の前身である東京高等商業学校図書館で事務員となった。

1916(大正5)年，出口は「実に中等学校からの半途退学者が多い(中略)之れを何とか匡救の方法はないものかと」考え，東京学生相談所を創立した。創立はしたものの，「どうしても辞退の出来ぬ羽目」となり，1919(大正8)年8月，大正日々新聞社の東京支社の政治経済部員として入社したと出口は書いている。相談所開設前に，就職試験を受けていたのであろう。そこで東京学生相談所は日本力行会に移管し，「日本力行会学生相談所」と改称した。出口は，この「日本力行会学生相談所」の常務相談役として関わりをもちながらさまざまな職を経験したが，やがて1921年，すなわち大正10年4月，「学生補導」を目的とした「学生社」を創立したのである。『東京の苦学生』という苦学案内書は，学生社創立と同じ1921(大正10)年に大明堂書店より刊行された。1924(大正13)年には「増訂復興版」として8版を重ねた。1924年版の序文には，学生社の役員で文部省普通学務局長の赤司鷹一郎が筆を執った[1]。

出口ほどではないが，苦学案内書の著者のなかには断片的であるが経歴がわかるものが何人かいる。

1人目は，小林角馬である。1917(大正6)年刊行の『中等学校卒業生の進路・立志向上』の「序」をしたためた澤柳政太郎は，「著者は我が信州の一青年にして能く信州男子の長所を有し，堅忍不抜の意志を以て今日の境遇を作り，更に大いに新天地を開拓せんとして努力して居る者である。」(「序」3-4頁)と記している。この記述から，著者小林は現在の長野県出身の青年であること，また小林自身が「吾人の如き今既に中学を卒へ」(2頁)と記載していることから中学校卒業者であることだけはわかる。

小林は，「我々はどうしても高等専門程度の学校位を出なければ，人並の生活は出来ない。若し此処で堕落し蹉跌し，再び進むべきの弾力を失ふ如き事万一ありたりとせば，終生頭の上らう筈なく，陋巷に住み一生を無為に終らなければならぬ」という認識のもと，「静に沈思黙考以て前途の方針を誤らぬ様十

第1節　大正期刊行「進学案内書」の書誌的検討　63

分研究の上，最上理想に向ひ猛進突破」(3-4頁) するための資料として，このガイドブックを上梓したと記している。

2人目は，葛岡敏である。1918（大正7）年，河野正義率いる大日本国民中学会の書肆国民書院から発行した『中学から大学卒業まで』という案内書には，「法学士」と明記されている。この本の一節の「大学進入後」は，葛岡本人の体験記である。記述から見て，彼は東京帝国大学法科大学出身者であると思われる。

3人目は，村田勤である。彼は明治大学附属の明治中学校の教頭の任に当たり学校経営に携わった人物である。村田は自らの著書『帝国中学之栞』で「私が中学教育の経験は，四年間麻布中学校で習ひ覚えた丈であつたが，明治四十五年の春早々，明治大学が新たに中学を起すといふことで，矢張麻布の江原校長のご紹介で，その経営の重任に当ることになつたのである。(中略) 過ぐる九年間に開催された中学校長会議には (中略) 私は一回もこれに欠席したことはなかつた。」(「緒言」2-3頁) と記している。

しかし，1920（大正9）年7月に明治中学校を辞任し，著述に従事した。この案内書は，辞任直後の1921（大正10）年に書かれたものである。村田は自らを中学教育の研究者と自認している (3頁)。この案内書の「序」は，「江原素六」と「川田・中校長」が認めている。「川田」とは，東京府立第一中学校 (現・都立日比谷高等学校) 校長として著名な川田正澂のことである。

4人目は，福井文雄である。『東都に於ける苦学の実際』の記述を参考にすると，執筆時の福井は現役の大学生であった。出身は長州，現在の山口県である。父の事業の失敗で家が破産した。1914（大正3）年高等小学校卒業と同時に出郷し，町の呉服屋の小僧となった。

「其の町の中学や女学校には同級生であつた友達が入学して」いた。「若し俺れも中学に逢入つたなら，きつと彼等には敗けはしない者を，(中略) 今に俺れも敗けるものか，と云ふ奮発心を起し」，呉服屋を飛び出し広島に出て「第五師団経理部給仕」となった。その傍ら「中学会の講義録」で学んだ。17歳の春，上京，直ちに新聞配達，その傍ら正則英語学校で学び，「大成中学校

(現在の学校法人大成学園。1897（明治30）年大成学館尋常中学校として開校…筆者）の三年」に編入したが，学校紛擾事件を起こし退学した。荏原中学校（現在の学校法人日本体育会。1904年荏原中学校として開校）に転校し，1918（大正7）年に卒業した。後，人力車夫となって高等予備校に入って上級学校への受験準備をした。やがてある「先生」の紹介で，富豪某氏の所に書生となり働き大学予科に通いそしてその後，雑誌記者をしながら大学に通っている。この書は福井の苦学体験記であり，そこに特徴がある（78-86頁）。

　福井は，この書を出版した理由を，「曰く『苦学成功法』，曰く『苦学案内』と様々な書を見るが，それ等は殆ど営利の目的で出版されるもので，徒らに地方青少年を煽動して，悔を後に遺させるが如き，無責任なるものである。茲に筆者は以上の考によつて，過去八年間東都に於ける苦学の体験談をありのまゝに書き連ねて，苦学に対する厳正なる批判と云ふべきものを下して見たい」と述べた[2]。

　5人目は，小山文太郎である。彼は，1891（明治24）年11月3日に生まれた。1919（大正8）年東京高等師範学校文科第一部甲（修身教育，歴史）を卒業後，同年4月に横浜実科高等女学校教諭として着任。その後1922（大正11）年，東京帝国大学文学部社会学科を卒業し，1926（大正15）年には千葉県銚子町財団法人公正会主事に就任し7年間勤めた。1927（昭和2）年に東京帝国大学経済学部経済学科を卒業し，1932（昭和7）年東京府豊島師範学校教諭兼附属学校主事，1934（昭和9）年東京市視学，1939（昭和14）年東京市主事教育局教育研究所長を各々歴任した。戦後は，亜細亜大学，駒澤大学等の教授を勤めている。著書には，『職業指導と職業教育』（教育研究会，1926年），『職業指導講話』（培風館，1937年）等がある[3]。

　小山の案内書は，1923（大正12）年の刊行である。1922（大正11）年，東京帝国大学文学部社会学科卒業の翌年に培風館から出版したものである。澤柳政太郎は，「序」で「小山君は職業指導につき深く研究されてゐる」（2頁）と紹介している。

　6人目は，吉村正である。この案内書は，書名に如実に表現されているよう

に独学者を直接的な読者対象とし，彼等の進路の羅針盤となることを目的として上梓されたものである。

 吉村は，苦学・独学者であった。吉村の詳細な経歴は不明であるが，『独学者の進むべき道』に「大正十三年十二月二十日」付で「序」を書いた早稲田大学教授・校外教育部長の青柳篤恒は，「本書の著者吉村正君，素と苦学力行の人，早稲田大学の校外生より身を挺して同大学に入り，最も優等なる成績を以て政治経済学部を卒業し，現に同大学政治経済科講義録の編輯に従事せられて居る」(3頁) と書いている。また，吉村自身，「大正十四年一月廿日」付の「自序」において，「会々私が早稲田中学講義録の編輯に携はり，質疑応答の欄を設けて汎く読者諸君の質疑に答へる様になりましてから可なりの月日を閲しました」(2頁) と述べた。

 このように吉村は，早稲田大学の校外生を経て大学に入学し卒業した苦学体験者であったが，この経歴の背後には早稲田大学が大学拡張事業の一環として早稲田中学講義録だけでなく大学講義録も発行し，講義録修了者には正規の学生となる編入への道が開かれるという特典があったことが大きい[4]。

 『早稲田大学出版部一〇〇年小史』(1986年) は，「少年の頃，郵便局に勤めながら中学講義で独学し，一九二四年大学部政治経済科を卒業した吉村正を，二九年母校の留学生として欧米に留学，三二年帰国と同時に政経学部で政治学を教えた」と紹介した (110頁)。

 吉村は，中学講義録で学ぶ独学者の「生」の質問に接し，それに回答する立場にあった人物でもあった。吉村は，前掲『独学者の進むべき途』の「自序」で「中学講義録購読者諸君に適応しい程度の立身法は，全部之を網羅して」(3頁) いると宣明している。この本は，1928 (昭和3) 年には「訂21版」を数えた。

 7人目は，松尾正直である。「伊藤ハンニ」あるいは「伊藤阪二」という名前の方が伝えられている。作家，相場師，新聞社社長，社会運動家等多様な顔をもっているが，「インチキ師ペテン師」とも呼ばれた人物である。『苦学十年』は松尾の自伝である。この自伝について，『昭和の天一坊　伊東ハンニ伝』

の著者・河西善治は「余りに脚色過多で，とても総てを信用することはできない」⁽⁵⁾と評している。事実的部分のみを利用すると，松尾は，1898（明治31）年8月25日，現在の三重県亀山市の米穀商の三男として生を受けた。父の商売の失敗で，小学校を中退し，大日本国民中学会の「中学講義録」で独学をした。1912（大正元）年上京，1917（大正6）年『苦学十年』でデビューした。松尾の『苦学十年』を出版したのは，河野正義率いる大日本国民中学会の書肆国民書院である。18歳の若者が単著にできたのはなぜだろうか。

　河西善治は，「田川を通して尾崎と面識を得た」と記している。田川とは田川大吉郎，尾崎とは尾崎行雄のことである。田川への紹介は，松尾が師と仰いだ天文学者，占星術師・隈本有尚が行った。松尾は，留守番役として田川邸に住み込むようになった。田川の妻の推挙があり，田川は大日本国民中学会会長であった尾崎に相談し，尾崎が河野に話を持ち込み快諾させた⁽⁶⁾。同年に，松尾は，驚くことに6冊の本を上梓した。そのなかには，大文館から出版した『苦学実験物語』もある。だが，「作家」としては芳しくなかった。やがて，松尾は世界恐慌を予測し，金輸出再禁止を見込んで相場をはり，現在に直して約50億円の利益を上げた。その金を元手に，1932（昭和7）年には雑誌『国民新聞』を創刊。当時赤字で苦しんでいた『国民新聞』の経営権を根津嘉一郎から譲り受けた。しかし，やがて彼は米相場で大損をし，雑誌は廃刊，新聞社は再び根津に売却した。後，松尾はさまざまな逸話を残した。その姿と歩みは，1981（昭和56）年にNHKが放送した『歴史への招待　昭和の天一坊大金をつかむ』に映し出された。

　8人目は，相澤秋月である。相澤は，福井と同様に苦学体験者である。彼は，現在の群馬県高崎市の出身で，7歳で父を，14歳で母を失った。17歳で上京して親戚の家に食客となり，やがて小僧，新聞配達人，その傍ら正則英語学校で学ぶ。しかし，病気となり帰郷。再び上京すると，知人の紹介で「国民新聞社発送部員」として入社し，攻玉社（現在の学校法人攻玉社学園）の3年に編入できた。そして，明治大学に入学した。相澤は，自分は「司法界に進まふ，然し自分は徹底的に苦学実行でやる」⁽⁷⁾という。相澤は，「晩学乍ら中学を終り，

大学に入つて専心苦学すること茲に七年，今や其の辛い経験を赤裸々に告白して，諸君の苦学方針の一端を開いたのであります」(「はしがき」) と述べている。

次に，団体名での編輯で，その性格が判明するものは，教員の職能団体であった帝国教育会である。同会は各種調査研究や講習会，機関誌，雑誌，中学講義録，教育図書の発行等を行ったが，1913 (大正2) 年を初版とする『東京遊学案内』は，現在確認されているだけでも1926 (昭和元) 年と1927 (昭和2) 年に刊行されている。また，1927 (昭和2) には，『全国高等専門学校入学提要』を出版した。

(3) 出版社

大正期の出版社は，どのような特徴を見せるのだろうか。

明治期に一世を風靡した少年園，後継会社である内外出版協会の編輯部は消滅した。また博文館編輯所の姿もなくなったが，実業之日本社が登場してくるようになる。2回以上登場してくる出版社の編輯部は，東華堂が5回，武田芳進堂が2回である。4回以上登場してくる出版社は，東華堂が8回，大明堂書店が6回である。他に回数は少ないが著名な出版社としては，実業之日本社，国民書院，早稲田大学出版部，このほか野間清治が率いる大日本雄弁会講談社の前身である大日本雄弁会，三省堂の名が散見される (巻末資料編 II - 3)。

まず，大明堂書店である。創業者の神戸文三郎は，1891 (明治24) 年12月，現在の埼玉県鴻巣市に生を受けた。1905 (明治38) 年ごろ，上京し神田の取次店等で働き，1918(大正7)年独立し本郷区白山に小売業大明堂を創業した。1922 (大正11) 年には神田区駿河台に移って出版業もはじめた。とくに受験関係図書の出版並びに1925 (大正14) 年には「専検」等の受験者のための月刊誌『受験生』，次いで，小学校教員検定試験受験者のための月刊誌『教員受験生』，中等教員試験受験者のための月刊誌『文検受験生』を刊行した。1944 (昭和19) 年には，戦時企業整備により旺文社と合併した。戦後は地理を中心とした人文科学の学術書の刊行に力を入れた。1998 (平成10) 年に廃業した[8]。

実業之日本社は，博文館や金港堂と同じく明治期の日本の雑誌発展史に大き

な足跡を残した出版社である。実業之日本社は，1897（明治30）年6月10日を創業の日としている。それは『実業之日本』の創刊号が発行された年月日であったからである。当時讀賣新聞記者であった増田義一と東京専門学校同窓で友人の光岡威一郎が「帝国実業の発展振興を図る」ことを目的として大日本実業学会を設立した。彼等は，義務教育終了者を主な読者対象として実業講義録（「商科」「農科」）を刊行した。やがて，「帝国実業の発展振興を図る」だけでなく，「実際問題攻究の機関として」雑誌『実業之日本』の発行に踏み切ったのである。雑誌『実業之日本』創刊号の発行部数は「五千部」であった(9)。

　実業之日本社の前身である大日本実業学会は，日清戦争後の実業ブームに後押しされる形で順調に発展した。しかし光岡の健康が悪化し，雑誌の編集や発行業務に支障をきたすようになった。1900（明治33）年，光岡は増田に雑誌の発行権，経営権を譲渡する決意をした。1900年代は大きな取次店でも雑誌の取扱は片手間の仕事とみなされ，割引は当たり前であり，雑誌経営で成功することは難しいと誰もが思っていた。32歳の増田は讀賣新聞を辞し，一世一代の覚悟で友人光岡の意を引き受けた。社長に就任した増田は，社名を大日本実業学会から実業之日本社に改称し，雑誌経営になみなみならぬ決意を示した。その後増田率いる実業之日本社は，返品制（委託販売制度）の導入等の雑誌販売戦略により順調に発展した。1906（明治39）年1月創刊の『婦人世界』は，ライバル博文館の『女学世界』，金港堂の『婦人界』を凌駕し，驚異的な発展を遂げて発行部数も伸ばした。1909（明治42）年の『婦人世界』の「一号当たり平均部数は十万の大台に乗り，やがて二十五万部（最高三十一万部）」(10)という驚くべき数字に達している。実業之日本社は，『婦人世界』創刊と同じ年の元旦に『日本少年』を，1908（明治41）年2月には『少女の友』等を発行した。それらの雑誌は，大正期に入っても好調をキープした。1946（昭和21）年創業者・増田義一は引退した。そして1949（昭和24）年4月その生涯を閉じた。享年満81。1997（平成9）年には創業百周年を迎え，現在に至っている。

　国民書院は，河野正義率いる大日本国民中学会の書肆である。大日本国民中学会は，1902（明治35）年に東京は本郷区湯島に創設されるが，発足当初の書

肆名は「成功堂」と称していた。1905（明治38）年，河野は事務所を神田区駿河台（現在は「明治大学生協」となっている）に移転したのを契機に「国民書院」と改称した。大日本国民中学会は通信教育教材「正則中学講義録」「高等女学講義録」等や図書の発行，雑誌の刊行等の出版事業を行っていた。それらの書物を販売する書店名である。後に「国民書院」は大日本国民中学会の出版部すなわち「合資会社国民書院」となったが，1914（大正3）年には「大日本国民中学会出版部」と改称された(11)。

受験界社は，1916（大正5）年の創業である。創業者は平岡繁樹である。「福岡の産」であった。1927（昭和2）年4月，繁樹の跡を継いだのは平岡壽である。壽は，雑誌『警察新報』『刑務界』（それぞれ1916年創刊），『受験界』（1920年創刊）を刊行した。1931（昭和6）年3月18日長逝。その後を継いだのが，平岡靖章であった。受験界社は文官高等試験，文官普通試験，「専検」「高資」等に検定受験指導雑誌や検定関係の書籍等を刊行した戦前ではネーションワイドに知られた出版社であった(12)。

早稲田大学出版部は，大学の承認を得て，基本的には同大学の講義を通信教育教材，すなわち「講義録」として発行した出版社である。『早稲田大学出版部一〇〇年小史』(1986年) によれば「当初，政治と法律にはじまった講義録は，戦前の一時期には政治経済講義，法律講義，文学講義，電気工学講義，電気工学予備講義，建築講義，中学講義，商業講義，高等女学講義，受験講座の一〇種類にまで拡大され，戦後高校講義，中学講義，商高講義に縮小された三講義の廃刊までの七二年間に二百数十万に及ぶ購読者を生みだした」(103頁)と述べている。これらの早稲田の講義録で学んだ者には，先述の古村正の他に歴史学者・津田左右吉，早稲田大学総長・田中穂積，新聞記者・二木保幾，経済評論家・高橋亀吉等がいる。

大日本雄弁会は，著名な出版社大日本雄弁会講談社（現在は講談社）の前身である。創立者は野間清治である。野間は1878（明治11）年12月17日，群馬県桐生市に生まれた。尋常小学校代用教員にはじまり，苦学して1904（明治37）年に「第一臨時教員養成所（東京帝国大学文科大学に設置）」を卒業して，1907

(明治40) 年には「東京帝国大学法科大学首席書記」となった。1909 (明治42) 年,「大日本雄弁会」創立, 翌年に雑誌『雄弁』を創刊する。さらに, 1914 (大正3) 年『少年倶楽部』, 1923 (大正12) 年に『少女倶楽部』, 1925 (大正14) 年に『キング』をそれぞれ創刊した。1925 (大正14) 年には, 社名を「大日本雄弁会講談社」と改称した。その翌年に,『苦学力行新人物立志伝』は刊行された。この本は, 雑誌『中学世界』に連載されたものをまとめたものであった。従って, 当時『中学世界』の編集人であった為藤五郎が「序に代えて」を認めた。また同書の「附録」に「東京苦学案内」を巻末においた。為藤は『苦学力行新人物立志伝』に所載された「『東京苦学案内』は極めて厳正な観察によって記述されてある筈で, 徒に苦学を謳歌して, 地方青年を煽動するやうな方針で書かれていない筈である」(2頁) と記した。娯楽中心の出版物を出し,「面白く為になる」をモットーとして「講談社文化」を築いた野間清治は, 1938 (昭和13) 年10月16日に狭心症により61歳の生涯を閉じた[13]。

　三省堂は,「辞書の三省堂」として「辞書はコンサイス」というスローガンで有名である。創業者の亀井忠一は, 1856 (安政3) 年, 江戸に生を受ける。1881 (明治14) 年, 神田で古本屋を開業した。店名は, 論語の「吾日三省吾身」にちなんで三省堂と名付けた。1888 (明治21) 年, 単独で出版事業を始めた。同年『ウェブスター氏新刊大辞書和訳字彙』を出版し,「辞書の三省堂」の基礎を築いた。1902 (明治35) 年までに「二十数版を重ね, 驚くなかれ累計二〇〇万部に達した」[14]という。さらには, 1907 (明治40) 年言語学者・金沢庄三郎編纂『辞林』が発行された。この辞書は, 全国旧制中学校の指定図書になった。忠一は『日本百科事典』の出版を行ったが, 経営がうまくいかず, 1915 (大正4) 年に株式会社とした。全10巻の『日本百科事典』が完成したのは, 1919 (大正8) 年のことである。その後三省堂は幾多の苦難に遭遇するが, それを乗り越えおおいなる活動を行っている。伝統と歴史に裏付けられた出版社である[15]。

　ところで, 大正期には東華堂書店から多くの案内書が発刊されたが, 今回の調査では東華堂の発行者は「三好直蔵」であり, 住所は「東京市京橋区銀座三

丁目三番地」(各年度『最近東京遊学案内』奥付より。文献目録を参照されたい)であること，さらには官立諸学校の入学試験問題集等の受験問題集や受験案内書，学校案内書等主に刊行した出版社であったことだけはわかった。しかし，「三好直蔵」の経歴等は解明できなかった。

(4) 定　価

　残念なことに，今回の筆者の調査でも総ての案内書の定価が判明したわけではないが，現段階でわかった定価に基づいて，その推移を検討してみよう。

　案内書の定価は，1920（大正9）年を境に変動する（巻末資料編Ⅱ-3右欄）。1920年以前は，「定価7円」という別格なものは除き，ほとんどの案内書は定価1円以下であった。しかし，1921（大正10）年を越えると，それ以降は定価1円あるいはそれを超える傾向がみられ，1924（大正13）年以降は1円を下る案内書は刊行されなくなった。

　明治末期からの慢性的不況に苦しめられていた日本経済は，第一次世界大戦後の空前の「大戦景気」のブームに酔いしれた。とくに都市部では重化学工業が発展し，男性労働者が増加した。農村の過剰人口は，都市部の産業に吸収された。都市への人口が集中する，都市化現象を引き起こした。

　労働者の賃金は，1914（大正3）年ごろより徐々に上昇し，1917（大正6）年ごろより急上昇した。1920（大正9）年には，1914（大正3）年を賃金指数100とすると300近くまで達し，その後横ばい状態となったが，物価指数は260近くまで達した（『日本経済統計総覧』より）。工業労働者の増加と人口の都市集中は米等の消費量を増大させた。その結果インフレ傾向が続き，物価は1916（大正5）年ごろより急上昇した。相当物価は高騰したのである。庶民の生活は，家計は楽にならなかった。大正末期から昭和初期にかけて1冊1円本（いわゆる円本）が盛んに刊行されたが，進学案内書も1920（大正9）年を境に「円本」の案内書が刊行されていた。進学案内書は，比較的低価格の出版物として読者に提供されたのである。

(5) 発行部数

　大正期の雑誌経営を出版企業発展史のなかに位置づけてみるならば、この時期は雑誌経営の企業化が伸展した時期であった。たしかに雑誌経営企業化の波は、博文館の雑誌の発行に見られたように明治20年代からはじまった。また、明治の博文館の対抗馬として明治後期から一世を風靡した実業之日本社の出現も1897（明治30）年であった[16]。

　しかし、明治期の雑誌の発行部数は多く見積もっても「三千部あれば」成功といわれるように、経営規模としては極めて小さなものであった。例えば、博文館の雑誌『少年世界』の1906（明治39）年の発行部数は3万5000部、月に換算して約2900部である。金港堂の『少年界』は1万1000部、月に換算して900部となる[17]。また、1911（明治44）年に東洋経済新報社に入社した石橋湛山は、『湛山回想』（岩波書店）のなかで「私の記憶では、月刊雑誌で毎月三千部出れば、先ず一人前といわれたものであった」と述べている[18]。

　やがて日露戦争後、日本の資本主義経済が発展してくる明治後期から大正期にかけて雑誌経営はおおいに発展した。

　例えば実業之日本社は、1906（明治39）年正月に雑誌『婦人之世界』と『日本少年』をそれぞれ創刊した。繰り返しになるが『婦人之世界』は社長・増田義一の英断で「返品制」を導入したことに起因し、創刊時23万6500部であったものが、1909（明治42）年には129万9500部にのび、1号当たり平均部数は10万部の大台に乗り、やがて最高31万部に達したという。大正期には、博文館を凌駕し実業之日本社の時代を告げた[19]。また「日本一おもしろい、日本一為になる、日本一安い雑誌」と謳った大日本雄弁会講談社の雑誌『キング』が1925（大正14）年1月創刊された。創刊号は「初刷五〇万部」を発行した[20]。

　このように、1920年代は多様な雑誌が誕生した時代であり、それに象徴される定期刊行の活字メディアは発行部数が「万」単位で刊行される時代が到来した。このような時代状況のなかでも、進学案内書の発行部数を解明するのは困難であった。苦学案内書については第4章で詳細に述べるが、ここでは①総

合的上級学校進学案内書，②高等教育機関進学希望者向け進学案内書に限定して，著者の案内書や出版社の編輯になる案内書の「訂正改訂」状況等の推移に限定して検討する。版を重ねたものを重点的に見よう。

①総合的上級学校進学案内書

教員の職能団体としての帝国教育会，出版社としての東華堂編集部と芳進堂編輯部，そして個人名で刊行した出口競の手になる案内書がある。

〈帝国教育会の手になるもの〉
1. 帝国教育会『東京遊学案内』1913（大正2）年，大洋堂書店
2. 帝国教育会『東京遊学案内』1915（大正4）年，大洋堂書店
3. 帝国教育会『東京遊学案内』1918（大正7）年，大洋堂書店

〈三好直蔵率いる東華堂編集部の手になるもの〉
1. 東華堂編集部『最近東京遊学案内』1913（大正2）年3月，東華堂書店，3版（1913（大正2）年1月初版・2月再版）
2. 東華堂編集部『最近東京遊学案内』1914（大正3）年4月，東華堂書店，再版（1914（大正4）年3月初版）
3. 東華堂編集部『最近東京遊学案内』1916（大正5）年5月再版，東華堂書店（1916（大正5）年4月初版）
4. 東華堂編集部『最近東京遊学案内』1917（大正6）年2月，東華堂書店
5. 東華堂編集部『最近東京遊学案内』1918（大正7）年1月，東華堂書店
6. 東華堂編集部『最近東京諸学校案内』1919（大正8）年2月，東華堂書店
7. 東華堂編集部『最近東京諸学校案内』1922（大正11）年2月，東華堂書店

このように1913（大正2）年以降，毎年版を重ねて刊行されていることがわかる。しかし出口競は，『東京の苦学生』で「入学案内はいろいろあるが，どうかすると数年前のものをそのまゝ蒐録したものに表紙丈け取り代えて『大正十年版』とした様なのも随分ある」（82頁）と述べている。売り上げを伸ばすための販売ストラテジーではないかとも考えられる。当時としては，ごく当たり前のことであった。また編輯も粗雑なところがあり，「上京者への注意」は

版を重ねても全く同じ文言であり，学校案内も「諸学校の規則」を抜き書きしたものに止まり，寸評さえも加えていない。

　1900（明治33）年前後「受験学会」という名の下に登場した東華堂が1922（大正11）年ごろにその姿を一時消す（昭和戦前期，1929（昭和4）年ごろに復活する）直前に登場したのが，武田元吉率いる武田芳進堂である。

〈武田芳進堂編輯部の手になるもの〉

1. 芳進堂編輯部『大正十年版　最新東京学校案内』1921（大正10）年，武田芳進堂
2. 芳進堂編輯部『最新東京学校案内』1924（大正13）年，武田芳進堂
3. 芳進堂編輯部『最新東京学校案内』1926（大正15）年，武田芳進堂

1926（大正15）年の案内書の奥付には，以下のような記載がある。

　　「増訂版二十版（大正十三年十月）
　　　改増訂二十五版（大正十四年一月）
　　　大増訂三十五版（大正十四年四月）
　　　改増訂四十版（大正十四年八月）
　　　改増訂四十五版（大正十四年十月）
　　　改増訂五十版（大正十五年一月）
　　　改増訂五十五版（大正十五年二月）
　　　改増訂六十版（大正十五年四月）」

　この記述から，案内書は1924（大正13）年6月を初版とし，それ以降毎年版を重ね，1926（大正15）年には「改増訂50版」であったことが判明する。東華堂に比べると，時代時代の状況を踏まえた編輯になっている点は良心的である。武田芳進堂編輯部の案内書は昭和戦前期にも刊行されつづけたが，1935（昭和10）年を境に姿を消すことになる。

〈出口競の手になるもの〉

1. 出口競『最新式入学案内』1917（大正6）年，米山堂
2. 出口競『東京遊学学校案内』（表紙には「大正十一年版　一目瞭然」が付記されている），1922（大正11）年，大明堂書店

3. 出口競『大正十二年版　一目瞭然　東京遊学学校案内』(文部省通俗図書御認定) 1922（大正 11）年，大明堂書店
4. 出口競『大正十三年版　一目瞭然　東京遊学学校案内』(文部省通俗図書御認定) 1924（大正 13）年，3 版，大明堂書店（文部省通俗図書御認定とある）
5. 出口競『高等学校入学の研究』1924（大正 13）年，実業之日本社
6. 出口競『大正十四年版　一目瞭然　東京遊学学校案内』1925（大正 14）年（発行月日は不明），大明堂書店
7. 出口競『大正十五年版　一目瞭然　東京遊学学校案内』1925（大正 14）年 12 月，大明堂書店

　出口も 1917（大正 6）年以降，毎年のように案内書を刊行している。1924（大正 13）年に実業之日本社より『高等学校入学の研究』を刊行しているのは注目に値する。一流の案内書の書き手として認知された結果であろう。

　出口は，この種の総合的上級学校進学案内書に止まらず，苦学案内書も上梓した。例えば 1921（大正 10）年刊行の『東京の苦学生』は，1924（大正 13）年に「復興 8 版」を重ねた。1922（大正 11）年以降，出口は神戸文三郎が率いる大明堂書店からの出版が多くなったことも特徴的である。

②高等教育機関進学希望者向け進学案内書

　例えば，1914（大正 3）年実業之日本社は『中学卒業就学顧問』を，1917（大正 6）年小林角馬が『立志向上中等学校卒業生の進路』（積文社）を，1918（大正 7）年には葛岡敏が国民書院より『中学から大学卒業まで』をそれぞれ刊行している。

　中学校卒業者を直接的な読者対象とした案内書は，1909（明治 42）年ごろより本格的に刊行されてきた。また，大正後期になると，単独で高等教育機関進学希望者を直接的な読者対象として案内書が刊行された。すなわち明治最末期の 1909（明治 42）年から大正後期ころまで高等教育機関進学希望者向け上級学校進学案内書が連続して発行されていたことになる。この種の案内書のなかでも，葛岡敏『中学から大学卒業まで』はその内容が高等学校（旧制）案内書となっている。先に記した出口は 1924（大正 13）年『高等学校入学の研究』（実

業之日本社）を刊行しているが，この種の案内書のカテゴリーに入ることになる。

　高等教育機関進学希望者を単独で読者対象にした案内書の魁は，1921（大正10）年刊行の服部英雄『学校案内　高等専門学校志望者の諸君へ』（弘道閣）である。しかし，これは単発で終わる。高木亮は高等教育の拡張政策が実施されるなかの1924（大正13）年，文信社あるいは文信社書店から『帝国大学入学受験提要』（6版）を刊行した。この案内書は，1925（大正14）年，1926（大正15）年にも刊行され，昭和戦前期に入ると「文信社編輯部」の手によって続刊されるようになる。

　文信社は，女子高等教育志望者を読者対象とした案内書として，富田浩の名で『女子高等専門学校入学受験提要』を1925（大正14）年と1926（大正15）年（第3版）に刊行している。しかし，この案内書はそれほど売れなかったらしく昭和戦前期には姿を消すこととなる。

　文信社は，案内書の刊行という側面から見れば帝国大学を中心とした高等教育機関進学希望者を読者対象とする案内書を刊行していた出版社であることだけはわかるが，社の全容を今回の調査で解明することはできなかった。

　また，残念なことに，筆者は各案内書の具体的な発行部数を数値で示すことはできなかった。上記①②の例に見られるように毎年案内書は刊行され，なかには，毎年のように版を重ね刊行しつづけたものが存在したことだけは確かなことである。

(6)　発行の趣旨と目次構成の変化

　ここでは苦学案内書以外の案内書を取り上げて，①総合的上級学校進学案内書，②高等教育機関進学希望者向け進学案内書，③中等教育機関進学希望者向け進学案内書に区分し，発行の趣旨と目次構成の変化と特徴について検討する。但し，女子を読者対象とした案内書は，他の研究に譲ることとする。

①総合的上級学校進学案内書の発刊の趣旨と目次構成

　東華堂刊『最近東京遊学案内』（1913年，巻末資料編Ⅰ-2資料1）からもわか

るように，発刊の趣旨は掲載されていない。東華堂の案内書の目次は，その後発行される案内書においても構成が変わることはなかった。また，資料としては復刻しなかったが，1916（大正 5）年度用に編纂された帝国教育会の案内書（大正 4 年刊行）の目次構成も東華堂と同様に変化していない。帝国教育会の案内書に掲載された「上京遊学に当たっての注意」情報は，「（一）先づ其の志望を確定するを要す。（二）操行の堅確なるを要す。（三）身体の健全なるを要す。（四）学資供給の確実なるを要す。（五）修学程度を顧みんことを要す。（六）女子に関する要件」(2-16 頁）からなっている。この案内書の「上京遊学に当たっての注意」情報には 16 頁が当てられている。全頁 228 頁であるから全体の約 7% を占めているにすぎない。多くの頁を割いているのは学校案内であった。この案内書の特徴は，明治期以来の進学案内書の目次構成を時代に合わせて若干加筆しつつも，基本的にはそれを踏襲しているところにある。

　目次に変化が見えるのは，1916（大正 5）年ごろからである。それが集文館刊『新撰東京遊学案内』（巻末資料編Ⅰ-2 資料2）である。この案内書の編者・集文館編輯部代表者藤井□（判読不能…筆者）は「自序」において，自らを「予弱冠笈を負ふて郷関を辞し輦轂の下に遊学するや年あり，校門を出づるや（中略）故ありて筆硯を抛ち牙籌を執り身を実業界に投じ」た人であると書いている。藤井は「東都の人となり少しく錦を故郷に飾るを得たり先之故山の親戚朋友知己の子弟にして東都に遊学せんとするや必ず予に学校の状況を質す」から，学校案内を買い求めてそれを基に応答しようと思うが「繁雑に過ぎて索引に便ならず或は簡単にして所用を辨ぜざるもの往々是あり所謂一得一失にして肯綮を得たるものは稀有絶無と云ふも敢て過言に非らざるべし」(1-2 頁）と嘆き，本書を編纂したと述べている。

　藤井は，本書の特色として「(1) 諸学校の規則を摘要し之を一覧表の如く見やすく配列したること，(中略) (4) 夜学校を調査し之を列記したること，(5) 無月謝学校を精査し之を掲載したること，(6) 講義録を発行する学校を調査し其費用等を示したること，(中略) (12) 各学校を類別し規則を適要し且つ批評を加へたること」を挙げ，「十二ケ條の事項は未だ曾て此種の書籍中に記載し

たるものなし」(「凡例」1-2頁) と揚言している。

この案内書を読み進めてみると、藤井が強調するように、従来の案内書とは異なりきめ細やかに解説と批評が加えられている。従来、「夜学校」や「無月謝学校」すなわち官費・貸費・給費の学校の案内書や講義録を発行している学校を紹介する案内書は存在した。しかし、「第二十六章 其一小学校卒業後入学の出来る工業学校 其二小学校卒業後入学の出来る商業学校 其三小学校卒業後入学の出来る農業学校 其四小学校卒業後入学の出来る実業学校」の章を積極的に新設したのは、この案内書が嚆矢である。

ここでいう小学校とは、尋常と高等各小学校との双方を含んでいた。しかし、圧倒的には高等小学校卒業生を指している。1916 (大正 5) 年という時代は、1900 (明治 33) 年前後にはじまった尋常小学校卒業生の高等小学校、実業補習学校への進学者の増加を経て、さらに加速した時代であった。だが、たとえ高等小学校を卒業しても、上級学校に進学できた者は、ほんの 10% 程度にすぎなかった。ところが、高等小学校卒業生のなかには、それでも東京に出て学びたいという青年たちがいた。彼等は東京で何らかの内職的職業に就き、苦学し、夜学で学びたいと考えていた。

苦学生は 1900 (明治 33) 年を境に増加し、大正期には都市化現象と共にさらに加速した。この案内書の著者が「第二章」中に「苦学方法」という節を設けたのは、まさにそのような読者を想定してのものであった。

目次構成のなかで、「第十九章夜学校、第二十章無月謝学校、第二十一章講義録を発行する主要学校」から「第二十六章」までに 36 頁、全体の約 20% ものスペースを割いているのは、まさに苦学生・独学者をも読者対象としていることの現れである。

この案内書の特徴は、自活勉学する苦学生が増加したこと、官費の学校に進学を希望するものが増えたこと、独学メディアとしての通信教育教材すなわち講義録で学ぼうとする者が増え、いわば独学ブームが到来したことを伝えたガイドブック性にある。とりわけ、「第二十六章」が設定され、高等小学校を卒業しても入学できる上級学校が少なくなったこと、「其四 小学校卒業後入学

の出来る実業学校」で掲載された学校はほとんどが入学試験のない，誰でも入れる私学，夜学で，かつ短期速成を旨とする学校であったことに鑑みれば，中学校の卒業資格というパスポートを所有していないと正系の上級学校進学が不可能な時代が到来したことが告げられていた。それだけでなく，進学できた学校の卒業資格のもつ意味がいよいよ強固になったことを伝えていることに大きな特徴がある。つまり全体を通してみれば，それまで支配的に維持強化された教育システムをさらに強化しつつ，高まる「無産青年」をも含んだ国民の教育要求に対応すべき時代が来たという状況を，この著者は的確に伝えているのである。さらに凡例で，「購買の際類似の書名に注意せられたし」（2頁）とあるのは興味深い。それほどまでに，たくさんの類似本が刊行されていたということである。

　出口競が著した大明堂書店刊『東京遊学学校案内』（1922年，巻末資料編Ⅱ-2資料3）の第1の特徴は，職業指導の理論を学びながら職業選択と学校系統とが明確にリンクしたことを伝えるものになっている点にある。

　ところで，「序」をしたためた教育行政学者（後，文部大臣）・松浦鎭次郎は出口について，「著者は，十数年文部省に出入し，学校教育内外の事情に通暁し，傍ら学生社を経営し，一般学生の利便を図りつゝある人物」（3頁）と紹介している。

　先にも触れたように，出口は，1920年代初頭の「学び」の世界を明確にとらえ伝えた。「第一篇」の「一」で「所で小学校は義務教育，こゝ丈け出た人では世の中の人として生活して行けない」と強調する。さらに彼は「昔は読み書きを知つて居ればそれでよくて，職人なんぞ『バラばう奴，字なんか誰が知るもんかい，人を見損なふねえ』なんて，理屈にも合はぬ理屈を並べて威張つたものだ相ですが，当節はそれではいけませぬ，矢張り相当な学校を出してやらぬと可哀想です，つまり，其の人が立ち行かない」（2-3頁）と小学校以上の中等程度の上級学校に学ばないと「其の人が立ち行かない」時代が来たことを読者諸子に伝えているのである。

　先述の東京に設置した学生相談所「学生社」に，相談の手紙が次々に寄せら

れたという。出口は，その1つを次のように紹介した。

　「学生社へ手紙をよこす人の中には，もう三十歳も越えてから，俄に自分の力の不足なのが情なくなり，せめて中学程度の普通学の素養でも得体いと言つて，新聞の広告で中学の講義録と実業講義録をとつて見たが，国語や歴史地理は分るが，英語や数学，ことに化学なんかと来ちや全く分らない，これでは不可ないから先生何とか方法がつきますまいか，上京して短期にやるとしたならばどの学校がいいでせう，こんな質問はザラにあるのであります。」(出口競『東京遊学学校案内』大明堂書店，1922年，3頁)

　出口の案内書の第2の特徴は，学校における職業指導を提唱している点にある。1915（大正4）年に教育学者・入澤宗壽が『現今の教育』（弘道館）を刊行した。日本で最初に職業指導の必要性を指摘した人物として夙に著名だった入澤に学び，出口は米国ボストンプランを紹介しながら日本の青年の進路相談システムの未熟さを説き，「ところで，日本ではどうかと申すと，相当思慮のある家庭にしても，マァ，子供が七歳になつたから小学校へやれ，小学校を出たから高等小学へやれ，本人が希望するから中学へやつて見よう，うちは百姓だから農学校がよかろう，こんな調子で其の本質の吟味等してくれない，不熱心な丈けでなく，不注意と云つたがいいでせう」と，児童の性能を見極め彼らのキャリアデザイン形成のためのアドバイスをする必要を説いている。そうしないと「農学校を卒業しても詩ばかり」作っていたり，中学校に入学しても「頭の負担にたへずに落第して煩悶する」ことになるのだから「小中学校に在学中に，もつと親切なやり方で，各児童の進むべき道を教へてやる事にしたい」と記した（10-11頁）。

　また出口は，「諸君は自分の向ふ方針については先生も本統の相談相手でなく，親は子の事について知識が不足である，結局先輩に聞いて自分で決めるか，新聞，雑誌，単行本等の内容によつて定める事になる」(12頁) と書いた。

　この記述から，1920年初頭，義務教育機関を卒業した児童の進路相談相手は先輩等からのオーラルコミュニケーションか，あるいは雑誌等の活字メディアであり，そこに盛り込まれた進路情報が彼等の進路決定に重要な役割を果たしていたことがわかる。また出口が指摘する雑誌とは，主に1918（大正7）年に

研究社から刊行された『受験と学生』や，独学者のための雑誌，1920（大正9）年創刊の『受験界』等を指しているとみられる。

　第3の特徴は，職業選択と学校選択の関係を明確にし，いかに従来から学校序列が維持強化されているかを報じた点にある。目次の「六，目的を選定する順序」から「十五，学問学校に国境なし」まで，約50頁にわたって論ぜられている。

　第4の特徴は，「第二篇　六，横から抜けて大学」という節が設定されていることである。「専検」「高検」等の教育資格獲得検定試験（試験検定のみ）と職業資格獲得試験が紹介されていることである。権道から中学校程度の学歴取得をしないと「其の人が立ち行かない」事態になることを出口が本格的に伝えている。「追記」で「中学校高等女学校卒業資格の無い人へ」というコーナーを設け「専検と其の説明」を行っているのは象徴的である（298–301頁）。

　武田芳進堂刊『最新東京学校案内』（1926年，巻末資料編Ⅰ–2資料4）の案内書である。目次からわかるように，「東都遊学の指針」（「緒言」）として，各学校の規則，生活上の諸注意，受験上の注意，学校評判，「専検」等の諸規程，最近入学試験問題，附録には苦学案内書等の情報を網羅している。また，案内書の編者は「蓋し大震災後に於ける東都学校の概要を紹介するを得ば，編者の幸之に過ぎるものはない」（「緒言」）とも記している。

　この案内書の特徴の第1は，先の出口の案内書でも報ぜられた「権道」について「第五専門学校入学者検定規程につき　第六高等学校大学予科入学につき　第七高等学校卒業学力検定試験」のように節を立て報じている点にある。第2の特徴は，出口の案内書の目次構成をモデルに，若干のアレンジを施していることである。これらの特徴は，書誌的検討においては重要である。なぜならば，このような仕様の案内書が読者諸子に歓迎され，目次構成がいわば普遍化したことを意味しているからでもある。

　三省堂『東都学校案内』（1926年，巻末資料編Ⅰ–2資料5）は，東京市役所の教育局庶務課が編纂した案内書である。また教育局は，東京市役所社会局の調査も案内書の巻末に附録として掲載した。つまりこの案内書は類似のそれとは

異なり，公的な立場から編纂され，刊行された案内書という大きな特徴をもっている。

東京市役所の教育局庶務課は，「序」で東京市内外に所在する各種の学校に進学を希望する者が年々増加し，学校も「異常な勢いを以て増設」されているが，「然るに此等諸学校の一覧ともいふべき好箇の書冊に乏しいのは遺憾に堪へない。地方在住の青少年にして本市遊学に志すものが陸続書を本局に寄せて此等に関する質問を試みられるのは全く之が為に外ならない。本書は此の遺憾を補ふの資の一端に供せんが為に編纂したもの」であると発刊の趣旨を記している。次なる特徴は，案内書の定番である「上京に当たっての注意」に関する記述がなされていないことである。各章の先頭には，淡々と例えば「大学令」等の各大学・学校関係法令を掲げ，その後に「市内外各学校に照会して回答を求めたもの」を「一，位置（電話番号）　二，学校長名（設立代表者）　三，創立年月日　四，入学資格」等11項目にわたって整然と記している（「凡例」1頁）。もちろん寸評や短評を加えることもなく，各学校からの回答を整理して掲載しているのである。すなわち他書で重要なテーマとなる「上京」は所与の前提とされ，その上で東京府と近接の学校が紹介されているのである。

この案内書は昭和戦前期にも刊行され，1928（昭和3）年には「改訂20版」を数えるほどに好評を博していたが，その後の刊行状況については不明である。この年を境に，各年度『出版年鑑』等の書誌類には，東京市役所編の案内書の刊行を伝える記述はなくなった。

②高等教育機関進学希望者向け進学案内書

実業之日本社『中学卒業就学顧問』（巻末資料編Ⅰ-2資料6）が刊行された1914（大正3）年は，折しも4年に及ぶ第一次世界大戦が勃発した年であった。高等教育の制度改革と量的大拡張それに促進された高等教育進学要求が高等教育機関進学希望者向け進学案内書を産んだ。このような制度改革が実施される前後から，進学案内書の世界では中学校卒業者を読者対象としたガイドブックが出版された。本書は大手出版社，実業之日本社の手になるものである。編者は，「本書は中学校，師範学校，各種実業学校等の中等学校卒業生が更に進んで高

等専門の教育を受けんとする場合に起こる一切の疑問に答へ，如何なる人は如何なる方面に向ふべきか，如何なる方面に向ふには如何なる学校を選択すべきか」等の諸問題に解答することを刊行の趣旨としたと記している。つまり案内書の編者は，青年たちの志をある方向に向けてインスパイアすることを目的に刊行したことになる。そして「材料は成るべく実地に踏査し，最も新らしく最も正確な根拠によつてあります」（「本書内容略説」1-3頁）とも述べた。この編集の方針は目次構成にも如実に反映された。青年たちが職業選択と学校選択の関係を見極める上で有益な情報を提供した案内書となっている。

　積文館『立志向上　中等学校卒業生の進路』（巻末資料編Ⅰ-2資料7）も基本的には実業之日本社本の目次構成を参考にしているが，受験上の注意について多くの節を設けたのは注目に値する。1917（大正6）年当時は，高等教育の拡張計画はまだ決定されていない。この時期の中学校卒業生の進学問題は，高等教育機関過少のために生ずる頗る激烈な選抜試験競争であった。青年の中には過度な受験準備のために健康を害する者も現れるなど，寒心に堪えない状況が生まれ社会問題化していた。編者は「第二章　高等専門学校入学準備の方法」において「一　受験の難関は楽しい　二　受験準備の時期　三　受験準備としての上京問題　四　高等予備校事情　五　中学校卒業資格を得る別途」をも伝え，また「第二章　受験準備の勉強方法」を立て，さらに「第四章　受験上の要件」に全体の約8％の紙幅を割いている。上級学校進学志望者を読者対象とする案内書は，進学案内書ではなく，受験案内書の様相を強く見せはじめるようになるのである。

　しかし，青年の健康をもむしばむ受験地獄が続く状況下でも，青年の将来像について編者は先にも引用したが，「吾々はどうしても高等専門程度の学校位を出なければ，人並みの生活は出来ない。若し此処で堕落し蹉跌し，再び進むべきの弾力を失ふ如き事万一ありたりとせば，終生頭の上らう筈なく，陋巷に住み一生を無為に終らなければならぬ」（3-4頁）と鼓舞するのである。志と意欲を主軸として，青年たちの「学び」を上級学校進学にインスパイアした案内書という特徴を有している。

実業之日本社『高等学校入学の研究』（巻末資料編Ⅰ-2資料8）は，1924（大正13）年の出版である。高等学校の受験秘訣本でもなく，評判記でもなく，高等学校の校是を示しつつ受験者・保護者に「高校とは何か」「それぞれの高校の特徴を知ってから進学先を考えてはどうか」という問いを投げかけた案内書という特徴がある。
　この案内書は，1918（大正7）年に大学予備教育機関から高等普通教育機関にその性格が変更され，高等科への入学資格が「中学校四年修了」とされ，修業年限一年短縮と定めた「高等学校令」が出された，その6年後の出版である。
　ところで1924（大正13）年という年は，10月11日に「文部省令22」において専門学校入学者検定規程が改正され，随意試験であったものが国家試験となった。同年3月12日には「文部省告示109」において「専門学校入学者規程ニ依リ実業学校実科高等女学校ノ卒業者指定」が出された。これにより実業学校（甲種実業学校）から実業専門学校への進学の道が開かれた。
　著者・出口は，その進学の道が開かれたことを「文部省の果断」で「実に喜ばしき改造」と評した。実業学校を中学校と同格と見なしていたようである。出口は，「第一篇高等学校の知識」で「一，正系を行く利益と傍系　二，新たに認められた受験資格　三，側系進入者と実力の養成」等という節を設け，いち早くその情報を伝えている。その点からいえば，本書は傍系からの高校受験者をも対象とした案内書という特徴をもっている。
　「はしがき」で，「実は十二年（1933年　筆者）の六月に東海道筋の主なる学校を見に行つて，一層遊志がそゝられ（中略）合計六十二日間の間全国を跨にかけ」，「旅行記は，『受験と学生』誌上に『全国学校周遊記』の名で連載し（中略）大阪毎日社のサンデー毎日にも十二三回に亘つて『学校めぐりの旅』を書いた」と記している。出口は実地調査をもとに「私としては最新知識を傾けて本書を著す」（1-2頁）ことにしたと語っている。
　この案内書は，書名に現れているように，実地調査に基づく高等学校入学の研究であるという特徴があるが，筆者が見るかぎり，保護者にとっては高等学校紹介，高等学校志望者にとっては，入学試験対策手本という方が妥当なよう

である。

　文信社『帝国大学入学受験提要』(巻末資料編Ⅰ-2資料9-1）は，帝国大学を直接に対象とした案内書であり，この種の案内書の嚆矢である。1924（大正13）年に文信社から刊行された。編者・高木亮は如何なる人物かは，今回の調査では判明できなかった。

　なぜ，帝国大学だったのか。「はしがき」で高木は次のように記した。

　　「高等学校の増設に伴つて，大学の入学試験も近来次第に激しくなり，折角高等学校を卒業しても，志望の大学学部に進む事が出来ず，心ならずも志望学科を変更したり，或は数年の受験生活をするものすら生じた。殊に大学の様子が充分に解つてゐないために，無闇に試験をおそれたり，又は学科の選択を誤つて，そのために思はぬ失敗をする人も少くない。こう云ふ人を一人でも少くしたいと云ふのが，編者の本書を編輯しようと思ひ立つた動機である。」（高木亮『帝国大学入学提要』文信社，1924年，「はしがき」）

　目次は，大学拡張と収容力に関する記事にはじまり，「入学試験に対する東大諸教授談」が載っている。東大諸教授には，法学部長・美濃部達吉，文学部長・三上参次，法学博士・穂積陳重等総勢9〜11人である。また附録に各帝国大学だけでなく新潟，千葉，金沢，岡山，長崎各医科大学の入学試験問題を添付している（『帝国大学入学受験提要』1925年，1926年，巻末資料編Ⅰ-2資料9-2参照）。

　このように，1918（大正7）年の「高等学校令」によって高等学校は増設されたにもかかわらず，いや却ってそのために大学入試は次第に激烈の度を加えていった。医学部を除いて文学部等では，入学試験等は永久にないと信じられていたものが，1923（大正12）年ころより選抜試験が行われるようになった。学部によって多少の温度差はあるが大学入学難の時代を迎え，この案内書は大学入学の指南書の役割を担った点に特徴がある。

③中等教育機関進学希望者向け進学案内書

　有朋堂書店『帝国中学入学の栞』(1921年，巻末資料編Ⅰ-2資料10）の特徴は，私立中学校教頭職にあった著者が「子弟を中学に入れようとする父兄方の為に，自ら観察し又経験した知識と諸先生輩から受けた知識を土台にして，諸君の相

談相手となり，又案内役を勤めよう」(2頁)いう趣旨で上梓された点にある。元中学校教員の中学校進学案内書である。目次は，公立中学校と私立中学校との比較となっており，他書に見ることのできない切り口である。また附録には入学後の勉強法と家庭の注意が掲載されているが，中学校入学後を論じた案内書としてはおそらく日本の嚆矢のものであろう。

第2節　上京に当たっての注意

　大正期の案内書の著者たちは，上京に当たっての注意についてどのような情報を伝えているのだろうか。

　先に，明治期，とりわけ20世紀初頭には上京して勉学することを抑制する情報が提供され，定着していたと記した。大正期に入るとその情報はどのように変化するのだろうか，それともさらに固定化されるのだろうか。

　第1には，明治期の案内書の上京関係情報は「東京は魔窟だ，危険な街だ，ひとたび悪風に感染すれば父母兄弟姉妹を泣かす結果になる，だから無闇に上京するな」というものであった。

　第一次世界大戦が勃発する前年の1913（大正2）年に刊行され中村柳葉編『東京遊学成功法』（東盛堂）は，「東京は純血無垢なる玉の如き青年をして腐敗の渦中に陥らしむる魔窟也」(3頁)，「東都は慴に青年に死を与ふる者也」(7頁)と記した。この記述は1901（明治34）年刊行の『東都と学生』の模写である。「立身」と「出世」があらゆる青年の前に開かれていないことを前提に戒めを説く中村という編者もいた。

　その一方で，東京遊学を慶賀する案内書が登場するのが第2の特徴である。それが，戦前の教員の職能団体であった帝国教育会が編んだ1913（大正2）年の『東京遊学案内』である。

　帝国教育会の案内書は，「◎遊学上の注意」という節において「殊に近者，聖明上に在すの結果，文運一層下に偏く，是を以て，笈を負ひ，書を携へて都下に遊学するの士，日に月に多きを加ふ．其の現象や，洵に喜ぶべく将た慶す

べきの至りに堪へざるなり。」(1頁) と記した。しかし，手放しで喜んでいるわけではない。付帯条項・条件が読者に提供される。案内書の編著者共通の普遍的アドバイスである。

付帯条項・条件とは，「志望確定」「操行の堅確（＝品行方正）」「身体健康」「学資供給の確実」「修学程度を顧みること（＝自分の学力の程度を見定めよ）」である。とくに「操行の堅確」，換言すれば「品行方正」「志操確実」は重要視される。上京遊学は慶賀であるが，付帯条項・条件は守れ，それを守れない者は遊学する資格がないと説く。この論調は，1916（大正5）年刊行の帝国教育会の案内書にも受け継がれた。

因みに，1917（大正6）年に帝国教育会は，『教育年鑑』を冨山房より刊行した。「大正六年一月」と日付を打った帝国教育会会長・澤柳政太郎の「例言」が掲載されている。澤柳は，「教育年鑑の編纂は多年の余の脳裏に往来したる所なるが，昨年の春，帝国教育会長の任に就くや同会の発行書籍として適当なるものを考ふるに当り，多年の希望を実にせんと決し」たと書いている。澤柳は1916（大正5）年1月に会長に就任しているので，約1年間で大部な年鑑を上梓したことになる。実際の作業を行ったのは澤柳に親炙し，同会機関誌『帝国教育』の編集主任となる教育ジャーナリスト・三浦藤作であった。藤原喜代蔵や吉田熊次（当時機関誌編集主事を務めている）の協力を得て，「帝国教育会の教育年鑑」が誕生した。寺﨑は『教育年鑑 解説』(1984年) において「欧米諸国の教育年報（例えば英国の The Year Book of Education など）類をモデルとして見ていたのかも知れない」(5頁) と述べている。あるいは「ペイトンの学校案内の如きもの」（『帝都中学入学の栞』「序」）を見ていたのかもしれない。
リスト・オブ・スクールス

その澤柳は，請われた上でと思われるが，多くの案内書の著者たちに「序」を認めている。澤柳ほど案内書の「序」を書いている人物は他にはいない。澤柳は「調査研究」に基づいた進学案内書や『教育年鑑』が重点的に掲載したブックリスト的な情報の重要性を認識していたと考えられる。

1913（大正2）年から刊行された帝国教育会の『東京遊学案内』と『教育年鑑』との関係がどうであったのかを示す資料は管見に入らないが，少なくとも

『東京遊学案内』は1918（大正7）年以降刊行されることはなかった。また帝国教育会は，代表者澤柳の名を付し，1918（大正7）年2月には『学生年鑑』（「例言」は付いていない）を，3月には『教育年鑑』を冨山房から，それぞれ出版した。1923（大正12）年震災を乗り越え，さらに戦前昭和に入り，1927（昭和2）年10月には『全国高等専門学校入学提要』（文信社）と『昭和二年版　教育年鑑』（宝文館）をそれぞれ同時に発行した。澤柳は，1927（昭和2）年12月24日，享年63で逝去した。

『教育年鑑』に戻ると「大正6年版」は全557頁である。構成は「皇室，領土…海外発展，時事時報」までが252頁，全体の約45％であり，253頁から教育界固有の記事が掲載される。小学校・中学校・高等女学校・師範学校・盲唖学校については統計一覧と若干の説明を施しているだけであるが，高等学校・帝国大学・高等師範学校・専門学校・実業学校・文部省所管外諸学校（陸海軍関係学校等）については個別具体的な学校を紹介している。とくに専門学校では，個別な私立専門学校の名称を挙げて紹介している。すなわち，これも一種の学校案内書，進学案内書の役割を果たしていたということができる。

第3には，第一次世界大戦にアジアにおける利権拡大を期して参戦した日本の事情を強く反映して刊行されたのが，1921（大正10）年，武田芳進堂刊の案内書『最新東京学校案内』である。同書は，東亜の小国日本が「今や世界五大列強国の班に列した（中略）若き人々は，此の日進月歩の社会に立つ□□（判読不能…筆者）に後れを取らざるの大覚悟大決心があらねばならぬ。（中略）如何なる方面に進まんにも，学術の研鑽に勉め□（判読不能…筆者）大に知能を練磨し，之を活用して行かねばならぬ。」（1-2頁）と帝国主義国家に相応しい人材であれと諭す。

そのためには学べという。どこで学ぶか。案内書は「我が帝国に於て学問の淵藪は何と云つても東京である。東京は実に我が帝国の首府にして又東洋学芸の一大中心地である。其の学芸の設備や殆んど到らざるなしである。青雲の志ある者は誰しも一度は郷国を出でて東都に学ばんとするは亦当然の事と云はねばならぬ。諸君よ，為すあらんとするの諸君よ，大いに来つて東都に学び給

へ」（2頁）と「東洋学芸の一大中心地」の東京への遊学を鼓舞した。

　第4に，1922（大正11）年ごろには東京遊学どころか，大学を卒業することを勧める案内書が登場する。出口の『東京遊学学校案内』である。彼は第一篇で「一，一番大きな『人』の問題－三十台で気がついても最う遅い－」と指摘し，「小学校は義務教育，こゝだけ出た人では世の中の人として生活して行けない」（1-2頁）と明記している。

　では，どうしたらよいか。「四，何年で『人』になれるか」という節では，「矢張り此れからの人間は大学を出て置くがよろしい，其れで其の家の都合，年齢の関係其他で大学が具合が悪ければ専門学校それでなければもう一歩下がつて，各種の専門に分かれた中学程度の学校を卒へるのであります」（13頁）。つまり中等程度以上の学校を出ていないと，「人として生活」はできないと述べている。そのためには，「東京は学問をするのに便利な土地」（13頁）である。第二篇「一，東京は学校の百貨店」では，「東京と云ふ都会は学校へ入学する者の為めに実に都合がよく出来て居る。云はゞ東京は『学校のデパートメントストーア』でありませうか」と記した。そして出口は，「修養する気さへ有りますならば東京位に都合のいゝ所は無い（中略）他の都会はかうは行かない」（70-71頁）と東京遊学を「修養」と位置づけ青年たちを鼓舞している。

　しかし，出口は若者だけに東京に出て学問をすることを勧めているのではない。出口はこの案内書の冒頭で，主催する学生相談所に30歳を越えてから「中学程度の普通学の素養」を身につけたい，「上京して短期にやるとしたらばどの学校がいいでせう」という手紙を寄こした人物に「三十台で気がついても最う遅い」と苦言を呈した。「こんな質問はザラにあるのであります」（3頁）とも書いているが，「勉強する気のある人をお止めなさいと言つたのでない」（71頁）と，東京遊学のほうだけは奨励している。

　第一次世界大戦時に，日本は好景気に沸いた。しかし，1919（大正8）年大戦が終結すると貿易不振から株式市場が暴落し，これを契機に戦後恐慌が発生した。追い打ちをかけるように1923（大正12）年9月1日関東大震災が襲った。日本経済は大打撃を受け，震災恐慌が発生した。

このようななかで，案内書の著者たちは東京遊学をどのようにとらえていたのだろうか。

出口の記述を見てみよう。1924（大正13）年3月15日に3版『一目瞭然東京遊学学校案内』が大明堂書店から出版された。第三編一「震災と東京の各学校－予想を裏切つて却つて増加せり－」という節で，出口は「日本を驚かしたと云ふより世界を驚した（中略）無論，東京に於る学校の五六割近くが一時は失はれた」(115-116頁) と現状を伝えた。

次いで，学校が復興する様を次のように報じた。

「然し，東京は瞬時にして盛り返して来ました。先づ，神田では図書館が焼け残つたのを幸ひ之を中心として中央大学が盛り返し，研数学館では十月の末に早くも焼あとにバラツクを建てゝ道行く人の耳に勇ましい講義を聴かせました。一度は断念して引揚げた避難者が帰つて来た様に，学校も焼け残りの学校に同居する不自由から，狭くとも小さくとも独立の住居に移つて来はじめました。今度の火事に遭つたとて，学生の減る訳は無い。」（出口競『一目瞭然東京遊学学校案内』大明堂書店，1924年，116頁）

そして，「学校も又た殖えつつある。（中略）今後とも増加こそすれ，減ずる事は無い。（中略）これは東京の人口の多いと云ふ事より，東京を慕ふて東京の有つ便利に浴しようとする志望者の多いためであります」(116-117頁) と言葉を継いだ。

他方，1924（大正13）年3月，森山正雄は『震災後の東京学校遊学案内』を啓文社から出版した。森山は，罹災学校の現況を次のように語った。

「是等の罹災学校の現況及び将来は例へば東京帝国大学は八角講堂を修理し，其の余は焼跡にバラツクを急造し，東京商科大学は焼跡にバラツクを建設し（但し大学予科は市外の石神井村に永久移転）明治大学は焼跡にバラツクを建築し，中央大学，日本大学，専修大学等も皆焼跡にバラツクを建築し，東京高等工業学校は駒場農科大学内にて，東京外国語学校は目下陸軍士官学校内にて授業を開始し四月よりは文部省焼跡へ仮校舎建建築の予定，東京女子高等師範学校は小石川区竹早町府立女子師範学校内にて授業を開始しつつあるが如く二三の私立学校を除く以来（ママ）は概ね応急の処置をとり，四月よりは殆ど旧校舎の焼跡に仮校舎を建築する予定になつているから左程勉学上憂慮するに及ばない。」（森山正雄『震災後の東京学校遊学案内』啓文社，1924年，8-9頁）

両者の記述から，素早い復興がなされていることがわかる。しかし，東京遊学するものに対し案内書は，「震災により学生の下宿屋の最も多い神田区その他が殆んど全焼したために宿所難に陥つてゐることは事実である。従つて予め上京前宿所を決定して上京するのが最も安全である」(17頁) と緊急のアドバイスをしている。

　1926 (大正15) 年の武田芳進堂の案内書も「東洋学芸の一大中心たりし面影は一朝にして夢と化した。(中略) 併し破壊の後には建設あり。(中略) 災害を被らなかつた高台の地の諸校は旧に倍して盛大を極めるであらう。祝融に見舞はれたものは更に英気を鼓舞して復興に努めるであらう。かくて東京が東洋学芸の中心地であり，帝国学問の淵藪であることは依然として変らぬであらう。請ふ諸君，安んじて可なりである。」(2頁) と記した。

　そして，1926 (大正15) 年，東京市役所の教育局庶務課は「輓近東京市内外に散在する各種の学校に入学を希望するもの年と共に其の数を増し，従つて学校其のものも異常な勢を以て増設せられるゝ一方」という状況を記し，その中でも「地方在住の青少年にして本市遊学に志すものが陸続書を本局に寄せて此等に関する質問を試みられる」(1頁) 例が多いと指摘した。これに対応する形で『東都学校案内』を刊行したと読むことができるのである。

第3節　学校選択情報

　明治期の案内書の学校選択情報を検討してみると，そこには第1に「官高私低」の観念があり，まずは官立学校を選択せよ，次いで公立，そして第3には私学，そのなかでも老舗の私学ならば学校選択に値する，新設の私学には気をつけよという論調が支配的になっていた。

　では大正期の進学案内書は，どのような学校選択情報を提供したのだろうか。

　大正期の案内書の学校選択の基調は青年たちに将来像を確定し，その上で学校を選択せよというアドバイスになっていることが特徴的である。

　1914 (大正3) 年に青少年向け雑誌『日本少年』(1906～38年) 等を発刊して

いた実業之日本社は『中学就学卒業顧問』を出版し，先にも引用したが，「内容略説」において「本書は（中略）中等学校卒業生が更に進んで高等専門の教育を受けんとする場合に起る一切の疑問に答へ，如何なる人は如何なる方面に向ふべきか，如何なる方面に向ふには如何なる学校を選択すべきか，如何なる学校に行くには如何なる条件とか心得とかゞ要るか，といふ様な諸問題に就いて，最も親切にして最も公平なる解答者たらんことを期したものである」（1頁）と記した。

さらに，学校を選択する前に目的を立てなくてはならないとも述べた。そのためには，自分の性能，力量才能，健康を考慮し，その上で自己の境遇を考えよと説いた。自己の境遇とは，第1は経済事情（「苦学といふ事は殆ど不可能である」「金のない者が負ける」（6頁）），第2は家庭事情，第3には時勢の洞察すなわち付和雷同することなく，自分の目で見，自分の頭で考え，現在の事情を見極め，未来の社会を展望する力と併せて決断力が必要だと説いている。つまり自らが置かれている環境を考えながら，キャリアの様態意識を形成することが，よりよい学校選択につながるのだと教えている。

しかし，「悩ましい」という。「殊にこの頃の青年はおそろしく神経過敏になつて居る。（中略）近頃の青年には，意気の澎湃たる所がない。年寄りじみて来た。自分の思ふところに猛進する洋々たる気分がなくなつた。」と青年観を披露し，嘆息している。その原因は何か。「当面の問題は入学試験」（11頁）であると指摘し，入学試験がもたらす弊害について次のように書いた。

「中学教育も偏らにその準備の如き感がある。今年の卒業生からは，高等学校へ何人，医学専門学校へ何人とれた，といふその数の多い事が，中学校の看板になつて来た。事実，今日の中学卒業生の大多数の上から言ふと，彼等は入学試験の比較的楽な学校を探すに日もこれ足らぬ感である。『目的の立て方』などいふ事も，その人達の前に行くと何にもならぬ。『競争試験の最も楽なところ』これが，学校選択，志望確立の第一条件になつて来たからである。国家有為の人材に就いて語る場合には，この人達の如きは唾棄して顧みぬが理屈かも知れないけれども，事実はどうする事も出来ない。（中略）中学生の卒業生の大多数にとつて最も痛切な問題は，この入学試験といふ難関である。今日の学校制度が変更され

ぬ以上余はその救済策を知らない。」(『中学就学卒業顧問』実業之日本社，1914年，11-13頁)

この編者は，学校（高等専門学校を指す…筆者）という処は「一人前の人として，自分の生涯を自分で営んで行く為の準備機関である」，「学校を選ぶ前に，学校を卒業して社会に出たらどうなる，といふ事は何人も知らねばならず，考へねばならぬ事である」(14-15頁)と進路設計が第一義であり，学校選択はその次であることを明確に教導する情報を提供している。もちろん明治末年にも「将来の目的と修学方針」(岩崎徂堂『最新男女東京就学案内』大学館，1911年)の重要性を説く案内書も散見されるが，『中学就学卒業顧問』のように職業選択と学校選択との関係を見極める情報に，多くの頁数を割きながら学校選択のための情報を提供している。このことは，大正期の案内書の特徴である。ここには，職業指導の考え方が反映されているともいえる。

1917 (大正6) 年に，澤柳政太郎が「序」をしたため「信州の一青年」と紹介した小林角馬の手になる『立志向上中等学校卒業生の進路』が刊行された。その「第一章」で，小林は「立志の根本問題」を設定し，「一立志の必要」を説き，「吾々はどうしても高等専門程度の学校位をでなければ，人並の生活は出来ない」(3頁)と学歴社会が成立したことを伝えた。

では，立志のためには何が必要だというのか。著者・小林は，かつては「一に悧根（能力…筆者)，二に気根（意気…筆者)，三に黄金（学資…筆者)」であった。けれども現在は，「一に悧根，二に気根，三に身体，四に黄金」となり「身体」が重要になったと伝える。なぜ「身体」が加わるのか。小林は「近年学生の体格の下落する漸次其の度を高め（中略）其の因，過度の勉強，運動不足等一般の世論」(4-8頁)と受験勉強によって有為の青年たちの身体が虚弱化したからだと伝える。そして彼は，そのことを憂慮しているのである。

さらに立志上，何をどう考え，どう研究すればよいというのだろうか。小林は，付和雷同するなという。「自ら其の正道にして適切なる方途を求めて就くべく，まづ十分なる研究考慮の上，一段心中泰然として期するところあるを要す」(9頁)と述べ，次のような「将来の大目的方針」6項目を示し，その攻究

が肝要であると述べた。

　「第一に，自己の天分を自覚し，之が善用を考へ以つて根拠となし。
　第二に，家庭の事情，如何なる自由を与ふるか拘束を与ふるか。
　第三に，とり得べき方途何種ありて何れが最良なるか。
　第四に，先輩遊子は如何なる実状なるか，行きて伍すべきか否□。
　第五に，卒業生は如何なる活動状況にあるか，垂涎にたるべき□。
　第六に，現代社会は何を要求しつゝあるか，吾を抱擁し，月桂冠□□るは何処か。」（小林角馬『立志向上中等学校卒業生の進路』積文館，1917 年，11 - 12 頁，□は判読不能。）

　そして，「天分」を解剖せよという。天分とは「人並以上に卓越した能力」（12 頁）を見極め，将来像を決定しろというのである。それができてから学校を選択し，入学試験に備えろと案内するのである。

　1920 年代に入ると，先述した出口は「目的を設定する順序」として図 2.3 のように図式化（「目的を定める丈のシステム」と出口は名付けた）して報じた。

　出口は，目的を定めた後，職業を研究し，その上で高等専門以上の学校を選択することを薦めている。

　ここでも澤柳政太郎が「序」を認め，「職業指導につき深く研究されてゐる」人物して小山文四郎を紹介した。小山は，自著『男女学生の向ふべき職業と学校の選定』おいて青年と学校選択との関係を次のように論じた。

　「諸君の先輩たる高等の学校卒業者の中に，高等遊民の多いのは如何なる理由によるであらうか。（中略）『兎に角中学に入れておいて，其の中に定めよう，当人も少しは考へが出てくるだらうから』といふ位の立場で，中学校第一学年に入れる。之が可也多い。（中略）烏兎匆々昨の一年生は今日はもはや『受験界』や『受験と学生』に注目する時代となる。寄るとさはると受ける学校の話，友達が上の学校にはいるのに自分許り遅れるのは残念だ。どこでもよい入学出来さへすれば。だがなるべくは景気のよい，地味でない，金のとれさうな事を教へる所へ

｛自己の才能を考慮し／家庭の事情に鑑み／学資の点を調査し／時勢を詳に観察し｝　目的の決定　｛頭脳明晰／学資充実／身体の強健｝　学校生活　－　社会

図 2.3　目的を定める丈のシステム

出所：出口競『東京遊学学校案内』大明堂書店，1922 年，24 頁

願書を出さう。(中略) 要するに『受かれ』本位の学生が多いのだ。受かれ本位は浮かれ本位である。」(小山文太郎『男女学生の向ふべき職業と学校の選定』培風館，1923年，15-18頁)

小山は，どのようにして社会に貢献するか問い，「ライフ，ヲーク(ワーク…筆者) の選定要件」(18頁) を提供すると記している。その上で学校の選択に関する情報を職業との関係で報ずる。

1926 (大正15) 年の武田芳進堂の案内書『最新東京学校案内』も「第一章総説　第四　目的に依る学校の選択」というコーナーで「自分の将来進まうとする目的の如何に依つて学校の選択が必要になつて来るのはいふまでもない」(5頁) と記した。

以下，因みに中等学校への進学志望者に対するガイドブックは，どのような学校選択情報を提供するのだろうか。

1913 (大正2) 年に三友社編輯部は『東京府中等学校男女学校案内』を刊行した。そのなかで，「学校選択の必要」について次のように記した。

　「学校の選定は最も慎重の研究を要すべき問題である。さて官公立の諸学校は何れも官費又は府市費を以て施設経営せらるゝものなれば，彼の束脩・月謝若しくは有志の寄附金などによりて経営せらるゝ私立学校に比し，教員は勿論，図書器械の末に至るまで殆ど完備に近ければ就学者に取つては学習上殆ど何等の不便はないだらう。然れども，私立学校にも亦其の基礎鞏固にして，各般の設備整ひ，優良の教員を聘して，却つて貧弱なる官公立学校に優るものがないとも限らぬ。しかし，近来学校数の増加するに伴ひ，生徒募集上の困難あるにより小私立学校等に於ては其の維持上種々の奸策を弄し学生を瞞着し学資を騙取するやうなものがないとも限らぬから，東京の事情に通じない地方学生諸君の如きは殊に深く注意せねばならぬ。」(三友社編輯部『東京府中等学校男女学校案内』三友社，1913年，1-2頁)

進学案内書刊行の初期すなわち，明治10年代後半の進学案内書のトーンが再来したかのようである。この編者は「学校選択の要件」を4つ挙げた。その「第一要件は其の学校の性質」すなわち目的と境遇に適しているかどうかを見極めよということであり，「第二の要件としては，其の学校の基礎堅固なるや否やを知ること」すなわち廃校にならない学校を選べということ，「第三には

諸設備が完全なる学校を選ばねばならぬ。」こと，「第四には校長教員に確実なる人物ある学校を選ばねばならぬ。」(2-3頁)とアドバイスしている。ここでは，進学行動そのものを客観視したり相対視したりする発想は全く見られない。すべて肯定的な行動とされているのである。

　しかしこの案内書には，もう1つの特徴がある。それは，学校案内にいくつかの編者自身の「特長」を書き，それを学校選択上の指標としていることである。

　例えば，立教中学校の場合は，「本校は常に精神教育に重きを置き，特に課外時間を以て，宗教講演を行ひ根底ある人格の育成に努めて居る」(21頁)，東京高等師範学校附属中学校には「教授訓練行届き設備完全であつて，全国の模範中学校を以て目せらる」(37頁)，東京府職工学校には「創立以来三百余名の卒業生を出し卒業生は大抵工場内の監督をする技手になつてゐて成績もよいといふことである」(64頁)などである。

　1921（大正10）年に入ると，中等学校の選択基準には「官高私低」の観念が根強く残っていることを教える情報が流される。

　私立明治中学校で教頭の職にあった村田勤が，1921（大正10）年に上梓した『帝国中学入学の栞』がある。村田は，「官公立を先きに選ぶのは殆ど府民一般の希望且習慣であるやうに思はれる」(4頁)と述べ，「紀律の厳正な点からいへば，四中の右に出づるものはなからう。(中略)入学志願者の一番多いのは一中で，四中三中これに次ぐ有様である。(中略)高等学校合格者の率から評すると，両大関の地位を占むる者は一中と四中である。(中略)二校は啻に東京府下丈けでなく，全国中学のチヤンピオンであらう。」(22-23頁)と書いている。さらに村田は，「公中は正真正銘，看板に偽りがない。」と褒めている。これに対して「私中では校長も名義ばかりで一週に一度も顔出しをしなかつたり，教員中にも諸所掛け持ちをしたり，教へる時間丈出勤する先生が多かつたりして，碌々生徒の顔や名前を知らないことになると，どうも双方無責任になり易い。(中略)私中の陥り易い弱点である。」(110-111頁)と指摘する。他方で「私中の中に毫も公中に劣らない良い学校があることを承知して居る。だが

悲しいかな少数である。三十一校中三分の一を出ないやうに思ふ。」(110頁)と述べている。

　中等学校の拡大期であった大正期にもかかわらず，意外にも中等学校への進学志望者のための単独の中等学校進学案内書が数多く刊行されたわけではなかった。

　察するに，昭和戦前までの中等教育のヒエラルヒー的な分布構造は，実は1900年末までに既に形成され，その後はその基盤構造を強化・補強する形をとって発展していったのではあるまいか。大正期は，中等教育の画一化，私立中等学校の無個性化，進学競争に伴う中学校の序列化等が進行するさなかであって，中等教育の普遍化が進行し，1920年代には有名私立中学校への進学熱が上昇し「入学難」問題を生起させた。加えて「夜間中学」等も出現し，それは昭和期に入ってからの中等教育一元化に向けて助走をはじめたのである。

　この案内書は，私立中学校の教頭まで勤めた人間が著わしたものである。それだけに教育現場にいた人間の率直な考え方が反映されている。すなわち，明確に有名公立中学を頂点とした序列化が進行していることを物語っている。

第4節　受験情報

　目的が確定し，学校選択が完成したならば，次は入学試験にどう合格するかである。案内書の著者たちは，どのように入学試験情報を伝えたのだろうか。

　筆者の現在の調査では，1916（大正5）年ごろからではないかと推察される。集文館編輯部の手になる『新撰東京遊学案内』が1916（大正5）年に出された。編者は，一人勉強，一人自習することは当然であるが「小学校中等諸学校の卒業生にして進んで高等の学校に入学せんと欲せば須らく試験なる一大難関を通過せねばならぬ（中略）入学試験準備方法は種々一にして足らざれども（中略）入学試験準備に適応する学校を選択して入学するのが最良の方法である（中略）入学準備予備校とは高等予備学校諸英語学校及び数理科学校等（中略）諸学校中東京府立第一中学校独逸協会中学校（ママ）等は特に独語を暁星中学校

は特に仏語を青山学院中学部は特に英語を教授し又攻玉社成城学校海城中学校等は軍事諸学校に商工中学校等は商業諸学校に入学する者の為めに便宜をはかりて教授するが故に同校卒業生は高等学校の入学試験及第者中常に高率を占めて居る。」（3-4頁）と記し上京して予備校的学校で学べといっているのである。

1917（大正6）年に『立志向上中等学校卒業生の進路』を出した小林角馬は，高等専門学校への進学目的を定めその方向に進もうする時「直に起り来る当面の問題は，入学競争試験の難関を突破するといふ事」であり「時々刻々焦眉の急問題」（29頁）であるとして次のように語った。

　「天下二十萬の学生の恐るゝ処であつて，最大難関たるに相違ない。小学校の選良が中学に入り，更に其の中学の選良が大なる抱負を持つて高等専門諸学校に殺到する。其の殺到たるや劇甚を極め，中には募集人員の約三十培もあるといふ如き学校もある。中学卒業の選良中の選良のみ，身体学力共に儕輩に超脱した者のみ，極めて僅少の一粒ゑりが入るのである。

　従つて其の戦場には無数の落伍者，敗残の悲境に沈淪するの士がうづ高く，累々と死屍を北風にさらす亦止むを得ぬのであつて，悲惨と言ひ残酷と言ひ全く言葉もないのである。」（小林角馬『立志向上中等学校卒業生の進路』積文社，1917年，29-30頁）

受験勉強は「たとへ目的は確定し居らずとも，中学三年位より始むるがよからう（中略）心して根底ある修養をなす事を忘れるな」（31頁）という。受験勉強は「修養」思想であることを伝える。しかし小林は，劇甚なる入学試験競争に合格するためにの方法は「適当なる処に馳せ参じて，優良なる教師に就く事が必要である」と忠告する。その1つ目は地方にあっては「補習科」で勉強すること，2つ目は「上京して都下の高等予備校」に学ぶ方法があると述べている（32-33頁）。

小林は，「笈を負うて上京，都会の目覚しき灼熱に酔ひ，暗黒の魔の手に翻弄され，遂には再び立つ能はざるの状況となる者がなかゝゝ多い」が「是こそ全く本人の心の持ち様一つで，解決のつく問題である（中略）意志強固に百折撓まぬ底の士にあつては，全く心配の必要なき問題となる」と上京進学に伴う学生生活問題を論破はしている。「上京するとも，決して不利な事はない。高

等学校其の他各専門学校入学者の首席等の多くが，大抵都下高等予備校に遊んでゐるに徴しても明らかである。」と断言し，「都下の予備校には大抵徴兵猶予をする事の出来るのが多い」(32-34頁)とも伝えている。

また，「最も評判よき学校」として明治大学内に設置された明治高等予備校を紹介し，「早大教授，或は早稲田中学の教師」が授業を担当する早稲田高等予備校，「英語科に於いては，流石に好評を有してゐる」(36-37頁)正則予備校といくつかの予備校的学校を紹介している。私立大学内に設置された高等予備校は，1918（大正7）年の大学令に実施に伴い1929（昭和4）年ごろには各私立大学に大学予科が設けられたため学生が集まらなくなり，その存在は消滅していく。

次いで，目次（巻末資料編Ⅰ-2資料7）に示すように，受験準備の勉強方法を，また高等専門学校在学中の心得，さらには卒業生の就職問題等を情報化している。

1920年代に入ると各高等学校や高等専門学校の教員により受験準備のアドバスをするという設定の案内書が登場する。1921（大正10）年に『学校案内 高等専門学校志望者の諸君へ』を出した服部英雄は，「全国高等専門学校入学試験の理想的準備法として各学校教授諸先生よりの懇切なる御解答を科目別に二二づゝ記して諸君の準備の参考に資する事とす」(7頁)と述べている。とくに英語，数学，国語及漢文，物理学及化学，博物，歴史，商業簿記各科目についての一般的な勉強の仕方を報じ，「各種諸学校入学受験参考書の概略」を載せ，加えて答案の書き方等試験準備法を加えている。さらに「某学校教授」の「英語受験準備」の言を載せている。この某教授は，「高校受験準備の注意事項を述べて呉れと，本誌の依頼に対し，こんなことを申上げて責を塞ぐ」(311頁)と述べている。このことから推察するにおそらく受験雑誌『受験と学生』等に掲載された記事を転載したのではないかと思われる。そこまでして，受験記事を重要視している。

また，1924（大正13）年には出口競が先述の『高等学校入学の研究』の「第二篇入学手続と試験」で，「一，願書の出し方」「三，試験科目と試験日割」

「四，採点の標準と算盤」等の情報を提供し、「第三篇各学科の準備法」では高等学校等の教授＝試験官の答案に対する意見等を掲げている。ここでは、「国語及漢文」について紹介しておきたい。

「第七高等学校教授橋本精次氏の話
　答案の調査に当つて居るものゝ、特に気がつく事は、中学校で漢文をしつかりやつて居らぬ事である。（中略）答案について云ふと、解釈丈け読んで意味の分るのが上乗のものだが、事実について調べると多くは一字一句に拘泥して拙劣な直訳的な文章になり随つて意味の不明を示して居る、又一文字の意味を知らぬ為め、或は字形が他字に似て居る為め全文の意味に不徹底を示したものなど大分ある。最初の一句の解釈を誤りし為め全文の解釈が全く駄目になつた者もある。之れなど注意すべき事だ。」（出口競『高等学校入学の研究』実業之日本社，1924年，65-66頁）

出口は、「其他の人々の説話は大同小異であるから、こゝには記さないことにした。」（66頁）と述べる。試験官の意見がワンパターン化してきているのかもしれない。

同じ1924（大正13）年には、高木亮の手になる『帝国大学入学受験提要』が刊行された。帝大への入学試験情報誌が刊行されたのである。編者・高木は、「折角高等学校を卒業しても、志望の大学学部に進む事が出来ず、心ならずも志望学科を変更したり、或は数年の受験生活をするものすら生じた」のであるとし、その原因は「大学の様子が充分に解つてゐないために、無闇に試験をおそれたり、又は学科の選択を誤つて」失敗する例も見られる。こういう人を少なくしたいという動機からこの本を上梓したと述べている（「はしがき」1頁）。

文信社刊『帝国大学入学受験提要』（巻末資料編Ⅰ-2資料9-1，9-2）を見てみると、そこには大学の収容力について情報化し帝国大学の入学試験問題を掲げた。入学試験に対しては、次のような「東大教授談」を載せている。

「〇文学部の制度変更と入学試験………文学部長　三上教授談
　〇農学部の現状………農学部長　川瀬教授
　〇入学試験委員長の感想………工学部入学試験委員長　末廣教授談
　〇選抜試験の方針………医学部長　林教授談
　〇受験者と試験場との接触………前工学部長　塚本教授談

○学制の欠陥………前法学部長　山田教授談
　　○受験者の欠陥……………………法学博士　穂積教授談
　　○学閥の問題………工学博士　中村教授談
　　○学士号と学識人格………理学部長　五島教授談」(高木亮『帝国大学入学受験提要』1924・1925年「目次」から)

　高木は，諸先生の談話は「悉く編者の親しく伺つた」(「はしがき」1頁) ものを掲載したと記している。また，1926 (大正15) 年刊行の同書には，これらの教授に加え，「経済部長　河津暹談」「法学博士　佐藤丑次郎談」を掲載した。

第5節　学問選択情報

　1914 (大正3) 年刊行の実業之日本社の『中学卒業就学顧問』は「第二篇　社会に出てからの職業」で，学校とは「一人前の人として，自分の生涯を自分で営んで行く為の準備機関である」(14頁) と位置づけ，ゆえに「職業の選択をあやまると取返しのつかぬ損をする」(15頁) と警告する。しかし，社会は複雑であり「日を追ふて職業は専門から専門へと分れて行く。門外漢には，どんな仕事をして居るのか，殆ど見当のつかない職業も沢山ある」。「百方面の職業の実状を読者に語り，些かでも将来の方針を確立する上に参考に供したい」けれども「それは頗る至難の事で，実際に於て社会各方面の職業を限りある紙面に叙述しようなどゝいふことは到底出来ない事である」と述べた。また学校を卒業して，「直ちに就くべき極代表的な職業」を選び「将来の方針」を確立する上での参考としたと書いた。ただし，政治家，事業家，軍人は除外した。その理由は，「一通り社会的修養を経て然る後に進むべき方面」に進むものであるからである (14-16頁)。

　『中学卒業就学顧問』(巻末資料編I-2資料6) に示したように，実業之日本社の編者は官吏，実業界，医療，学者，教育家，文壇，「芸壇」，新聞記者を代表的職業としてピックアップした。

　ここでは，官吏を志望する人への情報について概観してみよう。まず，官吏の社会的評価と官吏になるための方法に関する情報である。

「官界の人,即ち早く言へば官吏といふ方面は何と言つても社会の地位から言へば一番高い。実業界に出て奮闘苦心十年にして巨邸の主となることは出来ようが,官等を得ることは難しい。正何位とか,功何級とか国家に功労ありとして賞揚さるゝ官等位記を貰うに一番の近道は矢張官吏である。

官吏になるにはどんな経路を辿らなければならぬか,というに,それにはいろいろの道がある。が先づ早いところでは帝大の法科を出るのが一番で,その他に私立大学の法科等がある。官界に居る人々の口からよく聞くことであるが,『官吏になるなら先づ少なくとも高等官にならねばつまらぬ』と。高等官になるには高等文官試験に及第せねばならない。其の高等文官試験に及第するには,勿論それに相当する実力が十分であればそれでいいわけではあるが,矢張一番手近な道は帝大で学習するのである。他の私立大学出身の人達でも随分及第する人はあるが,毎年の成績に見ると,帝大卒業生及びその在学生が及第者の大部分を占めて居る。というのは,帝大には幾多の便利と特典があるからで,即ち該試験の試験官の多くが帝大教授であるとか,卒業生にして該試験に応ずる者には語学の試験が省略されるとかいふやうな特典がある。然しいづれよりするも,兎も角官界の人となりて,活躍せんとするには,この試験に応じて多くの競争者に打勝つ覚悟がなければならぬ。」(『中学卒業就学顧問』実業之日本社,1914年,17-18頁)

では,待遇はどうか。

「高等文官試験に及第し中央官庁なり,地方官庁なりに奉職すれば,その待遇はどうかといふに,先づ月給にすれば成績の極くいい人で差当たりは四十円か四十五円であるが,その後の昇級は手腕次第極めて敏速で,一年乃至二年すれば高等官本官に任用され,地方などにゆくとモーーかどの大官である。かうなつても帝大出身の万事にかけて都合のいいことは勿論で,官界に出でんとするならばどうしても帝大を出て,学士号を持つて居るに限るとさえ思はれる。」(同上,18-19頁)

官界への「権道」は存在しないのか。

「高等文官試験に及第せずして官界に出る道もないでない。否,大いにある。即ち該試験を受けない,乃至は及第しない法学士の官吏も沢山ある。明治,早稲田,慶應,中央,法制(ママ),日本等の私立大学卒業で該試験を受けない人乃至はその落第者にして官吏たる者も無数にある。そういふ人達の立身の具合はどうかといふに,これは寧ろ悲惨なもので,有力なる後援者とを持つ人で,中には随分飛躍をする人もあるが,大体に於て一生安月給とりの範囲を出でない。先づ学校卒業匆々の俸給は平均廿円から廿五円位で,五十円の役人になるには数年を要する。月給以外の収入としては出張があれば出張の旅費とか,年一回(二回の

第 5 節　学問選択情報　　103

所もある）の年末賞与ぐらゐのもので，これも同じく月給取りとは言ひ乍ら，実業界などとは比較にならぬ少額なものである。然し安心して生活して行ける事に於てはさすが官界が一番であらう。大した失策もなく兎に角毎日定刻迄に出勤して，出勤簿に印を押して，型のやうな仕事を繰り返してさえ居れば，飯の食いはぐれはないのだから楽である。それに，実業界その他に比較して仕事が楽である。殊に判任官位のところではてんで頭を傷めるやうな仕事はない。僅かばかりの仕事に後生大事とかぢりついて居ればよい。また，仕事が山ほど残つて居ても定刻が来れば遠慮なしに帰宅しても差し支ひがない。」(同上，19-20 頁)

外交官の場合はどうか。

「外交官たらんとするには外交官試験に及第せねばならぬ，外交官試験に応ずるには，もとは東京高商を卒業するのが近道であり，成績も一番よかつたが，近頃は帝大出身にその先を超さるゝ風である早稲田慶應その他の私立学校卒業生でも及第する人がないではないが極く稀で，斯方面は殊に官学出身でなければ不利な地位に立つ。この試験に及第すれば直ちに書記官その他に採用されて多く外国に派遣され，立身の道も早い。」(同上，21 頁)

このように行政官を志望する者にとっては，帝国大学を中心とした官立学校に学び，卒業することが極めて重要であるという情報を提供した。

また，司法官即ち裁判所の判事検事については，「判検事には帝大の法律科を卒業した法学士であれば無試験」。判検事試験で成績が良かったのは「中央大学と明治大学で，今日では其他の私立大学皆相当の成績をあげて居る」と伝えている。弁護士については「矢張医界に於ける如く学士の有難味がある。明大や中央出身が随分覇をなした時代もあるが，今日では，萬事につけ学士の方が仕事がし易い」(22-23 頁) と述べている。

1917（大正 6）年，『立志向上中等学校卒業生の進路』の小林は，「今後の官界に雄飛せんとする者の修養すべき学校としては，先づ帝国大学法科大学を出るに限る。然れば学閥帝大派の趣く処，自ら友朋ありて，互に提携事をなすに便である。又先輩としても大臣あり，次官あり局長あり，天下の要職は順次此の赤門派の染むるところとなり」という。では，私学出身者に対してはどうか。「翻つて私学を出でんか，幸にして高等文官に合格し得たりとするも，終生各方面よりの圧迫を受け，要職の椅子を占むるに至る，蓋し難事であらう。」(164

頁）と記す。

次に視点を変えて，「銀行会社商店員」について，1922（大正11）年に『一目瞭然　東京遊学学校案内』を刊行した出口競はどのように見ていたのか。

「銀行は銀行で普通銀行だ貯蓄銀行だ信託銀行だと分かれて居り，会社は又あらゆる方面を含んで居ります。商店も個人，合資，株式いろいろあります。それ等へ向かうには矢張り適当な学殖が要る，つまり独学でもこの社会は資格試験と云ふものが無い丈に官界より窮屈ではありませんが，最初に人に雇われたりする場合は履歴書がモノを言ふのであり，又実際に衝（あた）つて学問の必要と有り難味を感ずること（中略）矢張り其の就職する方面について，大学乃至専門学校相当の知識を要しませう。」（出口競『東京遊学学校案内』大明堂書店，1922年，30 - 31頁）

出口はどのような学校で学び，卒業したほうがよいといっているのだろうか。

「先ず，銀行会社商店員としての標準も，官吏の部と大差は無いが，学校にしても官吏をつくるに得手なのと商人向きをつくるのに得手なのとありまして，順位をつけるとしたならば，
一，東京商科大学・同商学専門部
二，各地の高等商業学校（神戸・長崎・山口・小樽・名古屋・大分・福島其の他の官立）台湾総督府　高商・同商専・市立大阪高商・高千穂高商・成蹊実業専門・大倉高商・京城高商其の他
三，帝大経済学部・法学部（東京及京都）
四，慶応義塾大学経済学部・法学部，早稲田大学政治経済学部・商学部，明治大学商学部，中央大学　経済学部・商学部，日本大学商学部，法政大学経済学部，専修大学，立教大学商学部，明治学院商業科，青山学院商科―其の他略す
位のものでせう。綿密で計数に長じ忍耐力に富み，機に臨んで大胆に思ふ所を断行し得てそれで社交的な所があれば先ず申し分のない銀行員なり会社員なりであります。」（同上，31 - 32頁）

1926（大正15）年「改増訂60版」として『最新東京学校案内』を出版した武田芳進堂編輯部は，「第四　目的に依る学校の選択」で次のように伝えた。

まず行政官志望者が学ぶ学校とは，どのような学校がよいというのだろうか。

「第一流　東京及京都の帝国大学法学部及経済学部
　第二流　東北帝大法文学部
　　　　　商科大学
　　　　　中央，早稲田，慶應，明治，法政の諸私立大学法学部及政治経済学部

第三流　前記諸私立大学の専門部法科」(武田芳進堂編輯部『最新東京学校案内』1926年，7頁)

この案内書の編者は，1918 (大正7) 年「新帝国大学令」が発布され，帝国大学が拡大しはじめ，1922 (大正11) 年増設された東北帝国大学法文学部，1920 (大正9) 年官立単科大学として新設された東京商科大学と私大をパラレルに掲載しているのが特徴である。

次に，銀行会社員志望者が学ぶ学校とは，どのような学校がよいというのだろうか。

「東京商科大学
　慶應経済学部
　帝大法学部及経済学部
　各官立高等商業学校
　公私立大学商学部及経済学部
　東京商大及各私立大学商学専門部
　中等程度商業学校」(武田芳進堂編輯部『最新東京学校案内』1926年，10頁)

編者が，慶應義塾大学経済学部を帝大より上位の位置に配置しているのは注目される。

さらに，新聞記者志望者が学ぶ学校とは，どのような学校がよいというのだろうか。

「記者を別つて軟派と硬派とする。前者は社会の表裏に精通して艶麗の筆を振ひ，後者は政界の表裏に精通して，世界の大勢を理解せねばならぬ。随つて前者には各大学殊に早稲田等の文学部出身者が適当であり，後者には帝大及各私大の法学部又は経済学部出身者が適当である。」(同上，17頁)

明治時代には，新聞記者といえば早稲田出身者と決まっていたが，新聞記者の役割に，政治経済は帝大，やや艶やかなものは私大文学部という区分けをしており，同一職業内部での役割の違いと出身大学学部の違いとを早くも連動させうる時代を迎えていたのではなかろうか。

第6節　独学情報

　独学情報について大正期の案内書と明治期のそれと比較すると，大正期の案内書には特筆すべき情報が掲載される。それは独学検定情報である。

　1913（大正2）年に独学体験者の伊藤司郎は，光文社から『入学就職独学成功法』を刊行した。「専門学校入学者検定試験（中学を卒業せずして同等資格を得る試験）」というパラグラフにおいて「如何にせば中学校卒業生と同等の資格を得て自個発展の進路たる高等教育を受くる資格を得べきかといふ問題は有為なる独学者の常に焦心苦慮する処の難問題である」(6頁）と記した。伊藤は，この問題解決のための方策は1903（明治36）年3月31日に文部省が出した「専門学校入学者検定規程」（文部省令14）という「唯一の関門がある計り」(7頁）であると述べた。いわゆる「専検規程」が出された背景を，伊藤は「往昔，学校制度の自由であつた時代には誰でも実力さへあれば自由に高等専門の学校へ入学する事が出来た，自由に各種の検定試験に応ずる事が出来たから勉強次第で，昨日の食客は今日裁判官となり，高等官となるなど随分目ざましい出世をした人もあつた」(7頁）と指摘する。しかし，「現今の如く厳格なる学制が定められては，一も学校二も何でも学校出身者に非ざれば，立身栄達する事の出来ぬ様になつたのは学校出身者以外の優秀なる人物の進路を妨げるものであるといふ処から，夫れ等を救済する目的を以て制定されたものが，即ち此の試験である」(7頁）と記すのである。

　中学校卒業生と同等の資格が得られる「中学卒業検定試験」の制定されたこと，さらにはその趣旨を明確に述べた，初めての案内書である。伊藤は受験準備情報も提供し，「予は近来著しく進歩発達せる通信教授なるものに注意し，多くの中学講義録を取寄せ比較参照して見た，孰れも似たものであるが其の中で大日本国民中学会の講義録が一番優れて居る事を認めた」(10頁）と勉学方法を教授している。その上で，英語と数学は，独習では不十分であることも伝えている。そして伊藤は，「優等合格者」(12頁）として自らの合格体験記を掲載している。伊藤の紹介した大日本国民中学会が，勉学指導書『中学検定指

針』や『講義録による勉学法』を出版したのは1917（大正6）年ことであった。

大正期に限ると,「専検」に関しては,以下のような法令が出された[21]。

1924（大正13）年10月11日・文部省令22・「専門学校入学者検定規程改正」

1924（大正13）年3月12日・文部省告示109・「専門学校入学者検定規程ニ依リ実業学校実科高等女学校等ノ卒業者指定」

1924（大正13）年10月11日・文部省告示375・「専門学校入学者検定規程ニ依リ高等女学校卒業同等以上者指定」

1924（大正13）年12月6日・文部省令31・「専門学校入学者検定規程第十一条ニ依ル指定ニ関スル規則」

「高検」に関しては,以下のとおりである[22]。

1919（大正8）年3月29日・文部省令9・高等学校高等科入学資格試験規程

「高資」に関しては,以下のとおりである[23]。

1918（大正7）年2月28日・文部省令3・「高等試験令第七条及第八条ニ関スル件」

このように「権道」から専門学校,高等学校高等科等への入学資格すなわち受験資格や卒業資格の獲得を促す教育政策が,文部省より出されたのである。

この政策を,出口は1922（大正11）年刊行『東京遊学学校案内』「六,横から抜けて大学へ―心得次第勉学一つ学士になる道―」というパラグラフで「横道」すなわち傍系から大学に通ずる道を図2.4のように報じた。

出口は,「東京で官立の此の方法で行くならば,先づ文学丈けです。最初予備校に学び専検に合格して,それから選科（中学,師範,の卒業者,及同程度の者）に入学し,機会を見て高等学校卒業検定を受けるのです。」（100頁）と説明した。

大学の学部に書類を提出した者に対して,大学は何処かの高等学校に委託し3年間の科目全てを試験させ,合格すれば本科に移される。そして卒業すれば「学士」になる,と出口は述べている。このような人物に松山高等学校教授・高木武,第七高等学校教授・吉利純がいると紹介している。また出口は1924（大正13）年に改訂版を出し,「第三篇（中等学校と編入試験）四,専検は何処で

(一) 大学 ⎧高等学校⎫ 高等学校入学資格試験及第者（所謂「高検」）
　　　　　⎩大学予科⎭
　　　　（中学四年修了程度，夜間予備校又は講義録にて勉強して受験）

(二) 大学　　高等学校卒業検定試験合格（一旦，選科へ入学の上，又は単独にて受験し得，専検合格は受験，資格あり，高等学校全科独習の要あり）専門学校入学者検定試験合格（所謂「専検」）（中学卒業と同一，高検と同一経路をとるもの多し）

図2.4　傍系から大学に通ずる道

出所：出口競『東京遊学学校案内』大明堂書店，1922年，99頁

行るか―東京大阪其他各府県で施行さる―」を設けた。ここで出口は，寺本伊勢松編『専検・高検学力検定独学受験法』という指南書が大明堂書店から定価1円，送料8銭で刊行されていることを伝えている。

　大正の末，1925（大正14）年に独学体験者・吉村正は『独学者の進むべき道』を出した。1928年には「訂21版」を数え上げる独学者のための指南書として好評を博していた。吉村は，「中等程度の素養」を身につけることは世の常識であると次のように主張した。

　　「さて，其の独学の種類は何れにもせよ，まづ其対象となる第一のものは普通学であります。即ち中等教育は満人一様に修めなければならないものであります。将来尚ほ進んで，専門に学問を修めようとするものにも，又直ちに社会に立つて活動しようとする者にも，其基礎となり，根底となるものは，此の中等程度の素養である。」（吉村正『独学者の進むべき道』早稲田大学出版部，1925年，10-11頁）

　上引の案内書は，全四篇構成から成立している。「第一篇　検定試験―独学で学校卒業生と同等の資格を得る道―」では「専検」・「高検」・「高資」・普通試験・裁判所書記登用試験・電気事業主任技術者資格検定試験・小学校教員検定試験・森林主事特別任用試験・通信部内書記補試験・商業実務員学力検定試験を紹介し，「第二篇　学校―官費，無学歴で入れる各種専門学校―」では軍関係学校や通信講習所，鉄道省教習所等をガイドし，「第三篇　独学と苦学」では講義録勉学法，夜間教授の大学と専門学校，短期間で修了できる実務学校を，「第四篇　独学受験記」では8人の受験記を，「第五篇　試験問題」では

「専検」・「高検」等の試験問題を掲載している。

第7節　小　括—学校拡張期の青年たちにとって進学情報とは何であったか—

　本章においては，1913～26（大正2～15）年までに焦点を当て，進学案内書はどのような進学情報を読者に伝えたのか，その情報の特質と変化について検討してきた。

　第1節では，進学情報の内容分析の前提となる書誌的検討を試みた。まず，発行状況である。大正期に入っても，進学案内書は明治期同様総合的上級学校進学案内書を中心に陸続し，14年間で97冊が出版された。文字メディアとしての進学案内書が多くの青年たちの「学び」の志と意欲を励ましていた。

　明治期の案内書と比して大正期の進学案内書の特徴は，第1には，大学・高等教育機関を単独でガイドする案内書が刊行されることにある。1918（大正7）年を起点として1926年まで絶え間なくこの種の案内書が発行されている。

　このことは，第一次世界大戦後の日本の資本主義化の急進的発展と大きく関係していた。

　日本の産業化の伸展は，①中等教育や高等教育の規模を拡大を求め，②1919（大正8）年に成立した原敬内閣に高等教育機関の大幅な増設を促し，実施させ，③都市化の進展により個人化現象を加速させ[24]，④企業における採用基準や昇進等を「学校歴」において評価させ，⑤とりわけ企業に勤める多くの社員＝サラリーマン層つまり新中間層の人々は，我が子に将来の安定した幸福な生活を送ることを願い財産としての一定の学歴を授けるために躍起になることを求めた[25]。これは学歴社会が成立したことを意味する。このような時代背景のもとに，そのことを写す鏡の如く大学・高等教育機関に入学すること，そして卒業することを志望する青年たちや保護者に向けて，単独の大学・高等教育機関進学案内書が発行されるようになるのである。なかには，中等教育，高等教育機関進学志望者が地方公共団体を動かし―本音としては余りに問い合わせが多い事に対応して―案内書を刊行させることもあった。

第2には，職業指導研究者の手になる案内書が登場することである。日本の教育界に職業指導という考え方がいつごろ導入され，人々の関心を寄せたのかについて，ここに述べる余裕はない。しかし，たしかに1915年に入澤宗壽は『現今の教育』を上梓し，職業指導の紹介をしている。案内書においては，少なくとも1920年代には職業指導の思想は受容されていたと考えられる。例えば，総合的上級学校進学案内書を著した出口の1922（大正11）年本は，職業指導の重要性を説いたものもある。

　第3には，自活勉学しようと志す一群の青年たち向けの「苦学案内書」が多数発行されることである。筆者は，大正期に入るとこの種の案内書は減少するのではないかと考えていたが，逆に，案内書の約3割弱を占めて発行されていた。この点については第4章で詳述する。

　第4には，「私学」評判に関する単独案内書が発行されたことである。その基盤には，中等教育志願者の増加があったが，しかし，彼等の多くは有名公立中等学校を志向した。「安かろう悪かろう」というイメージを私学関係者が何とか払拭しようとして，例えば大正期「進学案内書」文献目録のNo.80（417頁）のように，「熱叫」した案内書すら登場したことは注目される。

　次に，編著者の特徴である。大きく分類すると①ジャーナリスト，②学生（苦学生・独学社以外），③中等教育教員経験者，④職業指導研究者，⑤苦学・独学経験者，⑥帝国教育会，⑦出版社，⑧学士，⑨地方公共団体等である。

　出版社は，①実業之日本社，三省堂，早稲田大学出版部等のような大手出版社から，②受験参考書等を出版する会社，③教育資格獲得のための検定試験指導を行う会社等である。定価は，平均1円であった。発行部数は，明確な部数はわからなかった。ただいくつかの案内書は，版を重ねて出版されていたことは事実である。

　大正期の進学案内書を大きく①総合的上級学校進学案内書，②高等教育機関進学希望者向け進学案内書，③中等教育機関進学希望者向け進学案内書に分けると，①から③に共通なトーンは「上京に当たっての注意」情報と学校・学問選択情報である。

第 7 節 小 括

　しかし，①の特徴は第1は職業指導の考え方を前面に出し，「児童の性能」を見極めて進路形成を支え，見守り，促せという論調が登場すること，第2は多くの上級学校進学希望者への質問に回答することを目的として「お上」が案内書を発行することである。他方，②の特徴は，第1には大学・高等教育機関受験指導情報を全面にした案内書が登場すること，第2には中学校卒業生を読者対象としていることである。そして③の特徴は中学校，私立中学校教員という経験を活かして父兄に中学校進学ガイドの役目を務めるという目的で発行していることである。しかし，さらに注目されることは①と②に共通する独学情報が提供されることである。この情報提供は明治期にはなかった。「権道」への道を示し，捷径の道としての検定試験情報を提供することである。中等学校志願者の増加，卒業者の高等教育機関進学の増加は，独学者をも否応なしに学歴社会のなかに誘引し，独学者の「資格志向」への「学び」をガイドするようになるのである。

　第2節では，上京に当たっての注意情報の質を検討した。19世紀末から20世紀初頭に危惧された都市論としての東京魔窟論は陰を潜め，東京遊学を慶賀する情報が提供された。例えば，帝国教育会会長となった澤柳政太郎は，学校案内の出版を推奨している。第一次世界大戦後は帝国主義国家に相応しい人材を養成することが急務になることに鑑み，東京遊学はさらに奨励される。結果，東京遊学は当然のことという論調に変化した。1923年突然に襲来した未曾有の関東大震災後も，上京進学を抑制する論調はみられなかった。第一次世界大戦後の日本の資本主義の発展は，学歴社会の形成とともに中等教育志願者を増加させ，卒業者の多様化した高等教育機関への進学志望者を増大させた。このような時代状況に後押しされる形で案内書の出版は加速したのである。

　どの案内書も，上京進学するためには志望の確定，品行方正，健康，学資等を斟酌することは当然のこととしている。

　第3節では，学校選択情報を検討した。第1に大学，高等教育機関進学希望者には東京遊学を奨励する一方で，案内書の著者のなかには青年たちのひ弱さや「溌剌」性の消失を嘆く者が出てくる。とくに受験勉強に伴う気力・体力の

低下であるという。手段としての学校という考え方ではなく，「一人前形成」の準備機関としての学校という観念をしっかりもてと説くのである。案内書の著者たちの多くは，大学，高等専門学校を卒業していないと人並みの生活ができなくなったことをそれほどまでに説いているのである。なかには，高等遊民問題にも触れ，より有名な官公立学校を「受かれ本位」に志願しては駄目だといいはじめるものもあった。この戒めは，しっかりとしたキャリア意識を形成するという教示に連なっていく。

他方，中等学校進学志望者に対しては，「官高私低」の観念情報が提供される。とくに私立中学校で教頭職にあったものは，公立中学か，老舗の評判のよい私立中等教育機関に進学することを奨める。大学，高等教育機関進学志望者に，案内書は，正面から「官高私低」の観念情報を提供してはいない。しかし，そのことは「官高私低」観念が消滅したことを意味するのではなく，大正期の日本社会はもはやその観念自体を自明のものとして決定的に受容し，そして内面化していたと見るべきではないだろうか。

第4節では，受験情報について検討した。高等教育機関進学希望者は高等予備校で学ぶことを勧めているが，1920年代に入ると高等教育機関の教員が受験上のアドバイスを行うようになる。このような情報が案内書に掲載されるようになるのは受験雑誌『受験と学生』等の登場と普及が大きく影響していると考えられる（第5章）。

第5節では，学問選択情報について，ここでは何をどのような学校で学ぶべきと説いているのかという観点から官吏，外交官，銀行会社店員，新聞記者に範囲を限定して検討した。圧倒的にそこでは「官高私低」の観念が鮮明となり，20世紀初頭以降形成された学校序列が日本人に浸透していることを示す情報が提供されていた。加えて企業社会の時代の到来も告げたのである。

第6節では，独学情報を検討した。ここには中学校卒業資格をもっていなければ働けない，人並みの生活ができない世の中が来たことを明確に伝えていた。何としてでも中学校卒業資格を獲得することが求められる資格社会化が到来し，「競争としての学び」を強いる学歴社会が成立したことを物語っていた。案内

書の著者たちは，中等教育の普遍化，高等教育の多様化，学歴がものをいう企業社会の成立を背景に，独学者たち「無産青年」の教育資格獲得要求に検定試験の情報を提供し，「資格志向の学び」の方向へ誘引していったのである。

注
(1) 出口競『東京の苦学生』大明堂書店，1921年，3-7頁，96-100頁。
(2) 福井文雄『東都に於ける苦学の実際』受験界社，1922年，8頁。
(3) 「小山文太郎教授略歴・著作目録」『亜細亜大学経済学紀要』6号，1971年，329-331頁。
(4) 「校外教育規則」早稲田大学出版部編『早稲田大学出版部100年小史』1986年，17頁。『早稲田大学六大講義録要覧　新学期開始』1925年。『早稲田大学六大講義録要覧　読書眼』1925年。
(5) 河西善治『昭和の天一坊　伊東ハンニ伝』論創社，2003年，9頁。
(6) 同上，14頁。
(7) 相澤秋月著・刊『実行の苦学』1923年，16-31頁。
(8) 鈴木徹造『出版人物事典』出版ニュース社，1996年，116頁。
(9) 永島寛一『雑誌企業の歴史と現状』朝日新聞社，1951年，16頁。
(10) 実業之日本社社史編纂委員会編『実業之日本社百年史』実業之日本社，1997年，37-38頁。
(11) 勝田穂策『財団法人公民教育会（通信教育部）大日本国民中学会創業四十年史』大日本国民中学会，1940年，18頁。
(12) 新聞之新聞社編『昭和十年版全国書籍商総覧』1935年，255-256頁。平岡壽「創刊十周年の新年を迎へて」『受験界』1929年1月号，2-3頁。柴田義彦「故受験界社々長平岡壽君を悼む」『受験界』1931年12月号，2-4頁。
(13) 土屋礼子編著『近代日本メディア人物誌』ミネルヴァ書房，2009年，183-190頁。野間清治『私の半生』千倉書房，1936年。
(14) 鈴木省三『日本の出版界を築いた人びと』柏書房，1985年，72頁。
(15) 三省堂百年記念事業委員会編『三省堂の百年』三省堂，1982年。鈴木省三『日本の出版界を築いた人びと』柏書房，1985年，69-78頁。
(16) 永島寛一『雑誌企業の歴史と現状』朝日新聞社，1951年，15-17頁。
(17) 実業之日本社社史編纂委員会編『実業之日本社百年史』実業之日本社，1997年，39頁。
(18) 同上，15頁。
(19) 同上，37-38頁。
(20) 中村孝也『野間清治伝』講談社，1944年，585頁。土屋礼子編著『近代日本メディア人物誌』ミネルヴァ書房，2009年，187頁。
(21) 米田俊彦編著『近代日本教育関係法令体系』港の人，2009年，473-477頁。

(22) 同上,509頁。
(23) 同上,130頁。
(24) 伊津野朋弘他編『都市化社会の教育像』エイデル研究所,1985年。西山俊作他編『日本経済史5 産業化の時代 下』岩波書店,1990年。成田龍一編『近代日本の軌跡9 都市と民衆』吉川弘文館,1993年を参照。
(25) 尾崎盛光『日本就職史』文芸春秋,1967年。坂本藤良『日本雇用史 上―学歴と出世の物語』中央経済社,1977年。菅山真次『「就社」社会の誕生―ホワイトカラーからブルーカラーへ』名古屋大学出版会,2011年を参照。

第3章

昭和戦前期刊行「進学案内書」が伝えた進学情報

第1節　昭和戦前期刊行「進学案内書」の書誌的検討

（1）　発行状況

　1927～45（昭和2～20）年までの18年間における進学案内書の刊行状況は，都合238点の案内書が刊行されたことが確認できる（巻末資料編Ⅱ-4）。

　図3.1, 3.2は昭和戦前期，すなわち1927～45（昭和2～20）年までの18年間にどの位の案内書が発行されていたかをグラフにした結果である。この結果からわかるように，この時期進学案内書は絶え間なく発行され，都合237冊であった。明治期は，29年間に149冊であるから戦前　戦中期に刊行された案内書の方が88冊多い。また年間に発行される進学案内書の冊数も明治，大正期と比較して多い。1927（昭和2）年には18冊，1936（昭和11）年には23冊，1939（昭和14）年には18冊というようにピークを迎えているが，1941（昭和16）年

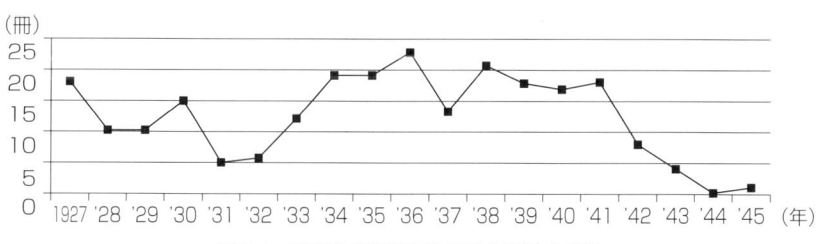

図3.1　昭和戦前期刊行進学案内書数の推移

図3.2 昭和戦前期刊行進学案内書数の推移（5年ごと）

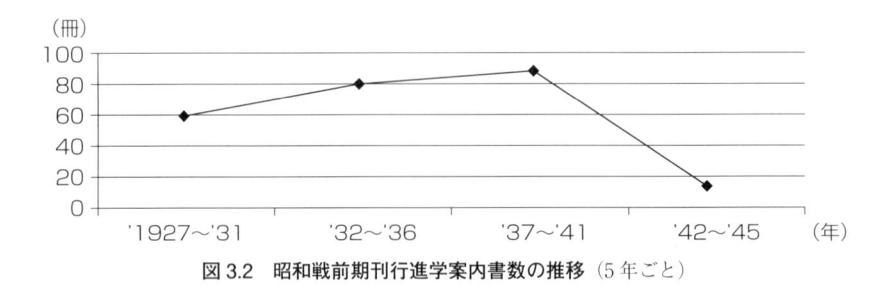

を境にその数は減少した。ただし，1945（昭和20）年にも刊行されていることが判明した。

発行状況の第1の特徴は，高等教育機関進学志望者を読者対象とした案内書の刊行が，大正期の勢いにも増してさらに加速したことである。次に述べる第2，第3，第4の特徴も含んだ形で全体に占める割合をみると，約2割はこの種の案内書で占められていた。

例えば1927（昭和2）年には，大周社編輯部『最近調査女子高等専門学校入学受験案内』，帝国教育会『全国高等専門学校』（補9版，文信社），高木亮『帝国大学入学受験提要』（増補9版，文信社），吉見文雄『全国高等専門学校入学案内』がそれぞれ刊行された。

なかでも，高木本は1929（昭和4）年から文信堂編輯部編の手に移り，書名から「受験」の2文字が消え，『帝国大学入学提要』（文信社）となり出版された。筆者は，この『帝国大学入学提要』が1927（昭和2）年（増補版），1930（昭和5）年（改訂3版），1932（昭和7）年（改訂9版），1933（昭和8）年（改訂10版），1934（昭和9）年（改訂12版），1935（昭和10）年（改訂13版），1936（昭和11）年，1937（昭和12）年（改訂版17版），1938（昭和13）年，1939（昭和14）年まで刊行されたことを確認した。

松江武夫・小島競らは，1931（昭和6）年には『昭和七年度　官立大学入学指針』（成文堂）を刊行し，1935（昭和10）年には「昭和11年版」を出した。武田芳進堂編輯部は，1931（昭和6）年に『全国女子高等専門学校入学案内』を，1932（昭和7）年には『全国官立私立高等専門学校入学案内』をそれぞれ

第1節　昭和戦前期刊行「進学案内書」の書誌的検討　117

出版した。また1936（昭和11）年に入ると文憲堂が『昭和十一年度版全国官立・公立・私立高等学校入学受験提要』を刊行した（その後の出版は確認するに至っていない）。しかし文憲堂は，これ以後官費等の学校案内，苦学案内書，軍関係学校案内を主にガイドするようになっていく。

　1937（昭和12）年には，帝国大学新聞社が『帝国大学案内』を刊行した。帝国大学新聞社は，1934（昭和9）年から『帝国大学年鑑』を発行し，1944（昭和19）年まで刊行しつづけた。そのシリーズのなかの一冊が『帝国大学案内』である。

　欧文社は，通信添削会受験相談部の手によって1935（昭和10）年『上級学校入学試験宝鑑』を，1937（昭和12）年に『上級学校受験生必携』を出し，1938（昭和13）年には『全国上級学校大観』を，1939（昭和14）年には『昭和十四年度入試準備上級学校受験生必携』を，1940（昭和15）年には『昭和十五年版入試準拠上級学校受験生必携』を，そして1945（昭和20）年には『昭和十九年度全国上級学校綜覧』をそれぞれ出した。因みに欧文社は，『昭和十七年改訂版全国上級学校年鑑』（奥付なく刊行年不明だが1942年と推測される…筆者）を出した。

　一方，研究社は，受験雑誌『受験と学生』編輯部によって，1939（昭和14）年に『全国高等学校・大学予科入学案内』と『全国高等商業学校入学案内』を，1940（昭和15）年には『全国農林・蚕糸学校入学案内』をそれぞれ刊行した。

　第2の特徴は，高等学校高等科以外から帝大入学を志望する人々のために，傍系入学の方法を案内したものが出版されるようになることである。例えば1935（昭和10）年には，大同館から安達義雄が『帝大傍系入学受験提要』，九州帝国大学文学士・野口絢齋が『官立大学傍系者・独学者入学受験法』をそれぞれ出版した。野口本は，1939（昭和14）年には増補再版を，1940（昭和15）年には増補3版を出した。

　第3の特徴は，学校評判記とりわけ大学をターゲットとした評判記が刊行されたことである。たしかにこの種の案内書は，僅かではあるが明治から刊行されていた。しかし，昭和戦前期に入ると，例えば1933（昭和8）年の榛名譲

『大学評判記』（日本公論社），1934（昭和9）年の木村八郎『帝都大学評判記』のように，「大学」を直接的対象とした評判記が出版されるようになった。木村本は，1935（昭和10）年にも刊行されている。

第4の特徴は，「入学受験法」という案内書が刊行されることである。1935（昭和10）年には青葉学人『帝国大学入学受験法』，野口絢齋『官立大学傍系者独学者入学受験法』，1936（昭和11）年には文憲堂編輯部『全国官立・公立・私立高等学校入学提要』，1938（昭和13）年には欧文社が『全国上級学校大観』，1939（昭和14）年には欧文社通信添削会受験相談部『昭和十四年度入試準拠上級学校受験生必携』，研究社からは「受験と学生」編輯部『全国高等学校・大学予科入学案内』が刊行された。また1940（昭和15）年には欧文社通信添削会受験相談部が『昭和十五年度入試準拠上級学校受験生必携』と1942（昭和17）年には欧文社編輯局が『昭和十七年改訂版全国上級学校年鑑』と『昭和十七年改訂版全国上級学校綜覧』等の進学・受験・学校を兼ね合わせた案内書を出版している。

因みに『昭和十七年改訂版　全国上級学校年鑑』は，「序」で「年々『上級学校受験生必携』を刊行して来たのであるが，時局の伸展と共に，上級学校の内容，入試制度にも可なりの変動が見られるに至つたので，昨十六年十二月，最新の資料と調査に基く綜合的な上級学校の紹介書並びに進学の指導書として本書を上梓し，今回更にその改訂版を刊行して全国の中等学生並びに上級学校受験生の熱烈な要望に応へることになつたのである」（「序」1頁）と書いている。

ここにいう「時局の伸展と共に，上級学校の内容，入試制度にも可なりの変動」というのは，1941（昭和16）年10月16日勅令294「大学学部等ノ在学年限又ハ修業年限ノ臨時短縮ニ関スル件」，すなわち臨時措置令による修業年限の「半ヶ年短縮」を指している。

それはともかく，このように，帝大を中心とする特定の官立大学・高等学校・専門学校の紹介と進学・受験指導を行う案内書が登場した。このことは，特定の官立諸学校への入試競争が，戦時下にもかかわらず，いかに学歴主義と

リンクした能力主義を確立したかを意味している。

　第5の特徴は，進学案内書におけるジェンダーの問題である。巻末資料編II－4からわかるように，明治40年代に入ると男女混然型の案内書が登場するようになる。昭和期に入っても変化することはなかった。例えば1937（昭和12）年・1938（昭和13）年・1939（昭和14）年刊行の長谷川弥平の『東京男女中等学校案内』（大矢書店，1941年版は大矢書店の編集になっている）が刊行された。

　さらに1941（昭和16）年に入っても，中等学校への男女併載型のこの種の案内書の刊行数は途絶えることはなかった。同年には，教育錬成会『昭和十六年版東京府内中等学校進学案内』，皇民錬成指導協会『最新東京府男女中等学校要覧』（教育日本社）を，1942（昭和17）年には教育新報社『昭和十七年版　大阪府中等学校男女入学案内』（南昌堂）を，1943（昭和18）年には谷島正義『学区制実施による東京府中等学校入学案内』（育成社）等がそれぞれ刊行されていた。

　このようななかで，第6の特徴は，女学校入学志望者や女学校卒業者を読者対象とした女学校入学案内，女学校卒業後の上級学校進学案内書が登場することである。しかも女学校卒業者には職業選択情報誌すなわち「職業案内書」の役割を果たすものも現れた。例えば，1928（昭和3）年には『東京私立女学校入学案内』（恒星堂）が，1929（昭和4）年には『職業別学校案内と婦人の職業指導』（目白台書肆）が，1930（昭和5）年『女学校卒業後の進むべき上級学校と選ぶべき職業』（帝国教育向上社）が，そして1941（昭和16）年には婦人日々新聞社『昭和十七年版　東京女子専門中等各種学校しらべ』（イタリアの会）等が出された。女子を読者対象にし，しかも職業案内を兼ね備えた案内書が刊行されるようになるのである。

　第7の特徴としては，苦学案内書の一種といってもよいが，「官費・公費・貸費」等学校の案内書が増加したことである。そもそもこの種の案内書は1903年に吉川庄一郎の手によって刊行された『成功秘訣諸学校官費入学案内』（保成堂，1904年8月には9版を重ねた）が嚆矢である。この案内書を含めて明治期には3冊，大正期には2冊と少なかったが，昭和戦前期には11冊刊行された。

なかでも，箕輪香村の『全国官費・公費・貸費学校入学指針』（文憲堂書店）は1928（昭和3）年を初版とし，1930（昭和5）年，1934（昭和9）年（書名に給費が追加される），1938（昭和13）年，1940（昭和15）年，1941（昭和16）年と刊行されつづけた。また箕輪は，この案内書の他に，1936（昭和11）年には箕輪に目を付けた東華堂が『小学卒業程度で入学出来る官費学校入学案内』を出した。「苦学」という二文字を表看板（書名）につけた案内書の出版は，昭和戦前期に入ると急減した（第4章参照）。

第8の特徴は，軍関係学校の案内書が数多く刊行されることである。本研究では，全種の学校を総合的に扱う進学案内書を研究対象として取り扱ってきた。しかし，軍関係学校を扱う場合に限り，その限定では変化が見えにくい。そこで，原則を曲げて，軍関係に関しては，各個別の軍関係学校案内の推移を検討することとした。

その結果，満州事変直後の1932（昭和7）年には「陸軍戸山幼年学校入学受験案内」と「陸軍工科学校入学案内」が出され，以下，書名は割愛するが，1935（昭和10）年には2冊，1936（昭和11）年には8冊，1940（昭和15）年には7冊と次々と刊行された。時代を写しだすように，軍隊への動員を鼓舞する案内書が幅をきかせるようになった。

(2) 編著者

昭和戦前期には，どのような著者・編者が登場するのだろうか。

昭和戦前期において，個人名で3回以上案内書を出版した人物は2人である。その1人が箕輪香村で29回，もう1人が吉見文雄で5回である。なかでも箕輪は他を大きく引き離し，群を抜いて多くの案内書を出した。その他は，地方公共団体として東京市役所が3回，大阪府教育会1回である。その他は民間の出版社である。5回以上登場するのは，日昭館・日昭館編輯部15回，春陽社・春陽社編輯部14回，陸軍軍人受験立身指導会14回，文信社編輯部10回，「受験と学生」編輯部9回，芳進堂編輯部が8回，日本教育調査会の編輯部7回，大日本学生保護者協会の編輯部7回，帝国大学新聞社編集と中等教育社の

第1節　昭和戦前期刊行「進学案内書」の書誌的検討　　**121**

編輯部6回（1929～30年に集中），欧文社・旺文社の編輯部5回等である。

　芳進堂編輯部は1921（大正10）年から，文信社編輯部は1924（大正13）年から，日昭館・日昭館編輯部は1930（昭和5）年から，春陽社・春陽社編輯部と陸軍軍人受験立身指導会は1936（昭和11）年から，「受験と学生」編輯部は1939（昭和14）年から，欧文社・旺文社は1937（昭和12）年からそれぞれ登場してくる。

　但し，日本教育調査会は日昭館が編輯部に設けた会，大日本学生保護者協会は春陽社が編輯部に設置した会ではないかと推察される。これらをそれぞれ合算すると，日昭館が22回，春陽社が21回である。また，「中等教育社」は，東華堂が編輯部に設置したものであると推側される。さらには陸軍軍人受験立身指導会は，実は文憲堂が編輯部に設置した指導会であると見られる。

　筆者は，これら総ての人物の略歴や出版社の性格を把握してはいないが，今回の調査でわかったもの，個人では箕輪と，団体名では文憲堂と帝国大学新聞社について概略を紹介する。

　箕輪とは，如何なる人物だったのだろうか。1928（昭和3）年刊行の『全国官費・公費・貸費学校入学指針』の表紙には，「大日本国民中学会編輯部箕輪香村」とある。1934（昭和9）年の『男女東京遊学指針』の表紙には「大日本国民中学会受験主任」とあり，1941（昭和16）年の同書には「部長」となっている。このことから，大日本国民中学会の職員であることがわかった。

　箕輪は，案内書に自伝体で自らの経歴を書いている。箕輪は「十七才の春，単身都入りして，可成りの苦酸を嘗め味つた。書籍発送の荷車も曳いたし，事務員をする傍ら，日大の夜間部へ攷々として通学したものだつた。今の東京にも，苦学生は多い。日大の夜間部へ来る学生は殆ど職業を持つて居た。」[1]と回顧している。

　『上級学校選定より突破まで』の著者・正木昊は法学士とある。東京府立第三中学校長・廣瀬雄は，彼の経歴について「序」で紹介している。それによると「東京府立第三中学校の出身にして東京帝国大学在学中より実際教育に携はり，卒業後も専心中等教育に従事し，次いで本校に転ずるや其の担任科目なる

英語」(「序」1頁)を教授したという。つまり東京府立第三中学校,現在の東京都立両国高校の英語の教員時代にこの案内書は書かれ,上梓したことになる。「自序」によると,正木は「千葉県立佐倉中学,長野県立飯田中学」(「自序」1頁)でも教鞭を執った。いわゆる「進学校」で教鞭を執った中等教員であり,現職の時に著した案内書であった。

次に,『帝国大学年鑑』の編輯主体である帝国大学新聞(社)についてである。中野実の優れた解説がある。以下に記しておこう。

「『帝国大学新聞』は当初学生同人により編集され,第一号は大正九年十二月二十五日に発行された。学生新聞としては慶應義塾大学の『三田新聞』(大正六年七月)に続くものであった。大正十一年には東京帝国大学新聞会が設立され,新聞発行の業務を引き継いだが,ついで東京帝大の全学的学生組織である学友会に委ねられた。しかし,昭和三年学友会解散後は,組織を法人にして帝大新聞社が創立され,新聞発行を継続していた。

年鑑の編集は学生部員により帝大新聞編集の傍らおこなわれていた。途中中断はあったものの,戦時(動員)体制下にあって大学にかかわるすべての者にむかって孜々として年鑑の刊行を継続してきたことは,積極的に評価されるべきであろう。さらにのべれば,これら全八巻の年鑑の存在が『急湍の如き転換期』における受験生たちの大きな支えとなったことは想像に難くない。」(寺﨑昌男・中野実『教育年鑑 解説』1984年,17頁)

(3) 出版社

では,次に出版社の特徴を検討する。昭和戦前期の案内書の特徴でもあるが,出版社は上記(2)で整理,紹介した編集部と重複する。

昭和戦前期に5回以上登場する出版社は,文憲堂・文憲堂書店37回,日昭館・日昭館編輯部20回,春陽社・春陽社編輯部21回,東華堂13回,文信社・文信社書店13回,研究社11回,武田芳進堂編輯部が8回,帝国大学新聞社と欧文社・旺文社6回,大矢書店5回等である。また回数は極少ないが著名な出版社には,三省堂3回,早稲田大学出版部1回,考へ方研究社1回等である。また「中等教育社」は東華堂の,「日本教育調査会」は日昭館の別称である。

第 1 節　昭和戦前期刊行「進学案内書」の書誌的検討　123

　このように整理してみると，多くの案内書を刊行する出版社のなかでこの時期には文憲堂が群を抜いて多く，日昭館・春陽社と続いていた。筆者が聞き覚えのある出版社としては，三省堂，研究社，欧文社・旺文社，考へ方研究社等である。三省堂，研究社，旺文社は現存している。しかし，今回の調査で，筆者が出版社の特質を明らかにできたものは少ない。また発行者の姓名は判明したものの，彼等の経歴，なぜ出版社を起こそうとしたか等の解明も充分にはできなかった。現段階で判明した代表的な出版社 10 社の発行者・所在地は以下のとおりである。

〈出版社〉	〈発行者〉	〈住　所〉
文憲堂・文憲堂書店	岩田譲治	東京市神田区錦町（1941 年段階）
日昭館	石橋國松	東京市神田区神保町（1934 年段階）
春陽社	森田義春	東京市神田区神保町（1941 年段階）
武田芳進堂	武田芳雄	東京市牛込区肴町（1935 年段階）
文信社	石田嘉一	東京市本郷区本郷（1930 年段階）
研究社	小酒井五一郎	東京市富士見町（1939 年段階）
旺文社	赤尾好夫	東京市牛込区横寺町（1940 年段階）
大矢書店	大矢伍作	東京市深川区清住町（1941 年段階）
三省堂	神保周蔵	東京市麹町区大手町（1927 年段階）
考へ方研究社	藤森良蔵	東京市神田区錦町（1933 年段階）

　このなかから，調査できた文憲堂・文憲堂書店，武田芳進堂，研究社，旺文社について紹介する。

　第 1 に，文憲堂・文憲堂書店である。文憲堂・文憲堂書店は，1914（大正 3）年 10 月，岩田謙治によって創業された。岩田は，1899（明治 32）年千葉県に生まれた。1912（大正元）年，14 歳で上京。榊原文盛堂，文修堂に勤務し，15 歳で神田区錦町に図書取次販売及び出版業を経営する文憲堂を興した。『昭和十年版全国書籍商総覧』は，岩田について「市電神田橋付近に間口三間，奥行き四間，二階建和洋式店舗を構へ，各地大取次店と取引を行ひ，氏の怪腕はよく今日の隆盛を招来せり」と記した。1940（昭和 15）年には参考書出版社七星堂を吸収合併して文憲堂七星社と商号を改称した。現在も「株式会社文憲堂」

として各種国家試験，資格試験関係図書等を刊行している[2]。

　第2に武田芳進堂である。この出版社は，1887（明治20）年7月，武田元吉によって創業された。元吉が1943（昭和18）年に亡くなると，子息である芳雄が店業を継いだ。芳雄は1892（明治25）年の生まれ。父を助け家業を手伝った。後藤金壽編『昭和十年版全国書籍商総覧』（1934年，新聞之新聞社）によると，この出版社は東京市「市電牛込肴町停留所東入半丁右」，「神楽坂通りに面し間口二間，奥行六間の壮麗なる洋式店舗を構へ，東京堂」等と取引を重ね「日毎に客の来二百余名に新刊書籍，雑誌を店売」している。それだけでなく，「百件余の訪問販売，時には受験物等を臨時出版す，最近の出版物に『最新男子学校案内』等あり，堅実なる経営を持続」していると評価されている（187-188頁）。

　第3に研究社である。研究社史ならびに『受験と学生』『学生』『中学生』については，第5章で詳述する。

　第4に欧文社・旺文社である。この出版社の歴史には，寺﨑昌男・浅沼薫奈の研究がある。欧文社の創業者は，赤尾好夫である。赤尾は，1931（昭和6）年3月，東京外国語学校を卒業した。病気療養後の9月に欧文社を創業した。1932（昭和7）年10月通信添削雑誌『受験旬報』を創刊，1941（昭和16）年10月には『螢雪時代』と改題した。1942（昭和17）年4月出版報国団結成（副団長），8月1日には「旺文社」と社名を変更した。1945（昭和20）年8月「戦犯出版社」として名前をあげられ，1947（昭和22）年11月13日公職追放処分された（1948年5月10日解除）。赤尾はその経営手腕が「抜群」であり，「旺文社や出版業界だけでなく，放送，教育等関係した関連事業はほとんど順調に発展していった」というのである[3]。1985（昭和60）年9月に亡くなる。享年78であった。

　筆者の大学受験勉強中に『螢雪時代』や1952（昭和27）年に開始され「大学祝典序曲」とともに「大学受験ラジオ講座」がはじまった。寺﨑・浅沼の調査に拠れば，『螢雪時代』は1943（昭和18）年当時の用紙統制下にあっても，9万1000部発行され，他の受験雑誌を大きく引き離していたという[4]。因みに，

第1節　昭和戦前期刊行「進学案内書」の書誌的検討　125

研究社『受験と学生』の後継雑誌『学生』は，3万部であった（第5章参照）。

　第5に「考へ方研究社」である。創業者は藤森良蔵である。1882（明治15）年に現在の長野県諏訪市に生まれた。1898（明治31）年に，長野師範学校に入学するが，1年後「教員不適格者」として退学を命ぜられた。1903（明治36）年に東京物理学校卒業。後に立教中学校等で数学を講じた。1915（大正4）年に土曜日と日曜日しか開かない受験予備校日土講習会を開設し，1917（大正6）年には数学受験雑誌『考へ方』を創刊した。編輯には塚本哲三があたった。同誌発行の趣旨には「考へるといふ以上必ず考へがある」と主張し，暗記中心であった受験界に新しい風を吹かせた。「単なる受験屋ではなく，あくまで受験生の味方をもって任じていた」とも評される[5]。

（4）定　価

　定価について検討してみよう。

　巻末資料編Ⅱ-4の定価欄からわかることは，第1には，ほとんどの案内書は1円以内で購入できることである。第2には，1円を越える案内書は地方公共団体の案内書であることである。例えば，1927（昭和2）年の『東都学校案内』は1円20銭である。第3には，高等学校あるいは帝国大学入学志望者向けの案内書はさらに高価なことである。例えば，1927（昭和2）年の『東都学校案内』は1円20銭，『帝国大学受験提要』は1円30銭，『提要』は1938（昭和13）年には1円80銭となった。1930（昭和5）年刊行で「大改増訂99版」の『新版　高等学校』は2円70銭である。1933（昭和8）年刊行の『大学評判記』は1円30銭，1935（昭和10）年刊行の『帝国大学入学受験法』は2円50銭等である。出版社は，帝大まで進める資力がある読者の懐具合を勘案して定価を設定したものと考えられる。

　第3には，女子を読書対象とした案内書が1円を越えることである。例えば，慢性的不況下の1929（昭和4）年刊行で日本女子大学講義録編輯部が編んだ『職業別学校案内と婦人職業指導』は，1円30銭である。この案内書は，高等女学校，実科高等女学校卒業者がより高い上級学校に進学を志望する人のため

の情報誌でこの価格であった。彼女らに卒業後、比較的容易に収入の道が開かれる職業選択と学校選択とをリンクした案内書という特徴を有しているものの、やはり高い階層の女性を目標としていたのであろう。

第4は、戦時下の1941（昭和16）年刊行の『昭和十七年度版東京女子専門中等各種学校調べ』は1円80銭、1943（昭和18）年刊行の『学区制実施による東京府中等学校入学』は1円30銭である。これらの案内書は1930年後半から中等学校進学者が増加したことに対応する出版である。それだけではなく、1943（昭和18）年本は政府が学区制導入による入学試験の無益な競争を排除する政策や中等学校と国民学校との連絡強化政策を打ち出した情報を的確に報じている。戦時下において中等教育学校の生徒には、錬成が重視されていた。この案内書は、中等学校入学難緩和策としてだけでなく、中等学校における校外指導や学校修練の徹底のために学区制が設けられたことを的確に伝えている。この案内書には、多くの頁を割いて各中等学校の口頭試問の内容、戦時下にふさわしい応答の仕方が書かれていて興味深い。

（5） 発行部数

発行部数について検討する。とはいえ、大正期同様、具体的な発行部数の数値を判明することはできなかった。ただ、なかには「本書は極く小部数でありますから家庭教育に熱心な特志の方々にのみお頒ちします」[6]というように書いてあるものもある。この案内書は1943（昭和18）年出版のものであるので、戦時下の厳しい用紙統制のなかでも案内書は刊行されていたことがわかる。また『帝国大学年鑑』は、1942（昭和17）年刊行本の奥付に4500部、1943（昭和18）年刊行本には6000部とある。

そこで、ここでは①総合的上級学校進学案内書、②高等教育機関進学希望者向け進学案内書に限定して、個人名で編まれた案内書や出版社の編輯になる案内書等の「改訂」や再版等の推移を追いながら検討する。

例えば、以下のような案内書が版を重ねた。

①総合的上級学校進学案内書としては、地方公共団体すなわち東京市役所教

第1節　昭和戦前期刊行「進学案内書」の書誌的検討　　127

育局の手になる案内書である。1926（昭和元）年が初版であるが，昭和戦前期に入っても三省堂から出版し，以下のように版を重ねた。

1. 東京市役所『改訂版　東都学校案内』（改訂16版）1927年11月，三省堂
2. 東京市役所『改訂増補　東都学校案内』1927年（月不明…筆者），三省堂
3. 東京市役所『昭和四年版　東都学校案内』（改訂20）1928年10月，三省堂

これ以降のこの案内書の刊行を，筆者は確認していない。

1930（昭和5）年ごろより石橋國松率いる日昭館の案内書が威勢を振るうようになった。日昭館の案内書の特徴は，男女版，男子版，女子版の三種類の案内書を同時に刊行した。また，入学考査の解説を付していることである。筆者が現在確認できたものは，以下のとおりである。

1. 日昭館編輯部『新調東京男女学校案内』1930年,'34年,'35年,'37年,'38年，日昭館
2. 日昭館編輯部『新調東京男子学校案内』1930年,'34年,'35年,'37年,'38年，日昭館
3. 日昭館編輯部『新調東京女子学校案内』1930年,'37年,'35年,'37年,'38年，日昭館

但し，1938（昭和13）年からは編輯が日本教育調査会となっている。これ以降の出版の有無の確認はできていない。

次に，森田義春率いる春陽社である。1933（昭和8）年ごろより登場する。編輯は，大日本学生保護協会となっている。

1. 大日本学生保護協会『男女合本　東京学校案内』1933年,'34年，春陽社
2. 大日本学生保護協会『男子用　東京学校案内』1933年,'34年，春陽社
3. 大日本学生保護協会『女子用　東京学校案内』1933年,'34年，春陽社
4. 春陽社編輯部『標準東京男女学校案内』1936年,'37年，春陽社
5. 春陽社編輯部『標準東京男子学校案内』1936年,'37年,'38年,'40年,'41年,'43年，春陽社
6. 春陽社編輯部『標準東京女子学校案内』1936年,'37年,'38年,'40年,'41年，春陽社

第3には，武田元吉率いる武田芳進堂である。同編輯部の手になるものには，

以下のとおりである。
 1. 芳進堂編輯部『最新東京学校案内』1928年,'30年,武田芳進堂
 2. 芳進堂編輯部『最新東京女子案内』1933年,'35年,武田芳進堂
 3. 芳進堂編輯部『最新東京男子案内』1935年,武田芳進堂

1930（昭和5）年に入ると、芳進堂が日昭館、春陽社の書名を真似て出版している。しかし、1935（昭和10）年を境に姿を消すことになる。

最後に、文憲堂であるが、個人名で案内書を出版し、多くの版を重ねた者には箕輪香村がおり、その関連で後に紹介する。

大正期の出口競から昭和戦前期の箕輪というように、案内書の有名人は交替した。筆者が刊行確認できた箕輪の案内書を、以下に列挙しておこう。

 1.『全国官費・公費・貸費・学校入学指針』1930年,'34年,'38年,'40年,'41年,文憲堂書店
 2.『陸軍戸山幼年学校入学受験案内』1932年,東華堂
 3.『陸軍工科学校入学受験案内』1932年,'36年,'39年（書名に「最新」が付く）、40年,東華堂
 4.『男女東京遊学案内・苦学と就職の秘訣』1934年,'36年,'39年,'40年,'41年,文憲堂書店
 5.『改正された海軍兵学校入学受験案内』1935年,東華堂
 6.『全国官立諸学校官費入学受験案内』1936年,東華堂
 7.『小学校卒業程度で入学出来る官費学校入学案内』1936年,東華堂
 8.『最新陸軍通信入学受験案内』1936年,'40年,文憲堂
 9.『東京陸軍航空入学受験案内』1938年,'39年,'40年 文憲堂
 10.『海軍兵学校・機関学校・経理学校入学受験案内と試験問題解答集』1938年,文憲堂
 11.『最新陸軍経理学校予科入学受験案内』1939年,文憲堂
 12.『陸軍予科士官学校入学受験案内』1939年,文憲堂
 13.『官費航空機乗員養成所入学受験案内』1941年,文憲堂

都合27冊、昭和戦前期の案内書の総刊行数の約13％を箕輪本が占めている。箕輪は、1930（昭和5）年ごろよりデビューする。その母胎は、岩田譲治率いる文憲堂である。箕輪は、自活勉学する青年たちへの学習基盤援助を果たす。公的費用による学校の案内役という役割を担った。また1934（昭和9）年から

第 1 節　昭和戦前期刊行「進学案内書」の書誌的検討　　**129**

は総合的な上級学校進学案内書を著すが，副題に象徴されるように，苦学生を読者対象に設定している。箕輪が大日本国民中学会の受験部長の地位にあり，中学講義録購読者を読者対象としたことからすれば，このような編輯は自然なことであったろう。その箕輪に注目したのは東華堂であった。

　東華堂は明治期から編輯部に「受験学会」を設置し，経営が順調に推移していた大正期には「東華堂編輯部」と正面切って名乗り，昭和戦前期に入るとライバル出版社が増え経営が苦しくなったのか，明治期同様に編輯部に「中等教育社」や「受験時代社編輯部」を設置した。1932（昭和7）年ごろから箕輪を著者として目を付け軍関係の案内書を上梓した。箕輪の本なら売れると期待したのでのであろう。しかし1936（昭和11）年を境に，東華堂はこの世界から姿を消した。東華堂に代わって軍関係の案内書を出したのは，箕輪をかかえていた出版社文憲堂であった。

　文憲堂は，箕輪が軍関係の学校案内書を出していたころ「陸軍軍人受験立指導会」なるものを編輯部に設置し，その種の案内書を出していた。しかし，1938年ごろより箕輪の名前を使い出版した。1930（昭和5）年を契機として，それほどまでに箕輪の案内書は好評を博していたと見られる。それを多くの大衆青年は欲したのである。

　個人名で出版し，版を重ねた人物がもう1人いる。古村正（第2章を参照）である。1926（昭和元）年に吉村は，早稲田大学出版部より『独学者の進むべき道』を刊行した。そして僅か2年後の1928（昭和3）年には「訂21版」を重ね，主な読者層である独学大衆青年の心をとらえた。

　②高等教育機関進学希望者向け進学案内書のトップは，石田嘉卒いる文信社であった。高木亮『帝国大学入学受験提要』は1927〜28（昭和2〜3）年までの書名で，文信堂編集部となってからは書名を『帝国大学入学提要』として，1929（昭和4）年，1930（昭和5）年（改訂3版），1932〜39（昭和7〜14）年まで刊行した。

　この本ほどの勢いはないが，1940（昭和15）年刊行の野口絢齋『官立大学傍系者・独学者入学受験法』（大明堂書店）が「増補3版」を数えている。また1943

(昭和18) 年本の奥付には, 「訂正六版」で「1000部」と明記されている。

しかし, 1934 (昭和9) 年以降は帝国大学新聞社から『帝国大学年鑑』(1938年は『帝国大学案内』) が刊行され, 1944 (昭和19) 年まで出版されつづけた。このように帝国大学を対象としたガイドブックは1924 (大正13) 年以降刊行され, そのプロセスで編者・出版社の変化はあったものの, 約20年の長きにわたって出版されつづけたのである。

この他には, 帝国教育研究会と称する成文社書店の編集部の手になる『全国高等専門学校入学年鑑』を1930 (昭和5) 年, 1933 (昭和8) 年に出版している。帝国教育会と間違えかねない名前の編輯名称である。

このようななかで, 1935 (昭和10) 年以降, 欧文社・旺文社が全国の上級学校進学案内書を1945 (昭和20) 年まで刊行しているが, これらも帝国大学を頂点とする高等教育機関をガイドしていた。しかし, なぜ, 旺文社は戦時体制下すなわち動員体制下, 高等教育機関の文系学部・学科で授業が停止されている最中に, このようなガイドブックを刊行していたのか, 理由は定かでない。そのようななかでも理系の授業は行われ, 進学希望者も存在したこと, そして赤尾好夫の政治力によって用紙の配給を受けられたこと等が要因ではないだろうか[7]。

(6) 発行の趣旨と目次構成の変化

ここでは苦学案内書を除いて, ①総合的上級学校進学案内書, ②高等教育機関進学希望者向け進学案内書, ③中等教育機関進学希望者向け進学案内書の発刊の趣旨と目次構成について検討する。

①総合的上級学校進学案内書

武田芳進堂編輯部と欧文社の案内書の目次を中心にして分析する。

武田芳進堂刊『最新東京学校案内』(巻末資料編Ⅰ-3資料1) は1928 (昭和3) 年に, 武田芳進堂刊『最新東京男子学校案内』(巻末資料編Ⅰ-3資料2) は8年後の1935 (昭和10) 年にそれぞれ刊行されたものである。

この2冊を比較検討してみよう。検討視角は, (1) 編者はどのような趣旨で

発行したか，(2) その時代時代をどのようにとらえ，何を読者に伝えたか，(3) 目次構成にはどのような特徴があるかの3点である。

(1)「発刊の趣旨」は，要訳すれば，「現在東京に所在する学校は夥しい。またその種類も頗る多種多様である。これが学校選択の困難な原因である。従って，学校案内が必要になるが，良書は出ていない。だから私共が出しましょう。これは良いものですから購入して下さい」と編輯部はいう。

このいい方は，武田芳進堂のものに限らない。例えば，1934（昭和9）年日昭館書店編輯の『昭和十年度新調　東京男女学校案内及各学校入学考査解答』の冒頭文「発刊の趣旨」は，「輓近東京市内外に散在する各種の学校に入学を希望する者は時代の勢と共に其の数を増し従つて学校其のものも同位の勢を以て増設せらるゝ一方である。然るにこれ等諸学校の一覧ともいふべき案内書の乏しいのは遺憾である。もしそれ等の書を見出し得たとしてもそれは不完全極まるものである事が多い。(中略) 東京市遊学に志すものが陸続として市教育局庶務課方面に書を寄せて此等に関する質問を試みられるのは全くこの種の書冊に乏しい為に外ならない。本書は此の遺憾を補ふ資料の一端として…」という論調である。東京市役所『東都学校案内』の影響を見て取れるが，武田芳進堂にせよ，日昭館書店にせよ，ほぼ同じトーンである。もちろん案内書が伝える当時の社会の状況，教育の世界に関する情報は案内書によって異なる。

(2) 案内書は，その時代時代をどのようにとらえ，何を読者に伝えたのだろうか。

例えば，1928（昭和3）年刊行の武田芳進堂の案内書は，「第一章総説」「第一世界の進歩と国民の覚悟」において「僅か半世紀と少し前までは太平洋上に眠れる一小島国であつたものが，一躍世界列強の班に加はり，今や極東の盟主として自他共に許すの状態となつた」と伝える。日本は帝国主義国家への道を突き進んでいることを伝え，「昔は農商の業に従事する者は学問等は不必要で，唯々実際に役立ちさへすればよいとせられて居つたが，現代ではそれらの道に入るにも学校出の人が勝利を得ることが明らかになつて来た」(1頁) と，中等以上の学校に進学し，勉学し，学問することがその人の将来の幸せを保障す

ることになると報じている。

　しかし，他方では，1933 (昭和8) 年刊行の春陽社の『標準東京学校案内男女合本』の「発行の趣旨」が語るように，「小学校出たら中学校へ—中学校より高等学校へ—最後の関門大学を終へて—顕官要職に—斯くの如き時代は既に半世紀前の夢である。見よ小学校より中学に入らうとする，可憐な児童の上にさへ苛酷な世に謂ふ『試験地獄』なるものがその第一段階に横たわつて居るでわないか。いたいけな少年少女までが殆んど寝食を忘れて『試験勉強』に青さめて居る。」と当時のマスコミが用いた「入学難」とか「受験地獄」問題が待っていることも併せて伝えている。

　(3) 目次構成はどうか。大正期の案内書の目次と比較すると，第1には中等程度以上の学校を掲載していること，第2には職業と学校の関係を論じていること，第3には苦学生と夜学校との関係を紹介していることなど，大正期同様の特徴がある。しかし，この時期は，とくに独学立身の道をきちんと章立てしていることが特徴的である。つまり，たとえ「無産青年」であろうとも中学校卒業者の資格を有しないと上級学校への受験資格，入学資格ができない世の中であることを伝えているのである。

　1935 (昭和10) 年版には「第六類　夜間中学」というコーナーが設けられた。これは1932 (昭和7) 年5月18日に文部省が夜間授業を行う中学校に類する各種学校（いわゆる夜間中学）卒業者に専門学校の無試験検定の道を開いたことによっている。これを受けて案内書の編者たちは，「専検指定校」としての「夜間中学」10校を掲載したのである。つまり講義録等で独学し「専検」等の教育資格獲得検定試験に合格しなくとも，学校に通学し卒業すれば資格が得られるという情報を提供している。もちろん，「夜間中学」といえども，昼間は働き，夜間に学ぶ苦学生に外ならず，そのような自学勉学生のためにも，編集者は苦学情報を提供しているのである（第4章参照）。

　早稲田大学出版部『独学男女の進むべき道』(1938年，巻末資料編Ⅰ-3資料3)の吉村本の目次が物語るように，正則の進学系統を順序よく登っていく方法と「権道」すなわち横道から中学校卒業資格獲得する道とが明確に分かれている

ことや，苦学・独学という方法で学びながら，中学校卒業資格を獲得しないと人並みに生きられない世の中なのだと独学青年に知らしめ，その青年たちの「学び」を鼓舞する情報が提供された。また早いものとしては，1927（昭和2）年刊行で東京府立教育会講師・吉見文雄の手になる『昭和二年度版　全国及東京府官私学校入学案内』の目次を眺めてみると，「総説」「学校の選択」「どの道をとり何う進むか」も，高等学校，専門学校進学希望者は中学校を卒業することあるいは「中学卒業と同等の指定者」になることが重要であると説いている。そして「独学者の進むべき道」というコーナーでは，「専検」「高検」等の検定試験を紹介している。すなわち独学情報誌としての役割も果たしている。

　第5には，1928（昭和3）年本と異なり，軍関係学校が紹介されたこと。第6には，1928（昭和3）年本と比して1935（昭和5）年本は編輯が丁寧であることが特徴である。このことは「各種学校案内」に如実に示されている。例えば1928（昭和3）年本の「第三類中学校」では，多くの中学校を紹介した後に「其の他の中学校」として高等学校尋常科を紹介しているが，1935（昭和5）年度版では「第七類」としてきちんと独立させて報道している。

　全体的にみると，1928（昭和3）年本は職業選択と学校選択とを重視した学校の案内になっているが，1935（昭和5）年本は学校に関する法律に則った形での学校案内になっている。

　筆者は，このような編輯の刷新は経営の苦しさを反映したものではないかと見ている。類似本，例えば日昭館，春陽社の案内書への熾烈な競争に対する販売戦略ではなかったかと推察する。しかし，現調査段階で見ると，1935（昭和5）年以降，武田芳進堂の案内書は，これら案内書の世界からは姿を消した。

②高等教育機関進学希望者向け進学案内書

　現段階で筆者が刊行確認をしているもののみに限って検討すると，高等教育機関進学希望者向けの案内書のなかでとくに帝国大学進学を標的としたものは，文信社の『帝国大学入学受験提要』（後『帝国大学入学提要』と改称）である。毎年版を重ねて出版している。文信社は富田浩『女子高等専門学校入学受験提要』，帝国教育会編纂『全国専門学校入学提要』をも刊行した。

1930（昭和5）年・1931（昭和6）年・1936（昭和11）年には成文社書店が帝国教育研究会編集『全国高等専門学校入学年鑑』を，1931（昭和6）年・1935（昭和10）年に松江武夫・小島競が『官立大学入学指針』を出した。しかしその後は，刊行が確認できなかった。

武田芳進堂も1931（昭和6）年・1932（昭和7）年にこの種の出版を行ったが，その後の刊行は確認していない。

ところで，前記，文信社の「提要」は1939（昭和14）年以降は刊行されなくなった。従って，帝国大学を中心とする高等教育機関進学希望者向けの案内書は，帝国大学新聞社が編纂し1934（昭和9）年以降刊行した『帝国大学年鑑』（1943年）と欧文社・旺文社の案内書だけになった。

ここでは，『帝国大学年鑑』は先述の中野実研究に譲ることとし，欧文社・欧文社の案内書の目次を検討しよう。

欧文社『全国上級学校大観』（巻末資料編Ⅰ-3資料4），旺文社『昭和十九年度　全国上級学校綜覧』（巻末資料編Ⅰ-3資料5）は，1938（昭和13）年と1945（昭和20）年に出された「全国上級学校綜覧」である。しかも後者は戦時（動員）体制下の「昭和20年2月」の出版であった。中等・高等教育史上極めて資料的価値の高い案内書である。

前者を読むと，「序」で編輯部は「此の『上級学校大観』を手にされた諸君は誰でも，本書こそ欧文社が当然出す可き本であると云ふことに気がつくであらう。吾々は，斯る本の存在は受験界に絶対に必要であり，しかも我が欧文社で出版すべき責務」であったと，声高らかに書いている。そして欧文社編輯部は「本書は，上級学校紹介の書として最初に出された唯一の綜合的な書である」と豪語した。ここには当時，欧文社がいかに受験界いな受験産業界において不動の位置を占めるべく志していた。「序」は，さらに言葉を継いで「刊行を計画したのは数年前であつた」という。しかし，「材料の蒐集に，原稿に，製版に容易ならざる仕事である為に荏苒今日に及んだわけである。思ひ切つて，吾々の力のあらん限りを揮つて本書を出して，吾々はほつと肩の重荷を下したのである」と述べた。

それぞれの部は,「概説」にはじまる。例えば,高等学校の部を紹介しよう。ここには「修学の目的」「関係法令」「科類選択法」「高等学校の選択」「生徒募集要項」「入学試験の程度及範囲」「進路及特典」「科目別配点一覧」「東京帝大合格者数高校別細表」「全国高等学校口頭試問の実情」等と受験生にとって有用な情報が満載されている。そして,各学校の紹介に移っている。記事構成は,沿革略,全寮々歌,徽章,学制,一高スピリット閑話,教授陣,教授の横顔,入試制度,出題傾向,特典・進路・特殊制度,学費,校友会,寮・学生生活,出身著名人物から成り立っている。「特殊制度」とは,育英会,給費・貸費制度を指している。例えば,第一高等学校の紹介コーナーには,「或日の一高時計台の下」での写真を大きく掲載している。「一高生は勉強する時は実に物凄くやるが,又一面よく遊び,よく暴れることも随一だ。夜更けて道玄坂あたりをから〻下駄の音をひゞかせて,放歌しながら歩く一高生を見てゐると,本郷時代の残滓がすつかり取り切れて了ふのもさう遠い将来ではあるまいと思はれる。」（19頁）と「郊外」駒場に移った一高生気質を紹介している。「一高スピリッツ閑話」欄で,記者は「『馬鹿野郎』『馬鹿野郎』これが,一高の寮を訪れた青年と一高生との間に行はれる挨拶の仕方であるさうな。」（21頁）と紹介している。筆者には「『馬鹿野郎』」というのは「僕は秀才である」の隠語と聞こえるが,中学校まで続けられた学習を捨て去るという覚悟を示した語と見れば面白い。受験生はこのような「学問」を許された先輩たちの姿に憧れたに違いない。全ての内容を紹介することはできないが,この「大観」は学ぶ者の側からの教育史とりわけ旧制高等学校史研究にとっては好個な史料群である。従前には存在しなかった「入学・進学・受験案内書」である。このような記事傾向は何も一高に限ったことではない。他の学校も紙幅の多寡はあるものの,大凡このような記事で構成されている。

　編集部は「序」において,「本書は書名の示すが如く大観である。随つて,単なる規則書の抜粋でもなければ,又反対に一つの読み物でもない。本書は上級学校志願者のために,全国の上級学校をあらゆる観点から詳細に紹介し,如何なる学校を選択すべきかに就きその材料を供給し,又之を選択した以上,如

何なる方法で之を突破すべきかを教へるために作られたものである。此の二つの目的の為に忠実に作られてある筈である」と発行の趣旨を記した。

ところで，目を転じてみれば，1930年代後半は，受験雑誌メディアの世界では二大雑誌すなわち研究社の『受験と学生』と欧文社の『受験旬報』が席巻していた時代である。この「大観」が刊行された1930年代後半の『受験旬報』を繙いてみると，たしかに上級学校への進学情報を掲載しているが，しかし，どちらかといえば多くの紙幅を割いているのは，高等学校を中心とする高等専門の学校への受験指導であった。

「大観」の広告は「『雑誌は受験旬報一冊で足りる』，これはいまや受験界の常識になつて居ります。」と言い放ち，『受験旬報』の目次構成は，「指導記事」「上級学校々長，試験官の記事」「受験相談部記事」「一般記事」「添削会解答」「懸賞問題及読者相互出題問題及解答募集」「受験旬報読者版」等から成り立っていた。そして「一般記事」欄には「上級学校に在学される特信諸君」の上級学校紹介記事や「会友」による合格記等を掲載している。

このように雑誌メディアの世界でも入学・進学情報が提供されているなかで「大観」のような大部な，上製本の案内書を欧文社が刊行したのは，編者が述べるように「以前から受験生諸君を始め，父兄の方々や関係者によつて強く要望されられてゐた。」(「編集後記」)からであろう。この「大観」に欧文社は，『受験旬報』の臨時増刊号的役割をもたせようとしたものと想像される。筆者には，多くの受験者が『受験旬報』の記事のみならず，「綜合的」に体系化された案内書を要求し，それに応える形で採算を抜きにして，企画刊行したもののように映る。いずれにせよ，この「大観」は，戦前・戦中期日本における進学案内書の歴史のなかで最もよく取材され，丁寧に編集された優れたものの1つであると考えられる。

欧文社編集部『昭和十七年版改訂版　全国上級学校年鑑』(刊行年不明，欧文社)も「序」において「嚢に昭和十三年秋『全国上級学校大観』を上梓して絶大なる好評を博し，斯界に一時期を画した」と自讃した。

『昭和十九年度　全国上級学校綜覧』(巻末資料編Ⅰ-3資料5)は1945(昭和

20) 年2月, 戦時体制下に出された全232頁からなる案内書である。表紙は, 手書きで「欧文社編　全國上級学校綜覧」と丁寧に書かれている。表紙を捲ると,「詔勅」すなわち「詔書」と「青少年学徒ニ賜ハリタル勅語」が掲載されている。「序」には,「茲に待望の『全国上級学校綜覧昭和十九年版』をおくる」と記された。また編輯部は,「文部省当局のご校閲を得た唯一の権威書」であるとも主張した。発刊の趣旨は,「本書は全国上級学校の内容, 入学試験の制度, 状況の悉くを明らかにし, 更に各種の試験制度の概況から諸般の参考事項を収録して全国の中等学生及び上級学校進学志望者の百科宝典たらしめんとしたものである」(「序」) と記した。掲げられている凡例には「一, 入学試験, 生徒募集要項は, 昭和二十年度のものによつたがやむを得ざるものは昭和十九年度のものに拠つた。一, 各学校の各事項はすべて当該学校に照会, その御回答に基づいて作成したものである。一, 官公私立大学及び専門学校令による専門学校の修業年限は, 現在臨時措置令に依り半箇年短縮されてゐるのであるが, 本書ではそれを同法令発令前のものにしておいた。(後略)」と示されている。また編輯部は,「本書編纂に終始御指導を賜つた文部省専門教育局当局並びに資料調査その他にご協力を賜つた学校当局に深甚なる謝意を表する」と述べ, 当局に「御指導」を戴いた旨を明記している。「序」の末尾には「我々は諸君が将来我が国の指導的立場に立つて皇国躍進の偉人なる推進力となられることを切望して已まないものである」「昭和十九年十月」と結んだ。

　この案内書は, 赤尾好夫の肝いりで刊行されたことは容易に想像できる。しかし, 筆者は, 赤尾がどのように関与していたかを示す資料を入手してはいない。因みに, 1942 (昭和17) 年に赤尾は出版報国団副団長に就任している。第二次世界大戦後, 旺文社は解散こそ免れたが, 一時「戦犯出版社」という烙印を押された。また赤尾個人も公職追放となった[8]。

　しかし, 赤尾の影響だけではない。『螢雪時代』1945 (昭和20) 年1月号は「最近用紙其の他の材料が極めて不足するのに反比例して需要は極端に増加してゐます。(中略) 需要は二三年前の数倍に達し, 到底諸君の要求に応じ兼ねます」と悲鳴を上げている。この受験雑誌を求める若者が多かったことが背景

にあった。『螢雪時代』は，1943年用紙統制下において発行部数は9万1000部を数えた[9]。旺文社は1945（昭和20）年3月10日の東京大空襲を受けたにもかかわらず，『螢雪時代』1945（昭和20）年4月1日号を刊行した。5月号以降は中断したと見られるが，少なくともここまで刊行されていたことは確かである。またその4月号の広告欄に，この「綜覧」の刊行が掲載された。

大明堂書店刊『官立大学傍系者・独学者入学受験法』（巻末資料編Ⅰ-3資料6）は，この種の案内書としては珍しく，帝大への傍系受験者・独学受験者を読者対象として上梓されていたところに大きな特徴がある。1939（昭和14）年の刊行であるが，当時，著者，野口絢齋は九州帝国大学の学生であった。野口自身も傍系者・独学者であったのかも知れない。さらに，木星社刊『上級学校選定より突破まで』（巻末資料編Ⅰ-3資料7）は，東京帝国大学卒業生で東京府立中学校の教師であった人物がまとめたものである。

③中等教育機関進学希望者向け進学案内書

昭和戦前期において，中等教育機関進学志望者向けの進学案内書が単独で刊行されるのは，1937（昭和12）年からである（昭和戦前期刊行「進学案内書」文献目録を参照）。長谷川彌平『東京男女中等学校案内』（大矢書店）がそれである。この案内書は1938（昭和13）年まで長谷川の名前で刊行されるが，1940（昭和15）年からは大矢書店編集部の名を冠して，1941（昭和16）年にも出版された。この年には，都合3冊が発行された。すなわち教育錬成会，大矢書店編集部，皇民錬成指導協会各編のものである。翌1942（昭和17）年には小西元夫のものが2冊，教育新報社・谷島正義各編著による案内書都合4冊が刊行された。

このように昭和戦前期には，1937～42（昭和12～17）年に集中して中等教育機関進学志望者向けの進学案内書が発行されたという特徴がある。

出版の背景には，1910年代よりはじまった中等教育機関への進学志望者の急増に伴い，「有名中等学校」への進学を目指し，「過度な競争的な学び（＝受験競争）」に参加する「小学生問題」，その積弊としての「入学難問題」「受験地獄問題」が世間に社会問題として注目されたことがある。「窄き門」を通過しようとする受験競争の深刻さは，小学生の精神だけでなく健康を害する事態

第1節 昭和戦前期刊行「進学案内書」の書誌的検討　139

にまで陥り，また受験競争に伴うさまざまな不正問題，「中等学校浪人」問題までが生起した。この事態に対し文部省は中等学校での筆記試験を廃止することを決定した。しかし，この政策も都市部を中心に中等学校からの批判，有名私立小学校への進学集中，評価の客観性等の問題を孕み充分機能しなかった。1939（昭和14）年9月28日，河原田嫁吉文相のもとに，文部省は「中等学校入学者選抜ニ関スル件」を通達した。この内容は，中等学校入学選抜の学科試験は廃止，内申書・口頭試問・身体検査の綜合判定とするというものであった。当時のマスコミは「新考査制度」「新考査法」と呼んだ。

　1941（昭和16）年から国民学校が発足し，教育審議会の答申を受け，1943（昭和18）年には中等学校令が制定された。全ての学校の基本的教育理念＝教育原理は「教育」から「錬成」（＝「知」と道徳の形成の一元化）に代わると唱えられ，そこに学校教育が集約された。この流れのなかに新考査法も「皇国ノ道」の実現と結合した形で総合判定方式による入試改革が行われたのである。

　このような状況下，中等教育機関進学希望者向け進学案内書の表題には，1943（昭和18）年の中等学校令が出る以前から「錬成」の二文字が附されていた。

　大矢書店刊『東京男女中等学校案内』（巻末資料編Ⅰ-3資料8）は，1940（昭和15）年に刊行された。「はしがき」には「一　昭和十六年度の中等学校入学の筆記試験は，本年度同様廃止されることになりました。　筆記試験が廃止されゝば学校の選択は益々困難となり，一層慎重に考慮されなければなりません。(中略) この学校の選定には最新，最良の『学校案内』に拠らなければなりません。(中略) 本書ほど誠意と，熱心と，親切とを以て，志望学校選定の上に，何人も必要とするあらゆる事項を網羅した，書物は他にはありません」と新考査法を逆手にとって営業をはじめた案内書としての特徴を有している。

　教育錬成会刊『(昭和十六年度) 東京府内中等学校進学案内』（巻末資料編Ⅰ-3資料9）は，教育錬成会が1941（昭和16）年に刊行した案内書である。教育錬成会がどのような会であるかは，筆者は判明できていないが，この案内書の特徴は『東京男女中等学校案内』のように学校名，所在地・通学便，創立年・学校長・電話番号等を無機質に一覧化したものではなく，目次に記したような各

中等学校の「口頭試問」の内容を紹介している点にある。

　文部省は，このような激烈な入試競争が続くなかで，その防止策として学区制を採用した。育成社『学区制実施による東京府中等学校入学案内』(巻末資料編Ⅰ-3資料10) は，その内容を伝えた案内書である。

　「はしがき」で著者は，「国民学校の上級生をもつ御家庭において，児童御本人はもとより父兄母姉の方々が常に心に懸けてゐられることは，進学の問題でありませう。曾ての試験地獄と称ばれたものは今日一応解消し，入学選抜も，内申書，口頭試問，体格検査の綜合方法がとつて代り，その上学区制となつてまいりました。新制度の選抜が行はれるやうになつて既に三年，しかしやはり入学する率は低く，狭き門であることは殆ど変りはないのであります」と実体を述べた。その上で，「本書は学区制の新選抜法を説明し，市内各中等学校案内を附して進学の道しるべとなし，学校の選び方，学区と入学率等を掲げ，且つ本年度の口頭試問の問題集を編し，その要領と傾向とを示したものであります」と記している。

第2節　上京に当たっての注意

　不況，好況，戦争の進行と共に学校整備も進むなかで高等教育の東京集中は一層進んだ，そのなかで案内書は逆に東京集中を戒めた。

　激動の昭和戦前期は，「昭和恐慌」と共にはじまる。慢性的不況は長引き，中等学校への進学者も減少した。1931 (昭和6) 年9月18日，関東軍による「柳条湖事件」が「満州事変」の発端となり，15年戦争が始まった。高橋蔵相は財政政策として金本位制から管理通貨制度を採用し，政府が通貨量を統制した。蔵相の経済への積極的介入 (「積極財政」) により，一挙に「低為替」＝「円安」によって輸出が増大し，景気は回復し，日本経済は恐慌から脱出することに成功した。満州事変後の日本の資本主義は，統制経済へと入った。そして好景気になり，大学卒業者とくに法・文・経の学生の就職難も解決していった。しかし政治の世界では，1931 (昭和6) 年の「五・一五事件」で政党政治

第2節 上京に当たっての注意

は断絶した。1933（昭和8）年には京都帝国大学で「滝川事件」が起こり，自由主義的な学問も弾圧の対象となることが示された。1936（昭和11）年「二・二六事件」を経験して日本はファシズムの道を進むことになる。日本は徐々に超国家主義の政治体制が強化され，1937（昭和12）年「日中戦争」に突入した。

しかし，その一方で軍需産業を中心に経済は活況を呈するなか，戦時期には中等学校進学者は著しく増加した。帝大では軍需工業を中心とする第二次産業の技術者の供給が不足し，理工系学生数が増加し，工学部の増設が顕著になった。1941（昭和16）年末に日本は米・英に対して戦争状態に入り，太平洋戦争が開戦した。総力戦体制は物資の不足と労働力の不足を深刻化させるとともに，高等教育機関には動員体制が強化され，在校生も含む戦争人材の需要が投げかけられたのは周知のとおりである。

1941（昭和16）年度から実施された3ヶ月の繰り上げ卒業，1942（昭和17）年度には6ヶ月短縮に延長，1943（昭和18）年度からは徴兵猶予措置が撤廃され学徒出陣が始まり，多くの学生は戦死した。中等教育機関でも勤労動員が強化された。

このような激動の昭和戦前期において，どのような進学情報が提供されたのだろうか。まず上京に当たっての注意について検討しよう。

東京府立教育会講師という肩書きをもつ吉見文雄は，1927（昭和2）年に『全国及東京府官私学校入学案内』を上梓し「『東京にゐて，みつしり勉強さへすれば，洋行したのと同じ効果が得られる』と云つた或る法学博士の言は，決して過言ではない。それで誰も彼もが東京へ！東京へ！との志を抱くのも無理のないことであるが，併し東京遊学は，家事上許されたもの，都会生活に負けないだけの健康さと，諸種の誘惑に打ち克つだけの心の強さとをもつたものでなければならない。」(31頁）と説いている。

1932（昭和7）年に満州国が創設され，ファシズム運動が盛んになる「二・二六事件」前年の1935（昭和10）年，武田芳進堂は『最新東京男子学校案内』を出し，「学芸の都『東京』」と題して次の如く述べた。

「我が大日本の首都，東京は人口五百万を超え，英京倫敦に亞ぐ大都市であつ

て（中略）学問芸術の淵藪である。（中略）それ故，本邦各地の人士が，将来の大成を期して此の学都に雲集し，遠くは満州国，中華民国其の他異境の篤学者の留学するものも亦少なくないのは尤もな次第である。唯茲に注意すべきは各自の入るべき学校の選択を誤つてはならぬといふ一事である。」（芳進堂編輯部『最新東京男子学校案内』武田芳進堂，1935年，1頁）

1937（昭和12）年には国民精神動員運動が始まり，1938（昭和13）年国家総動員法が出され，1941（昭和16）年4月1日国民学校が発足し，日本が米・英両国に宣戦布告した約2ヶ月前の10月に出版した大田原邦蔵編になる『詳録最新東京学校案内［男子］』が昭晃堂より刊行された。

大田原は次の如く述べた。

「文化の都東京はあらゆる部門に亘る学校，総ての階級に亘る学校が存在してゐる。即ち最高学府たる帝国大学，官立大学，私立大学等は二十五を算し，其の他専門学校，師範学校，中等学校，各種の職業学校，予備校等があり，勉学する者には最も都合の良いところと言はなければならない。それ故総ゆる方面から学徒が集り来り日夜研鑽し他日を期してゐる次第である。しかし余り多くの学校が整備されてゐるので却つてその選択にさへ迷ふやうな傾向が多いやうである。」（大田原邦蔵『詳録最新東京学校案内［男子］』昭晃堂，1941年，「発刊のことば」1頁）

この記事を信用すれば，東京に所在する高等専門の学校を目指し日本国内だけなく満州国，中華民国からも留学してきていることがわかる。1943（昭和18）年に刊行した春陽社編輯部『標準東京男子遊学案内』には，「遠くタイ国」（1頁）からも留学している旨を書いている。

しかし，学校の選択が大切であり，それも自分の希望に合致した学校を選択すべきであると説くのである。

第3節　学校選択情報

先の東京府立教育会講師・吉見文雄は『全国及東京府官私学校入学案内』（1927年）において「苟も学問を必要とする以上，学校の選択の忽にすべからざる」ことであると力説した。「そこで学校の問題であるが，小学校を卒へれ

ば，次は自分の目的によつて中学校なり，師範学校なり，商業学校なり，工業学校なり，農学校なりに入り，更に其処を卒へて後，それゞゝ高等専門の学校に進むのが正しい道程なのである。(中略)高等専門の学校に進まうとするには，どうしても中等学校だけは出てゐねばならぬことになる。(中略)どの高等学校なり，専門学校なりへ入らうとするにもきまつて入学資格の一項に『中学校卒業者』と明記してあるから，中学校だけは修めて置かねばならぬ。」(4頁)と説いている。

しかし，中学校を卒業できなかった者には，「専検指定校」として「中学校に類する各種学校」を卒業することを案内し，実業学校卒業者が高等専門の学校へ進む経路を，そして独学者が中学校卒業者と同等の資格を獲得するシステムとしての「専検」「高検」等を紹介している。吉見は，四の五の言わずに中学校卒業資格を獲得せよと強調しているのである。

この後出版される学校案内は，ほとんどのものがカタログ化している。つまりschool directoryの様相を呈している。しかし，明治期や大正期の案内書と比較すると，たしかに口絵として学校の写真が紹介されているものもあったが，学校の紹介のコーナーにダイレクトに写真を入れた案内書が登場するのは昭和戦前期の1つの特徴である。1937 (昭和12) 年刊行の春陽社編輯部の手になる『標準東京男子学校案内』には，例えば，図3.3のように立教大学等の写真が掲載され，視覚に訴える効果をもたせている。そして基本的には，最寄り駅，創立年月，設立者，学長，目的，修業年限，学部，試験期日，試験科目，入学期，募集人員，入学率，種別及科目，学資，職員数，生徒数，卒業後の資格，図書館の有無等が記載されている (41頁)。

なかには，学校の特色も記載されているものがある。例えば，大学部では東京帝国大学には「我が国最高学府として卒業後官界，その他に重要な地位をしむ」(32頁)，中央大学には「質実剛健の学風を以つて顕はる，昼間，夜間の二部教授」(40頁) 等，高等学校の部では第一高等学校には「高等学校中成績優秀」(64頁)，私立の武蔵高等学校高等科には「七年制高等学校として成績良好」(67頁)，専門学校の部では上智大学専門部には「定員を少人数に限定し，

図 3.3 『標準東京男子学校案内』の立教大学

円卓式講義に依り教員と学生の親密を図り徹底せる教育をなすこと」(84 頁)等とある。

　受験生やその保護者の目から見ると各学校の特色もさることながら，卒業後の資格は貴重な進学情報である。編者は，例えば高等学校の部では，早稲田大学附属高等学院には「文科を終りたるものは早稲田大学政経・法・文・商の各学部へ，理科を終りたるものは早稲田大学理工学部へ夫々無試験入学の資格を有す」(70 頁) と書き，専門学校の部では明治学院高等商業部には「東京，神戸，大阪各商大，九州帝国大学入学資格」(102 頁) を得ることができると記している。

　このカタログ化している案内書にも，「給費の学校」が紹介されている。

　現調査段階であるが，官費・公費・給費というタイトルが表紙に付く学校案内(軍隊関係学校は除く)の刊行は，1900 年代には 4 冊，1910 年代には 3 冊，1920

第3節　学校選択情報　　145

年代には4冊（しかし全て昭和戦前期），1930年代には9冊，1940年代には2冊となっている。1930年代が最も多いが，1930～35（昭和5～10）年までに4冊，それ以降は5冊となっている。このように日本の近代公教育制度が成立した時期，中等教育進学者が増加する1910年代と1920年代後半から1930年代前半中等学校進学者が減少した時期，また就職難の時期に，この種の学校支援情報が発信されていることがわかる。

　春陽社の案内書は1936（昭和11）年ごろより刊行されはじめるが，1937（昭和12）年の案内書には「一　学資の補給ある学校」として「陸海軍の学校」「教員養成学校」「逓信省管轄の学校」「其の他の学校」を紹介している。「其の他の学校」のなかには東京高等商船学校，東京音楽学校師範科，東京美術学校師範科，文部省図書館講習所，貴族院衆議院の速記練習生である。もちろん編者は，「就職難の折柄安全有利な事なので競争率も相当激しいとみなければならない」（12-13頁）とも伝えていた。

（1）『全国上級学校大観』の誕生

　軍需産業が牽引した日本経済がもち直して就職難はそれなりに解消されても，庶民は物価の高騰に苦しんでいた。このようななかで給費・官費等の案内書が刊行され，また案内書のなかに記事化され，学校の選択の一助となる情報が提供されていたのである。

　他方，カタログ化した案内書が刊行されるなかで，丁寧な解説を施し，他の案内書に大きく差を付ける圧巻なる案内書が誕生した。それが，欧文社が1938（昭和13）年に出した前記の『全国上級学校大観』である。「序」において編者は，「会友諸君にも材料の提供並に組上がつたものに目を通して頂く等の御援助を得た。」と書いた。「会友」とは1931（昭和6）年9月1日に看板を掲げた「欧文社通信添削会」（英語・数学・「国漢」）の「通信添削会員」を指している。この添削会が1932（昭和7）年10月に創刊した機関誌がたびたびふれた『受験旬報』である。また編者は，「大観」への挿入写真，例えば「第六三三頁挿画『昭和医学専門学校全景』（東部防衛司令官許済）」等というように当局の許可を

受けたと明記している。

　筆者は，この「大観」を最も求めていた人々は，高等専門の学校への進学志望者であろうと推察する。そこで，ここでは高等学校，高等商業学校，高等工業学校，医・歯・薬各専門学校に限定し，各部に設けられている概説の記事を素材に，1938（昭和13）年という日中戦争開始の翌年，国家総動員法の実施，そして工業生産は回復を遂げていた時期において「大観」がどのような学校選択情報を提供しているか，その内容を検討してみる。

　①旧制高等学校

　「大観」の「高等学校之部」総説に「修学の目的」が設けられている。各学校の部には概説があるのだが，高等学校に関してはこれを廻る学制改革の動向が記載されているのが特徴的である。編者は，高等学校は大学予科か，それとも完成教育機関であるかという議論が起こっているとして，「昭和十三年五月三十一日に開かれた，東京帝大第六回大学制度審査委員会では，学制改革案を廻つて，『高校は大学予科なりの定義を下すべし』とする意見が大勢を支配し」た，それに対して「五月二十四日に開かれた昭和十三年度第一回全国高等学校長会議に於ても，（中略）高等学校の独立性は飽く迄強調され，高等学校を大学予科とする説は絶対に否定された」（1頁）と高等教育目的論，本質論をめぐる学制改革情報を紹介している。編者は「この二つの目的は，高等学校の本質がどうあらうとも，目下の所動かし得ない明白な高等学校それ自体の教育目的であり，又高等学校に学ぶ者の修学の目的である。」（2頁）と，二重の目的性をもつのは不可避だという判断をとっている。

　続いて，「高等学校令（抄）」「高等学校学制」「科類選択法」「高等学校の選択」「生徒募集要項」「入学試験の程度及範囲」「進路及特典」「昭和十三年度全国高等学校科目別配点一覧」「東京帝大合格者数高校別細表」「昭和十三年度全国高等学校口頭試問の実情」という構成で話は進む。受験生の側からすれば何れも貴重極まる情報が満載されていた。

　「大観」は，「科類選択法」に関しては「高等学校を志望し，科類を選択するには，十分に将来の志望，大学での希望専攻学科，その希望学科と高等学校の

科類との連絡状態等を，慎重に考慮して決定しなければならない。」(3頁) と述べつつ，「高等学校の選択」の基準には5つのメルクマールがあるという。すなわち，「(一) 学校の内容」「(二) 郷里に近い学校」「(三) 入学の難易」「(四) 環境気候風土」「(五) 官公私立の別」である。なかでも「(二) 郷里に近い学校」では，「若し自分の郷里に高等学校があれば其処を選ぶのが理想的である。(中略) 経済の点からいつても好都合である。(中略) 勿論，一高，三高等の様に遠路を冒して行つても入学し甲斐のある」学校もあると記している。「官公私立の別」では，「費用の点に於て多少の相異があるだけで，卒業後の特典も学校の設備内容も区別は殆どない。只私立は官立に比して自由な立場にあるので，個性的な教育方針をとつてゐる所が多いから此点に注意しなければならないだけである。」(4頁) と説明した。高等学校の選択の基準になると考えられるものは大体以上の (一) から (五) だと要約している。

②高等商業学校

「高商」の選択は，どのようにするとよいといっているのだろうか。

編者は，「高校の選択と違つて学校の選択即ち卒業後の職業的環境の決定を意味する場合が多いので，各個人個人の特殊な条件をも充分に考慮に加へる必要が」あると断っている。その上で，まず「一　内容の優れた学校である事」が大切であると説き，具体的には山口・長崎・小樽高商，加えて東京商科大，大阪商科大等を紹介した。「一　商業の中心地にある学校である事」としては，「出来る事なら大都会，商業の中心地，又はそれに近い所にある学校を選ぶ事」といっている。この観点からすると東京商科大学専門部，浜・名古屋・神戸高商，大阪商科大学高商部は「何れも一流高商」であると書いている。また高等学校と同様に「郷里に近い所にある事」と奨めている。さらには，「なるべく官立校を選ぶこと」と告げる。編者は，「我が国に於ては官界も実業界も素晴しい官尊である。であるから出来る限りは官公立校を選ぶべきだ。」(248頁) とあからさまに述べた。

③高等工業学校

「高工」はどうか。欧文社の「大観」には，「満洲事変，支那事変によつてそ

の発達を促された我国の重軽工業は，急速度を以てその生産力を拡充しつゝある。それに伴つて当然多数の優秀な技術者を必要とする様になつたので，各高等工業学校の内容の充実は各方面からの切実な要求となつてゐる。更に事変の後には大陸の経営と云ふ大事業が残されてゐるので，工業技術者は益々その需要を増すばかりである。従つてそれが養成に当る高等工業学校の存在の意義は実に大きいと云はなければならない。」(374頁) と記されている。1938 (昭和13) 年に高等工業学校を単独で案内した本が出された。中上川義一郎『高等工業学校入学の要領』(富勘書院) である。著者の経歴は不詳である。しかし著者は，序文「若き受験生諸君」で「世は挙げて工業万能時代である。工業技術者が我が世の春を謳歌してゐるのは当然のこと」であると指摘する。「至難を叫ばれる高工の入試に就て，多年受験生を指導し来つた経験を基として，こゝに入学の最捷路と信ずる入試突破の要領を記述したものが本書である。」と書いた。全242頁。目次構成は，「第一篇　高工受験合格指針」「第二篇　高工の内容と入試難易研究」「第三篇　学科の必勝準備法」「第四篇　試験場に於ける必勝策」から成り立っている。

　著者は，第一篇の「一，時代の寵児高等工業」において「時代の王者として非常時局の波に乗つて華々しく登場したものは軍需工業である。而して之に関連する一般の各種工業は物凄い活況を呈してゐる。そして我々の耳目に触れる言葉は『生産力の不足』『生産力の拡充』『技術者の不足』『技術者養成の急務』等々である。(中略) 最近の急迫した工業界の状勢は，国家的にも社会的にも可及速かに多くのエンヂニヤを強く要求している。従つてこの要望に答へるものは高等工業学校の他にないのである。」(1頁) と断じている。昭和10年代に入ると，技術者の供給不足に端を発して，企業間で技術者の奪い合いが起こったとも伝えている。また先の欧文社の「大観」は，「高等工業の選択法」としては「一　自己の学力に応じて最もは入り易いと思へる学校を選ぶ事」「二　郷里に近い学校を選ぶ事」との2つの基準を示している。「一」では「同じく入るならば，東芸とか横工とか，或は名古屋，明専，広島等の，所謂一流と目されてゐる学校へ行くに越したことはない。(中略) 現在では地方の高工卒業

者も距離を無視して，工業の中心地に就職する事が出来るのである。してみると，一日も早く自分の実力で入学し得る学校には入つて卒業し，一日も早く就職した方が得策と云ふ事になる。」(383頁) と忠告している。

　しかし，学校や専攻学科の選択を不必要としているのではなかった。他方，中上川は，「七　高等工業と其の選び方」で「昔は，官立の学校ならどこでもいゝから這入らうと云ふ，今の青年から見たら随分馬鹿げた事を真面目に考へてゐた否実行した人があつた。成る程，人には適応性があつて或る程度まで自分を斂められた境遇に順応して行けるが，それでは其の人の一生を決して幸福だとは申せない，まして，今は何がいゝそうだから何にしようなどといふ考へは愚の骨頂である。(中略) とに角，流行に媚びずに其の適性を求め，而して勉強に猛進することが何よりである。新しく，横浜の名古屋（ママ），高工に航空学科，徳島高工に製薬学科が新設されたし，浜松高工には『テレビジョン』科が新設される。年々多少の異同があるから毎年の新しい規則書や学校案内書を請求して詳細に各校の内容を見ることを奨める。」(26頁) とアドバイスしている。

④医療系専門学校等

　次に，「医歯薬専学校」の選択を見よう。先の「大観」は「医専」については，「医専は現在全国に，官立として京城医専，台北帝大医専の二校，公立として朝鮮の大邱，平壌の二医専，私立としては，東京医専，日大専医，大阪高医，九州医専，岩手医専，昭和医専，セブランス連合医専それに女子のものとして東京女子医専，帝国女子医薬専等の諸校があるが，(中略) 若し学費の安いのを願ふならば，官公立の医専に進むべきである。(中略) 内地にある六校の医専は，夫々特徴があるので一概にどれがいゝとも云へない (中略) 各自の最も便宜な学校を選択すればいゝわけである。」と述べている。

　「歯科医専」はどうか。「東京高歯が官立だけで，他は全部私立である。著名なものは，東京歯科，日本歯科，大阪歯科，九州歯科，京城歯科の五校であるが，何れもその設備は完備してゐる。(中略) 各自の個人的な条件を参照して，経済的に，地理的に，最も便宜のいゝ所を選べばよいのである。」と語ってい

る。

「薬専」はどうか。「薬専こそ何処を選んでも甲乙はない。(中略) 薬専の卒業生は誰でも彼でも皆薬剤師になるものと決つてゐた時代には，薬専も相当慎重に学校を選ぶ必要があつたが，化学工業全盛時代に遭遇して薬専の卒業生は幾らゐても足りない有様である。何処でも自分の実力に相応した，自分好みに合つた学校を選べばそれでいゝのである。」(603頁) と記している。

(2) 学校選択情報の時系列的比較

苦学案内書を除いて，上級学校進学総合案内書のカタログ化が進むなかで丁寧な解説を加えて学校選択情報を伝えたのは，以上のように，欧文社・旺文社のものであった。

欧文社は，先述したように国家総動員法が公布された年の1938 (昭和13) 年11月に「大観」を出し，1939 (昭和14) 年には『昭和十四年度入試準拠上級学校受験生必携』を，1940 (昭和15) 年には『昭和十五年度入試準拠上級学校受験生必携』を，1942 (昭和17) 年には『昭和十七年改訂版全国上級学校年鑑』を，1945 (昭和20) 年2月『昭和十九年改訂版全国上級学校綜覧』をそれぞれ出版した。

筆者は，1939 (昭和14) 年本を入手していない。そこで今は，1938 (昭和13) 年本を起点として，1940 (昭和15) 年，1942 (昭和17) 年，1945 (昭和20) 年各本を横に並べて，高等学校，高等商業学校，高等工業学校，医療系学校に限定し各学校の「概説」記事を素材に，そこで提供された学校選択情報を時系列的に比較しながら検討してみたい。

①高等学校

学校数の変化は伝えているが，内容には変化がない。ただ，1945 (昭和20) 年本の編輯部は「修学の目的」ではっきりと「文官士官学校」(53頁) と呼んでいることが注目される。教育当事者や生徒たちの伝統的理解と全く離れた位置づけであった。

②高等商業学校

「高商」については高等学校同様，学校数の変化は情報化しているが，1938（昭和13）年本には「五　なるべく官立校を選ぶこと」「我が国に於ては官界も実業界も素晴しい官尊である。であるから出来る限りは官公立学校を選ぶべきだ。」(248頁) という記述がある。また1945（昭和20）年本は「高等商業」ではなく「経済専門学校」という名称を使用している。これは1943（昭和18）年1月2日勅令16の「専門学校令中改正」(4月1日適用) に依っている。

③高等工業学校

「高工」については，1940（昭和15）年本は「大観」と同じ忠告をしている。1945（昭和20）年本は「工業専門学校の選択」と題し，「大観」同様「自己の学力に応じた選択」「郷里に近い学校を選ぶ事」の2つの基準を示している。そして1945（昭和20）年本は，「従来学校の内容の優劣とか土地的条件に依つて左右されてゐたが近年の我が国工業の大発展は，これ等の土地的条件の優劣を無に帰せしめてゐる。つまり，技術者の需要量はその供給量に数倍してゐる為に，現在では地方の工専卒業者も距離を無視して，工業の中心地に就職する事が出来るのである。又，工業の中心地の学校の卒業生でも，厚生省の統制によつて，必ずしもその土地で就職が出来るとは限られていない。従つて一日も早く自分の実力で入学し得る学校に入つて卒業し，一日も早く就職し技術者として国家の為に奉公を致す方が賢明である。」(80頁) と記した。これらの案内書には，1949（昭和24）年に官立工業学校7校が一度に増設されたという記述はない。

④医療系専門学校等

1940（昭和15）年本は「医専は現在全国に，帝大官立医大の臨時附属医専十三校」(264頁) が増加されたことを伝えている以外，内容は1938（昭和13）年版と変化はない。1940（昭和15）年本にも，40年代に入り公立19校等の医学専門学校が創設されたという重要な事実の記載もない。そして，1940（昭和15）年本以降，案内書から学校写真は消えた。工業に比べて軽視されているという印象を受ける。

⑤中等学校

　目を転じて，中等学校の選択情報を検討しておこう。中等学校進学志望者への単独の案内書は昭和戦前期には，1930年代後半に入ってから出版されるようになった。筆者は所蔵が確認できず未見であるが，1937（昭和12）年初版刊行の長谷川弥平『東京男女中等学校案内』（大矢書店）がそれである。入手した1941（昭和16）年版の案内書は，1938（昭和13）年，1939（昭和14）年と発行され，1940（昭和15）年からは大矢書店の編輯となり，1941（昭和16）年まで出版されたことが確認される。この上記，大矢書店の1941（昭和16）年本，ならびに『東京府内中等学校進学案内』（教育錬成会，1941年），『学区制実施による東京府中等学校案内』（育成社，1943年）の3冊の案内書を紐解いてみると，これらの案内書には学校の選択に関する記事が掲載されていないことに気づかされる。1941（昭和16）年に大矢本はカタログ化し，学校名，所在地，通学便，電話，創立年，学校長，職員数・在校数・卒業生数らが縦組み一列で一覧化されているのみである。後2冊の内，1941（昭和16）年本は学校案内というより文字どおり進学受験案内というべきもので，新考査法すなわち内申書・人物考査・身体考査の「綜合判定」による実施に伴う「口頭試問」の内容紹介を，1943（昭和18）年本は学区制の実施をそれぞれ紹介している。

　このように，中等学校の場合，重要なのは学校選択情報ではなく，第4節で述べる受験情報であったと見られるのである。

第4節　受験情報

　学校の選択が決定したら，受験である。いったい案内書の著者たちは，どのような受験情報を提供したのだろうか。ここでは，入試制度改正のなかで新しく導入された口頭試問に重点を置いて情報の特質を検討してみよう。

（1）　中等学校への受験情報

　まず，小学校からの中等学校受験情報を見よう。昭和戦前期の中等教育の世

界では1910年代より飛躍的に中等学校進学希望者が増加した。大正期に入ると4人に1人、昭和期に入ると3人に1人が中等教育在籍者になり、「中等教育普遍化」の時代を迎えた。しかし、「有名中学」を目指して受験競争が過熱し、その積弊が顕著になり社会問題化した。1920年代に入り、とくに都市部を中心に「入学難」問題が発生した。1920年代後半には「筆記試験廃止」する旨の中等学校試験制度改正に対する入学選抜方法に関する通牒までが出された。

昭和戦前期に入っても、この問題は解決されず、1932（昭和7）年ごろにはむしろ過度の受験勉強のため生徒の体位低下が大問題となった。1930年代末から、さらなる中等学校進学者の増加に伴い、中等教育は量的に拡大した。「入学難」は、高等教育の多様化を背景とする「中学校格差」現象を伴う形で拡大し、公立学校の大増設まで本格的な解決策は見い出せなかった。

このような中等教育レベルの受験の世界に併行する時点で、何らかの受験情報を提供すべく単独で発行された案内書の発行を確認することはできなかった。たしかに、総合的な上級学校進学案内書にはカタログ的に中学校は紹介されているが、本格な受験情報を提供したものは発見できていない[10]。

案内書が、中等学校の受験競争問題に対応した形でガイドするようになるのは1941（昭和16）年ごろからである。1939（昭和14）年9月、河原田文相期に「錬成」を教育原理とする「綜合判定」法による入試改善策が実施されて後のことである。

筆者が入手できた案内書は、教育錬成会編『(昭和十六年度）東京府内中等学校進学案内』(1941年) および谷島止義『学区制実施による東京府中等学校入学案内』（育成社、1943年）との2冊のみである。

教育錬成会の案内書の目次は、巻末資料編Ⅰ-3資料9に示したとおりである。編者は、「はしがき」で「新考査法」を次のように知らせている。貴重な言説であるので、長いが敢えて引用する。

　「文部省の訓令（ママ－筆者）に基づく新考査法の実施をみてから、今年の三月はその第二回目に当つてゐますことは大方の御承知通りであります。

これにつきまして，殊に本年の入学考査に御自身あたられた多数の児童方や，その御家庭並びに六年生受持の先生方が，著しく御注目になつたことは，恐らく次のやうな点であつただらうと思ひます。
　すなはち，内申書，体力検査はしばらく措くとしまして，例の『口頭試問』の内容がはたして前年通りのもの，またはその範囲に止まるであらうか，或は『知性』を裏附けた徳性に基く判断といふことになれば，いきほひ諸学科に亘るのではあるまいか，といふ懸念について〻あります。
　申すまでもなく，文部省当局の希図されましたことがらは，全国的に新考査法の実施を行ふ以上従来のやうな入学試験の積弊を完全に一掃し，あくまでも国民教育の目的を失はないやう，従つて児童の心身に養はれた正常な知徳体をそのま〻入学選抜の対象とするやうにといふ訳でありますので，この精神から申せば，一応以上のやうな懸念も解消されてよい筈ではありました。
　然しながら，一面，上級学校志望者の状態をみまするに，遂年著しい増加の一途を辿るばかりであります。もちろんこれが対策として，府市当局は非常な努力を払はれ，学校数の増設等も行はれてゐる訳ではありますが，何れにせよ，このおびた〻しい志願者の収容には到底及ぶべくもない実情であります。
　従つて，毎年三月，依然としてこの「窄き門」に集る受験者の心，親の心，受持先生の心，世間の気持といふものは決して朗かなものではないのであります。
　幸に，今年の入学考査に合格の栄冠を獲られた方々の喜ばしい思情を思ひ，不幸にも平素の成績に酬ひられず不合格の憂目を味は〻れました悲痛な心持を想像いたします時，又もや来るべき年にか〻られる多数の児童方やその御家庭並に六年受持の先生方に，何とか，適切な参考資料にもと考えて上梓しましたものが即ち本書であります。
　本年三月の考査法は各校とも御覧の通りのものでありまして，大体三室又は四室に分かれてをり，(1) 家庭とその環境，(2) 知性に亘るもの，(3) 徳性に亘るもの，(4) 総合的な実践状態並に人物，といつたやうな具合にして行はれてゐるやうであります。
　もつとも，一学校に於ける考査の骨子はそれぞ〻一定してをりながらも，各人に対する試問の内容は多分に誘導上の立場から異なつてゐるところもあります。例へば，「あなたの好きな学科は」と聞かれ，その答が算術である場合は算術に関するものを，国史である場合は国史に関するものをといつた具合に，その点は必ずしも一定してゐないのであります。
　本書はこれらの諸点を出来るだけ細密な材料を通し，各校とも誘導された特徴を十分に活かしつ〻編んだものであります。
　どうぞ来るべき入学を前に本書の内容を参考として，十分に平素の勉強と体力

の向上とにいそしまれ，はげまされますやう切望する次第であります。」（教育錬成会『（昭和十六年度）東京府内　中等学校進学案内』教育錬成会，1941年，「はしがき」1-2頁）

1941（昭和16）年4月時点で記された「はしがき」のこの文からもわかるように，中等学校を受験しようと志す児童やその保護者，受持教員にとって「口頭試問」の内容が問題となっていた。そこで，この案内書の編者は各学校の口頭試問を掲載した。ここでは，東京府立第一中学校（現東京都立日比谷高等学校）と立教中学校（現立教新座中学校・高等学校）の1940（昭和15）年度の口頭試問を紹介しておこう。

「東京府立第一中学校（公）
　　第一室
○君の名前は
　　生年月日をいつてみなさい。
○おとうさんの勤先はどこですか。
○君は毎日どのやうにして歯を磨いてゐますか。
　　歯は何のために磨くのですか。
　　健康方法としては，歯を磨く外にまだどんなことがありますか。
　　第二室
○隣組とはどんなものですか。
　　では，君の家の隣組では常会をやつてゐますか。
　　君はその常会に出席したことがありますか。
　　常会ではどんなことをしますか。
　　隣組の組織はどうなつてゐますか。
　　では，組長さんは何といふ方ですか。
　　隣組は今の日本に対してどんな関係があると思ひますか。
　　隣組はどうして大切でせうか。
　　第三室

○（棒に糸でつるした振子を動かして）
　　このやうに，左右に振れるのはどうしてゞすか。
　　此の糸を短くするとどうなりもすか。
　　これを応用したものにどんなものがありますか。
　　では，時計の種類をいつてみなさい。
　　君は，その時計の種類をどんな立場から区別していひましたか。
　　君の家の振子時計はどのやうにして調節しますか。
　　第四室
○昔の偉人で，孔子や釈迦は人の心を引きつけたといひますか，それはどうしてひきつけたと思ひますか。
　　では，引力とどう区別することが出来ますか
　体力検査
　一，籠球投　二，懸垂力　三，跳力　四，体　操　五，走　力」

156　第３章　昭和戦前期刊行「進学案内書」が伝えた進学情報

（教育錬成会『（昭和十六年度）東京府内　中等学校進学案内』教育錬成会，1941 年，8 - 9 頁）

「立教中学校（私）
　　第一室
○君の姓名は。
○詩歌，俳句の中で一番感じたものをいつてみなさい。
　　どういふところに感じましたか。
　　第二室
○高田屋嘉兵衞はどんな人ですか。
　　どんなことをしましたか。
　　ロシヤの軍艦に捕はれた時何といひましたか。
　　副長はどうしましたか。
　　高田屋嘉兵衞の前に此の地に来た人はゐますか。

　　第三室
○君の好きな学科は何ですか。
　きらひな学科は何ですか。
○おとうさんはどこにつとめてをられますか。
○先生にしかられたことがありますか。
　　どうして叱られましたか。
　　叱られてからそのことをなほしましたか。
　　体力検査
一，走力（五十米）　二，懸垂（屈臂）
　三，走幅跳　四，運搬走（五十米）」

（教育錬成会『（昭和十六年度）東京府内　中等学校進学案内』教育錬成会，1941 年，59 - 60 頁）

　1941（昭和 16）年文部省は，受験競争の防止策の１つとして学区制導入を通牒した。東京の学区制の内容を伝えたものが，1943（昭和 18）年発行の谷島本である。目次は，巻末資料編Ⅰ - 3 資料 10 に所載した。

　「はしがき」で著者・谷島正義は，「国民学校の上級生をもつ御家庭において，児童御本人はもとより父兄母姉の方々が常に心に懸けてゐられることは，進学の問題でありませう。曾ての試験地獄と称ばれたものは今日一応解消し，入学選抜も，内申書，口頭試問，体格検査の綜合方法がとつて代り，その上学区制となつてまいりました。新制度の選抜が行はれるやうになつて既に三年，しかしやはり入学する率は低く，狭き門であることは殆ど変りはないのであります」と受験の実態を述べた。

　その上で「本書は学区制の新選抜法を説明し，市内各中等学校案内を附して進学の道しるべとなし，学校の選び方，学区と入学率等を掲げ，且つ本年度の口頭試問の問題集を編し，その要領と傾向とを示したものであります」と発行

の趣旨を記している。
　「学区制」ついて谷島は，「文部省では（中略）昭和十六年十一月更に六大都市を含む府県に対して学区制又は総合考査法の何れかを採用して新考査法の趣旨を一段と徹底させるように通牒を発した。」(5頁) と書いている。この通牒とは 1941（昭和16）年 11 月 20 日，発普 276 号　普通学務局長，実業学務局長，各地方長官あて「中等学校入学者選抜ニ関スル件」[11]である。谷島は，この通牒に対して東京府は「慎重審議の結果，昭和十七年度から愈々『学区制』を採用することに決定した」(5頁) と伝えた。
　また，以下のような「学区制実施による公立中等学校と適用国民学校一覧」を掲載した。

「中学校之部
　第一区
　府立第一中（麹町区）
　府立第八中（荏原区）
　府立千歳中（世田谷区）
　府立十五中（赤坂区）
　府立玉泉中（北多摩郡狛江村）
　府立第廿二中（赤坂区仮校舎）
　府立第廿三中（府立第一中内）

国民学校之部
　第一学区

麹町区全部（富士見校を除く）芝区内全部・麻布区内全部・赤坂区内全部・品川区内全部・目黒区内全部・荏原区内全部・大森区内全部・蒲田区内全部・世田谷区内二十七校（北澤，東大原，守山，□原を除く）渋谷区内七校（大和田，常磐松，加計塚，臨川，広尾，長谷戸，猿楽）南多摩郡内四校（町田，南，南第二・鶴川）北多摩郡内四校（狛江，瀧坂，深大寺，調布）
　　　　　　　　　（以下略）　　　　　」
（谷島正義『東京府中等学校入学案内』育成社，1943 年，23‒25 頁，□は判読不能）

　谷島は，学区制とは何かと問い，それは，中等学校入学者を地域的に限定することであり，「府立六中は四谷区の居住者」に限るとすればよいとも主張した。しかし，「現在東京府の中学校，高等女学校の分布状況や志願者の志望等を考へると，此の実施は不適当なので，全府を四区に分け所謂大学区とし」，「一覧表通一学区に数校の中学校を入れ，此の中の中学校へは此の学区内の国民学校出身者以外は入学出来ないことになってゐる。」と解説した。
　谷島は「今まで国民学校の最も優秀な児童が，市内の数少ない中学校に集中

し，量に於ても質に於ても激甚な競争を招いてゐたのが緩和され，これ等優秀児童が各学区へ平均して分散」することによって学校差を少なくなると述べ，それだけでなく同一学区内の中等学校と国民学校の連絡が強化されることになり，そのことは「中等学校の校外指導が徹底する」(5頁) ことになる。「殊に校外指導の問題は，戦時下中等学校生徒の錬成を重視する今日，絶対に必要なことなのである。」(6頁) とも主張した。

さらに，学区制を用いても口頭試問は受験生にとって切実な問題として，その内容を掲載した。ここでは，東京府立航空工業高校と早稲田中学校の場合を紹介しておこう。

「東京府立航空工業学校
　第一試問室　出身学校。勤労奉仕をした事があるか。どこへ行きましたか。何のために。学校の掃除の仕方。大東亜戦争を勝ち抜くにはどうしたらよいか。
　第二試問室　父の職業。父の年。君の生年月日。君はお父さんが何歳の時生まれましたか。お父さんは毎日楽しさうに働いてをりますか。
　第二日身体検査　視力，関節，屈指，聴力，身長，体重，胸囲，内科。
　体力検査　百米走力，跳躍，投力，懸垂，体操
　第三日第一試問室　何時頃起るか。九時に休んで六時に起ると何時間ねた事になるか。起てゐる時間の三分の一勉強すると何時間する事になるか。班別登校するか。何故か。」(谷島正義『東京府中等学校入学案内』育成社，1943年，102頁)

「早稲田中学校
　第一日　『十六名一度に一室で行ふ』(君の為散れと教へて己まで嵐に向ふ櫻井の里) 君の為とは何の事か。散れと数へてとはどんな事を意味して居るか。嵐とは此処では何の事か。では此処に何故戦としないのか。全部を通じてどんな事が書いてあるか。君と言ふ言葉はどんな時に使ふか。此の歌を絵に書くとすると，どんな絵がよいか。己とは誰の事であらうか。此の歌は何時代の歌なのであらうか。其の時代にどんな大きな出来事があつたか。時に天皇は何と申上げるか。足利尊氏は幾頃から天皇に仕へたか。尊氏はどんな心持で天皇に仕へたか。尊氏は後何故天皇にそむいたか。さういふ心持はよいか。何故よくないのか。若し国民が皆さう言ふ心持になるとどういふ事になるか。八紘一宇とはどんな事か。その言葉を国が始つてから現在までによく表はして居る事柄を言へ。偉い人になるにはど

うするか。学問だけでよいか。体はどうでなければならないか。学問が出来，体は丈夫で偉い人になれるか。
体力検査　速足行進，懸垂，ボール投，第三体操走幅跳，力走。
第二日　『十六名一度に一室で行ふ』昭和十八年度の六大府県の貯蓄額の表を出して（但し昭和十八年及六大府県はかくしてある）此れは何年度の貯蓄額か。去年はいくらか。六大府県を言つてごらん。そのうち県の名と県庁の違つてゐる県。六大府県の合計貯蓄額は幾らか。貯金は何故必要であるか。日本の人口一億とすると一人で何円貯金をしなければならないか。六人家族では何月する訳か。一箇月ではいくらする訳か。どうして出したか。もつと簡単な方法。貯蓄と衣類との関係は。学童服二二点シヤツ一五点靴下三点合計何点か。十六人では何点か。学童服一着シヤツ二枚靴下三枚合計何点か。二百円の収入の人で十円の債券二枚と売出価額十五円一枚買ふといくら残るか。六十五円ではいくら残るか（二百円収入）。六十五円は二百円の何割に当るか。何割何分何厘まで出せ。又何％か。（絹十五点スフ三十点）何故スフは点が多くいるか。絹は何から作るか。繭は何が作るか。パルプは何の木から作るか。
第一試問室　両親は居りますか。父の職業は。父兄会には誰が行くか。兄弟は何人か。父や母を喜ばした事があるか。どんな事をして父や母を喜ばしたか。
第二試問室　姓名。学校名。何故此の学校を選んだか。君は病気をした事があるか。受持の先生の名は。○○学校で一番よい学校は。　（後略）　」（同上，176-177頁）

このように学区制が実施されようとも，「口頭試問」の内容は受験生も保護者も受持教員も大いに心配する事案であった。この点について案内書は，多くの頁を割いて情報化している。そしてその内容は明らかに違っていることがわかる。1941（昭和16）年本ではまだ牧歌的であるが，1943（昭和18）年本は戦時色が色濃く出ている。

(2)　高等諸学校への受験情報

　次に，目を転じて，高等学校受験志望者に対する受験情報の検討をしたい。どのように高等学校受験情報は伝えられたのだろうか。
　昭和戦前期に入り，高等学校を単独の形で案内するガイドブックは，1932（昭和7）年帝国大学新聞高校部の手になり，考へ方研究社が発行元となっている『高等学校－進路と展望』が唯一のものである。吉田熊次が「序」を認めて

いる。目次構成は「第一　受験篇」「第二　生活篇」「第三　案内篇」から成り，附録には関連法規と「高校職員一覧」が掲げられる等，取材に基づいた丁寧な仕様で，わかりやすい叙述である。「第一　受験篇」「［二］高校の入学試験」では，入学試験科目・手続き・試験の日割り・口頭試問・体格検査等について要領よく教示されている。どのような情報が提供されていたか。例えば，以下のように主要な点を簡単に掲げておく（16‐18頁）。

　第1には，「高等学校の入学試験科目は毎年十二月二回に分けて」官報告示されること。

　第2には，官報告示の第1回目は「十二月十日前後募集人員」の発表と同時に行われ，「例へば，国漢，数学，外国語，地理といつた様に大づかみな科目」が発表されること。第2回目は「十二月二十日前後，今度は和文欧訳，欧文和訳，国語，作文，漢文，日本地理，世界地理」等というように細分化された科目と施行日程が発表される。このなかから，「各学校が任意に科目を選択して多きは六科目，少きは三科目」の試験が実施されること。

　第3には，どこの高等学校でも「外国語，国漢，数学」の「基本課目」は必ず課せられること。「物理化学，地理，歴史等特殊の記憶科目は発表されるまで全然検討がつかない」のであるから基本科目に力を注いで勉強したほうがよいこと。

　第4には，「試験時間は，数学，外国語，国漢等の大物が二時間から三時間，記憶物は一時間半から二時間位」で，高等学校によって差違があること。

　第5には，「学科試験の他に口頭試問と体格検査がある」が「口頭試問は日常生活，履歴，家庭事情などをきかれると思へばよい」ことなどである。

　ところで，この案内書が刊行された1932（昭和7）年といえば，学生思想問題対策の一環として高等学校の生徒定員が減員された時期であった。この点について，この案内書は第一篇の「［二］高校の入学試験」において，「各高校の募集人員は昭和七年度から，大学へ入れない高校浪人を絶滅するため一学級について三名宛減員され，将来もなほ減員される気配にあるから今後の入学競争率は益々高まるものと思はれる。」（17頁）と述べた。

しかし，ここでは当時社会問題になっていた学生思想問題対策としての定員削減措置であることは全く触れられず，「高校浪人絶滅」という文脈から語られているにすぎない。因みに，高等学校の生徒定員は 1934（昭和 9）年度からは 30 人定員となったが，戦時体制下の 1939（昭和 14）年度からは理科系学部の拡大に対応すべく 40 人に戻されている。

1938（昭和 13）年発行，欧文社の『上級学校大観』は「高等学校概説」で，生徒募集要項は「毎年十二月二十日頃」官報告示されると書いた。1938 年（昭和 13）年度の要項をもとに「入学試験の程度及範囲」や口頭試問の実情を紹介した。「入学試験の程度及範囲」は先の帝国大学新聞高等部のものと同じ内容であるが，より詳細になっている。

このような情報のなかで，欧文社本は，入学試験制度の変更について次の如く伝える。

「昭和十三年度から入試方法が変更になつて，先づ学術筆答試験で定員の二倍以内の者を第一次合格者とし更に，口頭試問と身体検査とを以て真の合格者を決定する事になつたが，口頭試問中，学科の基本的な事項に就ての試問が行はれるから，試験の準備に当つては英語でも数学でも国漢でもよく基礎になる事項を理解してをくやうに心掛ける必要がある。」（池田佐次馬『全国上級学校大観』欧文社，1938 年，7 頁）

先の帝国大学新聞高等部のものでは「口頭試問は日常生活，履歴，家庭事情などをきかれると思へばよい」[12]ということになっていたが，欧文社本は 1938（昭和 13）年度の入試制度の変更は「口頭試問」が従来よりも，さらに重視されることを伝えているのである。

しかし，筆者は 1938（昭和 13）年度の入試方法の変更がどのような法令に基づいているかは確認できていない。たしかに高等学校入試は各学校の権限で実施されているが，先の案内書の記述からもわかるように，受験対策を先取りさせない形で出題科目の発表を遅らせていることに鑑みれば，何らかの法令に拠っていたものと考えられ，またこの記述は『官報』告示されたものからの転載であることから，高等学校独断で進めたものとも考えにくい。記載ミスとも考えられるが，従来の研究では，旧制高校（官立）の入試は 1938（昭和 13）年

度から単独試験・単独選抜で行われ，1932（昭和7）年度からは各学校共通問題で実施され，1941（昭和16）年度からは二段選抜方式が採用され先の引用にあった学術筆答試問で定員の2倍に絞り，口頭試問と身体検査で合格が決定されるように，入試の改変があったとされている[13]。しかし，上記1938（昭和13）年版の「大観」の記述が正しいとすれば，1941（昭和16）年ではなく1938（昭和13）年から二段階選抜の入試の方式がとられていたことになる。「大観」は，1938（昭和13）年度の入試から理科には「生理衛生」を加えている。

　ところで，実際に口頭試問の実情はどうであったのだろうか。ここでは，第一高等学校と第二高等学校のものを引用しておこう。この口頭試問は，1938（昭和13）年度の口頭試問の内容であるので，1937（昭和12）年に実施されたものである。その内容を欧文社は取材したのである。「昭和十三年度全国高等学校口頭試問の実情」と題し，「〔一は口頭試問の方法及び所要時間，二は口頭試問の問題，三は口試問受験者の受験後の感想及び後進への注意事項〕」と注釈を付けている。

「第一高等学校
　一，文科は第一第二第三室，理科は第一第二第三室で三回受ける。第三室は文理共通。口頭試問のある前に，試問票を約三十分位にて作成し，家庭の状況・志望（将来）・本校受験の理由・欠点・趣味・嗜好・崇拝人物等を書き込む。試問は大体これに就て行はれる。所要時間は，第一室五分，第二室五分，第三室四分間位である。

　二，第一試問室では，試問票に就てその内容を更に突込んできく。愛読書の名称理由，崇拝尊敬する人物及びその理由，運動の種類及びその経歴，将来進むべき方向，親の職業等。第二試問室では，学校からの内申書に就て念を押すやうにきく。出身学校，受験の回数，在学中の出欠の模様，賞罰等。又再び将来の進む方向を非常に細かにきく。第三試問室では，寮生活の利益に就て，公民とは何を教へるか，友を得るよい方法は何か，以上の三問。

　三，大部分の者は学科の試問を受けてゐない。第一第二試問室の試験官は各二人で，非常にやさしく笑ひながらきかれ，少しも固くなるやうな思ひはない。第三室では生徒主事一人が試験官で，落着いて試問を受けられる。大

体に於て隙のない人間となり，積極的で真面目であれば大丈夫。又，試問票に書いたことに就てはよく知つてゐること，それから，日本精神を理解してゐることも必要である。

第二高等学校
　一，学科試問，文科は英語，理科は数学。英語の場合は五人の教授が居て，その中の一教授が問題を提出する。三十秒まで考へて宜い。それ以上になると次の問題に移ることがある。一教授二十点宛分担，百点満点である。数学の場合は，採点員三名，問題説明係一名。採点員は教壇を室の中央に出し，その上に並んでゐて，それと向ひ合つて生徒の机がある。約三十名づゝ一室に入れ，順次一名宛試問室に入る机に着席して問に答へる。問題は紙に書いてあり，説明係の先生が親切に説明して下さる。机上に計算用紙が置いてある。所要時間は学科試問は一人平均七分位，答へられないと猶予して時間をのはして呉れる。

　　人物考査，採点員約十二三名。室に机を山形に並べ採点員は此処に着席，受験者は，机の形づくる三角形の第三辺の中央の位置に直立して答をする。受験者の背後に小黒板あり。各試験官が夫々十点宛分担して，百点満点の由。所要時間は一人平均十分位。

　二，学科試問中，文科の英語は，「前置詞の挿入」「誤りの指摘及訂正」「文章の読み方」「反対の意を有する単語」等によつて試験された。又理科の数学では公式や級数等が問はれた。

　　人物考査では次の様なことをきかれる。「受験番号は」「名前は」「出身校は」「教練は何故やるんです」「君の学校に作業科がありますか」「君は級長をやつたことがありますか」その他「役員は」「皆勤賞を貰つたことがありますか」「君は教練体操は好きですか」「賞罰は」「学科中何が好きですか」「ダイヤモンドが暗闇中で光る現象を物理的に説明して下さい」「ダイヤモンドに光をあてると強く光るのは何故ですか」「今度の試験で国漢の成績はどうだつた」「君は漢文は好きですか」「漢文によく出てくる四書とは何々ですか」「論語とは何ですか」以上，自分の身辺の事柄及び志望方面の常識的なことを訊かれる。

　三，学科試問の問題は毎日変る。人物考査の問題は人によつて異るが，教練の目的は誰でも問はれる。中学校在学中の欠席が多いと詰問され，公民に関することをきかれた人もあり，背後の黒板へ書取をやらされたのも居る。

学科試問の時は態度にはあまり注意しない。あせらずよく考へ，絶対に軽々しく「わかりません」と言はぬ事，殊に人物考査に於ては，わからぬ時は何とかまとめて答へること，即ち青年として真剣な努力を払はねばならぬ。読書運動の何れかをやつてゐるかときかれたら，大いにやつてゐますと答へること。校長は『今日の青年にして読書も運動もせぬ様な人間は二高生たるの資格はない』といつてゐられる。又，中学在学中の教練はしつかりやつておく必要がある。」(同上，11頁)

また，第二高等学校口頭試問について，編者は次のような感想も掲載している。

「【口問試問】常識，素質，性行，身上等を試問される。十人の先生がぐるりと列んで，四方八方から質問する。あわてては駄目である，落着いて確りと答へるがよい。肝のある人間を二高は求めてゐる。口答試問は既知の知識の発表過程を見るのであるから，自己の欠点を隠さうとする老成振つた態度は禁物。普通五分位，経歴の複雑な人は少し長くきかれる。

【学業試問】三人の先生に依つてきかれる。文科は英語で，冠詞，前置詞等を余白に入れる，一寸したリーデイング，単語の発音，名詞を出しての形容詞，又其の逆，名詞を出して其の複数形等々三年の文法の本をやれば十分。理科は，数学で虚数とは？定理を述べて其の逆，$\sqrt{a^2}$の開平とか等を，初歩的のものではあるが相当突込んできかれる。併し学業試問で落ちる事は先づあるまい。」(同上，1938年，33頁)

このように，少なくともこの年度は，第一，第三高等学校では学業に関する試問は受けていないが，第二高等学校では厳しく問われている。

欧文社の受験相談部は，1940 (昭和15) 年に『昭和十五年度入試準拠上級学校受験生必携』を発行し，「全国上級学校口頭試問の現状」を受験生徒等に提供した。まず上級学校で口頭試問を導入した目的を「学科試験は，極く短時間に亙つて行はれるものであるために，当該受験者の学術的才能は，一応テストし得るとしてもその人物に就いては，皆目知る事を得ないのである。この学術試験の欠を補ふ為の制度，即ち受験者の常識，性行，素質，身上等に関する試問を通して，入学せしむべき人物の査定をする『口頭試問』が，何処の学校にも採用されるやうになつたのは当然の事である。」と述べ，「受験者の綜合的人物」(20頁) をみることであると書いた。

口頭試問の種類には，「学科に関するもの」「身上に関するもの」「常識に関するもの」「性行に関するもの」「素質に関するもの」(20-21頁) の 5 種類があるという。試問の方法も多種多様，試問の時間は「五分前後のものが多く長年の浪人の諸君は，之より永く，中卒直後乃至四修の受験者の場合には，之より短いのが通例である。」(22頁) と書いている。
　そして編者は，口頭試問の現状を次の如く解説した。
　　「之を数年前のものと比較すると，その間，著しく変遷のある事を認めざるを得ない。即ち，数年前の如き，余りに抽象的な自由主義的な試問は殆どその陰を潜め，具体的緻密なもの日本主義的堅実なもの等がそれにとつて代つて来たのである。之を一言にして言ふならば，試問の為の試問を廃止し受験者の人物を認識する真の試問を行ふに至つて来たのである。而も口頭試問は，年一年重要視され，その範囲も次第に拡張されつゝある。(中略) これに就いては，赤尾社長著，『入試突破の対策を語る』中に，あらゆる場合の試問と，それに対する詳細，適切なる解答が掲げられてある故是非一読されたい。本書を三読四読すれば，口試に関する限り，何等の危惧なく如何なる試問をも簡単に突破し得るばかりでなく，常識を広くし，人生に対して如何なる心構へが必要であるかを知り得る筈である。」(旺文社受験相談部『昭和十五年度　入試準拠上級学校受験生必携』欧文社，1940年，22-23頁)
　この「必携」は，第一高等学校の「生徒募集要項」を載せた。「要項」の「試験科目及期日」の「備考」に「一，志願者の入学前に在学したる学校の調査書と筆頭試問の成績とを併せ考査して入学せしむべき生徒概数の約一倍半の人員を選抜し口頭試問，身体検査を行ふ」(115頁) と記した。第二高等学校の場合も「備考」で「志願者の入学前に在学したる学校の調査書と筆頭試問の成績とを併せ考査して入学せしむべき生徒概数に約三割以上の人員を加へ選抜し口頭試問及身体検査を行ふ」(116頁) と記述している。1941 (昭和16) 年の入試方式改正以前にこのような方法がとられていたことになる。
　しかし，旺文社が 1945 (昭和20) 年 2 月に出した『全国上級学校綜覧』によれば，第一高等学校の場合は「口試には学科試問なし。」(59頁) と書かれている。第一高等学校のみが学科試問を行わなかったようである。

(3) 高等専門諸学校への受験情報

次に，高等専門の諸学校への受験情報について検討する。どのような特徴をもっていたのだろうか。

高等教育は，大正期中期より1930年代にかけて劇的に拡大し，多様化した。1937（昭和12）年以降は高等教育にも戦時体制化が強化された。産業社会の発展に相応しい高等教育体制は，軍需産業に牽引されながら理工学系を中心としてその基盤が形成された。ここでは，高等商業と高等工業とを検討してみる。

まず，高等商業の場合である。先の欧文社の「大観」の「高等商業学校概説」には，次のような情報が掲載された。

> 「入試の二班制度に就いて
> 高商の入学試験日は，学校によつて期日がまちゝゝであるが早い学校は，三月の五日，六日頃始め，遅い所は三月二十三日頃，私立の高商中には四月になつてから施行する所も可成りある。併し官公立の高商に就てのみ云ふと大体三月十四日頃試験を開始するものと，三月十八日頃開始のものと二種類ある。
> 昭和十三年度のものを例にとつてみると，次の通りである。
> 三月十四日開始のもの，
> 山口商，長崎商，大分商，彦根商，和歌山商，横浜商，横商船，神戸商。以上八校。
> 三月十八日開始のもの，
> 名古屋商，福島商，高松商，高岡商，東商専，大商高。以上六校。
> 其他は，台北商が三月五日，京城商が三月十六日，小樽商が三月二十三日試験開始である。然も，高商は高校と違つて試験場を本校とのみ限らず，東京，京都等に設ける所が多いので二校，三校の受験が可能なのである。」（池田佐次馬『全国上級学校大観』欧文社，1938年，248-249頁）

このように，入試が「二班」に分かれていたことを情報化した。また，概説には口頭試問の事については何も触れていないが，以下で示すように，山口高商，長崎高商では実際に行われていた。

> 「【口試】
> 試問所に四人宛入る。最初四人別々の箇所で夫々二人の先生から第一試問を受け，続いて生徒主事から第二試問を受け，終つて校長に一礼して退室する。所要時間は第一試問は一分，第二試問二十秒，校長は試問なく唯態度をみる。しかし，

浪人及び学校の成績の悪い人は少し時間が長くなる。
　人によつて異るが，第一試問では，家庭の状況，第二試問では，他の志望校その他簡単な事を尋ねるだけである。尚試験官の前で最初，受験番号，名前，生年月日，出身校等をいひ，試問表を渡す。
　口試そのものは簡単だが，態度をみられる。又，浪人は相当尋ねられる。昨年の受験校及び本年の他の受験校，浪人中何処にゐたかを詳しくきかれる。また在学成績も出来るだけよくしておく必要がある。」(同上，256頁)

「【口試】
一，先づ二十五人を以て一班を作り，班別に分れて各班試問室前廊下に控へ，一人づゝ入室する。試験官一人，試問時間は三，四分である。
二，試験官は内申書をみながら試問される。家庭の事情，出欠席，在学時代の成績が悪ければそれに就て，運動及び趣味，愛読書其他等に就て尋ねる。浪人は浪人中の動静に就てきかれる。
三，本校の口試では，時事，常識問題は余りきかれない。只その人の人となりをみるだけで，これで落ちる人はあまりない。又，在学中の出席状態を重視する。」(同上，263頁)

1942 (昭和17) 年に出した『全国上級学校年鑑』の「高等商業学校概説」によれば，「口頭試問は学科試問を課す所は殆どない。人物考査だけである。実業界で要求する人物は，真面目で，健康で，明朗で，活動的で，健全な常識を具へた人である。特に国家観念の確りした人を求めてゐる。従つて人物考査もかかる人物の選定を目標に行はれるものと思へばいゝ。」(123頁) と書いた。

例えば，「長崎高等商業学校」の口頭試問は，「試験官一名で気楽な気持で出来る。所要時間は二分乃至五分。試問内容は学科は全然なく在学成績，家庭の状況，出身学校に就いて試問のあつた後，八紘一宇，東亜共栄圏，高度国防国家，新体制等常識試問があつた。」(124頁) と紹介され，「山口高等商業学校」では「学科試問といふ程の事もないが，公民の常識的な事項を訊ねられる場合が多い。」(126頁) と述べられている。

1945 (昭和17) 年2月に出した『全国上級学校綜覧』の「経済専門学校概説」においては，「口頭試問に学科試問を課す所は殆どない。人物考査だけである。(中略) 特に国家観念の確りした人を求めてゐる。従つて人物考査もか

かる人物の選定を目標に行はれるものと思へばいゝ。」と書いた（67頁）。

（4） 高等工業学校への受験情報

「大観」は，高等工業学校の「入学試験の科目及範囲」について次の如く報じた。

> 「入学試験の科目は，殆ど全部の高工が，英語，数学，それに物理又は化学である。物理は主に機械，電気，土木，建築等の科に課し，化学は主に，応用化学方面の科に課せられる。範囲は中学五年卒業程度であるから，中学で習つたもの全部に亘るわけである。中には，物理，化学を課さない学校，例へば，東京高等工芸，横浜高工などがあるが，口頭試問の時に訊ねられるから同じことである。又，国語は試験科目にないのが普通であるが，仙台と神戸の両高工にはそれがあり，米沢高工には作文の試験がある。又，神戸高工には国史の試験がある。秋田鉱専では，物理化学がなく，代りに国史のあるのは変つてゐる。
>   高工では，何よりも数学を重視する。試験の準備をするに当つては先づ数学の力を充実させる事である。殊に三角，対数は入学して後も，卒業してからも是非必要なのであるから，徹底的にマスターしておかねばならぬ。次に物理，化学も重要である。機械，土木，電気建築方面へ行く者は物理を，応用化学方面へ進む者は化学を，十分に究めておかねばならぬ。これらも亦，入学してから直ぐ役立たせねばならぬものだからである。単に試験の準備と言はず，将来の為の準備と思つて勉強しなければならない。英語は，桐生高工のやうに一寸厄介な所もあるが，高工のものは概して易しいのが普通である。準備としては，別に難しいものをやる必要はなく，教科書本位でいゝから，基礎力を十分につけておくことである。併し語学力を十分につけておくことは将来の為に極めて望ましいことだ。」

（池田佐次馬『全国上級学校大観』欧文社，1938年，384-385頁）

また，「入学試験の班別に就いて」と題し次の如く紹介している。

> 「高等工業学校の入学試験も高商の場合と同じやうに，前班と後班の二班に分けて行ふのである。
>   昭和十三年度の例をとつてみると，

〔前　班〕	〔後　班〕
桐生高等工業学校	米沢高等工業学校
名古屋高等工業学校	京都高等工芸学校
東京高等工芸学校	明治専門学校
熊本高等工業学校	神戸高等工業学校

横浜高等工業学校	浜松高等工業学校
広島高等工業学校	徳島高等工業学校
金沢高等工業学校	福井高等工業学校
仙台高等工業学校	山梨高等工業学校
	秋田鉱山専門学校
	長岡高等工業学校

　年によつて前班の組が後班に廻り，後班の組が前班に廻るのである。もつとも，この組別は確定してゐるわけではなく，年によつて二，三の変動があるが，大体は右の様に分かれてゐる。この二班制度と，東京，京都等の出張試験場を利用して受験すれば，可成り有利に試験を受ける事が出来る訳だ。」(同上，1938 年，384－385 頁)

　なかでも東京高等工芸学校は，「十三年度の入試に一大変革が行はれた。即ち今迄各科とも，三，四科目の受験科目であつたが，十三年度は，図案，彫刻の二つが英語と図画。他の科は，英語と数学の夫々二科目に改められ，此の第一次試験にパスした者に対して（此の人員は入学者の約三倍をとる）人物試験及び性能試験，体格検査が行はれる。而して第二次試験の人物及び性能試験に重きを置かれるのである。」(393 頁) と紹介した。

　口頭試問に関する情報は，どのような特徴があつたか。名古屋高等工業学校の口頭試問を，以下に示す。

　「規則書に明記してある様に，『学科試験』に於て相当の成績を得た若干名に限つて行はれるが実際には若干名とは採用人員の一倍半―二倍を意味してゐるのであるから，余り油断はできぬわけである。

一，第一次試験合格者を全員一室に収容し一名づつ呼び出して，第一試問室には入ると試問官が二人ゐて，所要の用紙に記入したものを呈出して，それに就て試問を受ける。時間は二分から五分位を要する。
次で第二試問室には入る。此の室は科長室で科長自身試問される。所要時間は大体二，三分位である。
二，第一試問室で呈出する用紙に記入する主なことは，家族，趣味，運動，崇拝者，愛読書等，試問も之に基いて簡単に行はれる。科長室では，前年の受験校及本年の志望校等を尋ね，各科によつて夫々の科に関する常識（色染科ではステープル・フアイバーに就て問はれる等）を試問される。尚，紡織科では此処で口問筆答を課せられ，「国民精神作興詔書，帝国憲法発布，教育勅語を賜つたのは何年何月何日か」，「天長節は何月何日か」，「熱

田神宮と橿原神宮とには何方が祭つてあるか」、「北支の二大都市」、「繊維、停車場、懐中時計を英語で書け」等の問題を出された。
三、口試は人物をみるので、正直に答へておけば合否には全然影響しない。これは口試ではないが、本校では、健康といふものを他校より一層重視してゐるから、体は相当鍛へておく必要がある。」(同上, 1938 年, 408 頁)

このように、「健康重視」ということが名古屋の特徴である。

「大観」は口頭試問について、熊本高等工業の場合は「大したことはない」(402 頁)、米沢高等工業の場合は「一通りの常識とを備へてゐればよい」(415 頁) と書いている。

1938 (昭和 13) 年に高等工業を単独で案内した中上川義一郎は、『高等工業学校入学の要領』「第一篇」で「四　基礎準備からの出発」で「近来の入学試験問題を見ると、以前よりはるかに無理のない適当なものが出される様になつた事に気づく」、「諸教授の、受験生に奨める勉強法を見るに殆んど総ての人が教科書第一主義を奨励し、教科書の精読で受験に足れりとなしてゐる。」(11 頁) と書いた。続いて「五　八十点主義の捨身戦術」「六　何点とれば合格するか」をアドバスした。続いて「第二篇　高工の内容と入試難易研究」「第三篇　学科の必勝準備策」「第四篇　試験場に於ける必勝法」となっている。「第三篇」では、とくに英語、数学、化学、物理の準備法を教示し、先輩の合格準備法も載せている。「第四篇」は、「一、試験場に臨んでの心構へ」「二、あがつてもよし・あがらなくてもよし」「三、よきコンデイションの下に」「四、合格答案の書き方」「五、口頭試問と必勝対策」「六、身体検査と其の受け方」「七、各高工身体検査の実況」という節立てである。「四」の構成は、「A　筆記の成績が第一だ」「B　答案は読ませるものに非ず見せるものである」「C　答案の持つも一つの秘密」「D　試験官に見させる」「E　注意すべき答案の書き方」「F　時間の割りあてに就て」から成り立っている。

なかでも「A」では、次の如く筆記試験の成績が合格への道と説いた。

「人物試験即ち口頭試問が行はれて、合格採用者を決定するとは云ふものゝ、何といつてもこの口頭試問を受ける迄の人数の中に入ることが何よりの先決問題であらう。これは云ふ迄もなく筆記試験に合格することを措いて他に求めること

はない。
　第一にして最後の関門は何と云つても筆記試験の成績である。これに合格することが入試成功の第一条件である。口頭試験は殆ど重視せない学校もあるし，中学校在学時の成績はさ程重視せないといふ学校もあつて筆記第一である。」（中上川義一郎『高等工業学校入学の要領』富堪書院，1938年，190‒191頁）

　1942（昭和17）年に欧文社が出した『昭和十七年改訂版全国上級学校年鑑』が伝えるところに依れば「高等工業概説」では，「人物考査に就いては，大体高等工業学校の要求する生徒といふのは，先づ『身体強健にして忍耐心に富んだ者であること』，次に『工業に非常な興味又は関心を有し，数学的頭脳に恵まれてゐるもの』，そして『誠実であり国家意識，義務観念の強い者』で，大体この三つの条件をどの程度に具へてゐるかを人物考査でみるわけである。」（156頁）と述べている。

　口頭試問は，東京高等工芸学校のコーナーでは「試問事項は極めて簡単で人物考査のみで学科の試問はないが，受験者によつては第一次試験の問題について問はれる場合がある。（中略）その他『国体の本義』の一部分に赤線をひいてそこを音読させる様な事もある」（158頁），京都高等工芸学校の場合は「別に採点はしない方針。要するに態度を見るだけである」（160頁），「名古屋高等工業学校」では「簡単な公民科及び機械に関する試問がある」（161頁）と形式化している情報を提供している。

　1945（昭和20）年2月に出した『全国上級学校綜覧』「工業専門学校概説」での口頭試問の趣旨は，1942（昭和17）年本の記述と同様で，名古屋高等工業専門学校では「学科試問無し，概説参照」（83頁）と記述があるのみである。

第5節　学問選択情報

　案内書の著者は，何を，どの学校で学べといっていたのだろうか。すなわち学問選択情報を便宜的に⒤文官，⒤⒤実業家，⒤⒤⒤技術家の3種に限定して検討する。

①武田芳進堂『最新東京男子学校案内』1935（昭和10）年
ⓘ官　吏
「文官たるに適する学校
帝大法学部及び経済学部，商大，私大の法学部及び政治経済学部，私大専門部の法科，政治経済科等である（一々の学校例は茲には略する。後章を見られよ）中でも東京帝大出身者が官界で最優越の地歩を占めて居ることは世人の夙に熟知する所であらう。」（5頁）

ⓘⓘ銀行会社員
「之は官吏の場合と違つて別段法制上定まつた資格といふものはない。云わば実力の如何にある。そこが面白い所でもあり，又むづかしい点でもある。併し今日の実状から見ると，小僧上りよりも学校出の方が出世が早いことは確かである。それは，現今の銀行会社が旧来の大幅帳式を棄てて，様式簿記と科学的経営法に依つて居る以上又止むを得ぬ次第であらう。」（11頁）
では，どのような学校で学んだらよいのか。
「之に適する学校は東京商大，帝大法学部及び経済学部，慶大経済学部，各商大，各高商，公私立大学商学部及経済学部，商大及各私大商学専門部，中等程度商業学校など。」（11頁）

ⓘⓘⓘ技術家
編者は「技術家と一口に言つても，其の専門々々に依つて多くの種類に分れる又。之を就職の方面から二大別すると，官途に就くのと，会社や個人に雇はれるのとになる。而して一体に技術家を採用するに当たつては，官界でも民間でも，試験を用いるのは絶対に無い訳ではないが至極稀である。どうしても出身学校一つで其の人の相場が決せられる訳である。」（11-12頁）と記す。
「技術家たるに適する学校」とは，どのような学校か。
「工業方面では，帝大工学部，工業大学，早大理工学部，高等工業学校，高等工学校，工業学校，工学校等。其の他農業方面では，帝大農学部，農業大学，高等農業学校，中等程度の農業学校といつた様に其の向々に依つて各種の学校がある。」（12頁）

②大田原国清『最新詳録東京学校案内〔男子〕』昭晃堂，1941（昭和16）年
ⅰ官　吏
　「適当なる学校は帝大法学部，経済学部，商大，私大法学部政治経済に関する学部，その他専門部の法，経，商，政治の各学科である。」（34頁）
ⅱ銀行会社員
　「会社銀行員になるには先づ自己の適する職場に入社してそこに於て実力と努力とに依り成功すべきである。勿論学校出身者が立身の条件が良い。適当な学校を揚げれば東京帝大の経，法の各学部，東京商大，各私立大学の商，経，法の各学部及各大学専門部，専門学校の商，経，法の各学科である。」（41頁）
ⅲ技術家
　「時代の要望に依り我が国は技術者を官界，工業界共に多数待ちうけてゐる。而してその活躍は国家の隆昌に係ること甚だ大と言わねばならぬ。工業界或は官界に於て技術家として活躍せんには工業に関する学科を修めるのが必須の要件である。即ち次の如き諸学校である。
　東京帝大工学部，東京工業大学，早大理工学部，日本大学工学部，藤原工業大学，高等工業学校，工業学校等である。」（38-39頁）

③春陽社編輯部『標準東京男子学校案内』1943（昭和18）年
　編者は「第二章　学校と職業」において「元来人には各自の個性があり，此の特質によつて自分の針路が決定し，着々その為に努力するこそ，最も理想的勉学法でなくてはならない。然し社会には各その職業によつて資格試験があつて，資格試験に合格することによつて自分の実力なり地位を認められ，更に進んだ地位に進んでいけることになつてゐるのであるから，充分に之を知つておくことこそ最も必要なことでなくてはならない。」（3頁）と説いている。
ⅰ官　吏
　「之等文官たるに適切なる学校としては帝大法学部及び経済学部，商大，私大の法学部及び政治経済学部，私大専門部の法科，政治経済科である。」（5頁）
ⅱ銀行会社員
　「之は官吏の場合と違つて資格試験がない。（中略）大学在学中より適当なる紹介者により運動しおくことが大切で，現社会に於いては，学校出だけが出世が早く，又，学校出だけが就職が困難なところにむづかしさがあるのである。

之等に適する学校としては，東京商大，帝大法学部・経済学部，慶大経済学部，各高商，公私立大学商学部・経済学部，各私大商学専門部等である。」(7頁)
⒤技術家
「技術家として進出するのは即ち工業界である。軍需工業と共に工業王国をほこる我が国の斯界の求人や，又多種多忙であり前途洋々たるものである。
電気工業方面には逓信省の規定により技術者資格検定試験がある。此の資格は，
第一種—帝大工学部卒業程度
第二種—高等工業学校卒業程度
第三種—工業学校卒業程度
となつてゐる。
　　　(中略)
之等進出の理想の学校としては，帝大工学部，工業大学，早大理工学部，高等工業学校，高等工学校，工業学校がある」(7-8頁)
　太平洋戦争開始後といえども，専攻別の学校序列にほとんど変更がない（大正期と比べても）ことは，特記してよい。

第6節　独学情報

　昭和戦前期の進学案内書が伝えた独学情報は明治，大正期のものと同じトーンなのか，違っているのかを検討してみよう。
　まず，昭和戦前期に入り独学情報を掲載した案内書に，1929 (昭和4) 年，吉見文雄『全国及東京府官私学校入学案内』がある。吉見は「独学者の進むべき道」と題する節を設けている。また雑誌『受験と学生』編輯部の「特別なご厚意を辱うて，今回も特に多大の材料」を提供してもらい 1928 (昭和3) 年に山海堂編輯部は『昭和四年　学生年鑑』を発行した。編輯者は学生諸君を読者対象とし上級学校選定上の「至便の宝典」になることを使命としたと語る（「凡例」）。そして，一節に「独学案内」を設け「◇上級学校への入学」について次の如く語った。
　「◇上級学校への入学
　　中学其の他の中等学校を経ないで独学者が，上級の学校へ進む事の出来るのは，

第6節　独学情報

別項『上級学校への進路』を見ても判るが，尚之を判り易く書くと次の三通りの経路がある。

(一) 大学 ← { 高等学校／大学予科 } ← { 高等学校入学資格試験／専門学校入学者検定試験／実業学校卒業程度検定試験 }

(二) 大学 ← { 一般専門学校／大学予科 } ← { 専門学校入学者検定試験／実業学校卒業程度検定試験 }

(三) 大学　←　高等学校卒業学力検定試験　←高等学校入学資格試験　」
(山海堂編輯部『昭和四年　学生年鑑』山海堂出版部，1928年，283頁)

　ここにいう高等学校入学資格試験とは，1919 (大正8) 年3月29日に定められた「高等学校高等科入学資格試験規程」(文部省令9) によるものである (いわゆる「高検」)。実業学校卒業程度検定試験とは，1928 (昭和3) 年8月28日年実業学校卒業程度検定規程中改正 (文部省令13) を指す (いわゆる「実検」)。高等学校卒業学力試験とは1921 (大正10) 年11月2日に出された「高等学校高等科学力検定規程」(文部省訓令) を指す。

　このように編者は，独学者が中学校あるいは甲種実業学校等の文部大臣指定学校等の中等学校を卒業しなくとも「専検」「高検」「実検」等に合格すれば高等学校，専門学校等の高等専門の諸学校に受験する資格が得られたり，入学資格が獲得できることを伝えている。大正期と比して実業学校卒業生程度検定が加わったのが特徴である。

　『年鑑』の編者は以上のような教育資格だけでなく，例えば中等教員検定，裁判所書記登用試験，電気事業主任技術者資格試験等の職業資格獲得情報も提供した。また，「苦学案内」の項目を設けられているが，そこでは夜間中学の利便とその活用法が情報化された。

　編者は，「近来夜間中学が盛んになつてきたが，之は時勢の要求によるもので，今後益々増加すべき性質のものである。(中略) 文部省では夜間中学を認可すべく鋭意審議中であるから近く実現されるであらう」(292-293頁) と報じた。夜間中学のみならず夜間実業学校，全国の育英奨学団体，官費・給費学校

の選択情報も載せている。

　このように中等教育が大衆化すればするほどそれを求めて「学校に収斂されない学び」，すなわち「資格を志向する学び」が拡大普及し，中等学校卒業資格を求めて独学する一連の青年たちの要求に応える情報が多く記載されるようになるのである。

　「年鑑」の編者は，雑誌『受験と学生』編輯部の協力を仰いだと書いている。研究社の『受験と学生』は，たしかに高等専門の諸学校の受験学習書・進学・学校案内としての役割を担っていることは間違いないが，どちらかといえば独学者・苦学者の「学び」を支える情報をたくさん提供したいという点で，「正統的な」学校進学情報のみを報じていた。欧文社（1942年に旺文社と改称）の『受験旬報』と大きな差違があった。

　『受験と学生』は，1934（昭和9）年に『特輯，十月臨時増刊　独学受験大観』を出した。この「大観」は，全480頁，定価85銭。独学して上級学校受験資格の取得法や文官・武官・教育家・法律家・技術家・医師・実業家・海員等になるための各種検定試験や学校等を細部にわたり案内した。

　例えば，上級学校への「入学法」では53頁を割き，次の如く詳細に紹介した。

　「第一篇　入学法
　　第一章　高等学校大学予科入学法
　　　第一節　高等学校高等科入学資格検定試験
　　　第二節　専門学校入学者検定試験
　　　第三節　中等学校編入試験
　　第二章　専門学校入学法
　　　第一節　専門学校入学者検定試験
　　　第二節　植民地施行専門学校入学者検定試験
　　　第三節　実業学校卒業程度学力検定試験
　　　　　　　　　　　（第四から七節　略）
　　第三章　帝大竝官立大学入学法
　　　第一節　正系入学法
　　　第二節　傍系入学法

第三節　選科生並聴講生制度
　　第四節　高等学校高等科学力検定試験」（『独学受験大観』「目次」より）

　他方，欧文社は，先にも述べたように1938（昭和13）年『全国上級学校大観』を出した。独学者・苦学者への独学情報は「附録」という扱いであり，「高検」「専検」「実検」等の諸規程が掲載されているにすぎない。このような取り扱いは，1945（昭和20）年の「綜覧」でも変化はなかった。

　昭和戦前期には，出版社によって，またその編集方針によって若干の相異はあるが，中学校卒業資格取得のための，あるいは高等学校高等科卒業資格等を得る独学情報が上級学校進学情報として掲載されていたことは事実であり，その情報が定型化したこともまた事実である。このことは戦争に向けての人材需要の変化にもかかわらず，学歴社会の成立過程に揺らぎはなかったことを意味していると見られるのである。

　また1935（昭和10）年には，九州帝国大学「二年在学中」の野口絢齋が大明堂書店より『官立大学傍系者独学者入学受験法』を出し，大学傍系受験予備知識として制度の概説，募集要項，独学受験準備法，合格体験記等を記事化した。1939（昭和14）年には，「増補再版」として発行していることを付け加えておこう。

第7節　小　括—学校定着期・戦時期の青年たちにとって進学情報とは何であったか—

　第1節では書誌的検討を試みた。発行状況については，昭和戦前に入っても明治期，大正期と同様に総合的上級学校進学案内書を中心に続々と出版された。18年間で都合237冊の案内書が刊行されたことを確認した。しかし，1941（昭和16）年を境にその数は減少したが，1945（昭和20）年2月，旺文社『全国上級学校綜覧』が刊行されていたことは驚くべき事実であった。

　発行状況の特徴は，第1には，大正期同様，特定的に大学・高等教育機関をガイドする案内書が急増することである。また官立大学への傍系入学者に対する案内書，大学等の評判記としての案内書も発行された。第2には1932（昭

7) 年以降に軍関係学校志望向けの案内書が，第3には1935 (昭和10) 年以降「入学受験法」と題する案内書が発行されたことである。第4には，1941 (昭和16) 年を契機として中等学校進学者志望者向けの案内書が急増したことである。1930年後半の軍需産業の伸展に伴い景気がもち直したことにより中等学校志願者が増加したことが大きな要因と考えられる。第5には，苦学案内書はこの時期も継続して発行され，とりわけ官費等の諸学校関係の案内書が増加したことである (第4章で詳述する)。

次に編著者であるが，大きく①ジャーナリスト，②中等教育教員経験者，③出版社に分類できる。なかでも，①では大日本国民中学会の箕輪香村が代表格であり，③では1937 (昭和12) 年から登場したのが欧文社 (旺文社) の編輯部である。

出版社として見れば，文憲堂書店，研究社，欧文社が常連であるが，藤森良蔵の考へ方研究社からも刊行された。定価は，大正期同様1円内外である。最も高価なもので4円80銭であった。発行部数は，具体的な部数が判明した案内書は1943 (昭和18) 年発行の野口絢齋の著書のみで，奥付に「1000部」と明記されていたことを指摘しうるのみである。ただし，いくつかの案内書は版を重ねて出版されていたことも事実である。

大正期と同様に昭和戦前期の進学案内書の種類は，大きく以下の3つ，①総合的上級学校進学案内書，②高等教育機関進学希望者向け進学案内書，③中等教育機関進学希望者向け進学案内書に分けることができる。①では，昭和戦前期に入ると案内書の多くは口を揃えて東京遊学を奨励し，これに応える形でよい案内書を提供するというのが，発行の趣旨であった。出版社の営業上の戦略文句としての「よい案内書がない」という言は措くとして，東京遊学を試みる学生が増加し，学校も大幅に増設された東京市の教育の世界を知らせている。また案内書の著者たちは「学校出の人が勝利を得る」こと，その勝利を得るためには「試験地獄」をくぐり抜けなければならないことを説いている。②では，何といっても欧文社・旺文社の案内書は他の案内書を大きく引き離すほどの異彩を放っている。とくに1938 (昭和13) 年発行の「大観」では丁寧な取材に基

づく編輯が施されている。そこには例えば，各学校の内容と特徴，選択基準，入学試験の程度と範囲，進路と特典，口頭試問の実情等を丁寧に伝えている。③では，1941～43（昭和16～18）年まで8冊の中等学校進学志望者向け進学案内書が発行された。1941（昭和16）年には「教育錬成会」や「皇民錬成指導協会」等「錬成」という名の編輯主体が登場した。そこには新考査法，すなわち総合判定方式による入学試験対策情報，とくに各中等学校で実施された口頭試問の中身が掲載されていた。また「入学難」緩和策の1つとして東京府が採用，実施した学区制による入試方式も紹介されている。

　第2節では，案内書の著者たちは，東京遊学し，東京で高等教育を受けることが大切であることを説き，そのためには中学校の卒業資格を有することが絶対条件であると主張した。しかし，学校を選択する上で学校の特色だけでなく，卒業後に得られる資格にも注目せよと述べている。

　第3節では，学校選択情報を検討した。明治期，大正期の案内書のように「官高私低」の観念情報が提供されることはなくなった。学校案内はカタログ化し学校の選択は読者の判断に任せる論法となっている。

　このようななかで，欧文社の案内書は各読者の将来への志望に対する人生選択としての進路情報・学校情報を提供している。例えば，高等学校の選択は「学校の内容」「郷里に近い学校」「官立公立の別」等となっている。「郷里に近い学校」では「経済の点」好都合と説き，「官立公立の別」では官立私立の区別はない，費用の点で多少の相異はあるが，私立は自由な立場で個性的であると紹介している。これも各個人の将来像と置かれている条件とによって学校を選択すべきという主張の裏づけとなる情報であった。また特定の学校の場合は，各学校の内容と特徴，沿革，教授陣，出題傾向，学費，進路と特典，奨学金制度の有無，学生生活等が掲載されている。すなわち各個人の将来像と置かれている条件とによって学校を選択すべきとしているのである。やがて旺文社（旺文社）の案内書もカタログ化していくが，時々の入試改革には敏感に対応し，記事化している。

　第4節では，受験情報について検討した。先述したが，中等学校の入試問題

に対応したガイドブックが登場したこと，とくに口頭試問の内容が掲載されたこと，高等学校，高等専門学校における入学試験のなかで口頭試問は，合否には影響がなかったことを案内書は伝えていた。

第5節では，学問選択情報であるが，ここでは何をどのような学校で学ぶべきと説いているのかという観点から官吏，銀行会社員，技術家に範囲を限定して検討した。ここには「官高私低」の観念を基盤とした学校序列が鞏固（きょうこ）になったことを伝える情報を提供している。

第6節では，独学情報を検討した。この時期にも明確に中学校卒業資格をもっていなければ働けない世の中が成立していたことを伝えている。学歴社会と資格社会化が鞏固になるなかで「競争としての学び」に対して，独学者たちを「資格志向の学び」へと誘引していく情報が提供されたのである。

高等専門学校年限短縮や学徒出陣，学徒動員が行われている戦時下にあっても，少なくとも進学案内書の目で見る限り進学問題も受験問題もさまざまな形で存在していたことに驚かされる。また進学案内書のなかで，理工重視の情報が提供されるのは，徴兵猶予との関連が深かったのではないか，本音としては徴兵猶予との連関が進学者に強く意識されていた。しかし，このような本音は進学案内書に直接に表出されることはなかったのである。『受験と学生』『学生』『中学生』を扱った第5章第6節（3）を参照されたい。

注
(1) 箕輪香村『男女東京遊学指針　苦学と就職の秘訣』文憲堂書店，1941年，3-4頁。
(2) 後藤金壽『昭和十年版全国書籍商総覧』新聞之新聞社，1935年，34頁。
(3) 寺崎昌男・浅沼薫奈「『螢雪時代―戦中戦後の高等教育志願者にもたらされた教育情報―」菅原亮芳編『受験・進学・学校―近代日本教育雑誌にみる情報―』学文社，2008年，83-84頁。
(4) 同上，81頁。
(5) 菅原亮芳「藤森良蔵」『民間学事典』三省堂，1997年，403-404頁。「入学試験の始まり」『朝日百科日本の歴史10　近代Ⅰ』朝日新聞社，1989年，126頁。
(6) 谷島正義『学区制実施による　東京府中等学校入学案内』育成社，1943年，奥付。
(7) 寺崎昌男氏の教示による。

(8) 吉野剛弘「受験雑誌・進学案内書にみる近代日本における予備校」『哲学』(三田哲学会) 115, 2006年, 13頁。赤尾は1934年に『入試突破の対策を語る』(欧文社出版部) から出した。1940年版は「3訂大改訂版」。頁数は1934年は全202頁, 1940年は全601頁であった。
(9) 前掲 (3), 同書, 82頁。
(10) 戦前昭和期の中等学校入学者選抜試験に関する文献学的研究は, 寺﨑昌男の手になる『日本の教育課題第6巻 選抜と競争』(東京法令, 1994年) に依拠されたい。
(11) 増田幸一他『入学試験制度史研究』東洋館出版社, 1961年, 231頁。
(12) 帝国大学新聞高校部編『高等学校―進路と展望』考へ方研究社, 1932年, 18頁。
(13) 秦郁彦『旧制高校物語』文藝春秋, 2004年, 98-99頁。佐々木享『大学入試制度』大月書店, 1984年, 29-39頁。

第4章

明治・大正・昭和戦前期刊行「苦学案内書」が伝えた進学情報

　この章では，「貧書生」すなわち家貧しくして保護者に学資を仰ぐことができない，あるいはわずかしか学資を援助してもらえない青年たちが，「苦学」すなわち「自活勉学」という「学び」の形態を取りながら「正規の学校を志向した学び」の特質について，苦学案内書の進学情報を素材とし歴史的，実証的に考察する。

　ところで，ここでいう苦学とは何か。「序」でも一部触れたが，『広辞苑』(第六版) で調べると，大きく2つの意味があることがわかる。1つ目は一般的な意味で「辛苦して学問すること」，2つ目は「労働して学資を得ながら学ぶこと」である。ここからわかることは，①独学も苦学の概念に包括されること，また②新聞配達や牛乳配達あるいは篤志家の書生等の労働を通して学資と生活費等の経済的資力を得つつ，苦しい生活環境のなかでも学校に通学する形で「学ぶ」という行為も苦学を指すということである。前章の「権道」コースを取った学生たちは，これと重なると推定される。その意味で本章は，前章の一部を引き継ぐ。

　本章では，①の一般的な意味を踏襲しつつも，苦学概念としては②に重点を置きつつ使用し，苦学案内書の伝える進学情報を検討する。

　苦学案内書は，苦学して進学し，就学し，ときには上京苦学しようと志していた青年たち＝貧書生に対して，第1には都市生活の様子，苦学の仕方など上京に当たっての注意，第2には各学校の学則，第3には苦学生の実際等の項目を設け，進学情報を提供したガイドブックであった。

進学案内書同様，苦学案内書が掲載した情報は，青年たちの就学，進学，勉学の志と制度としての学校を繋ぐ有力な手段として働いたことになる。

ところで，これまで日本近代教育史研究のなかで苦学案内書を使用した先行研究は決して多くなく，教育史研究資料としては，軽視されてきた[1]。しかし，「学び」の道を経済的・社会的条件において恵まれない青年がどのようにして切り開いていたかなどという視点に立つとき，苦学案内書群を無視することはできない。

そのためには，第1〜3章の分析観点を踏襲し，苦学案内書群を恣意的ではなく，網羅的に取り上げ，本格的な書誌的検討，全面的な内容分析を行う必要がある。

本章の目標は，第1には苦学案内書の書誌的検討を，第2には苦学を志向する青年たちが学校・学問を選択するときにどのような情報を提供したか，その内容の歴史的分析を試み，第3にその分析を通じて苦学を志す青年たちにとっての進学情報の特徴とその変化を検討するところにある。

第1節　明治・大正・昭和戦前期刊行「苦学案内書」の書誌的検討

(1)　発行状況

明治・大正・昭和戦前期には，どのくらいの苦学案内書が出版されたのだろうか。国立国会図書館，公私立図書館所蔵のものや個人のコレクション等に基づいて，苦学案内書の刊行状況を整理した（巻末資料編Ⅱ-5）。

図4.1と4.2は，1900〜41（明治33〜昭和16）年までの41年間にどのくらいの苦学案内書が刊行されていたかを示す。1900（明治33）年を起点にした理由は，苦学案内書が最初に登場した年だからである。41年間に絶え間なく刊行され，明治期には36冊が，大正期には29冊が，昭和戦前期には32冊，都合97冊を数える。進学案内書と合計しての刊行数は，明治期には149冊，大正期には97冊，昭和戦前期には237冊，都合483冊であるので，そのなかで苦学案内書が占める割合は全体の約20％であった。年別に見れば，苦学案内書

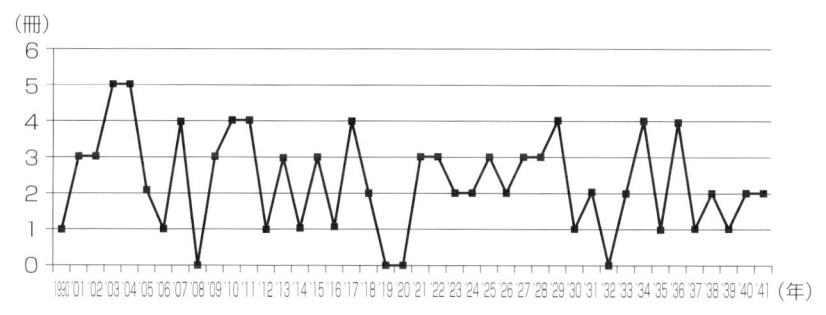

第1節　明治・大正・昭和戦前期刊行「苦学案内書」の書誌的検討　　185

図4.1　明治・大正・昭和期刊行苦学案内書の年間発行数の推移

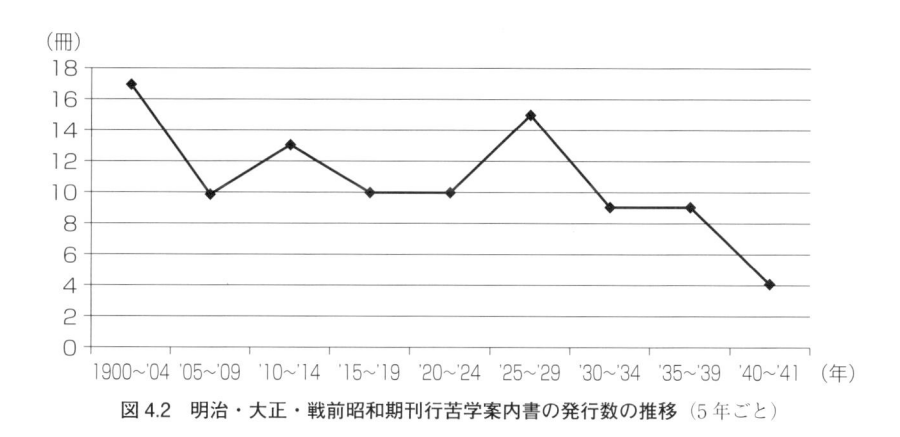

図4.2　明治・大正・戦前昭和期刊行苦学案内書の発行数の推移（5年ごと）

は，明治期には1903～04（明治36～37）年の5冊，大正期には1917（大正6）年の4冊，昭和戦前期には1929（昭和4）年の4冊，1934（昭和9）年の4冊，1936（昭和11）年の4冊がそれぞれ小さなピークをなしている。1941年（昭和16）以降には，苦学案内書の存在を確認できなかった。

具体的には，どのような苦学案内書が刊行されていたのだろうか。巻末資料編Ⅱ-5からわかることは，以下のとおりである。

第1に，苦学案内書として単独の形で刊行されたのは1900（明治33）年以降のことである。第2に，なかでも最も早く刊行された案内書は，1900年に光井深が大学館から出版した『学生自活法』である。苦学という文字は冠されて

いないが，内容から苦学案内書以外のものではない。第3には，最大刊行数を示す明治期には3つのタイプがあった。すなわち，(1)「苦学の心構え」「苦学と暮らし」「苦学と職業」「苦学と学校」等の項目を設け，苦学を総合的にガイドしたもの，(2) 1904 (明治37) 年，1911 (明治44) 年には海外への苦学を案内，(3)『貧児成功談』『苦学の伴侶』『苦学奮闘録』のような，ある苦学生を主人公として苦学の様子を知らせるガイドブックが，それぞれ登場した。第4には，大正期に入っても，基本的に，その特徴に大きな変化は見られないが，(1)「東京の苦学生」等のようにある苦学生を主人公にしたものが，明治期より多数刊行されるようになったこと，(2) 官立・公立・私立学校の「官費」「貸費」制度と苦学の関係を案内するガイドブックが刊行されたこと，(3)「独学」者と「苦学」者が同列に並べられガイドする案内書が登場するようになったことが特徴である。第5には，昭和戦前期には (1) 大正期と同様に，官立・公立・私立学校の「官費」「貸費」制度と苦学との関係を情報化していること，(2) 検定試験合格記としての苦学案内が出版されたことが特徴である。しかし，なかでも官費等の学校へのガイドブックが多く刊行され，昭和戦前期に発行された案内書32冊中13冊で全体の約41％を占めており注目される[2]。

(2) 編著者

編著者の特色について検討しよう。すべての編者・著者の経歴を把握しているわけではないが，現在の調査段階で判明した人物を紹介したい。

①明治期の編著者たち

巻末資料編Ⅱ-5の左欄№2・7・12・16の吉川庄一郎は，先述したように都新聞社員である。1894 (明治27) 年に入社。この間，出版社，東京市赤坂区田町に保成堂を創設した。№2の苦学案内書の奥付には，発行人としても名前を付している。吉川は，1907 (明治40) 年に広告部長となり，1914 (大正3) 年に営業部長兼出版部長に就任し，1929 (昭和4) 年には営業部長を辞し，同局顧問となった。都新聞社に永年勤め，そこを舞台として出版畑を歩いたジャーナリストである[3]。因みに，1901 (明治34) 年には，保成堂より『文武官及公

第1節　明治・大正・昭和戦前期刊行「苦学案内書」の書誌的検討

吏職試験就職手続』(30銭) を出版している。次に，No.4 の佐藤儀助も先述したように，新潮社の創立者・佐藤義亮のことである。1878 (明治11) 年2月18日に現在の秋田県仙北市角館町に生まれた。1895 (明治28) 年3月年に上京し，現在の「DNP：大日本印刷株式会社」の前身の1つである印刷工場秀英舎で職工になった。後に投稿文が評価され校正係に抜擢された。校正係を続けながら，翌年の1896 (明治29) 年，19歳で，現在の「新潮社」の前身である「新声社」を六畳の借間に創立し，投書雑誌『新声』を刊行した。『新声』は創刊号800部を刷り，完売した。新声社は少しずつ発展していったが，義助の生活は楽ではなかった。1898 (明治31) 年，義助は独学者のための通信教育教材『文章講義録』を「大日本文章学会」(後に「日本文章院」と改称) を発行所として刊行した。「『新声』創刊以来，五六種の出版はしていたが，読者の投稿を集めた片々たる小冊子だった」[4]が，この講義録の企画が成功し，大金を手にした。義助は，出版事業に乗り出した。1899 (明治32) 年，批評家・田岡嶺雲の『嶺雲揺曳』や田山花袋の『ふる郷』等を出版し世間の評判を得た。1901 (明治34) 年，義助は「学生叢書」第1～4編と号外を出版した。その1冊が米国帰りの文学博士「大山芳春」を主人公とした『貧児成功談』である。雑誌『新声』は，「発行部数は1902 (明治35) 年頃には一万部にまで達した」[5]が『貧児成功談』はその1年前のことであった。しかし，1903 (明治36) 年，順調に見えた新声社は経営に行き詰まり会社を譲り渡した。どん底から這い上がった佐藤義助は名を佐藤義亮と改め，新潮社を創立し，雑誌『新潮』を創刊した。その傍ら大日本国民中学会の編輯にも参与している。その後，新潮社は幾多の困難を乗り越え，大出版社として発展を続けた。佐藤は，1951 (昭和26) 年8月18日永眠した。享年74であった[6]。

　No.8 の緒方流水は，評論家である。1873 (明治6) 年9月14日に肥後で誕生。1893 (明治26) 年，同志社普通学校を卒業。国文学者・吉田精一は「評論家としての立脚地はキリスト教的ヒューマニズムというべき善と美との，詩と宗教との一致を期待し，文学を経世の具と考える点で民友社系統であった」と評している[7]。

No.32 の島貫兵太夫は，宗教家（牧師）にして，1900（明治33）年に苦学生の救済を目的に設けられた日本力行会の創設者である[8]。島貫は，1866（慶應2）年8月18日陸前国名取郡岩沼本郷（現在，宮城県名取市，岩沼市）に仙台藩の下級武士の子として誕生した。1873（明治6）年，兵太夫9歳の折，岩沼に小学校が開校した。しかし父の反対により，小学校にも，手習い塾にも通わせてもらえなかった。数え年14歳の時，父に無断で小学校に入学した。猛勉強の末，首席で卒業した兵太夫は，1880（明治13）年，15歳の時に岩沼小学校の助教に任ぜられた。同年小学校教員検定のうち初等試験に合格し，宮城県より初等科の訓導に任ぜられ，1885（明治18）年には県の行う中等試験に合格し中等科教員の免許（明治18年10月23日付）が付与された。「更に上級の中等訓導試験」いわゆる「文検」応試を試みようとしたが[9]，またしても父の反対に遭い断念。宮城県の師範学校に入学するが2カ月で中退した。島貫がキリスト教へ回心したのは，岩沼小学校の訓導時代であり，押川方義から仙台で洗礼を受けたのは，1884（明治17）年のことである。兵太夫は小学校教員としての俸給も捨てて，伝道師の道を究めるべく設置されたばかりの仙台神学校（後の日本基督教一致教会仙台神学校，現在の学校法人東北学院である）に向かったのは，1886（明治19）年，19歳の時であった。1891（明治24）年仙台神学校を卒業，東北学院英語神学部に入学している。島貫が苦学生の世話を始めたのはこのころのことである。このことが苦学生の「学び」を組織する東北学院の「労働会」の設置に繋がり，やがて日本力行会創設の基盤をつくった。

　島貫が救貧事業に着手しようと上京したのは，1894（明治27）年28歳の時である。島貫によれば，1897（明治30）年「元旦の朝であつた。（中略）九段の坂まで来たら，下から勇ましき軍歌を歌つて上がつて来る一団の群勢がある。何であらうと見るに，これは山室氏及び矢吹氏等の救世軍の新年伝導隊であつた，嗚呼然り，我は已に我が天職を自覚して此新年からやらうと決心した以上は新年廻礼等してゐる場合ではない。東洋の伝道東洋の救貧其の一部分の苦学生の救済之をやるべき筈であると，即ち先づ大一着に我天職着手と決定」[10]して，日本力行会の前身である東京労働会を創設し，最初に設けたセクションが

「苦学部」であった（日本力行会は，1900年に正式名称となっている）。島貫は，「余は（中略）生まれながらにして貧困の間に育ち，好む学問も自活に依りつ、勉強する外無かつた，その為に苦学生なるものについては比較的経験もあり，その実情を知悉し，又最も同情の念禁ずる能はぬものがあつた」[11]と記している。その後機関誌『力行』（後の月刊誌『力行世界』の前身。『力行』の創刊年月は不明）を発行した。1908（明治41）年には力行女学校の設置認可を受け，開校した。博文館から発行されていた中学生を主な読者対象として発行されていた『中学世界』に設けられた「苦学顧問」（後，「独立自給苦学顧問」等と名称は定まらなかったが）に1908（明治41）年8月号から1912（大正元）年10月号までの約5年間コメンテーターとして苦学生の質問に答えている。苦学生の救済を目指した島貫は，1913（大正2）年肺結核で永眠した。享年47であった。日本力行会は財団法人となり，東京・練馬に現存し活動している。

　No.36の鈴木明は23歳の若者であり，苦学体験者である。愛知県名古屋市吉野町に生まれた。師範学校に入学したが，服務義務規程に縛られるのを嫌い退学した。上京し明治大学高等予科に入学し学問する傍ら，近所の子どもを集め夜学会を開き僅かな学資を得て，卒業した。明治大学本科に入学し学問しながら，22歳の時すなわち1911（明治44）年の7月に『故郷花』を自らが発行人となり上梓した。つまり，今でいう自費出版であった。同年7月15日付の『萬朝報』は「鈴木明」を「意思の勝利」者として紹介した。その翌日の16日に，『萬朝報』の記事とほぼ同じ内容の記事が鈴木の故郷の『名古屋新聞』に掲載された。その記事には「猶本科を卒業するまではたとひ車夫になつても唯一人故郷に残せる母に孝養を尽さんと意気込み居れるとは現代青年の模範」とあった[12]。

②大正期の編著者たち

　現段階の調査で，大正期の著者たちの経歴が判明した数は少ない。編著者たちは都合5名である。刊行29冊中，同一の著者が2名いた。その人物は松尾正直と出口競である。

　No.45・47の松尾正直については，既に第2章で記した。松尾は独学を経験

した作家である。またNo.53・59の出口競，No.55の福井文雄，No.58の相澤秋月はそれぞれ苦学体験者であり，詳細については，第2章で記している。

③昭和戦前期の編著者たち

昭和戦前期には32冊刊行されているが，箕輪香村が14回登場する。箕輪は，大日本国民中学会の職員である（第2章を参照されたい）。いずれにしても昭和戦前期に刊行された苦学案内書は，大正期とは異なり，18冊を除いたその他は総て編集人・箕輪の手になり，岩田謙治率いる文憲堂から出版された。

編著者の特徴としては，①経歴が不詳の者が大部分であること，しかし，②判明した限りでは自身が苦学体験をもつものが多いこと，③帝大卒等の高学歴をもたないことが挙げられる。

(3) 出版社

出版社はどのような特徴がみられるのだろうか。

①明治期の出版社

巻末資料編Ⅱ-5のNo.2・7・12・16の保成堂は，都新聞社員・吉川の手になる出版社であったが，それ以上のことは不明である。

No.5の博報堂について，日本のメディア史の研究者・山本武利によれば「太平洋戦争下での企業統合直前の代理業取扱高ベストテンによると，日本電報通信社（後の電通），博報堂，萬年社の上位3社が5割近いシェアを占めていた」とあり，大手新聞雑誌等の出版広告専門の代理業の一端を担っていたと評している[13]。博報堂は，個人経営として東京は日本橋に，1895（明治28）年10月7日に創業した[14]。1897（明治30）年に会社を東京市神田区三河町に移転。「新聞雑誌広告取次業博報堂」と名乗った。博報堂から出された苦学案内書は会社を神田に移転して，後のものであった。創業者である瀬木は1852（嘉永5）年，富山に生をうけた。明治20年代に上京したが，生活がままならず，牛乳配達等をしていた。後に自由党の星亨と知遇を得たことが縁で，1899（明治32）年ごろ「めざまし新聞社」に入社している。後に独立して『教育新聞』を発行し，傍ら広告業（広告代理店）を経営開始した。「専ラ小学教育参考書ヲ出

版」⁽¹⁵⁾した。

　教育時論社の教育雑誌（『教育時論』『大日本教育』『教育報知』）の広告掲載扱いから出発した⁽¹⁶⁾。1910（明治43）年，博文館発行の『内外通信』を譲り受け，日刊誌とした。同時に社名を「内外通信博報堂」と改称した⁽¹⁷⁾。「爾来新聞ニ雑誌ニ広告取扱ヲ業トシ，又教育文学ニ関スル数十種ノ図書ヲ発行」⁽¹⁸⁾した。1924（大正13）年，株式会社に組織変更し，「株式会社内外通信社博報堂」と改称した。

　この間，社長という地位にあった瀬木は，1926（昭和元）年，私財を投じ，東京帝国大学内に「明治新聞雑誌文庫」を建設し寄贈した⁽¹⁹⁾。1939（昭和14）年1月22日死去。享年86であった⁽²⁰⁾。2003（平成15）年，博報堂は，読売広告社とともに博報堂DYホールデングスの傘下に入った。

　No.8の金港堂は，一般的には，大手の教科書（教科用図書）販売書店というイメージが強い書肆である。創業者の原亮三郎は，1848（嘉永元）年に美濃国に生まれた。1872（明治5）年上京遊学し，漢籍を学問した。翌年，前島密の斡旋で，駅逓寮の日雇いから正規の役人（「神奈川県史生」）になる一方で，役人を辞し，学区取締役となった⁽²¹⁾。原が，転じて横浜に金港堂を開いたのは，1875（明治8）年のことであった。翌年，東京は日本橋本町に移転し「教科書革新ヲ企テ各種出版スルトコロアリ，同二十五年ニ至ッテ今ノ組織ニ改メ原亮三郎之ガ社長」⁽²²⁾となった。商法の改正に伴い，1893（明治26）年には「金港堂株式会社」が誕生した。明治20年代には，第九十五銀行頭取，富士製紙取締役等も歴任している⁽²³⁾。日清戦争あたりまでの教科書は，文部省蔵版書籍，木版であったが，商品化するためには，文部省の許可を受け，翻刻してのら販売しなければならなかった。いち早く原が翻刻教科書の販売に手を付けことが，金港堂が教科書王国といわれるほどの大書店として大成功を収めた大きな理由であろう。

　教科書が活版印刷化されてくるにつれて，活版印刷の大手の会社が登場し，また1903（明治36）年には教科書が国定化される。金港堂は，小学校で使用する教科書の販売を苦渋の選択で断念した。一時は博文館を凌駕する勢いがあっ

たという金港堂は，1902（明治35）年「教科書疑獄事件」で蹉跌し，明治の末には凋落した。

原は，1901（明治34）年に，『少年界』『青年界』『少女界』『婦人界』『教育界』等7雑誌の出版を試み，社運を賭けた。だが，編輯体制の不備からこれらの雑誌の評判は決してよくなかった。このようななかでも，長命を保持したのは，曽根松太郎主筆による教育雑誌『教育界』である。この雑誌は，金港堂の代表誌，むしろ機関誌ともいうべき役割を果たしたが，1911（明治44）年10月を最後に，金港堂は『教育界』を手放し，明治教育社（9月創業）を起こした曽根に譲渡した[24]。

№11の青木嵩山堂は，青木恒三郎の手によって，1887（明治20）年半ば大阪心斎橋に創業した。「東の博文館，西の嵩山堂」[25]といわれるほどの著名な総合出版社であった。青木恒三郎は，大阪図書出版協会の初代会長をつとめた人物である。

№20と21の修学堂（書店）の詳細は不明である。しかし，国立国会図書館所蔵の修学堂書店の出版物をみてみると，1898（明治31）年ごろより出版を始めたことがわかる。教育図書という側面からみてみると，例えば，1902（明治35）年には『中学校・師範学校・高等女学校教員受験提要』『官立諸学校入学試験問題答案　明治35，38－44年度』を刊行する傍ら中等教科書の販売，明治の末年には中等教育学会を組織し，学習参考書を刊行している。

№18の明治図書の創業者は，藤原惣太郎である。1883（明治16）年，京都府生まれ。京都府立師範学校卒業後，福知山にある高等小学校訓導。教職を去り上京。1910（明治43）年明治出版協会を創業。1919（大正8）年明治図書株式会社と改称した。1949（昭和24）年明治図書出版株式会社に改組・改称した。この間一貫して教育書の出版一筋の大手出版社であり，学校教員の需要に応えた[26]。

№34の内外出版協会は，既に第1章で触れたように近代日本の少年雑誌の先駆をなした青少年向け雑誌『少年園』を刊行した出版社である少年園の後継社である。創業者である山縣悌三郎は，東京高と師範学校を卒業後，師範学校

校長を歴任，文部省の教科書編纂にも従事した。山縣は教育者であるが，その一方でジャーナリストであった[27]。

No.32 の警醒社（書店）は，1888（明治 21）年 6 月，福永文之助の手によって創業された。福永は 1861（文久元）年 11 月 24 日，和歌山県に生まれた。1883（明治 16）年，キリスト教主義の新聞を発行していた福音社に入社し，機関雑誌『七一雑誌』を発行した。福音社は 10 月に大阪に移転した。1888（明治 21）年同社を退職し，上京。1889（明治 22）年，東京福音社は浮田和民，小崎弘道，湯浅次郎等が共同で経営していたが，福永が買収し，警醒社を個人営業とした 1928（昭和 3）年，株式会社に組織を改めて後も，キリスト教主義に基づく図書を出版した[28]。『新苦学法』の著者，島貫兵太夫はキリスト教の牧師であり，この縁での出版であったと考えられる。

No.36 の民友社は，新聞記者として著名で，「平民主義」を唱えた徳富蘇峰が，1887（明治 20）年 1 月に興した出版社である。2 月には，「総合雑誌の原型」と言われる雑誌『国民之友』を創刊した。1887（明治 20）年初版の『新日本之青年』の増補版を 1889（明治 22）年に民友社からを出版し，「天保の青年」に代わり「明治の青年」こそが社会的リーダーとなるべきと宣言した。1890（明治 23）年 2 月 1 日『国民新聞』を発刊した。やがて蘇峰は，日清戦争や日露戦争に際して，政府擁護の言論・報道を行い，経営を拡大した。日露戦争後，講和条件が明らかになると政府擁護を行った国民教育社は焼き打ちにあい，『国民新聞』の不買運動まで起こった。このような状況下に，1945（昭和 20）年鈴木明『苦学奮闘録』が出版された。桂太郎が死去すると，蘇峰は政界との関わりをもたなくなった。この間民友社は，国木田独歩『武蔵野』（1901 年），宮崎湖処子『帰省』（1890 年），国木田独歩『武蔵野』（1901 年），徳富蘆花『自然と人生』（1900 年）等のベストセラーを誕生させた。民友社がいつ，その招牌を降ろしたかは定かではない。ただ民友社の出版物の発売を明治書院に委託したのは，1933（昭和 8）年のころであった[29]。

② 大正期の出版社

今回の調査で判明できた出版社は，大日本雄弁会，国民書院，大明堂書店，

受験界社，研究社の5社である．また，「発行者相澤秋月」は既に紹介した．
　第2章第1節（3）で詳述したが，No.45の国民書院は河野正義率いる大日本国民中学会の書肆，No.53・59は大明堂書店，No.55は受験界社，No.65大日本雄弁会講談社（現在は講談社）の前身である．
　明治期に続いて苦学案内を出版したものには明進堂書店，東華堂があるが，今回の調査では，これらの出版社については判明できなかった．

③昭和戦前期の出版社

　繰り返しになるが，第3章第1節（3）で詳述したが，巻末資料編Ⅱ-5からもわかるように，昭和戦前期の出版社のなかでは文憲堂・文憲堂書店が圧倒的である．No.66・69・76・82・83・89・91・92・94・95・96・97が同社の刊行になる．

（4）定　価

　次に，定価について検討してみよう．

①明治期の定価

　明治期の定価は，巻末資料編Ⅱ-5からわかるように，No.2の吉川本は初版すなわち1901（明治34）年では28銭，翌年の1902（明治35）年には増補訂正8版と売れ行きがよかったのか，2銭の値上がりで30銭となっている．No.8の緒方流水本は，18銭と安価である．No.20の酒井本は苦学案内と遊学案内を合冊にしたもので大部であり全444頁で，定価は50銭．No.21は，No.20の翌年刊行の酒井本である．合冊本が売れなかったのか，苦学案内一本に修正し，定価も30銭と安くなっている．No.30は50銭，No.34は50銭，No.32の島貫本は40銭，No.36の鈴木本は明治期に刊行されたものでは最も高く65銭である．明治末期からの慢性的な不況は案内書の定価にも如実に反映した．しかし，明治期に刊行された苦学案内書の定価の平均を単純計算してみると，約30銭になる．この約30銭はどのくらいの価値があったのだろうか．例えば，1900年頃，東京市中心での「天どん」の値段は「並」一杯，7銭．天丼を4回食べるのを我慢し，その分を蓄えれば1冊は購入できる計算になる[30]．

第1節　明治・大正・昭和戦前期刊行「苦学案内書」の書誌的検討　　**195**

　次に，苦学生の自活の方法として直ちに考えられるのは，新聞配達であろう。その点から価格について検討してみると，次のようなことが指摘できる。新聞配達といっても，大資本の売捌所としての「本社付配達人」と大資本の売捌所から新聞を購入する小資本の「売捌付配達人」とがある。なかでも小資本の売捌所が一般的である。そこでの給料は「平均1ヶ月八円から十円尤も機敏に働ひて配達区域を広く拡張すれば15円も得られる」[31]のである。もちろん家賃や米代，学費等を切り詰めなければならないが，約30銭の案内書の購入はそれほど困難でなかったと思われる。1911（明治44）年に『新苦学法』を上梓した島貫は，新聞配達人つまり「売捌店付配達人」の「給金は平均八九円位で得意を殖せば，月に一二三円は支給される」[32]と記している。因みに総合雑誌なかでも『中央公論』は1899（明治32）年で12銭，1909（明治42）年で20銭であった[33]。

②大正期の定価

　1917（大正6）年ごろを契機として定価は上昇する。第一次世界大戦の好景気は生活必需品の物価も押し上げた。1917（大正6）年ごろから米価も上昇した。高等試験令の公布，高等教育機関拡張計画案が提出された1918（大正7）年には米騒動が各地に波及，物価の上昇は案内書の定価にストレートにあらわれた。№47は，80銭である。1920（大正9）年に株式市場が暴落，相場が下落，戦後恐慌となった。「枯れすすき」が流行した1921（大正10）年創刊の№53の出口本は，定価に1円をつけた。1923（大正12）年関東大震災に見舞われ，日本経済は大きな打撃を受けた。「専検」制度が改正された1924（大正13）年の№60の案内書は，2円50銭という定価であった。ただし大正期に刊行された案内書の定価の平均は，約79銭であった。因みに大正時代の「天どん」は，1916（大正5）年で20銭，1921（大正10）年で40銭であった[34]。1922（大正11）年刊行の福井文雄の『東都に於ける苦学の実際』では，「月給は一七八円から二四五円まで呉れる。（中略）集金とか勧誘とか，色々に面倒な事が」[35]伴うと記している。また1924（大正13）年刊行の出口競の『東京の苦学生』では「配達の収入は新聞社によつて待遇が違ふが，先達て讀賣新聞の配達になつたF君

の如きでさへ二十六七円になるのである」と記している[36]（これらは新聞の勧誘拡張費がかなり加算された収入のように思われる）。

③昭和戦前期の定価

1927（昭和2）年3月、岩槻礼次郎大蔵大臣の失言により、銀行への取り付け騒ぎで金融恐慌を誘発させた。映画「大学は出たけれど」が上映された1929（昭和4）年出版のNo.74の『大鑑』は、頁数が1312頁と大部なもので、定価は4円80銭であった。この本を除いて、昭和戦前期に刊行された案内書の定価の平均は、約84銭である。因みに昭和戦前期の天井は1926（昭和元）年60銭、その後慢性的な不景気が続く中、1929（昭和4）年には30銭、1930（昭和5）年には40銭、1940（昭和15）年には50銭であった[37]。

1930（昭和5）年には昭和恐慌が起こり、慢性的経済不況が続いた。新聞配達人と給与について報じた1934（昭和9）年に刊行の『最新東京苦学案内』は「(配達のみ) 初心者も老練者も配達料としては大差なく二十二－六円位」[38]と記している。1941（昭和16）年の刊行の箕輪香村の『男女東京遊学指針　苦学と就職の秘訣』では、「収入は月収十五円より三十円位であると云ふ。試みに、著者の処へ来る新聞の配達人に問合せた処、三十五円の約束だと話していた。(中略) 新しい得意を一軒取れば、其の報酬として、営業所主から、三十銭（三十五銭の処も在り）貰へる」と述べている[39]。

進学案内書と苦学案内書を比べてみると、明治期は進学案内書が苦学案内書よりも若干値段が高かった。例えば、明治期は、1911（明治44）年刊行内外出版協会編『最新全国学校案内』は50銭、島貫兵太夫『新苦学法』は40銭であった。しかし大正期は、進学案内書よりも苦学案内書が高い例が見られる。例えば、1925（大正14）年刊行の出口競『大正十四年版　東京遊学学校案内』は1円、森山正雄『苦学生と独学者の為めに　東京自活勉学法』は1円50銭であった。昭和戦前期、1930年代後半を見てみると、1939（昭和14）年刊行の春陽社『昭和十五年度　標準東京男子学校案内』は80銭、箕輪香村『男女東京遊学指針　苦学と就職の秘訣』は1円となっている。

(5) 発行部数

　苦学案内書は，どのくらい売れたのだろうか。その問いに答えるだけの存分な資料を筆者はもち合わせていないが，ここでは発行部数や改訂数から推測してみたい。

①明治期の発行部数

　巻末資料編Ⅱ-5 No.2の吉川本は，1901（明治34）年3月14日に初版が刊行された。しかし翌月の4月には増補再版が行われ，6月1日には3版を，9月5日には4版を，10月27日には5版を重ね，さらには1902（明治35）年2月10日には6版を，5月13日には7版を，そして11月8日には「増補訂正八版」を重ねていった[40]。この間，定価は30銭と変わっていないが，著しく版を重ねた案内書であった。青年たちがどのような案内書を欲しているか，どのような案内書が「売れ筋」かなどは，永年都新聞の出版部を歩いてきた吉川にすれば，容易に予想がついたのであろう。また，都新聞の読者層を潜在的読者対象とし設定して出版業務を行えば，必ず成功すると予想したのであろう。序文を復社したばかりの，自らも独学で小学校教員を経験したことのある著名なジャーナリスト麗水生こと遅塚金太郎[41]に，また都新聞編集局の大谷誠夫に書かせている。

　初版は，反響が大きかったという。吉川は，「増補訂正八版」の案内書の66頁に「本書愛読者に告ぐ　本書の著者」と題して，次のような告知文を掲載した。

　　「苦学案内の初版が出ると同時に愛読者諸君から続々諸種の質問照会か来る著者は最初の間は及ぶべき丈け諸君に満足を与へようと勤めたが著者の多忙なる職業で数十部の購読者諸君に一々応答する事は実際出来難い事だ中には何月何日に上京するから相当の職業を探して置け等と云つて来るものもある少年の無邪気から出る言といひ乍ら著者の迷惑も随分一通でない故に著者は不本意ながら記載事項に就いては責任を帯ぶるが一切諸君の御世話的運動の依頼は謝絶する」（吉川庄一郎『自立自活東京苦学案内』保成堂，1902年，66頁）

　吉川は「苦学案内は地方青年諸君の非常なる愛読を辱ふして既に数万部を売尽し今亦新たに第八版を刊行する」と記し，さらに上の記述からわかるように，

「続々種々の質問照会」があったという。これらの記述を信用すれば，かなりの反響があったものと推定でき，文字メディアが若者たちに与える影響の大きさが看取される。著者を頼って上京苦学する者が決して少なくなかったことをうかがわせる記述もある。

このように，吉川本は，都新聞の社員という肩書きも相まって，信用される案内書として評価され売れた。他方で，悲劇か慶びかはともかくとして，上京苦学者と東京とを繋ぐ有力なチャンネルにもなったと見られる。また吉川は，1903（明治36）年11月に『成功秘訣諸学校官費入学案内』を上梓した。この案内書は版を重ね，1904（明治37）年には「第九版」となった。この案内書は，タイトルに「官費」という2文字を冠した最も早いガイドブックである。

②大正期の発行部数

大正期には，どのような特徴が見られるのだろうか。まず注目されるのは，藤田秀雄の『地方青年手引　苦学成功策』である。1914（大正3）年に初版を出し，1918（大正7）年には9版を重ねている。また，注目すべきは出口競である。1921（大正10）年に，出口は大明堂書店から『東京の苦学生』の初版を出し，1923（大正12）年には6版を重ねた。同年関東大震災に見舞われたが，その翌年の1924（大正13）年には同じ出版社から「復興8版」として同書を継続出版している。

出口は，1921（大正10）年6月修養団機関誌『向上』の編集部から原稿依頼を受けた[42]。そこで出口は，「『東京の苦学生』と云ふ二頁ばかりの雑録体のものを同誌に掲げて見ましたところが，それが好評だつたと見え，そのあとも続いて何か書いて呉れろと云ふ事なので，(中略)八月号には『苦学希望者へ』と題していろいろの私の感じた事を述べました。」[43]と書いている。反響があり，「六月中の手紙三百三十六通，七月二百四十九件，此の八月も同じ割合」，「時には朝早く学生に押かけられ」，「私は『苦学生屋』さん見たいにされて仕舞ひました」[44]。「舞ひ込む手紙，それは大抵中学世界・受験と学生・向上・日本及日本人・社会と教化等の各雑誌や新聞が媒介となつてやつて来るのであります（中略）其の手紙の半分―時によつては三分の二は苦学希望者でありま

す」[45]と半ば悲鳴をあげている。

かたや，野間清治率いる大日本雄弁会の『苦学力行新人物立志伝［附録］東京苦学案内』は，1922年の初版であったが，なんと1926（大正15）年11月には21版を重ねた。

③昭和戦前期の発行部数

昭和戦前期にはどのような特徴が見られるのだろうか。注目されるのは，箕輪香村の案内書である。1927（昭和2）年を初版とする『男女東京遊学指針 苦学と就職の秘訣』は，1934（昭和9）年，1936（昭和11）年，1938（昭和13）年，1941（昭和16）年と刊行された。筆者の手元にある1941（昭和16）年版の『男女東京遊学指針 苦学と就職の秘訣』の奥付には，1940（昭和15）年11月初版，1941（昭和16）年は3版とも記されている。また1928（昭和3）年初版の『全国官費・公費・貸費学校入学指針』は，1930（昭和5）年，1934（昭和9）年，1938（昭和13）年，1940（昭和15）年，1941（昭和16）年と絶え間なく刊行された。

以上のように，具体的な発行部数を特定することはできないが，版を重ねたものが一，二種に止まらないことは確かである。

(6) 発行の趣旨と目次構成の変化

苦学案内書の目次構成はどのような特徴を有し，どのように変化しているのだろうか。いくつかの特徴ある案内書を取り上げてみよう。

最初に，1901（明治34）年刊行の吉川庄一郎の『自立自活東京苦学案内書』である。吉川は，なぜに本書を上梓するかという理由は述べていない。目次構成は，巻末資料編Ⅰ-4資料1のとおりである。

この目次のなかの「自活の種類」は，1901（明治34）年版には「新聞配達人，人力車夫，牛乳配達，新聞売」等12種類が掲載されたが，1902（明治35）年版には「製本職，鉄道局運輸部員，書生車夫」が追加されて15種類と増えた。

各学校の紹介では，官立学校は東京帝国大学と第一高等学校，高等師範学校等10校と変化はなかった。公立は東京府尋常中学校，東京府城北尋常中学校，

東京府開成尋常中学校の3校であった。1902 (明治35) 年版では，陸軍士官学校，海軍兵学校，陸軍幼年学校等軍関係学校5校は変わらず，その他東京郵便電信学校1校は「雑部」に入れられた。その他は，両版とも総て私立学校である。

「政治　法律　経済　文学」には，1901 (明治34) 年版において「慶應義塾大学部，哲学館，東京政治学校」等9校が紹介されているが，1902 (明治35) 年版では，官立学校と軍関係学校を除いて21校と増加した。その理由は，1901 (明治34) 年版の「実業学科」に掲げられた「東京農学校，鉄道学校，工手学校，攻玉社専修土木科」等8校，「雑部」の数校が「政治　法律　経済　文学」に組み入れられたからである。「医学」は，1901 (明治34) 年・1902 (明治35) 年各版とも「済生学舎，麻布獣医学校」等4校である。

「諸学校入学予備之部」には，1901 (明治34) 年版では「東京航海学校」等3校，1902 (明治35) 年版では10校であった。1901 (明治34) 年版の「雑部」という意味を筆者は理解できないが「数学専修義塾，独逸学館」等7校であった。1902 (明治35) 年版は7校であったが，学校は1901 (明治34) 年版に掲載されたものは総て消え，「水産講習所，帝国教育会中央教員講習所」等であった。「漢学」は「斯文学会，二松学舎」に加えて，1901 (明治34) 年版の「和学」のなかの「國學院，国語伝習所，大八州学校」が「漢学」に移動している。「語学」は，「獨逸協會学校別科，正則英語学校，国民英学塾」等8校，「数学」は「東京物理学校，順天救合社」等3校であったが，1902 (明治35) 年版からは消えている。1901 (明治34) 年版には「中学科」は先の公立中学校や軍関係学校等の他に「日本中学校，早稲田尋常中学校，明治議会尋常中学校，立教中学校，青山学院，明治学院」等39校であったが，1902 (明治35) 年版には9校となっている。掲載された学校数の合計は，1901 (明治34) 年版が88校，1902 (明治35) 年版が72校であった。

1910 (明治43) 年刊行の『実行簡易苦学の方法』の目次は，巻末資料編Ⅰ－4資料2のとおりである。

この案内書は「序」に『成功』記者である増本河南，と『二六新報』の記者

である清水霞城を置き，日本少年会の編纂になるものである。「緒言」には「余等同人は年々歳々幾多有為の少年が遊学の資乏しきの故を以て可惜美玉も磨くの時空しく山野に彷徨し遂に其機を失するもの或は奮然蹶起笈を負うて東上するも東都学界の事情に通ぜざるが為め，遂に堕落生と化し了るものあるを慨し是等両者の指導啓発の料たらんことを期し敢て本書を公にしたる所以」と刊行理由を記している。

　吉川の案内書と比較して，次のような違いが見られる。第1には，苦学の方法として講義録で学び，検定試験に合格しようとする独学青年たちをも苦学生として扱っていることである。苦学案内書には，図書館での自己学習の重要性について説いたものはすでに存在したが，通信教育教材としての講義録で学習する一群の青年たちを苦学生として扱い，彼等に苦学情報を提供したものはなかった。そのことに触れたのは，この案内書が最初である。第2には，従来は外国の著名な苦学者を例に出して鼓舞していたが，この案内書は実際の日本人の苦学成功実例を案内し，苦学志望者に苦学生のモデルを提示した。これも最初のケースである。

　関東大震災直後の1924年刊行『苦学生と独学生の為めに　東京自活勉強法』の目次は，巻末資料編Ⅰ-4資料3のとおりである。

　この案内書の著者は，「私はもとより青年指導の人任を自負するほど，それほど社会の事情に明らかなものではないが，有為の青年の為めに社会の事情の一班を明らかにし，而かも正直に親切に社会の事情を語つて自活勉学の方法を世相に暗い青年に語り以て一人でもよいから本書によりてその嚮ふ所を知らしめたいと茲に本書を編んだのである」[46]と記した。

　先の2つの案内書と比較すると，次のような変化が見られる。第1には「専検」等の検定試験を目指す苦学・独学生を主な読者対象としていること，第2には苦学・独学生に適している学校として，従来紹介された学校に追加して夜間中学や夜間実業学校等夜間中等学校を紹介していることである。

　ところで，「専検」試験制度が1924（大正13）年10月11日「専門学校入学者検定試験規程」が改正され，従来中学校等での随意施行であったものが，国

家試験となり科目保留制度も設けられ，受験者は飛躍的に増加した。この制度改革と呼応する形で，この案内書は苦学・独学生に検定試験情報を提供した点に大きな特徴を有している。しかし，逆にいえば，それだけ近代日本の学校体系がより整序され，より階層秩序化されたことを意味していた。大正期は1918（大正7）年の大学令制定から高等教育機関の拡張・拡充が本格化したが，明治後期に形成されたピラミッド型の学校体系の基本的構造には大きな改変は見られず，さらにより強固なものになっていった。それゆえ，上級学校への受験資格・入学資格が必要とされた。その資格を得るための検定試験が重要視されたのである。

　この案内書は，苦学・独学生たちが上級学校進学を志そうとするとき，中等教育機関の卒業資格（＝「学歴」）がないと上級学校進学できない時代，働くことのできない時代が来たことを伝えているのである。

　第3には，この案内書の目次に「会社員成功法」という一節があるのは特徴的である。大正末年ごろから昭和にかけて，私立大学出身者で俸給生活者つまりホワイトカラー，サラリーマン層が増加した。そのことを反映した節づくりになっている。

　昭和戦前期の苦学案内書は，そのほとんどが箕輪香村である。筆者の手元には，2冊の案内書がある。世界恐慌がはじまる前年の1928（昭和3）年に刊行された『全国官費・公費・貸費学校入学指針』と，国民学校が発足した1941（昭和16）年刊行の『男女東京遊学指針　苦学と就職の秘訣』である。その目次を一覧化したものが，巻末資料編Ⅰ－4資料4である。

　両案内書を検討してみると，小学校（後者の案内書の刊行時には「国民学校」となっている）という義務教育機関を卒業した貧者たちの上級学校への進路系統が確立されたことを物語っているように見える。とくに後者の著者は，貧書生たち（ここでは男子のみ）の上級学校進学という生き方に対してどのような進路系統が用意されているかを案内しているのである。

　その進路系統を整理してみると大きく15に分類できる。

　正規の進学系統としては，中学校・師範学校・甲種実業学校－専門学校・高

等師範学校・大学専門部・(高等学校高等科・大学予科－大学)のコースである。

変則な形での進学系統は，以下の10コースである。

第1には，高等学校高等科入学資格試験(「高検」)―高等学校高等科・大学予科―大学のコース。

第2には，専門学校入学検定試験(「専検」)・小学校教員検定本科正教員試験・師範Ⅱ部卒業―専門学校・大学専門部・(高等学校高等科・大学予科―大学)のコース。

第3には，高等学校入学資格試験(「高入」)・「専検」―高等学校高等科・大学予科―大学のコース。

第4には，「高入」「専検」―専門学校・大学選科のコース。

第5には，「高入」「専検」―高等学校卒業資格検定(「高卒検」)―大学のコース。

第6には，大学聴講生・大学専門部特科生(別科生)。

第7には，中学校編入学―専門学校・大学専門部・(高等学校高等科・大学予科―大学)のコース。

第8には，夜間中学―専門学校・大学専門部・(高等学校高等科・大学予科―大学)のコース。

第9には，「文検」―専門学校・高等師範学校・(高等学校高等科・大学予科―大学)のコース。

第10には，夜間実業学校―専門学校・大学専門部・(高等学校高等科・大学予科―大学)のコース。

因みに，職業と学校とがダイレクトに結びついた系統には，次の4コースがある。

第11には，陸軍士官学校・海軍兵学校等の軍関係学校のコース。

第12には，鉄道省教習所・逓信講習所等のコース。

第13には，測量技術官養成所等のコース。

第14には，海員養成所等のコース。

苦学・独学生の大部分は，上京するにせよ，そうでないにせよ，小学校卒業後直ちに何らかの仕事に就いている者たちであると見られる。先述したが，これらの案内書の著者は，その若者たちが苦学・独学して上級学校進学を志そうとするとき，中等教育機関の卒業資格(＝「学歴」)がないと上級学校進学できない状況がより強固になったことを情報化しているのである。

第2節　上京苦学に当たっての注意―苦学観の変遷から見た―

　苦学という「学び」の形態を取りながら，正規の学校を志向する若者たちを苦学案内書の著者たちはどのようにとらえ，彼等にどのような情報を伝えていたのだろうか。ここでは，苦学生への注意という観点から検証する。そこには苦学案内書の著者たちを通した日本人の苦学観の一端を垣間見ることができよう。

　明治期の苦学生を案内書の著者たちは，どのようにとらえていたのだろうか。遡れば，苦学生の歴史を最初に書いたのは評論家の緒方流水であった。1903（明治36）年，緒方は『学生自活法』において苦学生すなわち「貧書生」の沿革を次のように叙述した。

　まず，明治の世が，「明治の聖代に生れ，言論自由の今日，彼等富豪家の息子共のみ跋扈し，我々貧乏人が小さくなり居る理由はなし，門閥とか藩閥とかは昔の事なり，今は貴賤平等なり，学問さへあれば彼等にのみ威張らしては置かずと漸く遠大の志を抱く者多くなるに至れり」(47-48頁) と自分の能力さえあれば，門地門閥，すなわち家柄や出自，それに財産に関係なく，一生懸命に学ぶことがよりよき生き方・幸福を保障する時代であると伝えた。

　このような時代認識のもとに，緒方は1890 (明治23) 年ごろを起点として苦学生の様子を情報化した。なぜこの時期なのか。緒方は，「貧書生等が思い思いに遊学の途につき，種々の職業に取付き，労働の傍苦学を為し始めたるは約そ明治二十二三年頃より」(48頁) だからというのである。

　しかし，「彼等は如何にして学資を得べきかを知らず，又二十二三年頃には相応はしき職業とてもなく」「彼等に取りて最も便利なるは矢張車夫，新聞配達の二種位に過ぎざりしなり」「当時は新聞配達は一の内職になり居りて，老人多く之に当り，苦学生の多くは此職業を知らざる有様にて此時代には寧ろ人力車夫の方が多かりしなり」(48-49頁) とも記している。

　明治10年代から20年代初頭にかけての職業の多くは年季仕事，年季奉公が主で，昼夜休みなく業務に服することが求められ，とても学問するなどという

環境ではなかった。従って明治20年代初頭までは，苦学の環境は，労働しながら学資をこしらえ，それを元手に学校に就学し，勉学するには余りにも厳しかった。

緒方が指摘した明治20年代，苦学生の状況はどうであったのだろうか。

例えば，1887（明治20）年に『地方生指針』を著した本富安四郎は，「貧書生修学ノ便」において苦学生の姿を次のように報じた。

　「凡ソ遊学ノ年間ハ五六年ヲ以テ普通トシ長キハ十年ヲモ要スヘク最モ短キモ三年ヲ費サゝル可ラズ三年東京ニ留学シ孜々トシテ怠慢ナク其業ヲ勉ムレハ僅ニ学問ノ端緒ヲ窺ヒ辛フシテ独立生計ノ道ヲ得ヘキノミ少ク学問ニ達セント欲セハ三四年ノ歳月能ク成ス所ニ非ス然ルニ家計貧困長ク学資ヲ出スノ道ナク又他ニ依頼スヘキノ人ナキ者ハ如何ニシテ此長年月ヲ支ヘ以テ東京ニ留学シ得ヘキカ蓋シ天下ニ貧書生甚多シ豈ニ其方便ナカル可ンヤ余輩之ヲ探ルニ其法ニアリ所謂内職ト食客トハ是ナリ書生ノ内職ヲナスニハ私塾教員ヲ以テ重ナル職業トナス（中略）又若シ一年乃至二年程ノ学資ヲ支ヘ得ル者トセハ其学資ノ存スル間ヲ以テ其志ス所ノ学校ニ入テ非常ニ勉強ヲナシ其学力ヲ養成シ東京ノ事情ヲモ詳知シ然ル后ニ内職ヲ求ムレハ又更ニ容易ナルヘシ（中略）又若シ地方ニテ師範学校ヲ卒業シタル者若クハ嘗テ小学教員ノ経験アル者ナラハ更ニ東京ニ於テ小学教員ノ免状ヲ得テ公立小学校ノ教員ヲ勤ムルカ或ハ直ニ私立小学校ノ教員トナリ以テ学資ヲ弁スヘシ（中略）此外猶或ハ写字ヲナシ或ハ学校ニ入テ受付ヲナシ若クハ監事ノ職務ヲ補助スルカ如キ貧書生ノ執ル可キ事業種々アルヘシ而シテ更ニ又食客ノ一法アリ食客ハ通例飲食セシムルニ止マル更ニ雑用ヲ給スル者ハ上等トス其職業ハ其家ノ都合ニ由リ難易繁閑ノ別アリト雖モ総テ取次ヲ専ラトシ（中略）又相応ノ学力アリテ且品行ノ正シキ者ハ或ハ教師兼帯ノ食客トナルコトアリ（中略）予マ先ツ在京ノ友人知己ニ依頼シ広ク手ヲ回ハシ汎ク聞合セ充分ニ其準備ヲ為シ置カサル可ラス」（本富安四郎『地方生指針』嵩山房，1887年，8-12頁）

本富[47]は，自らの体験を踏まえつつ，苦学生の仕事は，内職的職業に就くか，食客であると記す。内職的職業は，具体的には私塾の教師や小学校の教師を指す。どちらかといえば比較的時間に融通の利く職業である。午前中に授業に出て，午後あるいは夜間に働くことができる。また食客には，2種類あることも教えている。1つは居候としての食客，もう1つは教師を兼帯して客分として迎えられる食客である。これ以外の職業には写本を写す，「写字生」（公文

を書き写す判任官のような仕事ではない）となる者や，学校受付や「監事」（つまり何らかの団体の庶務を司る仕事）を補助する業務が苦学生の仕事しては適切であると知らせている。すなわち内職的職業にしても，食客にしても，学校受付にしても，ある程度の「学力」をもっている人で，家庭教師のようなアルバイトのできる人が苦学生として適していると論しているのである。

　明治初年から20年代にかけて野心を抱き，ある程度の学力を有し，家業を継ぐ必要もなく，さりとて家貧しく，上級学校進学をかなえさせてやることができない家庭環境．しかし，年季奉公ではプライドが許さない地方の青年たちが，さまざまなチャンスを求めて，それが集中している東京に磁石で引き寄せられるように蝟集し，自分の将来への仄かな期待と潤いを求めて苦学する姿を，著者・本富は叙述している。

　しかし，明治10年代の苦学の様式は定まっておらず，庇護型苦学でもなく，かといって裸一貫型苦学ともいえない。ただ，比較的時間に融通の利く苦学の世界が広がっていたことを指摘できよう。

　では，時代が下がると，どういう苦学の世界が展開するのだろうか。

　次に，単独の苦学案内書ではないが，総合的上級学校案内書すなわち進学案内書の先駆的役割を果たした，少年園発行の1895（明治28）年版の『東京遊学案内』の発する情報を検討してみよう。

　編者の黒川俊隆は，苦学志向の青年たちに「上京の準備」の方法を，次のように報じた。日清戦争が終盤を迎えた1895（明治28）年1月の出版である。

　　「勿論明治の初年にありては，食客幾十人を誇る大禄の人も多かりしが，それは戦争後幾程もなき間の事にして，豪奢を競ふ官吏及び軍人社会に行はれたる一時の現象に過ぎざりしなり。

　　爾後幾月を経る幾星霜，次第に秩序を回復して，家政を整理することゝなるや，固より用事なき食客を多く留め置くべき必要もなければ，夫々手配して職に就かしめ，新来の書生は，尽く体能く謝絶して，復再び用ゆる所なきが故に，今や旧時の方法にては，諸君も東京の大都に止まり，以て修学の目的を容易に達し得べくもあらず。

　　さらば，新聞，牛乳を配りてなりと，其の労役の余暇を以て学問すべしなど，

強がるもあらむが，是亦余程の決心と非常の辛抱を要する事にて，かよわき少年には，到底成遂げ得られむ筈なし。又稍〻学力ありて年齢も長じ，其郷里にては将来に最も望みありと言はる〻少年，小学教員の職務位は慥に出来ること〻，他人も言ひ，又，自らも信ずるが故に，寧ろ東京に出で〻小学助教位の所に住み込み，且つ教へ且つ学んで志望を果すべしなど〻，匇卒にも故郷を立ち去る者もあらむか。例令僥倖にして万一にも需要の口を得るとしても，皆非常に忙はしくして講学の余暇を許さ〻れば，少年諸子が当初の望みを達せむことは中々六ヶ敷き限りなるべし。依ては何事はさて置きて，先づ学資供給の道を立て，然る後に遊学の手筈に取掛かること肝要なるべし。」（黒川俊隆『東京遊学案内』少年園，1895年，7-8頁）

少年園の案内書は，先に本富が紹介したような食客や書生（篤志家が家の一角に住まわせ，家賃代わりに家の雑用をさせる）が，篤志家のステイタスの高さを示すメルクマール(48)として置く習慣は廃れたこと。小学校の学習補助教員としての職業もなくなったこと。新聞配達や牛乳配達をしながら勉学に励むことは容易ならぬ覚悟がいることを伝えた。

このことは，とくに都市部での学生生活の難しさ，金のない者が上級学校等で学ぶことは不可能な時代がやってきたことを意味していた。この案内書は，正規の上級学校進学を志向し学ぼうとする者たちには，より長い修業年限に耐えうる多額の学費，生活費等の確保が求められる時代が到来したことを伝えた。

さらに，少年園の案内書は，苦学生だけでなく，素封家の子弟，いわゆる「楽学生」に対しても，次のように説示している。

「一体地方の人達は，余りに東京を買い被り，東京といへば萬般の学事全く整頓して，善美を尽したるもの〻やうに想像するが常なれども，高等専門の学科は扨置き，中等教育に至りては，却て府県の中学に数歩を譲るの観なきにあらず。勿論外国語は，多少府県の学校に優れる所あるべきも，普通の学科に至りては，府県の中学に比して其優劣は如何あらんか。組織は中学の制度に拠るも，其学校に片手間の腰掛教師多き限りは，到亭（ママ）充分満足なる教授を望むべくもあらず。依て諸君は，中学だけは，却て府県の学校に於て卒業せらる〻方利便なるべし。」（同上，10-11頁）

このように，必ずしも上京進学，上京遊学を抑制するものではないが，外国学校はともかくとして，高等普通教育を授ける中学校だけは所在する府県に設

置された学校を卒業することが肝要だという一種の勧告情報を提供するのである。

ところで，明治 30 年代以前の案内書の著者たちは「楽学生」と苦学生を意識的に区別することはなく同等の形で情報を提供していた。しかし明治 30 年代に入ると，主に苦学生のみを読者対象とする単独の苦学案内書が登場する。例えば，1900（明治 33）年に刊行の『学生自活法』である。光井深は，「本書の目的」と題する節で次のように述べた。

「同人の経過しつつある実験，及詳細に調査せる材料を以て地方憤臥の青年に，東京に於る貧窮学生の自働自活の方法を報じ，進んで大に為すあらん事を望まんとす，読者幸に本書に依り其成功の幾分を補ふならば，編者の光栄亦之に過ぎざるなり。」（光井深『学生自活法』大学館，1900年，2頁）

この文からわかることは，光井自身が貧書生であったこと，その体験と調査とに基づき，自力で生活する方法を伝え，地方青年の志の一端を補おうとしたことである。

ところが，1901（明治 34）年，都新聞の吉川庄一郎は「現今学生の状態」を次のように報じ，苦学生を厳しく戒めた。

「最近の統計に拠れば現在東京に遊学して居る学生は官公私立に学籍を有するものと一定の学校に通わずぶらゝゝして居るものとを合せて拾二万以上あるとの事である。最も此中には東京に在住する人の子弟も多少あるか是はほんの少数で大部分は地方から出京した健児である，所で此十二万の学生が抑も笈を負ふて故山を出ずる時の意気込み即ち学成らずんは何として故郷に帰るべき未来の希望と功名の為には円枕股鍛の苦学固より期する所なりとの決心が銷沈せずにあるならば予期の修学年限に各自の希望する学科を卒業して帰郷するを得る筈なれど約十分の九は先づ不成功に終り甚しきは堕落の結果刑事犯罪人となりて鉄窓の下に伸吟する破廉恥漢も少なからぬ。

在京学生の十分の九と云ふ多数の学生が不成功に終るとは実に不思議の現象で殆んど信ぜられぬ程である彼等とて初から堕落を目的とし遊蕩を本分として上京した訳では無い。毎日学校へ行き教師の講義を聴き勉強する所は他のものと相違は無い筈だ。勿論毎日苦学研鑽する学生は此様に堕落せぬイヤ堕落したくも出来ぬのだが其処は所謂白糸の如き少年で僅かの誘惑から忽ち鼠色や墨色の汚い色に染まつて間も無く手の付けられぬノラクラ書生になるのである」（吉川庄一郎『自

立自活東京苦学案内　附官立諸学校入学試験及手続』1901年，保成堂，1-2頁）

　吉川は，翌年の1902（明治35）年刊行の「増補訂正第八版」『自立自活東京苦学案内　全　附官立諸学校入学試験問題集　私立学校入学手続』では，全体のトーンは変わらないが，寧ろより落ち着いて整理された文体で刊行した。

　しかし，「学年の変更期毎に或は中学より高等学校に入るもの高等学校より大学に入るもの或は専門の学校に移るもの或は専攻の学科を変するもの或は中途退学を為すもの等種々なる事情が起る故到底充分なる精確の数とは断言か出来ぬけれど比較的確実なる統計と見ても宜しい」(2頁) と注釈を付けながら，官公私立学校在籍者と「一定の学校にも通はず放浪して居る」(1頁) 青年の数を次のように記している。

「一万三千人　尋常中学及是と同等の在学生
　二千人　　公私立の医学校在学生
　七千人　　同上の法律学校在学生
　三千人　　文学理学工学に関する在学生
　二千五百人　農学商業学に関する在学生
　一千人　　諸種の受験科在学生
　二千人　　既に軍籍に入れる海陸軍学校学生
　二万人　　学籍を有せさるもの
　五千人　　学生堕落して浮浪者とならんとするもの」

著者である吉川は「現在都下在学生の大体は此様なものと推察して大なる誤は無いと信する」(2-3頁) と記している。

　その「学生堕落」の原因について，吉川は1901（明治34）年版の案内書で，次のように伝えた。

　　「未だ十七八才の世の辛酸を知らぬ少年か国からは学資が来る何の制裁監督も無い下宿屋に居て（寄宿舎とて別に変りは無い）勝手気侭を為したければ出来るのだから日復課の習が段々面倒になる教師の質問に時々答へ兼ねる同級の奴等に冷笑される学校へ行きたくなくなる怠惰仲間と交遊する寄席へ行く牛肉屋へ行く女義太夫の花方娘か眼に付いてくる運動費に時計や辞書や教科書を一時典物とする愈々学校へは行かれぬ場合となる其内恐るゝゝ遊郭へ出掛る様になり金箔付の放蕩書生となる学校から退学を命ぜられる国からは学資の停止命令を受けるサア是が薪に油で改心どころか自暴自棄で飛んでも無い邪道に踏込むと云ふ順序だ」

(吉川庄一郎『自立自活東京苦学案内』保成堂，1901年，2-3頁)

1902 (明治35) 年の『自立自活東京苦学案内』では，放蕩学生への原因を，上述のような「志」の浮動と交際の不条理すなわち悪友の感化に加えて，「学校の転選」(5-6頁) を挙げている。内実的な学習要求に立脚し学習の機会を求める「学び」ではなく，学校には制服がないとか，グラウンドがないとかなどアクセサリーとしての見栄えや欲求からの転学が放蕩学生への道の要因の1つと説いているのである。「道路に乞食する編笠の書生ホーカイ節を見る度に悚然としない事はない実に恐る可きでは無いか」(7頁) と嘆息してみせた。

このような苦学生の救済について，評論家・緒方流水は次のように記した。

> 「明治三十二年の頃に至りて，『萬朝報』は其の紙上に於て，苦学生が取りつゝある職業及案内を掲載し，初めて貧書生の事情を報道したるを以て世人も大に同情を寄することゝなりたるが，その以前までは彼等が如何なる職業に従ひ，如何なる生活をなし，如何に苦学しつゝあるかと云ふことは絶えて知る者なき有様なりき，越えて三十四年中萬朝報は再び貧書生の救済法に就て広く社会の意見を徴したり，然れども，其の救済法は未だ解決されず，兎に角，この二三年以来貧書生の救済策に就て有志者は種々考究しつゝあるが如し」(緒方流水『学生自活法』金港堂，1903年，59頁)

緒方によれば，20世紀初頭，具体的には1901 (明治34) 年ごろより苦学生問題は社会問題化したこと，その救済策について議論がはじまったことがわかる。そして緒方は苦学生を収容する篤志家が現れたことも記事にしている。1つは人力車夫屋「南無阿彌陀佛館」(神田区皆川町) という。主人は新潟の産で，出京し人力車夫を行い，やがて車40台を保有する仏教を信じる社長となった人物だが，社会教化のために，苦学生を支援したという。この支援を受け，中学校教員，開業医，土木技師になった者があるという。「目下現に同居し居る苦学生三四名あり，車を貸与する苦学生十数名あり」「法律を修め居る者もあり，医術を修業し居る者もあり，中学に通学する者もありとのこと」(62-63頁) と述べている。

また，『自活苦学生』(1903年，大学館) の著者・苦学子は「予は苦学生の一人である」(「緒言」より) と述べ「苦学生の団体」について，次のように紹介

している。

　「この団体の重なるものは，即ち青山学院の労働部，及び日本基督教会に属する労働部，或いは苦学社[49]なるもの（中略）青山学院の労働部なるものは，之は随分古くより創設されてあるので，即ち青山学院に属するので，会員も又学院の生徒に限る（中略）活版若くば裁縫，及びその他の労働なるもので，学校の余暇，日々二時間乃至三時間づゝの労働をして以つて苦学しつゝあるのである。

　神田美土代町の日本基督教会に属する労働部なるものは（中略）労働の重なるものは牛乳配達である。」（同上，112-113頁）

青山学院の労働部等，これらの苦学団体がいつごろ創設されたのかは定かではないが，これ以外の苦学団体として筆者の調査できたものは，1892（明治25）年，仙台で，牧師・押川方義が私財を投じて，苦学生に労働の機会を与え，また学資が足らざる者には援助した「東北学院労働会」が開かれたことを確認している[50]。

この会は，1897（明治30）年には押川の個人管理から東北学院に移管された。翌年には農業部を設置し，労働の種類には新聞配達，牛乳配達，雑誌の取次販売と配達，活版印刷等があった。

1916～20（大正5～9）年まで東北学院労働会で生活を行い，中学部を4年で修了し，「旧制二高」を経由して北海道大学・医科大学へ進学した医師・青木徹は，自叙伝的東北学院労働会の沿革史を上梓し，附録として史料「東北學院勞働會憲法及條規」（精確な発行年不明・管理が管理部となっていることから推して1897年以降のものと推定される）を掲載した。

その資料によると「第一条　名称　東北学院内ニ設立セラレタル労働会ハ之ヲ東北学院労働会ト称ス」「第二条　目的　本会ノ目的ハ有望ナル青年ヲシテ各自ノ労働ニヨリ学費ノ幾分ヲ得ベキ方法ヲ授ケ以テ東北学院ニ於ケル基督教主義ノ自由教育ヲ受ケシムルニアリ」となっている[51]。

同上規にいうところの「ワーク・スダディ」を軸とした奨学・育英事業であったが，この会は，1920（大正9）年に廃止された。その理由は定かではない。学校で行う育英・奨学事業の形態が変化し，寄宿舎の設置や種々の育英・奨学制度の新設が行われたこと，さらには新聞配達や牛乳配達はともかくとし

ても，活版印刷や洗濯業の工場の発展や雑誌の取次や売捌所等の商店の進出等が学生の内職的職業を奪っていったからではないかと推測される。

また，1900（明治33）年8月10日の『東北新聞』（2599号）に次のような記事が掲載された。

> 「〇私立認可会津法律学校の苦学部　同校にては賛助諸氏の尽力により学生をして自活の途を得せしめんが為に苦学部を設け，石鹸，歯磨，楊枝，筆，墨，筆記帳，鉛筆，煙草，高名の売薬等を苦学部の印しある手車にて行商せしむることをし行商隊を組織し監督を付して歩かしむることしたる由なり」（『東北新聞』（2599号）1900年8月10日付）

一方，眼を東京に転ずると，苦学生の「霊肉救済」を目的として設置され，現在もなお，100年を越えて存続している組織があった。それが「日本力行会」（現在の「財団法人日本力行会」・東京都練馬区）である。日本力行会を設置した人物は，先に取り上げた東北学院の出身で牧師の島貫兵太夫その人である。島貫の経歴および力行会については，第2章及び本章（2）で触れたので，ここでは苦学生支援活動についてのみ記しておこう。

島貫の自叙伝『力行会とは何ぞや』（1911年）によれば「余の苦学生救助の事業は三十年の正月一日を以て始められた」[52]とある。

発足当初は「東京労働会」といい，やがて「東京精勤会」と改称した。その理由は東北学院労働会と間違うといけないからというものであった。島貫は，資金集めに苦労したが，月1銭の寄付を願う賛助員を募集した。女子学院，青山学院，明治学院，共立女学校（横浜），東北学院等からの賛助者が多かった。しかし，会本来の目的である「霊肉救済」を全面的に行うには運営費は不足した。

> 「従来やつてゐた筆紙墨の行商は少しも儲らず（中略）新聞配達や牛乳配達の業を始めたが，何れも経験のない事ではあり書生の事ではありして皆思ふ様には行かない，其の当時の苦心は大抵の事ではなかつた。」（島貫兵太夫『力行会とは何ぞや』警醒社，1911年，69頁）

やがて，日本の苦学生を海外，とくに米国に行かせることを考え出した島貫は，米国在住経験者の声に耳を傾け，会のなかに「苦学部」に加えて，「渡米

第2節 上京苦学に当たっての注意 213

部」をも設置した。

1900（明治33）年「東京造士会」と改称，間もなくして「日本力行会」と命名し，機関誌『力行』をも発行した[53]。

島貫は，苦学生救済の自信の程を次のように記している。

「日本力行会が十有五年の間多くの困難と窮乏に遭遇し乍ら兎に角今日迄その仕事を継続したるのみならず幾分かの発達を示し来れる事は確に其時機と方法の適所に置かれてあつたと云ふ事は否定し難い事であると思ふ，従つて此十数年間の経験に依つて現今実行しつゝある所の方法をもつて苦学生を収容するに於ては数千人の苦学生の吾が会に集ると雖も之が為に世話する迄の用意は出来てゐる考である。（中略）健全なる苦学生の養成に志す人は如何に苦学生を吾が会が取扱ひつゝあるかを十分会得せられたら参考するところは些少のものではあるまいと思ふ」（同上，119-120頁）

日本力行会の会員になるためには，試験に合格しなければならなかった。「日本力行会苦学部試験問題」によれば，試験の内容は苦学の動機，家庭の事情，保証人の有無，徴兵，健康状態が問われた。また修養学校への入学が義務づけられていた。修養学校への月謝を払うことができるかどうかなども試験問題の1つであった[54]。

他方，島貫が博文館が中学生を対象として刊行した雑誌『中学世界』に設けられたコーナー，すなわち「苦学顧問」（コーナーの名称が一定せず，時には「苦学問答」等と明記することもあった）の回答者となったのは1909（明治42）年のことである。その後1912（大正元）年までの約4年間に及んで回答者を続けた[55]。

島貫が，「苦学問答」の回答者を務めている最中の1911（明治44）年，苦学研究会（その趣旨や沿革は不詳。発行者の鈴木健之助は弘文堂の創立者であると思われるが，経歴は不明である）と称する団体が『新苦学学校職業案内書』（東京弘文堂）を上梓し，苦学生に次のような警告をした。

「将に苦学生たらんとする青年諸君が血気の勇と燃ゆるが如き野心に駆られて前後の思慮なくも郷里を飛び出すは一大冒険たることを警告す（中略）余は特に苦学生たらんとする青年諸君を警めて其迷夢を覚まし尚苦学の方法を誤り逆境に陥るものを未発に救はんと欲す是本書発行の目的なり」（苦学研究会『新苦学学校

職業案内書』1911年,弘文堂,「緒言」より）

　島貫も，1911（明治44）年に『新苦学法』を上梓した。「はしがき」で，島貫は「日本の社会問題の1つとして，苦学生なる者に思ひ及ばざる者の多きをかなしまざるを得ず」（「はしがき」1頁）と述べた。「此処に十五年余の星霜を，日本の苦学生の為に尽して来た。而して一万五六千人の苦学生に対して，多少なりとも，精神的に或は物質的に，何物かを与へて来た事は，自ら心竊に快してゐる」,「日本の苦学生を如何に教養すべきかやと云ふ事に就いても，略考案が立つて来た」（1頁）と述べ，続けて，「地方の苦学生が之れ等の書籍を唯一の羅針盤として上京する為，多大の誤りを生じ」る苦学生に「偽なき，真実の苦学法」（2-3頁）を著すというのである。この『新苦学法』は，前編が「新苦学法」，後編が「旧苦学法」から成り立っている。なぜ「旧苦学法」なのか。島貫は，その理由を「今日多くの地方の青年は，未だ此旧苦学法，即ち従来の所謂苦学法を目当として上京して来る人が多い」（191頁）からというのである。
　そして島貫は,「旧苦学法」を，志向する人々に，次のように諭している。

　　「新聞配達，牛乳配達，玄関番，書生，事務員，筆耕，行商等，之れ等の内職的職業に依つて，或種の学校に入学して，天晴れ卒業証書を得たいと云ふのがその目的である。（中略）然し，余は，幾度も繰り返して云つた如く，同じ学問するにしても，苦学の方法で進むなら，如何にしても従来の学問の規則正しい方法をのみ進まうとした考へは変更せねば，効果の収め難いものである事は此所にも述べて置く必要があると思ふ。即ち，中学から高等学校，大学と進む資金の有り余る青年子弟のする事を羨望して，その真似をせんとして上京したら必ず失望する，之は何れより見ても学問万能主義時代の旧い夢である。如斯夢想を以つて苦学に着手し，一方生活しつゝ，金を得つゝ学問せんとしたら初めから失敗する事は極つてゐると云つてもよいのである。只中学，高等学校，大学の名に眩暈されて，前途の事に顧慮する所なく進むは，学問をする真の方法では無い。（中略）学問するにしても，初めから，専門のものを選んで，而して成可く早く，その専門の学問で生活の道を開けるだけに進み，専門の学問に耽つて生活しつゝ，尚ほその学術の研究を続けると云ふのが進んだ考へで，且俐巧なる方法であると思ふ。（中略）同じ難儀する程なら，学問なら学問，仕事なら仕事と一方に定める様に切に勧告する。」（島貫兵太夫『新苦学法』警醒社，1911年，191-196頁）

　島貫のスタンスは，基本的には日本力行会の会員になることが，苦学生に

とって成功の早道と説いている点にある。従って少しバイアスをかけて読解しなければならないが、いずれにせよ、従来のような内職的労働での苦学は、青年たちの志をかなえるものにならないだけでなく、学習意欲をも削ぎ落とすことになるというのである。つまり日本力行会のような信用できる制度に寄り添った苦学でないと成功しない、そういう時代が到来したと語っているのである。繰り返しになるが、苦学で自らの志をかなえるためには、システムとしての日本力行会の会員になることが肝要だと、島貫は説いているのである[56]。

20世紀に入ると、苦学生の層に変化が見られるようになった。その変化とは、先の島貫も『中学世界』の「苦学顧問」で説いていたように、学校で学ぶための苦学、つまり中学校や高等女学校で学ぶために苦学する青年層がかつての単に職業を求めて苦学するものより多くなったことである。

島貫が先述している苦学生の社会問題への対応として、苦学して中学校や高等女学校等で学ぼうとする人々の監督、指導問題が起ったのである。

例えば、1912（大正元）年4月号の『福島県教育』は、県会議員・田子英吉の「教育雑談」を掲載した。田子は「学生の監督殊に苦学生の指導と云ふ事が必要であるが、今日ではまだ充分でない、私は磐城郷友会寄宿舎の必要を認め尽力したのも之が為めで、今日では成績が善いのである、実は私は此の寄宿舎の様なものが東京に最も必要を認めて居るので、此所が完成せば東京に出て寄宿舎を造りたいと思ふて居る」[57]と述べている。

大正期も、1920年代に入ると、苦学案内書の論調は苦学の断念を勧告する論調に大きく傾く。例えば、1921（大正10）年、やがて文部次官になった赤司鷹一郎の「序」を載せ、『東京の苦学生』（大明堂書店）を出版した、前出（第2章）の苦学体験者・出口競は、「私はこゝで言ふ、決して彼等の扇動者で無いと云ふ事だ。本書は或る意味に於ては、苦学を断念すべく勧告して居る。扇動者としては私は不適任である（中略）私はこゝに其の一つの地図と案内とを提供し其の発程の以前に本人の覚悟如何を試して見てはどうかと思ひ立つた。私はすゝめはせぬ、来る者を拒みもせぬ、来る者を拒まず、去るものを追はず、この一篇の案内を見て感じたものゝ行動を監視する人にならう。」（「自序」2頁）

と述べた。

　さらに出口は,「都市と苦学生の問題,此れは是非内務当局並に都市当局が考ふべき問題」であり,「苦学希望者を,如何に処置すべきか,それを都市当局に献言して相戒め度いと思ひます。私はいささか自分の所見を録して世の苦学希望者に訓へようと思ひます」(1-3頁)と内務省や都市当局に警鐘を鳴らしながら,苦学の新状況について記した。

　この記述の背景には,1910年代以降,日本社会では普通選挙実施要求が高まったことや,労働運動や体制批判運動が活発化したことなどが挙げられよう。社会体制の秩序を維持させ,その価値観をポジティブに受容する国際的な感覚をもつ国民を育成する公民教育の必要性が叫ばれた時代でもあった。さらには,虚学としての高等普通教育よりも実学としての職業教育が声高に叫ばれはじめたのである(職業教育を第一義として改正された「実業補習学校規程」(1920年12月17日文部省令第32号))。

　このような状況が生まれたからであろう,上級学校進学を目指し,上京苦学を志望する若者たちに対する批判は大きかった。その批判への配慮が出口の案内書の文言にも見て取れる。

　他方,1921(大正10)年1月,『社会と教化』(1924年1月に『社会教育』と改称)が創刊された。この雑誌は,文部省当局者の責任主体で刊行された月刊誌である[58]。

　この官主導の社会教育関係雑誌は,1921(大正10)年2月号に「苦学十年＝成功せる模範青年＝」なる記事を載せた。この記事には,大分県の東山香村教育会から表彰された模範苦学生・工藤宗眞を写真入りで,次のように紹介した。

　　「速見郡東山香村大字広瀬字一ノ尾工藤清治氏五男宗眞氏は大正八年三月の東京高等工業学校出身の秀才で目下三菱会社に勤務して居るが,氏が今日の地位を得る迄には実に努力奮闘辛苦の一路を辿つたもので,氏の苦学力行は立志伝中の人として近代稀に見る模範青年である。
　　　今氏が苦学力行の徑路を見るに,氏の家庭は氏の幼時は至極裕福であつたが,小学卒業の頃には事業の蹉跌を来しに倒産するに至つたので,遊学の意思勃々たるも,学資の出所なき為,鉄道工事の人夫監督等に雇はれて旅費を作り,氏が十

八才の時即ち明治四十三年四月上京し，爾後活版所の小僧となり，或は府下目黒なる高橋平五郎男爵邸の玄関番となり，或は東京市電気局赤坂保線事務所に雇はれ，或は永田町久木男爵邸の夜警に従事し，傍朝夕は車夫牛乳配達広告ビラ配布に従事し，其の間工手学校に夜学を修め，大正五年には大成中学校を優等にて卒業し，同時に東京高等工業学校に無試験入学の光栄に浴し，遂に大正八年三月同校を優等にて卒業するに至り，かくて三菱造船所株式会社神戸電機製作所技師に任ぜられたるが，氏が技師の職に任ぜらるゝに至るまでは寒暑と戦ひ，或は病魔と闘ひ，万難を冒して遂に今日の成功を見たものである。東山香村教育会は今回満場一致を以て氏を模範青年として表彰した。」（社会教育研究会編『社会と教化』1921年2月号，大日本図書，58-59頁）

このように，官主導の社会教育関係雑誌が苦学を奨励した。

では，苦学断念の書を著した出口は，1920（大正10）年初期の苦学生の生態をどのような眼で見ていたのだろうか。

彼は『東京の苦学生』に「昔の学生今の学生」という一節を設け，「昔の書生は大臣参議を理想としたが，今の書生の理想はもつと実質的であります，それ丈けに狙ひどころは低くなつて居ます，昔の書生は空想的で無邪気でそれ丈けとりとめが無かつたが今の書生は－大層悪く云ふ様だが－手近かなところから立脚地を求める為めに誤れる世の成功談を其のまゝに引き受けて目的を達するに手段を撰ばずやると云つた傾向があり勝ちであります。」と比較した。そして自活勉学者は「先づ，其の目的を達し，自己の立場を一つの堅実なる地盤を置く間，即ちたとへば其の資格は公人として立派に認められる丈けの資格試験に合格するとか，其の卒業によつて相当の地位を得一個人の生活を保障せられるとか（中略）脇目もふらずに突進する様に致し度い」（38-39頁）と説くのである。つまり，享楽主義に走る書生が多くなつていると嘆いている。

その一方で，1922（大正11）年「過去八年間東都に於ける苦学の体験談を有りのまゝ書き連ねて，苦学に対する厳正なる批判とも云ふべきものを下して見たいと」，苦学案内書『東都に於ける苦学の実際』を刊行した福井文雄は，「地方で小学校一二番卒業者即ち比較的頭脳明晰にして意志も鞏固と見らるゝ者の大部分は，家庭の事情で田舎に埋もれ，二流三流若くは其れ以下の才能の所有

者は，却つて都合がよくて，中学より高等の学校に行き，而して此等が将来有識階級として，国家の枢要なる地位に立つと云ふ今日の傾向である」と指摘し，「欠陥の多い現代社会制度を思ひ，（中略）この正反対にならねばならぬ事実は，邦家将来の為に，大いに考慮を有する大問題」である，と指摘する。だからこそ苦学するものは「他人の救を度外に置いて，只自らを頼んで奮闘せねばならぬ」と説いた。福井は自著について，「営利の目的」での出版でも，「徒に地方青少年を煽動」するものでもないと記している（7-8頁）。

この案内書の特徴の1つに，「独学者の為に」という節を設けていることがある。苦学のなかに「独学」という言葉を積極的に用いた最初の案内書である。

また，先述したが，1925（大正14）年，副題に「苦学生と独学者の為めに」と題した『東京自活勉学法』が刊行された。著者の森山正雄は，「どうすれば成功するか」という一節を設け，次のように独学で中学校卒業資格を獲得することの重要性を説いた。

「今日は昔と異り，教育が非常に普及して居り，高等教育を受けた者も，非常に殖えて来た。況して中学卒業生等は，どんな山間に行つたとて少しも珍らしい事等はなくなつた。かく教育の普及した世の中にあつて，小学校を卒業したまゝ，社会にはふり出されては，所詮立身も成功も到底覚束ない事の様に思はれる。軍人にしても，官吏にしても，教員にしても，みなそれぞれの学校を卒業して居なければならない。自己の力量を以て群を抜くことは現代に於ては絶対に出来ないやうに感じられる。（中略）厳格なる制限のある中にも，幾多の特別なる方法が設けられてあつて，その方面から進むと，変則に学問する人でも，学校教育を受けたことのないものでも，自由に入るべき余地は取り残されてある。例へば高等官になるには，原則として文官高等試験を受けて，之に及第した者でなければならぬ。（中略）而して文官試験は中学校卒業者でなければ受験資格なきものとなつて居る（中略）中学校卒業生でなくとも，専問学校入学資格試験（ママ）によつて文官試験にも応じる事が出来るし，又高等官にも進み得る事が出来る。教育家になるにも，師範学校を卒業しないでも，教員検定試験を受けて学校出身者と同等の資格を持つ事が出来るのである。」（森山正雄『東京自活勉学法』啓文社書店，1925年，4-5頁）

さらに森山は，「無学資の青年はこうして進め」という節で，「無学資の青年が，尚続けて勉強をなし得る方法といへば，先づ官費の学校に入学することで

ある。それから今一つは全く独学で，実力を養つて行く方法である」(7頁)と断言した。そして森山は，独学で試験に応じるにしても，官費の学校に入学するにしても，小学校卒業の学歴で受験できる検定試験，入学できる官費の学校がないではないが，「中学卒業資格を持つて居ないと非常に不利である」(8頁)と記している。

1925(大正10)年には，労働運動と苦学との関連を報じた案内書が刊行された。それは，出版社内に設けられた苦学同志会の手になる『苦学する者へ』である。案内書は，学問と貧困の問題がプロレタリアの苦学を難しくしているとして労働運動という観点から次のように激しく主張した。

>　「昔と違つて苦学は出来ないと云ふ。出来なければやめるか？社会の大半は遊学の出来ない無産階級に属するが，之等の人々は苦学することによつてのみ常に或程度まで知識を増進することが出来た。若し苦学が不可能とすれば之等大部のものゝ正式なる勉学の途は鎖されてしまふ，貧乏人は無知の表象となる貧乏でも知識のあるものは未だ良いが，金もなければ学問もないと云ふのでは殆ど仕末に困る。而もそれが社会の大部分を占めるに至つては黙つては居られない。(中略)苦学が出来ないと云ふことは換言すれば，貧乏人は勉強できないと云ふことであつて，も一つ言ひ換へれば，教育は金持ちの為めにするのであつて，貧乏人等には用事がないと云ふことになる。文明の進歩も，社会の円満も，国家の発展も，人類の幸福も資産階級が味はへば事が足りるので，無産階級等は柄でもないと云ふことになる。
>　黙つて居られない。それも，貧乏人が教育されなくとも，文明が進歩したり，社会が円満になつたり，国家が発展したり，人類が幸福になるなら黙つてゐてもよい，而し，十人の家族で九人まで泣いてゐる一家が幸福だとか，円満だとか云ふことが出来ないとすれば人類の大半が不幸に陥入つてゐるのを見て黙つてゐるわけには行かない。(中略)貧乏人はどうして知識を磨くか？それが苦学の問題である」(治外山人『苦学する者へ』讃友社内苦学同志会，1925年，「序」より)

大日本雄弁会は，1926(昭和元)年に第21版を数える『苦学力行新人物立志伝』(初版が1922年)を刊行した。巻末に附録として「東京苦学案内」を所載した。序をしたためた，現場教師経験のある一流の教育ジャーナリストである為藤五郎[59]は「『東京苦学案内』は極めて厳正な観察によつて記述されてある筈で，徒に苦学を謳歌して，地方青年諸君を煽動するやうな方針で書かれてい

ない筈である」と「筈」という一言が気になるが，述べている（「序に代へて」2頁）。

「東京苦学案内」は，「苦学」をどのようにとらえていたのだろうか。

　「『苦学生』『苦学生』と持て囃されたのは昔の夢である。一と頃は『苦学生』の呼称が一種特異の魅力ある語調を持つてゐた。世間はまだ苦学生を特別に遇するだけの余裕と寛容と同情とを失はなかつた。しかし今は苦学を売り物にして通ることは到底世間が許さない。」（大日本雄弁会『苦学力行新人物立志伝』1926年，183頁）

このように，苦学案内書の著者たちのなかには，①苦学断念の勧告をするもの，②中学校卒業資格がないと不利になる時代が到来したことことを告げ，苦学のなかに独学を含ませる形で苦学を奨励したもの，③労働運動の視点から学問と貧困の問題を論じつつ苦学を奨励するものなどが登場した。ただしいずれにしても，これらの案内書の著者たちは，青年たちの目の前には苦学して成功する途は狭くなっていることを共通して伝えた。

そのようななか，1926（昭和元）年に独学・受験・苦学・就職を冠した『成功の指針』なる案内書が出版された。「学び」と「成功」を直結させたこの案内書の刊行は，1920年代には「学びの資格化」の時代が到来したことを示唆していた。より具体的には青年たちに学歴，すなわち中学校卒資格あるいはそれと同等の資格がないと，働くにせよ，上級学校進学なかでも官費等の学校に進学するにせよ，不利になる時代が到来したことをこの著者が告げたことを意味した。

しかし，実際は苦学を甘受せざるをえなかった。苦学断念の書といっても，案内書は，読者にとってみれば，苦学の教科書となり，苦学のパイロット的役目を果たす結果になっていったのである。

昭和戦前期の苦学について検討してみよう。すなわち1920年代後半から30年代後半の苦学生の実相はどうであったのだろうか。

ここに1つの資料がある。1928（昭和3）年，東京市社会局職業掛長，東京少年婦人職業紹介所長・財部叶[60]が冨山房から上梓した『職業と就職への

道』である。この書の中で財部は積極的な姿勢で検証し、「第六章　力行苦学の青年学生」と題して苦学生の実態の一端を整理した。

彼によると苦学生は、「昼間稼いで夜学に通学する者、或は夜間稼いで昼間に通学する者もあり、尚又均しく苦学して居ても家庭教師をしつゝ通学する者もあれば、書生をして通学して居る者もあり、最も多いのは所謂日傭労働に依りて其の得る処の賃銀を以て夜間に各々目的とする処へ通学して居る者である」とする。しかし、苦学生の実態を調べた調査はあるかと問えば、それは不明のままであると財部は嘆く。そこで財部は、「市設職業紹介所に於いて調べて見た、職業紹介所の紹介に依りて働きつゝ、あるものゝ統計を以て一般苦学生の全班を窺ふ」こととしたと記している。

財部は調査範囲と方法を慎重に限定し、「一般苦学生に対する色々な調査の行届いて居ない事は、一般の者に対する統計を示す事が出来ないのであつて市設紹介所の調査を土台として逓信省、復興事業局及び土木局と云ふ特定労働現場について」結果を述べるとしている。調査対象者は逓信省42人、復興事業局43人、そして土木局3名の計88名である。財部の調査範囲はかなり限定されていたが、この点を考慮しつつ苦学生の出生地、学歴、年齢、労働状況等について検討してみよう[61]。

第1には、出生地である。出生地は「朝鮮」を含み「1府27県2道庁」という結果を得た。なかでも東京の9名、東京以外では福岡・鹿児島の各7名、新潟6名、北海道・福島・千葉各4名、群馬・埼玉・静岡・岐阜・大分・佐賀・宮崎各3名となっている。苦学生と呼ばれる青年たちは、全国津々浦々から東京に流入していたことがわかる。

第2には、苦学生はどのような上級学校等に通学しているかである。その結果は「中等実業学校程度」が全体の約77％、「専門学校程度」が全体の約14％となっている。「中等実業学校程度」のなかでも工業が全体の約51％、他が商業、鉄道方面であると財部らは指摘している。「専門学校程度」の程度の内容はこの記述からは不明である。

第3には、これら専門学校程度や中等程度の実業学校入学以前の学校歴につ

いて見ると，小学校卒が全体の約48%，実業学校卒が約26%，中学校卒業あるいは中退を合計すると約23%（内中学校卒業者約16%）等となっている。尋常小学校卒か，高等小学校卒かは判然としないが，いずれにせよ小学校卒と，甲種あるいは乙種の実業学校卒で7割を越えていた。このことから苦学生は初等教育卒業者と実業学校卒業者が大部分であったことがわかる。

第4には，苦学を行っていた時の年齢である。「最年少者十六歳にて最高年者三十一歳」で，「各々八十八名中に一名づゝ」であった。「最も多数の者は十九歳の二十名。二十一歳の十五人之れに亞ぎ二十歳のもの十四人，十八歳及二十二歳のもの各六人づゝとなりて居る」と述べている。

第5には，仕事の内容である。通信省では，「文書整理，物品運搬，切手荷造，電気及電線試験掃除其他雑役等」，復興事業局では「土地測量，文書整理，製図，家屋調査等」，土木局では，「道路修繕，撒水及舗装工事等」である。

第6には，1カ月間の収入である。1927（昭和2）年5月中の結果を取り上げている。「天候とか本人の身体の工合又は学校の授業及試験等の関係にて一定はして居ないけれども平均して一ヶ月間を二十四日間労働するものと見れば」，次のようになるという。

　「苦学生の収入として最低十三円四〇銭より最高五五円を示して居る。其間最も多くの人々が収入する処の金額は，三十二円から三十四円迄であつて，十五人となりて居る。即ち之れが通学も出来，労働も出来ると云ふ最大限の界線と見なければならない。」（財部叶『職業と就職への道』1928年，冨山房，205頁）

第7には，苦学生の1カ月の支出はどうであったのだろうか。その結果は，以下のとおりである。

　「（イ）食費（中略）八十八名中八十一名は，（中略）其の最低は二，円　五〇より三，円〇〇となり居り（中略）其の内最も多数は十五円乃至十八円を支出して居る。三十人にして，（中略）それ以上のものは十八円乃至二十円の者十一人，二十円乃至二十五円の者十二人となつて居る。而して苦学生の多数は公設食堂を利用する者が多い。」

　（ロ）間代（中略）間代を支払ふもの七十人他は自宅，親族其他に起臥する者であつて，最低二，円五〇銭乃至三円，最高十五円乃至十八円である。（中略）而して居住の状況は二人若しくは三人の共同賃貸に依るものが多数を占めて居る。

（ハ）授業料（中略）通学する学校に依りて異なり最低二円乃至三円より最高九円乃至一〇円となつて居る。（中略）概して七円以下は中等実業学校程度で有り，七円以上は専門学校程度のものである。」（同上，207-208頁）

財部は，苦学生は月額「三十四円乃至四十二円の収入が無ければ勉学上楽では無い」（207頁）と説いている。

では，先掲した食費，間代，授業の他に書籍代，電車代，湯銭，理髪，新聞代等が必要となろう。生活費が不足したらどうするのか。財部の調査によると苦学生のなかで，その保護者からの何某かの補助を受けていない者は 63 人。彼等はどのようにして不足分を補ったのか。「（イ）前月の繰越金を以て之れを充つる（ロ）友人より借り入れる（ハ）親戚より借入れる（ニ）入質して之れに充る（ホ）貯金を払ひ下げる」（209頁）であり，これによって辛くても勉学を継続しているという。

第8には，将来への志望である。財部が整理した「将来志望別一覧表」（210頁）を見てみると，「工業」「実業」「建築業」「土木業」を合わせて 50 名，「官吏」が 6 名，「教育家」が 5 名，「法律家」3 名，「政治家」「軍人」「商業」がそれぞれ 2 名である。他には，「画家」「文士」という者もいた。

第9には，苦学生にはどのような訴えがあったのだろうか。財部は，「『（一）現在の仕事に従事しながら勉強は充分に出来る。』と云ふ者も亦比較的多いのであつて之れに依つて見れば学生は心掛け次第にて其の能率に大した差の無い事を証明して居る。」が，「（二）経済問題に悩まされて勉強意の如くならない。（三）疲労の為め勉強が出来ない。（四）終業時間と学校の始業時間との差が少ない。」（210-211頁）などを訴えているという。財部は「願くば官公庁其他に於て紹介機関を通じて彼等の為めに労働現場の開放を図られん事を切に望む次第である」（212頁）と記した。財部も指摘したとおり，苦学生の実態に関する調査報告は皆無に近いことを考えるとこの調査報告は，たしかにごく限られた範囲であり，苦学生のなかでも極めて幸運な苦学生の実態という限界はあるにせよ，公的機関が行った調査として注目される。

かたや，財部以外の案内書の著者たちは，一般苦学生をどのようにとらえて

いたのだろうか。

1933（昭和8）年，書生と苦学出版社から『書生と苦学　就職の秘訣と案内』というガイドブックが刊行された。著者は苦学を次のようにとらえていた。

　「現代の苦学界の観，吾人の目に映ずるは，苦学の目的を以て上京する者の日に増加しつつある（中略）現在自己の辿りつつある道程及過去の体験を基準とし，『書生となり苦学を為すが最も安全且容易に非ずや』」（宗川久四郎『書生と苦学』1933年，「序」より）

また，次のようにも記している。

　「苦学生に対する東京人の昔と今日。これは率直に述べるならば，時代の推移か，市民の心情は全く異てゐる。現代の東京人には苦学生に対する同情といふか，理解といふか，それが全くない。」（同上，1－2頁）

1934（昭和9）年，東京予備学校出版部は『最新東京苦学案内』を刊行した。この案内書の著者は，「時代の変遷と苦学」について論じた後に，「現代と苦学の可能」性について次のように記した。

　「時代の変遷に伴つて，苦学生活も亦非常な変化を示してゐる。例へば，明治時代の苦学物語りに最も多く出て来るものは『人力車夫』である。苦学生として収入にも時間にも恵まれてゐた車夫の仕事は，身体が強健でありさへすれば誰にでも出来たものであるが，今日の東京に車夫の姿は絶無といつてよい。その代りに洪水のやうに自動車が縦横に走つてゐる。又，大家の書生や玄関番は外面的には昔と変はらぬが，近年の不況と社会的思潮によつて往時の如き自由さはなく，死灰の如き一個の物として待遇されるに過ぎなくなつた。加ふるに，食事を与へて夜学へでも或は昼間の大学に出してくれるのは余程の有産階級でないと容易でない。よしそれ等の書生や家庭教師など相当あつたとしても数年前の好況時代に比して待遇に懸隔のあることも尤もな時代の反映と見るべきであろう。

　少くとも，明治から大正初期時代に於ては学校数が昭和の今日の三分の一にも達しないで，発展向上期にあつた商工業，新知識の所有者の少くなかつた頃はたとへ好況時代の大正四，五年頃から数年間のやうに羽根がはえて飛ぶやうに売れて行き，今日の就職難を夢想だにしなかつた程ではないにしても，所謂学校出は専門学校，大学出共に恵まれてゐたのも学校が少ないだけ学校出万能の観をみせ，私学が昇格されぬ時代，官学全勢時代には『学士様なら嫁やらう』といふ言葉さへ存してゐた位であつた。従つて大学を出るための苦学もそれだけ苦学のし甲斐があつた訳である。そして苟も青雲の志を抱いて孜々刻苦をなめて学校を卒へた篤学の青年は学成りて学窓から社会へ出た暁は，其の奮闘に酬ひられる楽し

み恵みが足下に訪れて来たものであつたが，今日では苦学夫れ自身が容易でない上に，学校を卒業した上更に如何にして就職戦線を突破すべきかといふ難問題が待つてゐるのである。(中略) かゝる不況な，就職難の時代に於て，苦学は可能であるか。働くことさへ至難であるのに，働きつゝ学校へ通ふことが果して出来るかどうか。どんな実情にあるか。『苦学など，今の世の中出来るものではない』といふ言葉は随分一般に言はれてゐるが，その『出来るものでない』今の世の苦学を随分多くのものがやつて来たし，又現在やりつゝある者が多い。(中略) 従つて，今の世の中でも苦学は出来ないことはない。

その方法さへよければ，出来ないことでは，決してないのである。」(東京予備学校出版部『最新東京苦学案内』東京予備学校出版部，1934年，1-4頁)

この著者が語るように，苦学生が白眼視され冷視される苦学難の時代がやってきた。慢性的不況，失業者の増加，就職難の昭和不況の時代は，苦学を困難ならしめた。1920年代末から30年代半ばまでの就職難は拡大した高等教育諸機関の卒業者に対しても大きな抑圧となっていた。

この間，独学者たちの「学び」を支え続けた大日本国民中学会は，都道府県各支部で頻繁に講義録購読者たちとの懇談を行っていた。同会編輯受験部主任のちに受験部長となる箕輪香村は，不況を切り抜けた直後の1940 (昭和15) 年の1月には東京会員の会友懇談会に，8月には千葉県の「男女会員集会」にそれぞれ出席した[62]。同年，その箕輪は『男女東京遊学指針 苦学と就職の秘訣』を出版した。この案内書は，国民学校発足の1941 (昭和16) 年までに3版を重ねた。1930年代半ばから1940年初頭までに刊行された苦学案内書のほとんどは，この箕輪の手になるものであったことは既に指摘したとおりである。

箕輪は「私は大日本国民中学会編輯の一員として，及ばず乍ら不遇なる天下白力の独学者並びに苦学に励しむ青年男女の味方となり，常に其の指導誘掖に当つて来た」(「緒言」2頁) という。このような立場から箕輪は「『苦学は出来難い』と云ふ者がある。どう言ふ見解からして，そうした定義を下したのか判らないが，私は『出来得る』と断言する」(3頁) と自らの苦学体験も紹介しながら述べている。

この案内書の姉妹編のように，箕輪は『全国官費・公費・貸費学校入学指

針』を刊行している。また，1937（昭和12）年に日昭館の編輯による『男女資格検定試験給費学校苦学生就職法及職業案内』も出ている。これらのタイトル表示からも推察されるように，資格検定試験のための予備校的学校あるいは主に官費の学校等に在学する若者たちの苦学と求職の仕方が問題となり，その案内がなされるのである。冷遇視されたにもかかわらずなぜ奨励したのかといえば，資格・補助的教育制度や受験準備機会の拡大がなされたからである。この時期になるとそのような条件があったからだったのではないだろうか。

第3節　学資情報

案内書は，苦学生が東京で学生生活を1カ月送るためにはどのくらいの費用が必要であると報じているのだろうか。

例えば，1895（明治28）年の少年園の案内書『東京遊学案内』では，「学資」つまり1カ月に要する費用を編者・黒川俊隆は「多きは一ヶ月拾弐円，又少くも六円を多く降らざる範囲に於て，毎年十ヶ月間の支出を標準とする時は，一ヶ月間百二十円乃至六〇円を以て其総額となすを得べし」（11頁）と伝えた。

では，1カ月12～6円の内訳は，次のようになっている。

「授業料　　月額　1円～2円50銭　　年額　10円～25円
　寄宿料　　月額　3円～4円50銭　　年額　30円～45円
　書籍費　　月額　1円　　　　　　　年額　10円
　筆墨紙料　月額　50銭～1円　　　　年額　5円～10円
　諸雑費　　月額　50銭～1円　　　　年額　5円～10円
　総額　　　月額　6円～10円　　　　年額　60円～100円」

（黒川俊隆編『東京遊学案内』少年園，1895年，17頁，「乃至」を「～」にアレンジした）

次に，より具体的に各官立・公立・私立各学校の授業料，月謝あるいは年額を，案内書の著者は，どのように見積もっていたのだろうか。黒川は，帝国大学は月額2円50銭，高等学校月額1円50銭，高等商業学校は年額25円，東京専門学校年額19円，明治法律学校月額1円，慶應義塾1円75銭，国民英学

会月額1円等と授業料を報じている（13頁）。さらに，これらの学費のほかに，一時金として私立では入学金あるいは束脩，官立学校では入学受験料に加えて被服料がかかると記している。これらの学費は，「一年十ヶ月」として計算している。黒川は，その理由を「毎年いづれの学校も，七月十日より九月十日に至るの六十日間を夏季休業となすが多」（11頁）いからと述べている。従って2カ月を控除して算定しているのである。

　寄宿料と下宿は，どうなっているのか。

　　「通例寄宿舎にては三円前後の月棒を納め，下宿屋にては三円乃至四円前後の下宿料を払ふを例とせり。（中略）此外寄宿舎下宿屋に於て諸君の担当すべきものは，石油と炭代の二つなるが，これは一ヶ月五十銭前後と算すれば沢山なるべく，夏季に際しては炭代に於て軽減するを得るが故に，石油のみと成れば二十銭前後と算当して然るべきか。」（同上，14－15頁）

　明治20年代後半から30年代にかけて，東京のいくつかの学校には，寄宿舎が設置されていた。なかでも「管理の行届ける」「最良の寄宿舎」は，官立学校では「帝国大学，第一高等学校，高等商業学校，東京商船学校」，私立学校では「東京専門学校，明治法律学校，慶應義塾，早稲田尋常中学校，成城学校，攻玉社」，女子には「東京女学館，共立女子職業学校，明治女学校，跡見女学校」がそれであると，1897（明治30）年の少年園の『東京遊学案内』は伝えた（52－53頁）。

　しかし，寄宿舎の数は，それほど多くはなかった。日常生活を管理されることを嫌う青年たちは下宿屋に蝟集した。同案内書が警視庁調査として紹介している記事には，多くの学生・生徒が下宿屋に集まる区は「本郷神田を第一とし，これに次では芝区を最も多く下宿屋を有するものと認むべき」（51頁）と伝えている。もちろんこれらの下宿屋には，学生・生徒のみが寄宿するのではない。下町に行けば行くほどその傾向は強いが，しかし，本郷・神田・芝各区に下宿が多いのは学校が集中していたからである。

　さらには，書籍代等はいかほどかかるか。

　　「書籍といふも格別に高価なるものにあらざれば，年額十五円にして事足るべく，筆墨紙料をこれに見込みて月額二円半位もあらば，郵便税や其外は此余りに

て充分なるべく，別に雑費の一円もあれば，諸君は焼芋豌豆の買食ひに小遣銭の多きを誇り，又は新聞雑誌など毎朝食後窓前に披きて余裕を示すことを得べきか。」(大橋又四郎『東京遊学案内』少年園，1897年，17頁)

書籍代，学用品として筆・墨・紙代，郵便料，おやつ代，新聞代，雑誌代がかかる。

官立学校の学生の場合は「制服」を着用することがならいとなっていたので，制帽と共に求めなければならない。「冬服にても六七円，夏服なら五円未満，制帽の価1円に満たず。外套八円として，靴，靴下，襯衣，股引等五円もあらば，普通の身装をなすを得べきか」(15頁)と，『東京遊学案内』(1895年)の著者・黒川は記す。

1902(明治35)年，都新聞社員・吉川庄一郎の手になる「案内書」は，学問を志すにはお金がかかる明治の世界を，次のように描写した。

「昔と違つて明治の今日では学問するには金が必要だ昔は本人の熱心次第で随分一文無しの素寒貧で大成功を遂げた学者は珍しくない然し今日の規則立つた世の中では高等職業に就くには夫々莫大な試験料を払つて資格を得るので此の準備をする学校へ入学するにも束脩やら月謝やら器械料やら書籍やら在学中の食料やらおまけに学校の制服やら生やさしい金では無い貧乏人の子弟は文物盛華の御代に生れた甲斐も無く指を噛んで富豪の息子が就学するを傍観せねばならぬ様である」(吉川庄一郎『自立自活東京苦学案内』1902年，保成堂，7頁)

では，1ヵ月どのくらいの学資が必要か。吉川は，月額15円としている。吉川が伝えるところによると，東京の神田区，本郷区の下宿料は1等から3等に区分できるという。1等は「食料7円　室代(四畳半)2円50銭」で，2等は「食料6円　室代(四畳半)1円80銭」，3等は「食料5円　室代(三畳)1円50銭」であるという。

この他にかかるお金は，以下のようなものである。

「金20銭菓子　　　　　　　　金50銭蕎麦20
　金20銭卵8個　　　　　　　金8銭下駄歯入
　金25銭新聞代　　　　　　　金18銭洗濯代
　金20銭石油　　　　　　　　金16銭炭
　金6円食料　　　　　　　　金1円50銭室代

金10銭雑品（マツチランプ心其他）
計　金9円37銭
（同上，9-10頁）

　しかし，この他にも「月謝1円教場料及運動会費50銭」(9-10頁）がかかる。しかしそれらを支払っても，この青年の場合は，4円以上の余裕がある。苦学生は9～10円を手に入れ，切り詰めた生活のなかで学問する若者たちである。

　1903（明治36）年刊行の『自活苦学生』の著者で，一苦学生である「苦学子」は，苦学生の生活費を7年前，すなわち1896（明治29）年ごろの生活費と1903年ごろのそれとを比較した。筆者は少し手を加えて，表4.1のように表示した。

　著者は，「之を以つて正確なる一ヶ月に於ける凡ての生活費と言ふのではない，何となれば，以上記載の外に，尚ほ湯銭も入れば散髪銭も要る」(106頁)からと述べる。また，著者は「諸君の中，或は予が以上に記載せし生活費を以つて贅沢過ぎる思ふ者もあるかも知れない」が，倹約しても結局は8～9円は必要であると説いている（107-108頁）。

　1909（明治42）年に出版された『独立自活東京苦学の栞』の著者は，「最低限の生活法」として東京で生活する学生の学資は，「普通の下宿屋生活をすると間代食費炭油等で毎月下宿丈へ十円内外」の支払いが必要であると述べ，「貧生にはとても彼様な殿様生活は望まれない，故に是非とも間借りか若しく

表4.1　1896年ごろと1903年ごろとの苦学生の生活費の比較

	1896年ごろ	1903年ごろ
米一斗五升（一ヶ月分）	1円65銭（上米）	2円55銭
室　代	50銭	1円
月　謝	70銭	2円
副食物	45銭	60銭
薪炭油	30銭	80銭
草　鞋	20銭	30銭
合　計	3円80銭	7円25銭

出所：苦学子『自活苦学生』1903年，大学館，104-105頁より作成

ば同志四五人と共に借家して自炊するに限る」(21頁) と忠告し，共同生活の具体的な方法を次のように記した．

「借家は本郷か小石川牛込辺の郡部へ近い場末なれば台所に六畳四畳半各一間位の家が月四円も払へば借りる事が出来る，而し之には是非共敷金が二三ヶ月分必要である，(中略) 四人位共同となれば家賃は一人一ヶ月一円 (中略) 次に米代一ヶ月二円五十銭副食物は味噌汁漬物煮豆豆腐佃煮位 (中略) 一ヶ月一人六七十銭でよい，一ヶ月六回の入浴一八銭其他炭薪石油筆墨等で一円と見積もれば大差はない，故に一ヶ月の経費総計五円二十八銭となる，最も之れは最低の計算である故に余程心懸けて居なくては支出は高まつて来るであろう，其他月謝書籍代等の事であるが，勿論各種の学校に依つて差がある先づ一円五十銭乃至二円五十銭と思へば大差わなからう．前述の如くにすれば一ヶ月七円五十銭内外で勉強する事が出来る訳である」(篠原静交『独立自活東京苦学の栞』山岡商会出版部，1909年，21-22頁)

しかし，苦学生のなかで共同生活になじめない者は，空間を借りて自炊するしかない．自炊が不経済と考える青年たちを目当てに商売が生まれた．この案内書の著者は，早稲田大学の校友の1人が「東京清炊舎」というものを設立し，自炊者のために早朝に米飯か，麦飯を配達していると紹介した．「本舎は神田猿楽町二丁目三番地にあり，友舎は早稲田にある」(23頁) という．

先述のように，学生相談等の学生補導を目的として設置された学生社の創立者である出口競は，1908 (明治41) 年当時の自らの苦学体験を次のように語った．

「私が，東京興信所から高商の雇，此の間は神田表神保町一番地の或る炭屋の二階に友人三人と暮して居た，友人といつてもいづれも自活勉学者で，四畳半を三円三十銭で借りて居た，当時としては可なり高価で其の頃は畳一枚が五拾銭と云ふ相場であつた，(中略) 吾吾の生活方法は，全然実費主義で，交り番に飯をたく事にして居た，つまり四畳半に三人の机を並べたら吾々三人の夜具を敷き並べると畳の目が見えぬ位一杯になるのである，(中略) 室料，食費，電灯料，炭代一切を合算して三人に割賦して一ヶ月一人あたま五円八十銭位であつた，それで相当ご馳走があつた，牛豚肉などもよくたべた，もつとも現時と物価が違ふ，時間もさうとられぬから自炊さしてくれるうちがあるなら自炊も悪くない」(出口競『東京の苦学生』大明堂書店，1921年，88-90頁)

では大正期に入ると，学資は物価変動が激しくなるなかで，どのように変化

するのだろうか。

　第一次世界大戦勃発（1914年），米騒動（1918年），株価暴落（1920年）と続いた経済界激動の状況下，苦学生の生活はどのようなものであったのだろうか。

　1921（大正10）年に『東京の苦学生』を刊行した出口競のもとに，1人の学生が相談に来た模様を次のように記している。

　　「一度，法政大学の予科に今年入学したと云ふ青年が私を訪ねて来て，かうした話をした。

　　『困ります，どうも金がかゝつて』，『今居る下宿は廿九円は月にどうしてもかゝつて困るんですが，何とか廉くゆく方法はありますまいか』私はそれを何でもない事だと言つた，先づ汝の眼を開いてみよと云つた。（中略）

　　支送りは二十五円しか無い，宿料は二十九円かゝると云ふのなら，先づ簡易食堂の附近に室を借りるのだ，たとへば神田にする，三畳か四畳半を借りるとして，畳一畳が三円と見ても三畳なら九円だ，電灯料を入れて九円五十銭ですむ，それから錦町簡易食堂（神田錦町電機学校裏）へでも飛び込む，朝一食が十二銭，昼と夜が十五銭である。神田の学校なら三度三度喰ひに行つてもよい，さうすると一日が四十二銭の一ヶ月十二円六拾銭だ，他に炭代と湯銭を加へたとて二十三四円で立派にやつて行けるではないかと言つたら成程々々と帰つて行つた。よし，中食だけやらずに食パンを代用させても，此の方が安あがりである。」（同上，86–88頁）

　また，1925（大正14）年刊の『東京自活勉学法』の著者は，次のように伝えた。

　　「下宿代であるが，部屋代，電灯代，食料などの外，薪炭などは実費を徴するが，六畳の間で食料共三十五六円を取るのが普通である。（中略）畳は一畳につき二円から所によつて三円も払ふところがある。つまり中をとつて，二円五十銭の六畳で十五円になる。そして室料は二ヶ月分位敷金として徴する家もある。食料は二十円から二十五円位はかゝる。」（森山正雄『東京自活勉学法』啓文社書店，1925年，131頁）

　これは「素人下宿」の場合であるが，こんな贅沢は苦学生すなわち「自活勉学生」には，とても無理である。より安価な生活法が必要となる。この案内書の著者は「適当な家の二階とか座敷とかを間借りして，自炊して行く方法」がよいとアドバイスし，次のように伝えた。

「今日東京では至る所に『貸間あり』の札を掛けてある家を見る事が出来る。普通神田本郷辺では畳一枚が二円五十銭から三円迄位に当る。四畳半の押入附き位ならば先づ十二円内外、六畳間が十五円位と見れば大した間違ひは無い。間借りするには自分一人で借りるのも好いが、なるべく自分の友人とか知人とかで共同生活をするのが得策である。すると十五円の座敷も二人なら七円五十銭で済み、三人なら五円で好い事になる。食事は自炊すれば一ヶ月精々十五円見ておけば充分出来る。所が自炊よりももつと面倒がなく然も廉く出来る生活法がある。それは左記公衆食堂を利用する事である。（中略）私設の簡易食堂は無数にあつて、これも十銭から十五銭で満腹の出来る様になつてゐる。（中略）仮に三十五銭と見ると一ヶ月十円、四十銭と見ても十二円で済む勘定だ。」（同上、132–133頁）

3人で間借りするとして、単純に考えても月19円、それに電灯料、炭代を合算割賦して1人3円としても22円、それに月謝が5円として27円前後は必要であるという計算になる。

では、昭和戦前期になると、どのように変化するのだろうか。

慢性的な不景気、金融恐慌（1927年）、大学卒業者の就職難（1929年）、産業合理化による失業者増大（1930年）、世界恐慌以前の生産水準への回復（1933年）、国家総動員法の制定（1938年）と続いた昭和戦前期における変化が重要となる。

表4.2は1934（昭和9）年刊行の『最新東京苦学案内』と1941（昭和16）年刊行の『男女東京遊学指針　苦学と就職の秘訣』がそれぞれ伝えた苦学生の一ヶ月の生計費一覧である。

表4.2　苦学生の1カ月の生活費—1934年と1941年との比較—

	『最新東京苦学案内』（1934年, 22頁）	『男女東京遊学指針』（1941年, 38頁）
食　費	12円（公衆食堂にて定食を喫し、1日40銭とす）	15円（公衆食堂にて定食を喫し、1日50銭とす）
間　代	6円（三畳間を借りるとす）	8円（三畳を借りるとす）
雑　費	3円（これは大体の見積り）	5円（これは大体の見積り）
学　費	6円（普通予備学校夜学に依る）	4円（普通中等夜学に限る）
計	27円	32円

注：『最新東京苦学案内』は学費について、「大学は専門部で七八円見当」「英語学校や予備校あたりで四円より六円」「商工業学校も矢張り五円より六七円の間」であると記している（21頁）。

この表から明らかなように、この案内書の著者は、苦学生の生活の要諦について、第1には「間借り」とすること、第2に食費は「公衆食堂」を利用すること、第3に雑費は3円で押さえることであると指摘している。これが苦学生成功のための生活法である。

しかし、この他にも電車賃やおやつ代等が必要であろう。それらを入れると最低でもそれぞれプラス3円位となる。昭和戦前期に入ると物価が変動し、1934（昭和9）年には30円、1941（昭和16）年には32円の学資が必要であることがわかる。因みに、「天どん」は、1922（大正11）年には40銭であったものが、1926（昭和元）年には60銭になった[63]。

ここからわかるように、学問を志すためには、それ相当の学資が必要となる。それを稼ぎながら自活し学校で学ぶ手段として、苦学生たちはどのような内職的職業に就き、学資を稼いでいたのだろうか。次節で検討しよう。

第4節　苦学生に適した職業情報―内職的職業と収入―

何れの職業についたら最もよく自活勉学できると案内書は報じているのだろうか。

表4.3は、苦学案内書が伝えた苦学生に適した職業の一覧である。

この表から明らかなように、明治期において主流を占める苦学生に適した職業は、人力車夫、新聞配達、牛乳配達、職工、行商等肉体を酷使する労働であった。それに対し、比較的肉体を酷使しない「知的」な職業としては、筆耕、書生・学僕、官庁事務員・書記・雇員等があった。

筆者は、大正期に入ると「書生・学僕」は消滅するのではないかと想像していた。しかし消滅せず、昭和戦前期まで続いていた。いわば、「庇護型苦学」は生き続けていたのである（増減に関しては史料的制約から判明できない）。例えば、1922（大正11）年に案内書『東都に於ける苦学の実際』を刊行した福井は、書生について「書生を使つて居る家は多い。而して大概夜学校へは行かして呉れる。（中略）書生を志願するには、毎日の新聞を見れば沢山募集してあるし、

234　第4章　明治・大正・昭和戦前期刊行「苦学案内書」が伝えた進学情報

表4.3　苦学案内書に掲載された苦学生に適した職業一覧

	1 人力車夫	2 牛乳配達人	3 新聞配達人	4 筆耕	5 書生・学僕	6 電話交換手	7 翻訳者	8 製図者	9 私塾教師	10 家庭教師	11 職工（活版・印刷）	12 医師調剤・薬剤手	13 製本職	14 官庁事務員・書記・雇員	15 電車車掌・運転手・掃除夫	16 行商	17 電車会社の配電夫及注入夫	18 巡査	19 点灯夫・雑仕夫	20 給仕	21 会社事務員・雇員	22 撒水夫工夫	23 看守	24 小荷物配達	25 勧誘員・外交員・販売員	26 店員	27 教員	28 雑誌社発送係	29 自動車運転手
学生自活法 1900（明治33）年	●	●	●	●	●	●	●	●	●	●																			
自立自活東京苦学案内 1902（明治35）年				●	●																								
自活苦学生 1903（明治36）年			●	●	●						●	●		●															
独立自活東京苦学の栞 1909（明治42）年			●	●	●							●		●		●													
東京苦学成功法 1915（大正4）年			●	●	●									●		●	●	●			●								
苦学成功策 1918（大正7年）			●	●	●									●				●		●									
東都に於ける苦学の実際 1922（大正11）年			●	●	●											●				●		●							
東京自活苦勉学法 1925（大正14）年	●	●	●	●	●									●		●		●		●	●		●	●	●				
苦学力行新人物立志伝 1926（大正15）年															●											●			
最新東京苦学案内 1934（昭和9）年	●	●	●	●																		●			●	●			
男女東京遊学指針 1941（昭和16）年																				●							●	●	●

注：職工には、活版、印刷、砲兵工廠等の職工が含まれる。官庁事務員・書記・雇員には、郵便局員、法律事務所、公証役場、生、鉄道員勤務駅夫等が含まれる。行商には、貸本業、おでん屋、大福餅屋、学生八百屋等が含まれる。

周旋屋から行つても悉く野師でもないが，伝手があつて世話して貰へば一番安全である」(21頁)と記しているところから見て，決して減少傾向にあったとは考えられない。

大正期には明治期に主流を占めた職業のカテゴリーはほぼ同じであるが，会社の事務員・書記・雇員や給仕が追加される。また巡査も候補としてのぼっている。会社の事務員，書記・雇員や給仕が苦学生に適した職業としてピックアップされるようになったことは，注目される。

昭和戦前期に入ると，人力車夫が自動車運転手に変わっている点が特徴である。また，外交員・勧誘員・販売員が新たな職業として加わったことも注目される。

しかし，いずれにせよ，全体を通して新聞配達，筆耕，書生・学僕，官庁・会社の事務員・書記・雇員等，給仕，行商が主流を占めていた。

ここでは，職業をより限定して，第1に新聞配達，第2に官庁・会社の事務員・書記・雇員，第3に「給仕」に焦点を絞り，これらの職業に就くことが苦学を可能にするのか，そうでないのか，可能だとするならばどの程度可能であると案内書の著者たちは伝えているのかを，職業の特徴，収入面，各職業に向いた学校選択という側面から検討してみよう。

まず，第1に，最もポピュラーな苦学生の職業，新聞配達人を見よう。

明治期ではどうか。1902 (明治35) 年の『自立自活東京苦学案内』の著者は，これは「苦学生の好職業」であり「配達人の半数以上は立派な学生」であると指摘した。新聞配達人には「本社付」のものと「売捌店付」のものとがあるが，本書では「売捌店付配達人」に限定して検討する。なぜならば，新聞配達人採用手続きは比較的簡単に済むこと，収入も多いこと，配達人の人数が圧倒的であること等が理由である。収入に関して同案内書は，「本社付」のものは「一ヶ月六七円より八九円」，それに対して「売捌店付」のものは「一ヶ月八円から十円」「配達区域を広く担当すれば十五円も得られる」(28-31頁) と示唆した。

1903 (明治36) 年の『自活苦学生』の著者も，最も良策の苦学の方法は新聞

配達であるとして,「収入は,一ヶ月通例六円より七円位で,その新聞屋に寄食しつゝあるものは,二円より三円位である,故に諸君が苦学せんとするには,この業の如きは尤も適当である」(122頁)と述べている。

大正期に入ると,1922(大正11)年『東都に於ける苦学の実際』で苦学体験談を上梓した福井は,「現在発刊されて居る主なる新聞紙を挙げて見ると,朝刊のみの分では,日々新聞,讀賣新聞,国民新聞,都新聞,毎日新聞,朝夕二回発刊されるものでは,時事新報,朝日新聞,報知新聞,萬朝報,中央新聞等で,夕刊のみの毎夕新聞と合せて,これ位のもの」である。さらに「毎朝四時頃から起きて,本社より来た新聞を数を定めて分けて貰つて,自分の分だけ折つて,籠に入れて,配達に出るのである。配達する時間は,一時間から二時間以内位(中略)月給は十七八円から二十四五円まで呉れる」(13-14頁)と伝えた。

また,1926(昭和元)年に21版を数えた大日本雄弁会発行の『苦学力行新人物立志伝』の附録として掲載された「東京苦学案内」によれば,新聞配達は朝刊のみの者と朝・夕刊のものとに分かれる。朝刊は「一人の受持二百軒」「三時に起き」「四時に出発して二時間内外」に終わらせ,夕刊は「四時から六時頃まで」,「持分」を捌かなければならないと述べる(185-186頁)。

では,そのような条件下で,「昼の学校」へ通学することは可能といっているのか,不可能といっているのだろうか。案内書は,新聞販売店は「多くの販売店は配達人に集金勧誘を兼務させる方針を執つてゐて,配達,集金,維持,勧誘等少くも自分の持場一切の仕事の処理の出来る」ことを望んでいるという。そして事ほど左様に,「昼間の時間を潰すことが夥しいから,昼間の学校へ通学することは,先づ不可能である。どうしても夜の学校を選ぶより道はない。」と説くのである(190頁)。

収入はどうか。編者は,「東京日日新聞社営業部」に問い合わせていると記す。それによると「凡て月給制度」であり,本人の販売店の売り上げ実績と本人の技倆によって当然の如く給料には差がつくが,「まづ給料は三十円見当と思へば間違ひない」と回答されたと記している。しかし編者は「これで日々の

衣食その他の雑費，学費を支弁するとなると却々容易でない」と述べ，1カ月に要する生活費を次のように概算した。

「まづ一箇月分の弁当代が平均十一，二円位かかる。（中略）寝具を持つて居ない者は蒲団を借らねばならぬ，これが一箇月一枚に付四十五銭の割（中略）寒い時は三枚の蒲団に二人で寝ても七十銭は要する（中略）護謨底足袋が月に一足一円，銭湯や散髪賃その他の雑費約二円と見てさて計上すると十五円乃至十六円になる。」（大日本雄弁会「東京苦学案内」『苦学力行新人物立志伝』1926 年, 191-192 頁）

「宿料」は販売店等で起臥するので不要，また新聞配達人のアイテムすなわち「法被，白猿股等」は店からの給与となっている。このように検証してみると新聞配達して自活勉学する若者たちは月15～16円，プラスおやつ代等もいれて17～18円はかかる。ましてや病気をしたら収入全部が飛ぶか，もしかしてそれでも足りない大変な事態になる。

この案内書が刊行された1926（昭和元）年の日本の経済は，大戦後のいわゆる「大戦景気」を迎えていたが，物価も高騰した。案内書の編者も「家を借りて共同自炊をする者もないではないが，目下物価騰貴の折柄では，どの道諸掛りがこれよりも余計に要る」(191-192頁)と警告している。

昭和戦前期に刊行された案内書は，どう伝えているのか。

1934（昭和9）年，東京予備校出版部刊行の『最新東京苦学案内』は，新聞配達人の給料・待遇や仕事内容等を紹介した。案内書は，新聞配達人の同僚は「年齢は十七位より二七八歳，朝鮮人等もゐる。普通一軒に一二三人位居るが半数は通学生（中略）程度は中等学校（予備校，中学，実業夜学生）専門学校以上も一二居る」，給料は勧誘代は勘定せず配達だけで見ると「初心者も老練者も配達料としては大差なく二十二‐六円位（中略）十円以上残す事は困難である」(66-67頁)と述べている。

そして，この案内書は次のような結論を出している。

「●結論　以上に依つて新聞配達の内情を詳細に書いた。果して我々が之に依つて苦学し得るであろうか，簡単に利害を記して見る。
一，利益　A，利としては割合楽に就職し得ること。

　　　　　B，書生等の如く年齢を問はぬこと。(理想は二十歳前後)
　　　　　C，無冠の帝王と云はれる様に，誰の気兼もいらず自由に振舞へること。
　二，不利　A，時間より見て通学せねば学校に在る以外予習復習が出来ぬ為め専門学校程度以上の勉強に無理である。
　　　　　B，給料より多くて十二三円学費が出る，中等学校には十分であるが専門学校大学等にては不足することが甚だしい。然し乍らかうして立派に大学迄も卒業する人も決して少くはない。要は其の人の心掛一つである。」

（東京予備校出版部『最新東京苦学案内』東京予備校出版部，1934年，71-72頁）

　このように案内書の著者や編者たちは，新聞配達は苦学生，すなわち自活勉学する若者たちには最も適した職業であると述べている。しかし，1920年代以降の案内書は，新聞配達しながら通学できる学校は夜学であると明確に言い切る。ただし学費という側面から勘案すると，それは中等程度の学校に限られると説いている。

　すなわち1910年代の案内書は，明確にどのような学校に進めと言い切ってはいない。しかし，1920年代に入ると新聞配達人になり苦学しようと意欲をもち，志す者の学校選択は夜学であること，しかも予備校的学校や夜間中学，夜間実業学校等の中等学校での「学び」が最も向いているというのである。

　第2には，時間に比較的融通の利く，いわゆる「官吏」や事務員について見てみよう。

　1903（明治36）年刊行の『自活苦学生』は，官吏・事務員といってもそれは「雇」すなわち臨時職員のことであると明記しつつ，次のように奨励する。

　　「予は茲に諸君に向つて，官吏なるものを進めんとする，官吏と言へば甚だ異様にも聞えるが，之は諸君が苦学するには尤も安全の途にしてまた尤も良策であるから。が，之は普通の学生には不適当なので，重に法学生のみに適する，何となれば，普通の学生は重に昼間に通学し，法学生は重に夜学であるから。(中略) 予が茲に言ふ官吏なるものは，官吏と言つて決して純然たる官吏と言ふのではない，言ひ換へれば御雇なるものである，(中略) 尤も多く採用する官庁は，逓信省，及び之に属する郵便為替貯金管理所若しくは各郵便電信支局である。(中略) 執務時間と言へば，言ふまでもなく午前八時頃より午後四時頃までなので，労力

に於ても大したことはないのだから，余暇を以つて勉学するには尤も適当なる職業である．（中略）俸給は，各官庁を通じて，大概日給二十五銭若くは三十銭が通例で，尚は事務に熟達した上は月給となつて九円若くば十円を給せられるのである」（苦学士『自活苦学生』大学館，1903年，132–134頁）

少し時代は下がるが，大正期の末，1922（大正11）年に案内書を刊行した福井は「役所又は会社に勤めて」について，次のように記している。

「役所又は会社に勤めて夜通学するのは（中略）是れは学力の程度が問題になる少なく共中学卒業位の程度の学力がないと仲々傭つて呉れない。（中略）大概の役所や会社は，朝の八時出勤で午後の四時までだから，五時頃からはじまる，私立大学の専門部なんかに通ふには好い。（中略）勤め先によつて給料が違ふが，四十円乃至六十円位呉れる。」（福井文雄『東都に於ける苦学の実際』受験界社，1922年，17–18頁）

1934（昭和9）年刊行の『最新東京苦学案内』は，次のように伝えた。

まず，「事務員の生活・待遇・就職案内」については，「此の職業に従事して苦学をして居る者は大分多い。而して，苦学生の職業としては，最も安全な，肉体も比較的疲労させない業務である。（中略）夜間の通学者には此上無い好職業だ」と説く。そして収入については，「日給もあり，月給制度もある。日給にして最低一円より一円五十銭，月給で最低二十五円より四十円位であらう。」（99頁）と高額であると記す。

この案内書は，事務員を「弁護士事務員」「保険局事務員」「株式事務員」と3つに分類している。「株式事務員」とは銀行・会社・商会等の事務員を指す。

では，どのようにしたら「弁護士事務員」「保険局事務員」に就職できるのか。まず，「弁護士事務員」の場合をみておこう。

「一，就職戦線（中略）私は神田某社の臨時従業員として夜間中央大学法科の通学をしてゐたが住込の不自由さ，加之劇しい肉体労働にもう身も心も疲れ果てて了つて登校しても唯居眠の連続のみだつた。そして毎月赤字の私の財政（中略）六月下旬依頼しておいた某先輩から左の様な手紙を受取つた。『某知人（一流弁護士）事務所にて事務員一名採用す。通勤にして勤務時間は朝九時より午後五時迄応募資格は中卒以上たる事，但し大学在学生（夜間部）にても可（中略）試験の上採用の事であるから…』と。よし専検合格者の腕試めし，（中略）早速履歴書及び志願書を添へて先輩宛に発送した。」（東京予備学校出版部『最新東京

苦学案内』東京予備学校出版部，1934年，101頁）
　このように先輩・知人に依頼して，その紹介をもとに試験に合格して初めて採用される。資格としては，中学卒業以上が最低条件となっている。
　試験は，「二，志願者検査　（中略）一名採用に志願者五十五名。茲にもまざまざ就職地獄を見せられた。当日志願者五十五名に付き調べて見ると次の通りである。(中略)（1）学校別にすると　日大十三名，中央大十一名，明大六名，早大四名，専修大四名，法大三名，立正大一名，大正大一名，中学卒業者十二名。（2）右の内（中略）正式に中学を卒業せし者四十三名，編入して卒業せし者十一名，専検合格者一名」(102頁) であったという。試験に合格した「私」なるものは，「今某ビルのS弁護士事務所の通勤事務員として勤務」(104頁) していると記している。
　しかし，月どのくらいの給金が支給されたかは書かれていない。40円以上の収入はあったのではないかと想像される。
　次に，「保険局事務員」である。
　　「一，はしがき　僕は昭和三年の春郷里の小学校を卒業したものである。（中略）独学苦闘の数ヶ年を経て漸く中等学校の上級に編入してより，昨年三月卒業（中略）過去に於ける我等の先輩に依つて書かれた受験記は如何に僕自身を刺激して啓発してくれた（中略）
　　二，保険局事務員就職法（中略）外部から一切募集しない（中略）書記補以上の人の推薦を要する（中略）兄の知人からの紹介（中略）口頭試問（中略）学科試験，体格検査を経て採用決定（中略）試験は高小卒と中卒と，その学歴によつて異る様（中略）学科試験に合格すると体格検査があり，之に合格した者は課長連中の口頭試問があつて之でいよいよ採否を決定するのである。（中略）
　　三，簡易保険局事務員の実際と生活　簡易保険局は云ふ迄もなく逓信省に属して居り，簡易生命保険及び郵便年金の事務を扱ふ所だ。出勤退庁時間は他の諸官庁に同じ（中略）休憩時間は朝十時に十五分，昼は十二時から一時迄の一時間で午後は二時から十五分であるが，時としては非常に忙しいこともあるが，又随分暇もある。（中略）
　　四，事務員の収入及び生活　事務員の待遇としては先づ高等小学校卒業者で日給一円，中卒で十銭増，専門学校卒業者で二十銭増見当である。（中略）独学苦学者にとつては大なる幸であるといはなければならぬ。」（同上，104－109頁）

第 4 節　苦学生に適した職業情報　241

　第 3 には，「給仕」についてである。案内書に「給仕」という言葉が登場するのは管見の限りでは大正期に入ってからのことである。1915（大正 4）年の東京実業研究会編『東京苦学成功法』がそれであるが，詳細な記述はない。本格的に「給仕」を紹介した案内書は，1921（大正 10）年刊行（初版）の大日本雄弁会の「苦学案内」である。「給仕」に関する詳細な記事が載せられている。筆者が入手できた案内書は 1926（昭和元）年版の 21 版であるが，「大正十三年五月現在の調査に係る数字」（256 頁）とある。しかし，正確には，1920 年代初頭に「給仕」が情報化されたと考えてよい。「給仕を勤めるのも苦学の一方法である。諸官衙，銀行，会社，学校，新聞雑誌社等，その需要先も随分多いし，殊に傭人払底の昨今では，就職口も割合に容易くみつかる。」（200 頁）と述べている。

　では，「給仕」の採用や収入はどうなのか。例えば，銀行の場合である。

　　「銀行の給仕の実情を調べて見ると，大概十四五歳の高等小学卒業程度の者を，新聞広告で募集する。応募者は支配人その他係りの者に依つて口答の試験をされる。この際，学業成績，筆蹟などが参考にされることは無論である。かうして若干名の中から優秀の者が選ばれて採用される（中略）採用された給仕は最初日給六十銭を月給並みに給されるから，月十八円になる訳だ。その他手当が一割（一円八十銭）乃至二割（三円六十銭）之に加はる。賞与金が年二回，半季に一個月分の日給（十八円）が貰へる。この外盆と暮れには僅少ながら，行員全体からの心付けなどもある。また大きな会社であれば，大抵夏冬に詰襟の服を支給されるから，月収はまづ二十円乃至二十五円見当になる訳である。」（大日本雄弁会編『苦学力行新人物伝［附録］東京苦学案内』1926 年，200–201 頁）

「給仕」の仕事の内容は，どのようなものであろうか。新聞社の給仕の場合を例に引いてみよう。

　　「東京の或る大新聞社のそれを牽かう。新聞社の給仕には午前八時に出勤して午後五時に退出するもの，即ち昼番と，午後四時から同十時まで，午後五時から同十一時まで，午後六時から同十二時まで勤務する夜番と，午後十時から新聞の刷り上がるまで勤務する，徹夜番と，都合五通りの別がある。（中略）給料は初め日給六七十銭位で，時々一銭二銭と昇級する。年二季に賞与金がある。（中略）目下編輯部に二十数名，営業部に十数名の給仕がゐるが，総体によく勉強する。仕事は新聞の切抜及整理，来客の取次，電話，その他の雑務で，煩雑なこと銀行

会社のそれと大同小異である。給仕は日給一個月分二十四五円位が止りで，十八九歳にもなると雇員となつて三十円位を給される。（中略）この年輩になると大概中等程度の学校を卒へる頃であるから，それぞれ自分の目的とする方面へ転じてゆく者が多い。」（同上，205頁）

「給仕」が通っている学校には，どのような特徴が見られるのだろうか。

　「給仕の通つてゐる学校は電機学校，工手学校，実務補習学校等夜間（ママ）の学校が多いが，夜間勤務をして昼間の芝中学校，錦城中学校，大倉商業学校等へ通つてゐる者もある。嘗て六年間給仕を勤めて，商業学校に通学し，全学年を通じて優等の成績で卒業し，更に東京高等商業学校に入学した秀才もある。」（同上，205頁）

ここでいう，「実務補習学校等夜間（ママ）の学校」とは何を指すのかは具体的な記述がないので確定できないが，おそらく夜間実業学校や夜間中学を指しているのではないかと思われる。

この苦学案内書には，最も自活勉学に適した「給仕」として「高等師範の食堂給仕」を挙げている。案内書は，「年齢は十四歳から十六歳までに限られ」「二十名近くの給仕が同宿」「学力は高等小学校二学年修了の程度で国語（読方と作文）と算術の試験を行ふ」「高等師範学校の給仕は全く特別の状態にあるもので，給仕の勉学としては殆んど理想的と云つてい丶。仕事は至つて簡単である。一日に三回，五百名近い本校生徒の食事の給仕をすれば，外にはこれと云ふ雑務はないのである。」と記し，お給金は「手当は日給十七銭で，毎年増給して日給十九銭位になるものもある」（206-207頁）と述べている。しかし，より特徴的なのは，「給仕教育」が行われていることである。

　「給仕の教育は炊事部長が統括する。（中略）学課の教授は本校生徒中の有志者がこれに当り，給仕教育掛と称してゐるが，この教育掛は実際のところ給仕の頭数よりも多い，本校生徒は理論としての教育法を実地に応用して他日の資料に供すると同時に，旁々哀れな給仕の身の上に同情して懸命にこれが教育にあたる（中略）随時教授，随意教授である。（中略）給仕の内の優秀なものは普通の中学生が三年か丶つてやつと修得することを僅々一年で片付ける（中略）事実給仕は凡そ二年間も教育されると，大概は中学校，青山師範，豊島師範などの四年の編入試験に合格する。（中略）嘗ても第一高等学校に二人合格した。既に大学に入つてゐるものもある。」（同上，208-209頁）

第4節　苦学生に適した職業情報　243

　高等師範学校が苦学生のための「給仕教育」を行っていたことは，新しい発見であった。なぜに高等師範学校がこのような自活勉学者のための「学び」の支援プログラムを組織化したかの研究は，他日を期したい。
　最後に，昭和戦前期の「給仕」を検討する。まず，官庁の「給仕」である。
　1934（昭和9）年の『最新東京苦学案内』は官庁給仕の待遇・生活等について，ある人物を対象としてその様子を報じた。この人物は，小学校卒業後市立の商業学校に入学し，将来は軍人を志望していた。しかし，家の事情で3年で中途退学し，現在「農○省」に就職し目下ある商業学校夜間部の編入試験に合格するよう努力している者である。「僕は目下日給大枚五十五銭，月高俸給十六円五十銭頂戴致して居ります」「十二月に賞与金をタップリ与へられます」「八月中には午前中勤務」「春と秋の二回には靴料として三円づゝ戴きます」(115頁) と記した。このように給仕は，苦学生にとっては恵まれた職業であったといえよう。この人物は，月に16円50銭の収入がある。東京市の出身でもあり，父母と共に生活をしている。彼は10円50銭を父母に渡し，6円を小遣いとしているようである。その小遣いのうち雑誌『受験生』30銭，学習参考書1円，貯金1円，その他雑費3円70銭が1カ月の金銭出納であるという。このように東京に自宅のある者は，宿料等が軽減されるため父母に生活費を渡しつつ自活勉学が可能となるのである。このような苦学生もいた。そして「勤務中には勉強の余暇もあるので，これを利用して勉強に励みます」「余暇もたつぷり有るので我等苦学生には持つてこいです」と推薦している。加えて「中等学校教育を卒業の資格ができれば銓衡で雇員を拝命します」「雇員になると二十五円から三十円位迄初級には戴けます」(118-119頁) と記している。同時に「雇員で成績が好いと文官任用令第六条の七に依り判任官になつて九級棒か八級棒に昇進し，後一級づゝ昇進して行きます」と示唆している。因みに「文官任用令第六条の七」とは，判任文官任用資格である。「五年以上雇員タル者」という規程である (1913年8月1日勅令261「文官任用令改正」による)。
　次に，新聞社の給仕の生活待遇等について見ておこう。案内書は，勤務時間は「六時間より八時間」「収入は二十五円位より三十円位であり，初任給四五

十円の学士様の事を考へれば悪いとは思はれません」(121頁)と景気のよいことを述べている。案内書に所載されたある人物の生活と収入を見てみよう。この人物は，1930（昭和5）年高等小学校を卒業して，故郷で農業を2年間行っていた。悲惨な農村不況で上京し，東京某新聞社の給仕になり，現在は巣鴨商業学校夜間部に席を置き，将来は新聞記者を目指し自活苦学していた。彼の1日の仕事ぶり収入支出は以下のとおりである。

「前六時　起床，八時まで勉強
　八時　　出発，途中朝食
　九時　　着社就業
　後五時　終業登校
　九時半　着家，夕飯後勉強
　十一時　就寝
　右の様な慌しい一日ですが，勉強する時間は在校の外朝二時間，夜一時間勤務中二時間位有ります。
　収支は，
　収入
　一，二十一円也　給料
　二，三円也　　　皆勤手当

三，二円余也　諸手当（日曜出勤，週勤）
金　二十六円余也
支出
一，五円也　　月謝，校友会費
二，三円也　　間代（四畳半）
三，三円也　　池袋有楽町間職工パス代二円六五銭，外乗合自動車賃
四，九円也　　食費（市営食堂）
五，三円余也　雑費
六，三円也　　貯金
計　二十六円余也」

（東京予備学校出版部『最新東京苦学案内』東京予備学校出版部，1934年，121－123頁）

彼は，雑費に「図書購入費，散髪費，湯銭，文房具代等を出しますが毎月余ります。洋服オーバ等は年末賞与年二回（毎回十割から三十割位）で購ひます」（124頁）と記している。このように新聞社の「給仕」に採用されると，比較的余裕をもって自活勉学できたことがわかる。

第5節　苦学生に適した学校選択情報

　明治期の苦学案内書の著者たちは，どのような学校選択情報を提供したのだろうか。
　表4.4からわかるように，［資料1］『自立自活東京苦学案内』では，苦学生

第5節　苦学生に適した学校選択情報　245

表4.4　2種の苦学案内書が掲げた明治期の学校一覧

領　域	［資料1］『自立自活東京苦学案内』（1902年）	［資料2］『東京苦学成功案内』（1909年）
	東京帝国大学・高等師範学校・第一高等学校	
政治・法律・経済・文学	早稲田大学・慶應義塾大学部・東京法学院・東京政治学校・私立専修学校・明治法律学校・日本法律学校・和佛法律学校・哲学館	
商　業	高等商業学校（官立）・大倉商業学校（私立）・京華商業学校（私立）・東京商業学校（私立）・慶應義塾商業学校・銀行事務員養成所	慶應義塾商業学校
工業・農業・鉄道・職工・逓信・商船・水産	東京高等工業学校・前校附属徒弟職工学校・工手学校・攻玉社専修土木科・東京農学校・私立実業学校・私立鉄道学校・水産講習所・東京郵便電信学校・東京商船学校	工手学校・岩倉鉄道学校・東京高等工業学校附属徒弟職工学校・東京府職工学校
貿　易	台湾教会学校	
簿　記	東京主計学校・東京簿記精修学館・東京簿記学校・簿記専門学校	東京主計学校・大原簿記学校
医学・歯科	済生学舎・東京歯科医院・東京慈恵医院医学校	
獣　医	麻布獣医学校・東京獣医学校	
薬　学	薬学校	
明治薬学校		
語　学	外国語学校（官立）・独逸協会学校別科・正則英語学校・国民英学会・東京英語専門学校・青年会夜学校・イーストレーキ英語学校・支那語学校	
理学・数学	東京物理学校・東京数学院・数学専修義塾	
漢　学	斯文学会・二松学舎・國學院・国語伝習所・大八州学校	
速　記		佃速記教授所
教員養成	高等商業学校附属商業教員養成所・東京高等工業学校附属工業教員養成所・帝国教育会中央教員講習所・東京府教育会附属教員伝習所	

中学・同程度の学校・予備校的学校	東京第一中学校・成城学校・早稲田実業中学校（ママ）・慶應義塾・青山学院・明治学院・東京航海学校・大成学館受験科・百科学校・正則予備学校	
軍関係学校	陸軍士官学校・陸軍中央幼年学校・東京陸軍地方幼年学校・海軍機関学校・海軍兵学校	

注：表記は原文どおりとした。ここには規則等詳細に紹介した学校のみを取り上げた。また［資料1］の（官立）（私立）の表記に統一性が見られないがそのまま転載した。［資料1］は『自立自活東京苦学案内』（1902年，69-116頁），［資料2］は『東京苦学成功案内』（1909年，40-51頁）より作成。

に適した学校を選別して情報化しているが，総花的な紹介という特徴を拭えず，苦学生でない若者たちにも適した学校ということができる。また寸評も附されてはいない。それに対して，［資料2］『東京苦学成功案内』は，かなり学校をセレクトしている。また短評が加えられている。

　第1に，慶應義塾商業学校について，［資料2］『東京苦学成功案内』は，「簡易の商業学校としては第一位にあるもので卒業生が皆相当に採用せられて居る（中略）授業時間は午後六時よりであるから，昼間職にあるものでも通学する事が出来る」(41頁)と評した。第2に，工手学校（現在の学校法人工学院大学）について，［資料2］『東京苦学成功案内』は「修業年限は予科一年本科一年半」「高等小学卒業の程度あれば入学を許される，夜学部の設もあるから昼間業務にあるものも至極都合がよい」(44頁)と述べる。

　第3に，東京主計学校について，［資料2］『東京苦学成功案内』は「予科本科別科に分かれて居る」「年長者の速成就職に便する為め」に「撰科」も設けてあると記している。また「本校は名誉ある評議員賛助員を有し殆ど全国の銀行会社商店等に連絡があるから，卒業生には及ぶ限りの就職の斡旋方法を講ずるとの事だ」(41頁)と述べている。

　第4に，大原簿記学校についても，［資料2］『東京苦学成功案内』は「修業期間も短ければ学費も左程多くも要せず，昼間職業のある者には夜学部も設け

てあるから，苦学には比較的適当の学校である，況して此の簿記の需要は世の進歩に従ひ，益々盛むになるのであるから，卒業者は就職に困難するような事は少ないのである」(42頁)と高く評価した。

このように苦学生に適した学校選択は，「午後又は夜間教授の学校」か「学費の低廉」であること，加えて「評判」のよい学校であることが選択条件となっていた。この表をマクロな視点から眺めてみると，20世紀初頭に成立した近代公教育体系，学校の序列化が明確になった近代日本で生きる青年たちの進路選択は，一方では正規の学校階梯を順序よくのぼり上級学校へ進学する道と，他方では，変則的に，速成に，傍系のルートで学ぶ道に分かれたことを先ず指摘することができる。そして苦学生の「学び」は，いうまでもなく傍系の学校での「学び」にシフトされ，評判のよい夜学で，速成に，学費廉価あるいは官費の学校で学ぶことが求められたのである。1909 (明治42) 年の案内書は，そのことを明確に伝えた。

大正期に入ると苦学案内書の著者たちは，どのような学校選択情報を提供したのだろうか。

1915 (大正4) 年刊行の東京実業研究会が編んだ『東京苦学成功法』は，「苦学生を歓迎する学校」「苦学生の通学に適当なる学校」というコーナーを設け「東京には各種の学校が至る処に建設されてあつて（中略）中には随分怪しい物もないでもないが（中略）特に苦学生を歓迎し又は苦学に適当なる学校も多数であるが，茲には其の主なるものゝみを列記してをく」(14-15頁)として，学校を紹介した。

また，1921 (大正10) 年刊行の『東京の苦学生』の著者・出口は「一九，自活勉学と学校系統」という節で「自活勉学者の方途は，昼間正式に勉強するか，夜間を利用して学ぶかの二途に分れる。昼間の分は分つて居る事であるから，夜間を主として説かう」(83-84頁)と，いくつかの夜間に授業する学校を紹介した。

1922 (大正11) 年刊行の『東都に於ける苦学の実際』の著者・福井は「東都に於ける手なる学校の組織及び目的」で「特別に入学資格を要せざるもの」

「中等程度諸学校」「都合の好い官費の学校」「専門学校程度並に大学」に区別して各学校に寸評を加えた (25-73頁)。また,「夜学中学と編入試験」や「独学者」の進学機会についても言及している (75-77頁)。

さらに1925 (大正14) 年刊行の『東京自活勉学法 苦学生と独学生』の著者は,中学校卒業資格を得ることが肝要であるとした。その方法としては,「専検」に合格するのが最もよい方法であるが,それが叶わなそうな人には「上京して東京の私立中学の三年級位の編入試験に合格する」(29頁) のが肝要だとアドバイスする。「成城, 海城, 名教, 日本, 京北, 赤坂, 京華, 順天, 曉星, 麻布, 立教, 成蹊」(30頁) 等, 23の中学校名を挙げた。さらには,「昼間働いて, 夜中学へ通ひ検定をとる」ことが重要だとも述べている。しかし,「一日も早く相当の技手又は月給取りにならうと思ふ人は中学に行かず他の夜学校に入学する」(40-41頁) ほうがよいとして,「苦学生に適する学校案内」を行った。

この時期も, それぞれの案内書の著者たちは, 苦学生に適する学校を紹介した。紹介された学校名を整理したものが表4.5である。

各学校のうち, どのような種類が苦学生にとって適していると指摘しているのだろうか。

①商 業

中央商業学校に関して, 表4.5の [資料3]『東京自活勉学法』は「私立の商業学校の中で, 本校は評判の良い方である」(76頁) と記している。慶應義塾商業夜学校に関して [資料3] は,「慶應学舎の一部である。夜間教授であるから苦学生には便利である。良い学校である」(78頁) と短評を加えている。慶應義塾商業学校は, 正式には『慶應義塾百年史 中巻 (前)』(1960年, 946頁) が指摘しているように, 1891 (明治24) 年に設置された「慶應義塾商業夜学校」(『慶應義塾商業夜学校規則』明治二十四年五月十四日) のことである。

工業分野では, どうであろうか。第1に, 工手学校 (現在の学校法人工学院大学) である。表4.5の [資料1]『東京苦学成功法』は,「修業年限は予科一年, 本科一年半」「入学資格は年限に制限なく高等小学卒業者であれば無試験で許

第 5 節　苦学生に適した学校選択情報　249

表 4.5　大正期の 3 書に紹介された「苦学生に適する学校」の一覧
―短評が附されている学校を中心に―

領　域	[資料 1]『東京苦学成功法』（1915 年）	[資料 2]『東都に於ける苦学の実際』（1922 年）	[資料 3]『東京自活勉学法』（1925 年）
商　業	慶應義塾商業学校・大倉商業学校	成蹊実務学校・中央商業学校・中央商業夜学校・早稲田実業学校・早稲田実業学校夜学部・明治大学附属簡易商業学校・専修大学商業専科	明治大学附属簡易商業学校・東洋商業学校・専修大学商業専科・京北商業夜学校・中央商業学校・慶應義塾商業夜学校
工業・鉄道・通信・職工・無線	工手学校・岩倉鉄道学校・職工徒弟学校・東京府職工学校・通信伝習生養成所	職工徒弟学校・電機学校・中央工学校・東京工学校・工手学校・岩倉鉄道学校・日本無線電信技士学校・鉄道省教習所・通信官吏練習所・東京高等工業学校	職工徒弟学校・電機学校・鉄道省教習所・東京物理学校・洋服工商学校・中央工学校 東京商工学校・工手学校・攻玉社工学校・通信官吏練習所 工芸学校附属工業中等補習学校中等工業科・東京府立実科工業学校・京北実業学校
貿　易		東京殖民貿易語学校・海外殖民学校	東京殖民貿易語学校・海外殖民学校
英語・数学・予備校的学校		正則英語学校・国民英学会・日進英語学校・研数学館・錦城予備学校・開成予備学校・正則予備校・東京普通文官養成所	国民英学会・日進英語学校・研数英語学校
簿　記	東京主計学校・大原簿記学校 明治簿記学校	東京主計学校・大原簿記学校・明治簿記学校	東京主計学校・大原簿記学校・明治簿記学校・日本簿記専修学校・銀行事務員養成所
医学・歯科		東京歯科医学校・日本歯科医学専門学校・日本医学専門学校	
獣　医		麻布獣医畜産学校	
薬　学	明治薬学校	明治薬学校・東京薬学専門学校	
自動車			東京自動車学校
タイピスト		正則タイピスト学校	東京タイピスト学校

教員養成	東京府師範学校・農科大学実科	農業教員養成所・工業教員養成所・商業教員養成所・東京高等師範学校	
警　察	警視庁巡査教習所		
軍関係学校	陸軍軍楽生・陸軍砲兵工科学校	陸軍工科学校	

注：『東京苦学成功法』(1915年) と『東京自活勉学法』(1925年) は「短評」や「規則集」を提示している学校のみを掲載した。
出所：『東京苦学成功法』(1915年, 14-23頁)『東都に於ける苦学の実際』(1922年, 25-73頁)『東京自活勉学法』(1925年, 42-78頁) から作成した。

可される」とし，夜間部もあるから「昼間業務のあるものは夜学部に通学が出来るので苦学生には最も都合がよい学校」(20-21頁) であると述べる。［資料3］『東京自活勉学法』の著者は，工手学校について「悪い生徒も随分ゐるが此の種の学校としては止むを得ない事であらう。苦学生ばかりである」と手厳しい評価である。しかし「電工高等科」まで進むと，「明治四十四年逓信省令第二十七号電気事業主任技術者資格検定規則第一条第三級の試験検定を受けんとする者に必要なる学識を授く」(61-62頁) とも記されている。

電機学校（現在の学校法人東京電機大学）については，［資料3］『東京自活勉学法』は，「電気工学を専門に教授してゐる学校である。却々評判は好い。生徒は殆ど苦学生ばかりである。新聞売子の中にもよく本校の帽章をつけた苦学生が新聞を売つてゐるのを見受ける。苦学して将来電気工業界へ進まふとしたら本校へ入学するのが好いであらう」(44頁) と上々の評価をする。

中央工学校については，［資料3］『東京自活勉学法』は「生徒の殆ど全部は苦学生である。工業家を志望する苦学生諸君の選ぶべき一つである。夜学の便もあるから都合は良い」(60頁) という。中央工学校の卒業生，なかでも電気科卒業生には「電気事業主任，技術者，第四級受験に適切にして試験を要せず逓信省の銓衡に由りて主任技術者第六級の資格を与へらる」(59頁) と明記した。

②英　語

国民英学会については，［資料3］『東京自活勉学法』は「正則英語学校と対

抗して東都英学校の一権威である。苦学生も随分学んでゐる。英語の実力をつけたい者は入学せられよ」(69頁) と記す。日進英語学校については,「有名な英文学者佐川春水氏を校長とする本校は創立以来評判が良い」(70頁) と記す。研数英語学校については,「研数学館の中に新に設けられた本校は創立以来評判は良い。此校も受験準備者と苦学生との学校である」(72頁) と記した。

表4.5の［資料2］『東都に於ける苦学の実際』を著した福井は,これらの英語を授けることを中心とした予備校的学校について次のように評した。

「中等教育中最つとも重要なる科目は数学と語学である。他の科目は全力をそゝげば僅かに二三ヶ月で出来るか,数学と英語だけはそんな訳には行かない。充分組織的にやる必要がある。中学の編入試験にしても,又高等学校入学検定試験,専門学校入学検定試験,何れを受けるにしても実力が必要である。其れ等の為めに,時間上に,経費上に,又は修業年限上にも頗るお誂へむきに出来て居るのが,前記の学校(注・正則英語学校・国民英学会・日進英語学校・研数学館…筆者)である。此の外にも色々沢山あるが,充分信用のある,代表的なものを挙げたのである。正則英語学校は,英語界の泰斗齋藤秀三郎氏が校長で,講師も総て堂々たる英学者である。これが親切に教へて呉れる。国民英学会も,正則と並び称せられる英語学校である。只此の学校のみで,初等科から順次やつて堂々たる中学の先生や翻訳家になつて居る人も少くない。数学を初等より懇切に教へるのは長橋氏の研数学館が代表的のものである。英語学校と数学を兼ねて二ヶ年も専心に勉強すると,中学卒業位の実力は悠々出来るのである。」(福井文雄『東都に於ける苦学の実際』受験界社,1922年,34-35頁)

福井は,昭和期におけるいわゆる「夜間中学」の紹介も詳細に行っている。開成,錦城各予備学校,正則予備校は「何れも信用あるもので,講師も好く,大概何時にても入学を許すし,中学編入試験又は専検,高検等を受くるにも頗る好都合の学校である。只,文部省の認定がないだけで実力は普通中学と同様に着ける事が出来る,此れは夜学ではあるし昼間職をもつて居ても通学出来,苦学生には最適である」(57頁) と述べている。［資料3］『東京自活勉学法』の著者も,詳しい規則書は掲載していないが,「夜間中学」の前身である「中等夜学校」(78-79頁) の紹介を行っている。

③簿　記

東京主計学校について,［資料1］『東京苦学成功法』は「予科本科別科に分

かれて居る」「年長者の速成科即ち就職に便利なる学科を専修する撰科なる級が設けられてある」と記している。また，「本校は名誉ある評議員賛助員を有し殆ど全国の銀行会社商店等に連絡があるから，卒業生には及ぶ限りの就職の周旋方法を講ずるとの事だ」（16-17頁）と述べている。［資料3］『東京自活勉学法』は，「非常に真面目なる学校である。特に学生等の為には尽力してゐる。苦学生にして，実業界に雄飛しようと思ふ者は本校を又一つの母と思つても好いであらう。卒業後の就職紹介等にも大いに斡旋している様である」（50-51頁）と高く評価している。

［資料2］『東都に於ける苦学の実際』の福井は，「大原簿記学校」と「正則タイピスト学校」と上記の学校とを「以上の学校は殆んど何時にても入学出来る（中略）苦学の方法として先づ数月自個の貯蓄なり父兄の補助なりによつて手に芸を覚えると非常に楽に就職も出来勉強も出来る解である。少し語学の素養でもあつて英文タイピストを修得すると可成多くの収入を得られる」（30頁）と寸評した。［資料3］『東京自活勉学法』も大原を，「簿記専門の学校として本校は評判の良い方である。高等小学校卒業位の学歴だけで他に就職の良い口も無かつたら，先づ簿記学を一ヶ年位習得して各会社商店に，簿記者として入り傍ら苦学するのも当を得た方法であらう」（52頁）とアドバイスしている。

官費学校としては陸軍工科学校を挙げているが，［資料2］『東都に於ける苦学の実際』と［資料3］『東京自活勉学法』の著者は鉄道省教習所，逓信官吏伝習所等を紹介している。また，［資料3］の著者が東京自動車学校を挙げているのは興味深い。「自動車運転手も近頃は有望な職業の一つとなつて来たから，早く金を儲けたい人は好いだらう。自動車運転手をし乍ら苦学して夜間又は午前に学校へ行つてゐる者も少なくない」（54頁）というように苦学の新しい方法も情報化した。

表4.5の［資料1］から［資料3］までの著者たちは，これら以外の学校も紹介している。しかし，詳細な規則を掲載することはなく，また短評も加えていない。以上では，規則や短評を載せた学校のみをピックアップした。

このように整理してみると大正期の苦学案内書の著者たちは，苦学生に適し

た学校として，第1には夜間部が設置してある学校であること，第2にはほんとんどの学校は私学であること，第3には官費の学校であること，第4には何時でも入れる学校，なかでも中等教育程度の機関であること，第5にはなかでも技術訓練すなわちドリル中心の手段的学校であること，換言すれば，教育資格を獲得するのに便利な学校や何らかの職業資格を得るに適した学校を挙げている。

これらの著者たちは，苦学生の進むべき道は何らかの職業資格を手に入れること，あるいは官費学校で学ぶことであり，それが成功への道であると教えている。他方，近代学校体系の基本的な構造がより鞏固になった20世紀初頭以降，中等学校卒業資格をもっていないと正規の学校体系に位置づく上級学校進学を果たす道は，苦学青年たちの前にはほとんど開かれていなかったことを教えている。その扉を開けるための鍵は，「専検」等に合格し中学校卒業者と同等の資格，つまり例えば，専門学校受験資格を獲得しなければ覚束ないと教えているのである。昭和戦前期になると，この傾向はさらに強まることになる。

その昭和戦前期を見てみよう。

巻末資料編Ⅱ-5の苦学案内書一覧に見られるとおり，刊行者の書名そのものからわかるように，官費・公費・貸費の諸学校へ進むことが奨励されている。1931（昭和6）年，受験研究社が編輯した『最新官費貸費学校入学案内』は，「経済的に恵まれない独学者のために，全国の官費，貸費，公費の諸学校を精密に調査して出来た」ものであると記し，「学に師なく，勤むに財なき独学，苦学の青少年諸君よ！幸に本書の示す処により，唯一の自己の進路を見出し，邁進せられむこと」を希望すると述べている（「序文」1-2頁）。では，どのような学校が，独学・苦学するものには適しているというのであろうか。

この本では，都合62校が紹介されている。内訳は，①陸軍士官学校にはじまり軍人養成学校10校，②巡査講習所・逓信講習所・鉄道局教習所等「官吏養成」の学校12校，③農事試験所・少年車掌教習所等「技術官・技術者養成」の学校11校，④東京高等商船学校・海員養成所・東亜同文書院等「船員実業家養成」の学校6校，⑤高等師範学校・大東文化学院・満州教育専門学校等

「教育者養成」の学校17校，⑥「特殊学校」という名称で救世軍士官学校，外務省留学生，神宮皇学館等6校である。

1928（昭和3）年刊行の『全国官費・公費・貸費学校入学指針』において，著者・箕輪は「入学資格について」という一節を設け，次のように指摘した。

> 「官費公費貸費学校の入学資格を調べてみると，何れも多種多様であるから，一概には述べられないが，大体に於て，年齢，学歴，身体の強弱，それに身柄（つまり犯行の有無など）に制限がある。此の中注意を要するは学歴のことであらう。そこで学歴程度の制限については，全然之を問はず，何等学歴の無い者でもよい学校もあれば，小学校卒業程度，中学四年修了程度，中学卒業程度等種々ある。併し，現今の大抵の者は小学校は卒業してゐる。此の点は心配ない。所が，独学者，いはゆる中学校に入学しない者は，此の中の中学四年修了程度とか，中学校卒業者と同等の資格ある者とかいふ点は一寸問題になる処である。実際は中学四年や中学校卒業者と同等の学力が自分に有ると信じてゐても，学歴制限ある学校へは入学出来ない事になる。」（箕輪香村『全国官費・公費・貸費学校入学指針』文憲堂書店，1928年，5-6頁）

つまり中学校卒業者，またそれと同等と認定される資格がないと不利になる時代であると指摘している。

先の受験研究社本で紹介された62校の学校の内「陸海軍依託学生」「台湾総督府逓信官吏練習所依託生」等の特殊なものは除いた60校中37校，全体の約62％が中学校，師範学校，実業学校（甲種）等の中等学校卒業者あるいはそれらと同等の学力を有しているものと認定された者（「専検」等の検定試験合格者）を入学資格・受験資格としている。

ところで，箕輪は1928（昭和3）年刊行の『男女東京遊学指針』において，苦学生はよく学校を変えるものが多いが，「一つの学校を必ず修業せよ」（87頁）と苦言を呈し，「国民学校より大学迄の進路」すなわち「国民学校を卒業後一般学生始め（苦学生又は独学生）の入学すべき学校順路」を図4.3のように図式化した。

このように，開かれた上級学校での「学び」を志す者は，中学校卒業資格が必要になったことをも伝えている。ただし箕輪は，小学校卒業のみの者や中学校中途退学者でも学ぶことができる大学特科生を紹介しつつ，「上級学校入学

第5節　苦学生に適した学校選択情報　255

```
正規の進路は

国民学校→ ┌中学校           ┐ → ┌一般の専門学校   ┐ →大学
           │師範学校         │    │高等学校高等科   │
           └甲種程度実業学校 ┘    │大学予科         │
                                  │大学専門部       │
                                  └高等師範学校     ┘
```

```
変則なものには

国民学校→専門学校入学検定試験→ ┌一般専門学校     ┐ →大学
                                │高等学校高等科   │
                                │大学予科         │
                                └大学専門部       ┘

国民学校→ ┌高等学校入学資格試験         ┐ → ┌高等学校高等科┐ →大学
           └(又は専門学校入学検定試験)   ┘    └大学予科      ┘

国民学校→ ┌高等学校入学資格試験         ┐ → ┌一般専門学校┐
           └(又は専門学校入学検定試験)   ┘    └大学選科    ┘

国民学校→ ┌高等学校入学資格試験         ┐ →高等学校卒業学力検定試験→大学
           └(又は専門学校入学検定試験)   ┘

国民学校→ ┌聴講生(大学)
           └大学専門部特科生(別科生)

国民学校→ ┌陸軍士官学校　─　陸軍大学校
           │海軍兵学校　　─　海軍大学校
           │陸軍兵器学校　─　(其他陸軍の学校)
           └海軍機関学校, 海軍経理学校

国民学校→教員検定試験→ ┌専門学校   ┐ →大学
                        │大学予科   │
                        └高等師範   ┘
```

図4.3　箕輪香村『男女東京遊学指針』(1928年, 87-89頁) が示した国民学校より大学までの進路系統図

資格を得る便法」も教授した。しかし加えて，上記の検定試験の他に中学校への編入と卒業，甲種程度の夜間実業学校を卒業すること，「専検」指定校としての夜間中学を卒業することが「遊学苦学者の採るべき方法」であると説いているのである。

第6節　小　括―苦学情報の特徴と変化―

　本章においては，明治，大正，昭和戦前の各期すなわち1900～41（明治33～昭和16）年までを対象時期として，進学案内書のなかでも苦学案内書に焦点を当て，どのような苦学情報，進学情報が読者に伝えられたか，その情報の特質と変化について検討してきた。

　第1節では書誌的検討を試みた。発行状況の特徴である。1900年に最初の，単独の苦学案内書が発行された。この案内書を皮切りに対象時期に発行された苦学案内書は都合97冊である。進学案内書全体の出版点数に占める割合は約2割である。明治期には総合的な苦学ガイドブックが多かったが，大正期に入ると明治と違って苦学体験者の手になる案内書が登場するだけでなく，官費等の学校を案内するもの，あるいは独学者と苦学生を読者対象としたものが発行された。昭和戦前期には大正期とは比較して大きな違いはないが検定合格者の苦学体験記が上梓されるようになった。

　次に編著者であるが，大きく①ジャーナリスト，②評論家，③クリスチャン，④苦学体験者，⑤作家に分けられる。明治期には都新聞の吉川庄一郎，新潮社の佐藤義亮，日本力行会創設者の島貫兵太夫，大正期では，抜群の著書数をもった出口競，そして昭和戦前期は，それに等しい大日本国民中学会の箕輪香村がその代表格である。

　出版社は，明治期には大手の博報堂，金港堂，明治図書，民友社，大正期には国民書院，大明堂書店，大日本雄辯会，そして昭和戦前期には文憲堂書店等である。定価は，明治期は15～65銭，大正期は20銭～2円50銭，昭和戦前期は50銭～4円80銭であった。発行部数は，今回の調査では解明できなかっ

第6節 小 括

た。ただし，いくつかの案内書は，版を重ねて出版されていたことは事実である。

では，発行の趣旨はどのような特徴を見せるのか。トーンは共通している。それは苦学生は堕落生になる可能性が高い，だからそうならないように指導啓発するのだというのである。指導啓発とは，上京苦学に当たっての注意，自活勉学の方法，苦学生に適した学校選択情報等の提供等である。

第2節では，上京苦学に当たっての注意情報を検討した。上京して苦学することを抑制しているかといえば，明治にはそのような情報は提供されていない。しかし，「堕落書生」「放蕩学生」にならないように注意している。20世紀に入ると苦学生救済問題が表面化する。苦学団体が創設されはじめる。なかでも島貫兵太夫は，1900（明治23）年に日本力行会の前身東京造士会を設置した。島貫は，苦学生を海外に誘おうとしている。国内における苦学が難しくなったという情報を，島貫は徐々に提供するのである。

ところで，明治の演歌（作曲者兼）歌手・添田唖蝉坊こと平吉は『唖蝉坊流生記』（1982年，刀水書房）で「日露戦争前後」の苦学生の様子を次のように述懐した。

　「演歌の苦学生時代であった。苦学熱が盛んで，同時に苦学生がもてはやされた時代であった。この苦学熱に煽られて全国から上京する若者の数は夥しかった。新聞配達，牛乳配達等が多くそれ等の就く職業であったが，中にも演歌は夜間職業であり，勉学に便だといふので，演歌者の激増は大変なものであった。演歌者が袴を穿く慣習や，演歌は苦学生の内職だと思ひ込まれるやうになったのも，この時からである。そして昔壮士の演歌を一と口に壮士節と称へた世人は，今度はこれを一概に書生節と呼ぶやうになった。

　豆腐屋が袴を穿いてトーフィト　フィとやってるのを見たこともある。とにかく苦学生に人気のある時であったから，学生にあらざる者まで苦学生を装ふやうな具合で，演歌者の中にも雑多な分子が入り込んで来た。真に苦学生気質の古い連中はこの傾向を嫌って，中には他の職業に走る者もあったが，単にヴァイオリンを持ってうたふことが嬉しいといふ類の輩が簇出跋扈して来るのであった。花柳の巷に入ると，新奇な楽器を持つの故に歓迎されたといふやうなことが，一層この勢ひを馳った。

　へうたんの化物とか，銛の目立てとか，新楽器に対する悪罵とともに，堕落書

生，不良少年の声が演歌者に放たれた。それを裏書するやうな者も，たくさんまぎれ込んでゐたのだ。」（『唖蝉坊流生記』刀水書房，1982年，167-168頁）

この引用からもわかるように，苦学生を「堕落書生」「不良少年」とみる動きが出てきた。

やがて1920年代に入ると，苦学を断念させようとする案内書が登場するようになる。さらに大正末になると，苦学生といえども中学校の卒業資格をもたなくては立ちゆかないという論調に変化してくる。しかし，東京に苦学生は事実上多数存在した。1926（昭和元）年に苦学案内書を発行した大日本雄弁会編輯部は，苦学生を特別待遇したのは昔日の夢で，今は苦学は売り物にならず，同情して欲しいといっても世間が許さないと報ずるようになった。苦学生の行いが批判され，白眼視される世の中が到来したと伝えた。だが，昭和戦前期になると，苦学が可能な若者は中学校卒業資格を有し上級学校に入学し，勉学しているものであると述べている案内書も現れた。

第3節は学資情報である。もちろん中学校卒業資格を有し，上級学校で学んでいようとも自活するためには学資が必要である。苦学中の者と彼等とを通じ，総じて1カ月，どの位の学資が必要であると報じているのだろうか。1895（明治28）年段階では2～6円，1903（明治36）年ごろには7円25銭，1920年代に入ると物価高騰により23～29円，昭和戦前期に入り，1934（昭和9）年には27円，1941（昭和16）年では32円が必要になると報じている。さらに共同生活すると一カ月の学資は少なくなるとも報じた。

第4節では，苦学生に適するとされる職業情報，アルバイトを検討した。苦学生の主流を占める内職的職業は，新聞配達である。もちろん，書生等の肉体をそれほど酷使しない職業につくことが奨められた。大正期には，会社の事務員，官庁の給仕等が苦学生に適した職業一覧に加わる。昭和戦前期には販売員，自動車運転手等が加わる。しかし，苦学生にとって「古典的な」適職は，やはり新聞配達であった。新聞配達人の一カ月の収入は，1902（明治35）年ごろには8～10円，1903（明治36）年ごろには12～13円，大正期に入り1922（大正11）年ごろには17～24円，1934年ごろには22～60円と伝えている。

第6節 小 括

　第5節は，苦学生に適した学校選択情報の検討である。1902（明治35）年段階では東京帝国大学から正則予備校等予備校的学校まで総花的に紹介していたが，1909（明治42）年ごろになると工手学校，慶應義塾商業学校等の「夜学」が苦学生に最も適した学校として紹介されるようになる。そして昭和戦前期に入ると，苦学生は官費等の諸学校に進むべきことを説くのである。

　このように進学案内書の内容と比較すると，整い続けてきた近代日本の学校体系，学ぶ者の側から見れば進学系統は，「苦学生」を抑圧しながらも正規の学校へと鼓舞しつづけていたのである。

注
(1)　苦学案内書群を網羅的に取り上げ，それらの案内書が伝える歴史的情報の分析を行った研究ではないが，天野郁夫『学歴の社会史』（新潮社，1992年），竹内洋『立志苦学出世―受験生の社会史』（講談社，1991年），『立身出世主義［増補版］―近代日本のロマンと欲望』（世界思想社，2005年）等の研究がある。因みに，歴史学者・佐藤卓己は自著『言論統制』（中央公論社，2004年）において，軍人・鈴木庫三を取り扱い，その研究・調査過程で，1907（明治40）年ころ庫三の生家に「たまたま，実家には『東京苦学案内』などの本もあった」（60頁）と記している。「など」の中身は不明である。また，どの出版社から出された「苦学案内書」かも明記されていない。
(2)　因みに，検定試験と独学との関連で刊行された「独学・受験案内書」には以下ようなものがある（出版年・編著者・書名・発行所・頁数の順に一覧化した。但し「附録」は削除した）。
【独学・受験案内書一覧】
1908（明治41）年
　・藤田日東（栄三郎）『最新独学法』修養閣，全226頁
1913（大正2）年
　・伊藤忍軒（司郎）『入学就職独学成功法』光文社，全175頁
　・寺本伊勢松『専検高検入学検定独学受験法』大明堂書店，全160頁
1917（大正6）年
　・大日本国民中学会『中学検定指針』国民書院，全125頁
　・大日本国民中学会『講義録による勉学法』国民書院，［不明］
1918（大正7）年
　・大日本国民中学会『講義録による勉学法』国民書院，［不明］
1919（大正8）年
　・大日本国民中学会『講義録による勉学法』国民書院，［不明］
1920（大正9）年

・大日本国民中学会『講義録による勉学法』（7版）国民書院，全125頁
1921（大正10）年
　・諸國正人『高等試験令資格認定独学受験法』大明堂書店，全62頁
1922（大正11）年
　・神戸文三郎『高等試験令予備試験独学受験法』大明堂書店，全136頁
　・羽生榕城（操）『中学全科独習法』青松堂書店，全102頁
1923（大正12）年
　・杉山太郎『各種方面独学受験並就職案内』光明堂，全255頁
　・大明堂編輯部『高等試験令本試験行政科外交科独学受験法』大明堂書店，全153頁
　・諸國正人『高等試験令資格認定独学受験法』（2版）大明堂書店，全290頁
　・寺本伊勢松『高等学校専門学校入学検定独学受験法』大明堂書店，全198頁
1924（大正13）年
　・羽生榕城（操）『中学全科独習法』青松堂書店，全102頁
　・藤崎俊茂『帝大選科本科入学独学受験法』大明堂書店，全334頁
　・大明堂編輯部『文検国語・漢文科独学受験法』大明堂書店，全108頁
　・大明堂編輯所（ママ）『文検家事・裁縫科入学独学受験法』大明堂書店，全274頁
　・大明堂編輯部『文検数学科独学受験法』大明堂書店，全108頁
　・大明堂編輯部『普通文官裁判所書記独学受験法』大明堂書店，全272頁
1925（大正14）年
　・泰山堂編集部『中等教員検定総覧』泰山堂，全278頁
　・大明堂編輯部『文検各種試験独学受験法』（博物科の部）大明堂書店，全242頁
　・吉村正『独学者の進むべき道』早稲田大学出版部，［不明］
　・泰山堂編集部『独学受験就職全書』泰山堂，全270頁
　・泰山堂編集部『高等試験令予備試験』泰山堂，全226頁
　・日本司法試験研究会『高等試験令司法科独学受験法』国文社出版部，全136頁
1926（大正15）年
　・大明堂編輯部『小学教員各種試験独学受験法』大明堂書店，全472頁
　・吉村正『独学者の進むべき道』（訂3版）早稲田大学出版部，全423頁
　・藤崎俊茂『帝大選科・選抜高卒検定独学受験法』大明堂書店，全611頁
　・大明堂編輯部『文検各種試験独学受験法』（理科の部）大明堂書店，全166頁
　・大明堂編輯部『文検各種試験独学受験法』（体操・音楽の部）大明堂書店，全246頁
　・大明堂編輯部『鉄道員船舶船員独学受験法』大明堂書店，全246頁
1927（昭和2）年
　・大明堂編輯部『警部・巡査・森林主事独学受験法』大明堂書店，全312頁
　・大明堂編輯部『文検実業教員独学受験法』（工業・商業・農業・商船・水産科の部）大明書店，全246頁
　・高橋悠久『普通文官裁判所書記合格する独学受験法』中央出版社，［不明］
　・大明堂編輯部『通信官吏電気技術員独学受験法』大明堂書店，［不明］
1928（昭和3）年
　・勝田香月『最新専検・高検・高資・普文独学受験法』国民書院，全256頁
　・吉村正『独学者の進むべき道』（訂21版）早稲田大学出版部，全397頁

・金子淡堂『合格する独学受験法：鉄道省各講習所・鉄道各種現業員・事務雇員傭人』中央出版社，[不明]
・大明堂編輯部『産婆・看護部・薬剤師（女）独学受験法』大明堂書店，全330頁
1930（昭和5）年
・郁成堂編集部『専検・高資独学受験案内』郁成堂書店，全210頁
・箕輪香村『海軍軍人独学受験志願立身法』文憲堂書店，全276頁
1931（昭和6）年
・受験研究社編輯部『実業学校卒業検定独学受験法』受験研究社，全237頁
・箕輪香村『陸軍海軍民間飛行家独学受験法』文憲堂書店，全294頁
1933（昭和8）年
・峯岸義秋『文検中等教員・高等教員国語科独学受験法』大明堂書店，全300頁
・大明堂編輯部『文検教育科独学受験法』大明堂書店，全376頁
・大明堂編輯部『文検数学科独学受験法』大明堂書店，全238頁
・大明堂編輯部『文検実業教員農業科独学受験法』大明堂書店，全342頁
・武藤完一『小学校教員中等教員図画科検定試験独学受験法』大明堂書店，全321頁
・高坂伊三郎『専検高検高資独学受験合格の新研究』育成洞，[不明]
1934（昭和9）年
・大明堂編輯部『小学校教員各科検定独学受験法』大明堂書店，全362頁
・塚本勝義『文検中等教員漢文科独学受験法』大明堂書店，全358頁
・大和喜栄『文検実業教員作業科・手工科独学受験法』大明堂書店，全83頁
・山上徳信『文検実業教員歴史科独学受験法』大明堂書店，全404頁
・小酒井五一郎『独学受験大観』（『受験と学生』特輯・10月臨時増刊）研究社，全480頁
1935（昭和10）年
・井上通信英語学校編輯部『専検・高検・高資独学受験法』日英書林，全227頁
・野口絢齋『官立大学傍系者・独学者入学受験法』大明堂書店，全281頁
1936（昭和11）年
・村上保衛『独学受験の新指導』新生閣，全253頁
1937（昭和12）年
・大明堂編輯部『普通文官裁判所書記独学受験法』大明堂書店，全226頁
・東洋無線協会『無電技師独学受験成功案内』育英社，全63頁
・大明堂編輯部『文検中等教員・高等教員英語科独学受験法』人明堂書店，全198頁
・古村正『男女独学者の進むべき道』（訂21版）早稲田大学出版部，全387頁
1939（昭和14）年
・「受験と学生」編輯部『専検・高検・高資・実験受験案内』研究社，全153頁
(3) 土方正巳『都新聞史』日本図書センター，1991年，27. 68. 103. 157. 313. 354. 520頁。
(4) 土屋礼子編著『近代日本メディア人物誌　創始者・経営者編』ミネルヴァ書房，2009年，138頁。
(5) 同上，138頁。
(6) 同上，137－144頁。天野雅司編『佐藤義亮伝』新潮社，1953年。
(7) 吉田精一「緒方流水」小田切進編『日本近代文学大事典』講談社，1977年，295頁。

(8) 相沢源七『日本力行会の創立者　島貫兵太夫伝』教文館，1986年。
(9) 同上，28頁。
(10) 島貫兵太夫『力行会とは何ぞや』警醒社，1911年，66-67頁。
(11) 同上，117-118頁
(12) 鈴木明『苦学奮闘録』民友社出版部，1912年。
(13) 土屋礼子編著『近代日本メディア人物誌　創始者・経営者編』ミネルヴァ書房，2009年，111頁。
(14) 瀬木博尚「思ひ出づるまゝに」(内外通信社編・発『博報堂四十年記念　新聞広告四十年史』1935年，362頁。
(15) 東京書籍商組合編『日本書誌学大系2　東京書籍商伝記集覧』青裳堂書店，(発行年不明だが，緒言には1912年と記されている)，77頁。
(16) 前掲 (14)，362-363頁。
(17) 同上，365頁。
(18) 前掲 (15)。
(19) 出版タイムス社・出版通信社出版研究所共編『現代出版業大鑑』現代出版業大鑑刊行会，1935年，57頁下段-58頁上段。
(20) 「第13章　瀬木博尚―活字文化を支えた広告人」土屋礼子編著『近代日本メディア人物誌―創始者・経営者編』ミネルヴァ書房，2009年，111頁。
(21) 稲岡勝「金港堂小史―社史のない出版社『史』の試み」東京都立中央図書館『研究紀要』第11号，1980年，66頁-69頁。
(22) 前掲 (15)，181-182頁。
(23) 稲岡勝「金港堂『社史』について」『出版研究』No.12，講談社，1981年，143頁。
(24) 同上，133頁。
(25) 鈴木徹造『出版人物事典』出版ニュース社，1996年，32頁。
(26) 同上，263頁。
(27) 山縣悌三郎『児孫の為めに　余の生涯を語る　山縣悌三郎』弘隆社，1987年。
(28) 後藤金寿『昭和十年版　全国書籍商総覧』新聞之新聞社，1935年，267頁。
(29) 土屋礼子編著『近代日本メディア人物誌』ミネルヴァ書房，2009年，75-82頁。同志社大学人文科学研究所編『民友社の研究』雄山閣，1977年，2頁。
(30) 週刊朝日編『値段史年表　明治・大正・昭和』朝日新聞社，1988年，141頁。
(31) 吉川庄一郎『増補訂正第八版自立自活東京苦学案内　全　附官立諸学校入学試験問題集　私立学校入学手続』保成堂，1902年，31頁。
(32) 島貫兵太夫『新苦学法』警醒社書店，1911年，203頁。
(33) 週刊朝日編『値段の明治大正昭和』朝日新聞社，1981年，14頁。
(34) 週刊朝日編『値段史年表　明治・大正・昭和風俗史』朝日新聞社，1988年，141頁。
(35) 福井文雄『東都に於ける苦学の実際』受験界社，1922年，13-14頁。
(36) 出口競『東京の苦学生』大明堂書店，1924年，121-122頁。
(37) 週刊朝日編『値段史年表　明治・大正・昭和』朝日新聞社，1988年，141頁。
(38) 東京予備学校出版部『最新東京苦学案内』東京予備学校出版部，1934年，67頁。
(39) 箕輪香村『男女東京遊学指針苦学と就職の秘訣』文憲堂書店，1941年，73頁。
(40) 吉川庄一郎『自立自活東京苦学案内』保成堂，1902年，奥付。

(41) 同上, 2頁。
(42) 拙者の調査では,『向上』1921年6月号（第15巻第6号）に掲載された。
(43) 出口競『東京の苦学生』大明堂書店, 1921年, 130頁。
(44) 同上, 131頁。
(45) 同上, 132頁。
(46) 森山正雄『苦学生と独学者の為めに 東京自活勉学法』啓文社書店, 1925年,「序」
(47) 本富安四郎『地方生指針』嵩山房, 1887年, 8-12頁。
(48) 坂田稔『ユースカルチャー史―若者文化と若者意識―』勁草書房, 1979年, 31-41頁。また1874年には,「書生書生と軽蔑するな, 今の参議ももと書生」という書生節（衆歌謡の1つ）が流行した。さらには, 坪内逍遙（春のやおぼろ）『一読三嘆当世書生気質（1885～86年, 和装・全17冊, 晩青堂）が刊行され, 明治10年代の書生の一面を描いている。因みに, 詳細な明治の書生史研究に関しては, 坂田稔『ユースカルチャー史―若者文化と若者意識』（勁草書房, 1979年, 31-41頁, 61-71頁）, 林英夫『地方文化の日本史第8巻 青雲の志と挫折』（文一総合出版, 1977年, 19頁）を参照されたい。
(49) 苦学社は, その機関誌『苦学界』を刊行し, 職業紹介等を行っている。所蔵は, 東京大学大学院学政治学研究科附属近代日本法政史料センター（明治新聞雑誌文庫, 原資料部）である。1901年5月号から1902年1月号（9, 14, 17, 19, 20）まで所蔵している。
(50) 花輪庄三郎『東北学院創立七十年史』東北学院同窓会, 1959年, 163-172頁。
(51) 青木徹『東北学院労働会物語（限定版）』カルダイ社, 1980年, 164頁。
(52) 島貫兵太夫『力行会とは何ぞや』警醒社, 1911年, 67頁。
(53) 同上, 75頁。
(54) 「日本力行会規則一覧」同上, 14-24頁
(55) 1908年8月号『中学世界』に掲載された「有為無資力の青年学生諸君に告ぐ『苦学顧問の新設！『渡米苦学顧問』の新設！」という一文で記者は次のように述べた。「近来苦学と云ふ事が流行して誰も彼も苦学するとて上京する。志は壮であるが甚だ悲むべき事が多い注意をして上げねばならぬ事が実際に多いのである。記者は十数年間苦学生をせわし実験上より之を見て黙つて居るに忍びない斗でなく, 国家の不経済であると思ふ。（中略）殊に一身の方向を誤り易い中学程度の人に, 此苦学生なるものかたい事実よりして, 我中学世界は衆得を離れじ, 之が親となり, 指導者となるべき適当の職あれば, 社会の必要と一片の義侠心が, 遂に此欄を設けねばなぬ事となつた訳である。」（『中学世界』1908年8月号, 54頁）。

このように, 上京苦学が社会問題化したことを見て取った博文館編集部が日本力行会会長・島貫兵夫に白羽の矢を立て「中学程度の人」に上京苦学の「注意」を与えるという目的で「苦学顧問」設けた。この欄に, 読者は大きな反響を寄せたという。1908年9月の「苦学顧問」は「我苦学顧問を設けしより, 如何に時勢の要求とは云へ, これ程に多くの人々から歓迎せらる, とは思はなかつたが, 日本全国の学生諸君より斯くも歓迎せらるるは, 我等同人の好意も聊か酬ひられた心地して, 喜びに堪へぬと共に, 益奮励して諸君の為に実際に尽さんとするの決心を固めたのである」（88頁）と記している。

誌上に掲載した「苦学顧問」の質問内容の特質はいかなるなるものであったか。質問内容とその件数を一覧化したものが表4.6である。

この表からわかるように，約5年の間に，都合159件におよぶ苦学相談が寄せられた。最も多い質問は，「苦学について」である。その件数は126件で，全体の約79.2％。内訳は「海外渡航と苦学」が4件，「上京苦学の注意と方法」が39件である。

以下のような問答があった。例えば，1909年8月号の「苦学顧問」は次のようであった。

「問　苦学で中学校を卒業し得るか。(陸前気仙沢生)」

「答　若し上京苦学して中学の課程を学ばんと企つるものあらば，記者は多くは失敗すべきを予言するに躊躇せざるなり。若し強て苦学で中学を卒業せんとせば，上京せずして寧ろ其地方の中学に通学し，其地方に適当せる苦学法を取つて成功せらるべし。」(『中学世界』1909年8月号，123頁)

また，1909年11月号の「苦学顧問」には，次のような問が掲載された。

「問　地方苦学と上京苦学の優劣は如何なものですか。(三河一英学生)」

「答　地方で苦学して目的を達し得らるゝ人は，決して上京するに及びません。東京は誘惑の多き所で，又食ふと云ふ事でも頗る六ヶ敷い事であります。時としては唯食ふ事丈も出来ない許りでなく，人より半額補助せられても満足に食ふ事が出来ない人もあるのですから，妄りに上京するは考物であります。然れども，東京でなければ志す所の学校がないとか，如何なる苦学にも堪へ得て，必ず目的を達し得べしと確く信ずる人達は，上京苦学は地方苦学よりも得な事が多いのであります。」(『中学世界』) 1909年11

表4.6　「苦学顧問」「苦学相談」に掲載された質問内容の分類一覧

	項　目	苦学顧問 (1908年9月〜1912年12月)		苦学相談 (1921年12月〜1926年3月)	
		件数	％	件数	％
1	学校選択について	10	6.3	87	37.7
2	苦学について	126	79.2	30	12.9
内訳	海外渡航と苦学	41		3	
	上京苦学の注意と方法	39		7	
	日本力行会について	23		3	
	苦学のための職業選択	18		15	
	学問選択	5		2	
3	入学卒業資格について	0	0	29	12.6
4	進学資格試験について	0	0	25	10.8
5	独学について	0	0	24	10.4
6	職業資格試験について	0	0	23	10.0
7	就職について	17	10.7	12	5.2
8	その他	6	3.8	1	0.4
	合　計	159	100	231	100

注：件数は複数回答となっている。

月号，126頁）と回答している。
　さらには，1912年7月号の「苦学顧問」ではこうである。
　「問　昼間中学程度の学科を学びながら苦学する方法がありますか。又果して成功するか。（苦学熟考生）」
　「答　即ち甲種商業学校の科程を無月謝で教へ，朝夕苦学の方法を実行する事にして，今や着々之をやって見て居る尋常の人々には六ヶ敷からうと思ひ，高等小学校を優等に卒業した少年丈を全国千の苦学生より選抜する事にしてやり始めた。中には六ヶ敷しいのもないでもないが，何れも脳がよし，決心も堅く，几帳面の生活には容易に慣れると云ふ勢力の充実したものが多いから，大概の事は苦もなくやり遂げる。（中略）低能の苦学生も真似が出来ると思ふは間違つて居るのである地方より空想に駆られて来京する青年は，先づ必ず自己の学才を省みなければならぬ。」（『中学世界』）1912年7月号162-163頁）
　このように『中学世界』では，中学卒業の教養や資格を取得するための苦学は勧めないとしているが全体のトーンとしては上京苦学志望者を叱咤激励する情報が発信されていることがわかる。

(56)　苦学生は男子だけに限ることではなかった。女子苦学生も存在した。大日本国民中学会創設者河野正義の依頼を受けた，現在の学校法人東京女子学園の前身である東京高等女学校校長（1903年就任）棚橋絢子は1911年3月号の『国民教育』（大日本国民中学会編）に「都会苦学と危険」と題し，「小学教育を卒へて，これから普通教育を受けたいと思ふ人々，殊に女子の為めに少しくお話したい（「都会苦学と険」『国民教育』1911年3月号，11頁）」という目的で，一文を掲載した。彼女は「苦してゞも都会へ出るといふ事は断じて悪い」と断じ，その理由を次のように述べた。
　「苦学生といふものに，満足に仕上げる人が殆どない（中略）現に私等の家へ苦学生であるがどうか助けてくれぬか，と言つて頼みに来る人がある。可哀想だと思うて玄関に置いて上げるか，あるいは書生代りにして学校へも通はして上げるかするが，一旦苦学生流の生活をして来たものには，何等の肉体的労働のない玄関書生すら勤続する事が出来ぬ。（中略）唯だ窮屈な為めに，その人達は居たゝまらずに逃げてしまうのだ（中略）そして大抵はお終ひまで仕上げずに，本当の車夫になるか，随落生になるかしてします。（中略）私が考へるには，普通教育といふものは，それほど難かしい苦学をして，非常な危険を冒してまで，学ばなければ学び得られぬものではあるまいと思ふ。高等の教育となると，それぐ\～の大学とか，専門学校とか言ふものがあつて，其処へ行かなければ学習が出来ぬといふ事もあるか，普通教育ではそれほどの難かしい事はない。」（『都会苦字と危険』『国民教育』191年3月号，11-12頁）
　棚橋は，より具体的には中等教育機関なかでも高等女学校で学ぶために誘惑の多い東京にのぼり，新聞配達や牛乳配達をして苦学することは堕落への道であると説いているのである。

(57)　『福島県教育』福島県教育会，1912年4月，3頁。
(58)　小川剛「改題―書誌学的考察」小川利夫監修『社会教育　別巻』大空社，1991年，5-6頁。
(59)　前田一男「解説（『教育週報』と為藤五郎）」中野光監修『教育週報別巻・解説』大空社，1986年，335-373頁。

(60) 財部の経歴の詳細については，安岡憲彦『近代東京の下層社会―社会事業の展開』（明石書店，1999 年）を参照。
(61) 財部叶『職業と就職への道』冨山房，1928 年，195-212 頁。
(62) 勝田穂策編『財団法人公民教育会（通信教育部）大日本国民中学会創業四十年史』大日本国民中学会，1940 年，46 頁。
(63) 週刊朝日編『値段史年表』朝日新聞社，1988 年，141 頁。

第5章

『受験と学生』『学生』『中学生』
―大正・昭和戦前・戦中期の高等教育志願者にもたらされた教育情報―

　本章では，研究社によって1918（大正7）年10月に創刊された『受験と学生』を取り上げる。同誌は，1918（大正7）年，「大学令」が出されたと同じ年に創刊された。戦中期すなわち1944（昭和19）年まで誌名を変更しつつ，約26年間の長きにわたって刊行されつづけ高等教育機関受験対策のための総合情報誌ともいうべき位置を占めていたものである。旺文社の『螢雪時代』よりも古い歴史を有している。

　ここでは，大正中期すなわち1910年代後半から戦前戦中までにおいて『受験と学生』（後，『学生』『中学生』と改題・改称）が果たした役割は何であったのかを，誌面構成の変化・特徴，掲載された情報を通して検討してみたい。

　『受験と学生』は，1942（昭和17）年4月から用紙統制により『学生』と改題された後，さらに戦局が厳しくなった1944（昭和19）年5月には『中学生』と改称された。しかし，1945（昭和20）年の「春に休刊」[1]した。戦後になると，研究社は1946（昭和21）年1月に『中学生』を『学生』と改称し，1949（昭和24）年10月には『学生』を休刊し，1950（昭和25）年1月に新制高校3年生を読者対象とした学習・受験雑誌『学生』を創刊した。さらに1951（昭和26）年5月に『学生』を『受験と学生』と改称し，1953（昭和28）年5月には『受験と学生』を大学受験英語学習受験雑誌『高校英語研究』と改称したのである（『研究社八十五年の歩み』1992年より）。

　さて，筆者は，運良く『受験と学生』の創刊号を入手することができた。創刊号の表紙には，オリーブの冠をつけた逞しい若者が，眼を遠くに凝らし，長

弓の弦を力一杯に引き，見えない目標に立ち向かう姿が描かれている。この屈強な若者が矢の先に見据えた目標はおそらく官立上級学校であろう。

創刊号に発刊の辞は記されていない。しかし「編集局より」という欄で記者は，『受験と学生』の刊行の趣旨を次のように記した。

> 「各種高等専門学校の入学試験は，中学の一年から真面目に学科を修得すれば合格は易易たるべき筈でありますが，現在の様に競争が激甚になつては，四年級前後から特に所謂『試験準備』『受験勉強』を要する事は茲に今更贅言する迄もありません。故に此等中等諸学校の上級生並に卒業者諸君の所謂『受験準備』の為に，月刊雑誌として初めて生まれたものが此『受験と学生』であります。」

（『受験と学生』創刊号，1918年，80頁）

『受験と学生』が創刊された1910年代以降は，中等・高等教育機関の拡充期に当たる。中等・高等教育への教育要求が高まるなか，入学準備によって獲得される「知」が国民のなかに浸透し，学歴主義が強化された時代でもあった。しかし，国民の中等・高等教育への要求は高等教育に連なる中等教育と青年教育の系統に二元化されていた。

『受験と学生』の記者は，入試競争が激化する状況下，中学校までの勉強では，上級学校合格は不可能である，よって「試験準備」「受験勉強」「受験準備」専門誌が必要であると謳い，その役割を担う月刊の受験雑誌が必要であると考え『受験と学生』を創刊したと記した。つまり『受験と学生』は高等教育機関受験専門情報誌として登場したのである。

対象時期における発行部数に関しては未詳である。しかし1923（大正12）年11月付で東京府内務部が海城中学校（現在の学校法人海城学園）の全校生徒756名を対象に購読雑誌調査を行った。その結果によると『中学世界』が84名，『中学生』が74名，『少年倶楽部』が51名，次いで『受験と学生』は48名であった。だが学年別にみると第4学年は『中学世界』が10名であることに対して，『受験と学生』は31名となっている。学年が高くなるにつれて，購読者は顕著に増加していた[2]。

また，鈴木省三は「第一次世界大戦による好景気のため，高等学校・専門学校への入学志願者の増大によって，毎号数万部を発行する大雑誌になった」[3]

と記した。『ものがたり・東京堂史』に所載された「東京堂扱新年号雑誌部数表」によると,『受験と学生』は,1935（昭和10）年に3万8000部,1937（昭和12）年に3万7000部と他の受験雑誌を大きく引き離し（例えば,1937年に『受験生』は8700部,『考へ方』は4200部),受験生の需要に応えた[4]。

ただし,国立公文書所蔵『雑誌調整』の記録によると,1943（昭和18）年段階で『受験と学生』の後継誌『学生』は3万部であるのに対して,『螢雪時代』は雑誌統制下にありながら9万部を超えていた[5]。戦前日本の受験雑誌の2大王国は研究社と欧文社（1942年に旺文社と改称）であったが,『受験旬報』発行以降は欧文社が研究社を凌駕した。高梨健吉は「1935〈昭和10〉年ごろから競争誌『受験旬報』（欧文社）に押されぎみとなっていった」と指摘している[6]。しかし,戦前戦中の受験雑誌として受験者に大きな影響を与え続けたことには変わりない。

ところで,戦前日本における受験雑誌の歴史的研究は本格化しつつあるが,『受験と学生』の歴史的研究は本格化していない。第3章でも紹介したが,この種の研究のなかで本格的なものは,昭和戦前期・戦中を対象時期とし,『螢雪時代』が伝えた教育情報を徹頭徹尾分析した,寺﨑昌男・浅沼薫奈の研究である[7]。筆者は,寺﨑・浅沼研究に学びつつ,大正・戦前昭和・戦中各期の高等教育志願者にもたらされた情報を,①「受験の予備知識・準備法・準備練習」等の受験・学習情報,②高等専門諸学校等の学校選択情報,③進路選択情報,④苦学・独学情報という4つの観点から検討してみたい。

現調査段階における『受験と学生』『学生』『中学生』の所蔵状況[8]を見てみると,欠号が多いことは残念である。しかし1942（昭和17）年5月号以前には誌面構成に大きな変化が見られないことから,概説的な書誌的検討や紹介された教育情報の検討を行う上では大きな問題はないと考える。また本章では,部分的に特定の目次を復刻し紹介するが,多くの欠頁,破損頁があることに鑑み,なるべく特徴的で目次が完全なものを選択基準の1つとした。

第1節　小酒井五一郎と研究社

　研究社の創業は，1907（明治40）年11月のことである。創業者は，小酒井五一郎であった。五一郎は，1881（明治14）年，越後の長岡の生まれである。11歳の時単身上京し，神田の取次店上田屋に奉公しながら経験を積んだ。住み込み店員となり，市内の書店に書籍を早朝から配達して歩いた。五一郎は勤勉に働いた。26歳の時，すなわち1907（明治40）年11月，英語研究社を創立した。翌年には，月刊誌『初等英語研究（1925年1月号から『英語研究』と改称）』を創刊した。五一郎は，出版を創業するなら英語の本の出版を目標とするのがよいと考えた。なぜかといえば，彼が独学・独習で英語を学んでいたためだけでなく，これからの日本人にとって，英語学習が必須条件であると考えたからである。主筆に英語教育の専門家であった久保田正文（立教大学予科）教授を迎えたこの雑誌は，極めてよく売れたという。また，表5.1に示したように，五一郎は，大日本国民英語学会の名で『英語講義録』を出版した。この講義録が，1924（大正13）年10月に「研究社英語通信講座」へと発展することになる。この間，戦前日本の多くの受験生たちが利用した市河三喜『英文法研究』や「カード式参考書」，大ベストセラーになった山崎貞の『自修英文典』等を刊行した。さらに1916（大正15）年，中学生を対象とした読みもの雑誌『中学生』（1927年4月廃刊）を刊行した。『中学生』の主筆をつとめた服部嘉香（早稲田大学文学部教授）は「猛烈な売れ行きであった」と回顧している。このような成功は，研究社の地位を確かなものにした。1916（大正15）年4月社名を「英語研究社」から「研究社」へと改めた。社名の変更を契機としてたくさんの新しい雑誌を創刊した。例えば『初等英語』『女学生』，そしてここで研究対象とする『受験と学生』等である。しかし，関東大震災を境に，和文雑誌として残った雑誌は『受験と学生』のみであった。

　研究社といえば辞書で有名だが，研究社の知名度を一気に高めたのが1918（大正7）年9月に出版された武信由太郎編『武信和英大辞典』であった。1920（大正9）年4月には，専属の印刷工場をもつまでに事業を拡大していった。小

表 5.1　小酒井五一郎の略年譜

年月日	内容
1881（明治 14）年 1 月 30 日	新潟県古志郡長岡町に，小酒井貞吉，ます江の長男として生まれる。
1887（明治 20）年	表町小学校尋常科入学。
1891（明治 24）年	表町小学校尋常科卒。
1892（明治 25）年	上京，神田の書籍取次店上田屋に住込店員として入る。
1904（明治 37）年	上田屋店主長井庄吉の次女カツと結婚。
1907（明治 40）年 11 月 3 日	英語研究社（麹町区富士見町 6 丁目 10 番地）を設立。 吉田幾次郎を主筆に迎える。
1908（明治 41）年 1 月 1 日	雑誌『初等英語研究』創刊（1912 年 1 月号から『英語研究』と改題）。 尚，大日本国民英語学会の名で「英語講義録」を発行。
1911（大正元）年	市河三喜『英文法研究』，山崎貞『英文解釈研究』出版。
1913（大正 2）年	英語入門雑誌『ABC 研究』を創刊（1915 年 4 月から『中等英語』に改題）。 山崎貞『自修英文典』を出版。
1916（大正 5）年	社名を研究社と改称。 『中学生』創刊（1927 年 4 月をもって廃刊）。
1918（大正 7）年 9 月	武信由太郎編『武信和英大辞典』を出版。 『受験と学生』刊行（1942 年 4 月戦時下の国策による雑誌統制の為誌名を『学生』と改称。1944 年 5 月から誌名を『中学生』と改題）。
1920（大正 9）年	『女学生』を刊行（1923 年廃刊）。
1921（大正 10）年	『英文学叢書』を発行開始。
1924（大正 13）年	『研究社英語通信講座』『新年附録大正十三年版受験年鑑』を発行。
1925（大正 14）年	山崎貞『新々英文解釈研究』『新々和文英訳研究』を出版。
1927（昭和 2）年	株式会社研究社に改組。岡倉由三郎編『新英和大辞典』を出版。
1934（昭和 9）年	小野圭次郎『英文解釈法』を出版。
1942（昭和 17）年	『東京府中等学校新入学案内昭和十七年度版』を出版。
1943（昭和 18）年	『全国高等工業学校入学案内』『資格検定試験年鑑』を発行。
1944（昭和 19）年 5 月	『学生』を改題して『中学生』となる。 『英語青年』（英語青年社より『英語教育』の移譲）を刊行。
1946（昭和 21）年 1 月	『中学生』を『学生』と改題。
1949（昭和 24）年 10 月	『学生』を休刊。
1950（昭和 25）年 1 月	『学生』創刊。
1951（昭和 26）年 5 月	『学生』を『受験と学生』と改題。
1953（昭和 28）年 5 月	『受験と学生』を『高校英語研究』と改題。
1962（昭和 37）年 5 月 2 日	病没，享年 81。

出所：研究社社史編集室『研究社八十五年の歩み』1992 年より作成

酒井は戦中においても，英文学関係の辞書や単行本を刊行しつづけた。後に著名な英語情報誌となった『英語青年』の創刊は，1944（昭和19）年5月である。しかし，1945（昭和20）年6月，遂に一時的に業務を停止せざるを得なかった。作業再開は，9月であった。しかし，その間も『英語青年』の刊行だけは続けた。一方，同年11月に小酒井は，『時事英語』も創刊した。この雑誌は「米語」研究を第一にしたものであったが，現在まで長年にわたって継続している。このように英語研究・英語教育に関する情報を提供し発展しつづけ，研究社は現在に至っているが，小酒井五一郎は，1962（昭和37）年5月2日病没した。享年81であった。

　1906（明治39）年3月島崎藤村の自費出版小説『破戒』が刷り上がったとき，小さな荷車で運んできたのも小酒井であった。どのような本をどの時代に出版すれば売れるか，その勘が鋭かった人物であったという。このように小酒井は，生粋の出版人であった。『受験と学生』も小酒井の関与のもとに刊行され，戦中も廃刊することなく，誌名を変えながらも戦後まで続いた長命な雑誌になったのである。大正・戦前昭和・戦中において奥付の「編輯兼発行人」の名は創刊以来一貫して小酒井五一郎であった。しかし，小酒井は欧文社（後の旺文社と改称）の赤尾好夫のように毎号巻頭言に筆を執り，自らの教育思想を前面に打ち出すことはなかった。

第2節　発刊の趣旨と創刊号の誌面構成の特徴

　『受験と学生』の発刊の趣旨と創刊号の誌面構成は，どのような特徴を有していたのだろうか。先にも紹介した同誌の創刊号所載の「編輯局より」の記者は，次のように記した。

　　「本誌は，学科の方面に於て，受験の予備知識，準備法，特に空前の誌上模擬試験を行つて，諸君の準備練習に資する以外に，高等専門諸学校の実情を詳述し，延いては其卒業生の就職問題に迄及んで，新時代の要求を根底として正確な新事実の上に，真率に学生諸君の進路を示し，そして其御相談相手になる為に初めて

生まれたものが此『受験と学生』であります。されば本誌の標語である受験中心―といふ語の意味は本号を御覧になれば直ぐ御了解になる事と思ひます。」(『受験と学生』1918年, 創刊号, 80頁「編輯局より」)

表5.2は,『受験と学生』創刊号の目次構成の復刻である。創刊号全96頁, 定価は20銭であった。『受験と学生』には,「欄」が設定されていない。

ここでは, 上記の記述に従い前記の4つの観点, すなわち①「受験の予備知識・準備法・準備練習」等の受験・学習情報, ②高等専門諸学校等の学校選択情報, ③進路選択情報, ④苦学・独学情報に大きく分けて, 創刊号よりそれぞれの記事を整理し紹介する。

①受験・学習情報…20頁弱を割き, 高等学校教授の名のもとに読者に「高等学校入学試験成績講評」を提供し, 次いで8頁を使い, 英語の入学試験練習問題や代数, 幾何, 国語, 漢文の模擬試験問題を掲げ, 模擬試験問題出題者は, 正則予備校, 東京高等予備校, 早稲田高等予備校の各予備的学校の講師陣を揃えた。さらには,「本年度入学試験問題の研究と明年度の準備法(一)」として, 例えば, 英文和訳では東京府立第三中学校教諭・木下芳雄, 和文英訳では, 立教大学講師・『英作文雑誌』主筆・久保田正次等を登壇させた。「教授曰く」の欄は興味深い。受験者の入学試験答案採点顛末記のような記事も所載している。例えば,「良く出来てる答案は調て居て気持ちが良くて涼しい気がする。併し白紙は余に涼し過ぎる」「試験準備法は何と云つても中学在学中から教科書の要所を縦横に研究して」等である[9]。また, 高等専門諸学校等の入試情報のなかでも, 東京高等工業学校などが紹介されているが, 記事数は少ない。

②進路選択情報…巻頭に澤柳政太郎の「目的選定の方法」を, また「商業家になるには」等の記事が掲載された。

③苦学・独学情報…「中学卒業の資格を得る途」が掲載され,「専門学校入学試験検定とは如何なるものか」等や勉強の仕方の情報が提供された。

以上のような創刊号の構成を検討すると, 記者も述べていたように受験・学習を中心とした雑誌という特質を明確に有していた。それは先行の諸雑誌にはない特徴であった。

274　第5章　『受験と学生』『学生』『中学生』

表 5.2　『受験と学生』創刊号（1918（大正7）年10月）の構成

タイトル		執筆者等	
▼表紙			在田稠
▼カット			河井山左
▼扉及カット			在田稠
▼カット			濱田麻須路
目的選定の方法		貴族院議員文学博士	澤柳政太郎
今秋の商船学校受験者へ		商船学校長　海軍少将	石橋甫
学界うちとけ話			金九輪
高等学校入学試験成績講評			
■和文英訳　訳文の五大欠点		第五高等学校教授	深澤由次郎
■英文和訳　年々犯さるる誤		某高等学校教授	
■代数　悩んだ二萬斤以上		某高等学校教授	
■国語　句意を取ることが粗漏		第一高等学校教授	今井彦三郎
■漢文　句読に対する不注意		某高等学校教授	
■化学　成績は概して良好		第一高等学校教授	菅沼市蔵
一高ロマンス			野尻草雄
受験者の頭の使ひ方		東京医科大学教授　医学博士	永井潜
外務省調			
入学試験練習問題の出題に就て		主筆	椿五湖
□英文和訳入学試験練習問題		東京高等工業学校教授	泉哲出題
□和文英訳入学試験練習問題		東京高等商業学校教授	山口鎚太出題
模擬試験問題　　代数		正則予備校講師	松村定次郎出題
模擬試験問題　　幾何		東京高等予備校講師	根津千治出題
模擬試験問題　　国語		早稲田高等予備校講師	吉川秀雄出題
模擬試験問題　　漢文		早稲田高等予備校講師	吉川秀雄出題
斜に見た東京高工			千駄木町人
答案の保護			
中学卒業の資格を得る途			
専門学校入学試験検定とは如何なるものか			
学科にむらのないやうに		東京府立第一中学校長	川田正徴
今より全力を挙げて		東京府立第四中学校長	深井鑑一郎
今年の合格者より			田中生
優等生の勉強法		法学士	西村淳一郎
銀時計挿話			
教授曰く			
早稲田王国記フィニシア星のそれの如く			植原路郎
東京から八十哩北より（桐生高等染織学校だより）			M・S生
商業家になるには			

漫画合格の喜	近藤浩一路
懸賞募集規定　入学練習試験・模擬試験・受験作文誌上顧問部・直接顧問部・スクラップ・編集局より本年度入学試験問題の研究と明年度の準備法（一）	
□英文和訳	東京府立第三中学校教諭　木下芳雄
□和文英訳	立教大学講師「英作文雑誌」主筆　久保田正次
□代数	東京府立第四中学校教諭　小木曽玉喜
□物理	東京府立第一中学校教諭　高田徳佐
□国語	早稲田高等予備校講師　吉川秀雄
□地理	東京府立第一中学校教諭　山崎　進

第3節　「特集」号の特徴とその変化

　販売戦略の1つとして，『受験と学生』は多くの特集を組んでいた。ここでいう「特集」とは，『受験と学生』の編集部等が特定の問題を取り上げて編んだ号を指す。特集号であるかどうかは，①表紙に特集の2文字があるもの，②特集タイトルが明記されたもの，例えば「口頭試験研究号」と題字されたものの2種を特集とみなし取り扱うことにした。

　表5.3は，1920（大正9）年5月号から1943（昭和18）年10月号までの『受験と学生』『学生』の特集のタイトルを一覧化したものである。もちろん，欠号があるためこの一覧は，特集タイトルの全てではない。その限界はあるが，この表からわかることは少なくない。

　第1には，大正期においては，どちらかというと高校の試験官の各科準備法，試験に関する準備等の「受験技術・方法」に関する情報が主体となって発信されている。

　第2には，昭和戦前期に入ると，「受験技術・方法」だけでなく進学に関する情報も特集化される。受験生の立場に立てば，9月以降は，受験準備の実力養成が図られる時期である。同時に，入学したい学校すなわち「目的学校」の選定をしなければならない。どのような学校を選んだらよいのか，自分の実力

表5.3 『受験と学生』『学生』特集号一覧（1920～44年）

年　月　日	項　目	年　月　日	項　目
『受験と学生』		11月 1日	受験公開状号改正高校入試法
1920年 5月 1日	高等学校入学準備号	12月 1日	新入試の対応策改正試験研究号
6月 1日	入学試験問題号		
9月 1日	受験準備最新号	1928年 1月 1日	昭和三年受験必勝総準備号
1921年 1月 1日	大正十年受験準備号	2月 1日	入試問題予想号
2月 1日	入学試験予想号	3月 1日	口頭試問研究号
6月 1日	新準備着眼号	4月 1日	合格答案作成号
1922年 2月 1日	全国受験地案内号	5月 1日	改正試験速報号
5月 1日	入学試験大観号	5月20日	全国各高校入試問題解答講評号
1923年 5月 1日	入学試験大観号		
6月 1日	新受験秘訣号	6月 1日	専門学校新入試問題解答講評号
10月 5日	受験準備号		
1924年 1月 1日	大正十三年受験案内号	7月 1日	新奮闘合格号
2月 1日	入学試験予想号	8月 1日	誌上夏期講習号
5月 1日	入学試験講評号	9月 1日	目的学校選定号
10月 1日	受験準備開始号	10月 1日	出題方針対策号
1925年 2月 1日	入学試験予想号	11月 1日	学生煩悶解決号
5月 1日	入学試験講評号	12月 1日	入学難易研究号
10月 1日	受験準備開始号	1929年 1月 1日	昭和四年必勝総準備号
1926年 1月 1日	大正十五年受験準備号	2月 1日	入試問題予想号
2月 1日	入学試験予想号	3月 1日	ラスト・ヘビー号
5月 1日	入学試験講評号	4月 1日	入学点研究号
1927年 1月 1日	大正十六年受験準備号	5月 1日	入試問題速報号
2月 1日	入学試験予想号	5月20日	入試問題解答講評号
3月 1日	ラストヘビー号	6月 1日	新実戦体験号
4月20日	入学試験問題解答・講評号	7月 1日	就職と学校選定号
		8月 1日	夏期休暇活用号
5月 1日	必勝を期する新準備開始号	9月 1日	全国学校研究号
		10月 1日	秋季白熱準備号
6月 1日	試験官教示の新準備着眼号	11月 1日	独学苦学研究号
		12月 1日	入試科目予想号
7月 1日	最後の勝利へ！健康第一主義号	1930年 1月 1日	昭和五年必勝総準備号
		2月 1日	入試問題予想号
8月 1日	炎暑征服の秘訣夏期休暇活用号	3月 1日	身体検査の実際と受験地案内号
9月 1日	全国学校選択号　実質の比較研究	4月 1日	答案の作成法と口頭試問対策号
10月 1日	決勝的第二期新戦術号	5月 1日	入試問題速報号

第3節 「特集」号の特徴とその変化　277

	5月20日	入試問題解答講評号		5月 1日	昭和八年入試答案講評号
	6月 1日	新合格者体験号		6月 1日	新合格者戦績研究号
	7月 1日	目的学校選定号		7月 1日	新受験準備指導号
	8月 1日	夏期実力養成号		8月 1日	英数国漢根底六百題研究
	9月 1日	給費学校案内号		9月 1日	大学傍系入学研究号
	10月 1日	必勝準備開始号		10月 1日	昭和九年入学試験予備問題号
	11月 1日	私学研究号			
	12月 1日	傍系入学研究号		11月 1日	オール学校礼讃号
1931年	1月 1日	新年特大号昭和六年必勝総準備号		12月 1日	海陸入試直前対策号
			1934年	1月 1日	昭和九年必勝総準備号
	2月 1日	入試問題予想号		4月 1日	試験場征服実力発揮号
	3月 1日	ラストヘビー号		10月20日	独学受験大観
	4月 1日	答案作成秘訣号	1935年	5月 1日	昭和十年入試答案講評号
	4月20日	昭和六年入試問題解答号		6月 1日	昭和十年入試問題大観号
	5月 1日	入試答案講評号		7月 1日	全国高校専門学校研究号
	6月 1日	新合格者体験号		9月 1日	就職と志望学校研究号
	7月 1日	志望学校案内号		12月 1日	昭和十一年度入試科目研究号
	8月 1日	昭和七年入学試験予備問題号			
			1936年	1月 1日	昭和十一年必勝総準備号
	9月 1日	問題傾向研究号	1940年	2月 1日	・英数国漢の出そうな問題
	10月 1日	秋季決勝準備号			・高校科類と大学学部との関係
	11月 1日	英数国漢征服号			
	12月 1日	入試科目予想号		10月 1日	・之からの不得意科目の勉強法
1932年	1月 1日	昭和七年必勝総準備号			
	2月 1日	入試問題予想号			・高専は何科が難しいか
	3月 1日	暗記学科征服号		11月 1日	・高校の新試験法と対策
	3月25日	新受験者激励号			・国漢と物理の新準備法
	4月20日	昭和七年入試問題正解号	1941年	1月号	・高校教授と科類選定を語る
	5月 1日	入試答案講評号			・国史と物理の総復習
	6月 1日	合格答案公開号			
	7月 1日	志望学校研究号		2月 1日	・第二志望を選ぶには
	8月 1日	英数国漢根底六百題研究			・高校副科目の準備法
	9月 1日	学校生活展望号		3月 1日	・答案の採点方針を語る
	10月 1日	昭和八年入学試験予備問題号			・高校副科目の急所要所
				5月 1日	・本年度入試答案の講評
	11月 1日	独学苦学制覇号			・高校志望者の予備知識
	12月 1日	最近出題傾向号		6月 1日	・陸海軍受験のプラン
1933年	1月 1日	昭和八年必勝総準備号			・新合格の感激を語る
	4月 1日	全国学校受験地案内号		7月 1日	・入試実力の正体を探る
	4月20日	昭和八年入試問題正解号			・専門大家の説く健康法

	9月 1日	・九月から十二月迄の対策 ・学校選択の基準と方法	10月 1日	学制改革とその影響
	11月 1日	・学園新体制と未来展望 ・秋期学習上の諸問題	11月 1日	時局と学校界の変貌答案の正しい書き方
			12月 1日	高校入学者の在学成績
1942年	1月 1日	・新受験生諸君に望む ・国漢英数最後の実力だめし	1943年 1月 1日	国漢英数基礎知識の反省
			2月 1日	答案の正しい書き方
			3月 1日	国史と理科の総整理
	『学生』		4月 1日	本年度入試問題の研究
1942年	5月 1日	新合格者の体験を聴く	5月 1日	本年度入試答案の講評
	6月 1日	志望校決定の基準	6月 1日	学生と進学
	7月 1日	不得意科目の征服策	7月 1日	学徒の決戦任務
	8月 1日	国漢英数夏期錬成道場	8月 1日	夏季の学科錬成
	9月 1日	実力の正しい鍛錬策	10月 1日	昭和学生魂

と見合った学校とは何であるか，その志望校をきちんと決めて傾向と対策をとらなくてはならない時期である。例えば，1928（昭和3）年9月号の『受験と学生』は，その特集号のタイトルを「目的学校選定号」としている。時代が下がっていくと，1929（昭和4）年7月号「就職と学校選定号」，1930（昭和5）年7月号「目的学校選定号」，1931（昭和6）年7月号「志望学校案内号」，1932（昭和7）年7月号「志望学校研究号」，1933（昭和8）年11月号「オール学校礼讃号」等となっている。1933（昭和8）年12月号に『海陸入試直前対策号』と題して軍関係の学校への受験特集がはじめて組まれたことは興味深い。

　第3には，受験情報や進学情報に加えて，学生生活情報や独学情報も発信されるようになる。例えば，1928（昭和3）年11月号「学生煩悶解決号」，1929（昭和4）年11月号「独学苦学研究号」，1930（昭和5）年9月号「給費学校案内号」，1930（昭和5）年12月号「傍系入学研究号」，1933（昭和8）年9月号「大学傍系入学研究号」，1934（昭和9）年10月号「独学受験大観」等である。なかでも「給費学校案内号」には，「本年は昨年に比して一般高等専門学校の志願者が著しく減少した。其の原因は財界の不況にある事もうすまでもないが，尚詳しく云へば，財界不況の為め，学費至便の立場にある父兄の懐工合が悪くなつた事と，深刻なる就職難を見て，卒業後の生活に不安を抱く者が多くなつ

た事による」(巻頭言より) と述べられている。給費学校の特集を組んだのは，慢性的な経済的不況に伴う卒業後の就職難に対する不安を払拭するためであったといえよう。

このように雑誌の特集記事を見ていくだけでも，当時の受験，進学，学校を巡る時代背景が映し出されてくる。さらに『受験と学生』は，1930 (昭和5) 年11月号「私学研究号」と同年12月号「傍系入学研究号」を特集している。これは，不況の影響によって傍系に入学したいという受験生の相談が『受験と学生』に設けられた「受験顧問」に多く寄せられた結果であると記者は述べている。これらの特集は，この「受験顧問」に寄せられた受験生の質問に答える形で組まれたものでもある。

第4には，このように検討してみると，便宜的ではあるが，これら3誌を以下のⅢ期に区分することができる。

　　第Ⅰ期　創刊1918 (大正7) 年から1926 (昭和元) 年まで
　　　　　　模索期としての『受験と学生』
　　第Ⅱ期　1927 (昭和2) 年から1941 (昭和16) 年まで
　　　　　　拡張期としての『受験と学生』
　　第Ⅲ期　1942 (昭和17) 年から1944 (昭和19) 年まで
　　　　　　戦時体制下の『学生』・『中学生』

第Ⅰ期は模索期で，受験・学習雑誌として出発しながらも独学情報等を散発的に掲載してゆく時期である。繰り返しになるが，第Ⅱ期は表5.3からもわかるように，1927 (昭和2) 年6月号までの特集を見てみると，その全てが入学試験合格に向けての受験準備・技術情報を提供していた。ところが，1927 (昭和2) 年7月号を起点とし，前面に「健康」「学校選択」「就職と学校」「独学苦学」等の進学情報を打ち出し受験情報とともに拡張していくようになる (ただし，この時期には『受験と学生』本体が大きく欠落している関係から長期にわたる時期を設定した。この期間はさらに細かく分類されるものと考えているが，その点は他日を期す)。第Ⅲ期は，戦時体制下とした。

なぜ毎号のように特定の問題に力点を置き，その内容を表紙に大書するとい

う編集方針を採用したかは定かでない。しかし1920年代は，学歴社会の成立に伴い，とくに都市部では新中間層の家庭が，子どもにより高い学歴を与えようと，著名な上級学校進学を志向した時代であった。研究社にとっても「競争としての『学び』」が進行するにつれて多くの予備校的学校も設立され，たくさんの受験参考書も出版されるなかで，つまり受験産業が隆盛してゆく過程で，いかに購買力を増強するかが急務の課題であったと推測される。それを打開する1つのストラテジーとして，上記のような方策が採用されたのではないだろうか。

ところで，同誌の編集人・山田邦佑は『小酒井五一郎追悼録』(1963年) において「2・26事件当時 (中略)『受験と学生』という，旧制の高等学校や高等専門学校受験のための，中学生相手の雑誌が，ますます盛観をきわめていた。これは，そうした学校の入学難が，いかにはげしかったかと，いうことを，裏書きすることにもなるのであるが，そこには，新興出版社の××社の『××時代』という，同種の受験雑誌があって，しのぎを削っていた。ことにひどかったのは，入学試験直後の臨時増刊号，その問題正解号の発売で，量にして，まさに電話帳ほどのボリュームの大冊を，寸秒をきそって，××社と張りあったことである」と記している[10]。

「××社」とは欧文社であろう。同社は，高等教育機関受験対策のために通信添削雑誌『受験旬報』を1932 (昭和7) 年10月に創刊している。山田の回想にある『××時代』とは『螢雪時代』のことであるが，欧文社が『受験旬報』を改称し，『螢雪時代』を創刊したのは1941 (昭和16) 年10月のことであった。この回想には若干の思い違いが見られるが，それにしても研究社と欧文社 (後に旺文社と改称) は「しのぎを削っていた」という事実を知ることができる。2つの雑誌は受験生と受験生をもつ保護者に与えた影響が大きかったことは指摘できよう。

研究社の『受験と学生』は，戦中に入っても着実に刊行された。ただし，用紙統制で『受験と学生』が『学生』に改称されてからは，頁数が激減した。統制以前の1941 (昭和16) 年10月号は全240頁，定価60銭であったものが，1942

(昭和17) 年9月号には全144頁, 定価40銭, 1944 (昭和19) 年1月号は全64頁, 定価35銭と1941 (昭和16) 年に比すと176頁を減じたことになる。

戦時中の特集号の特徴は, 第1にはこれまでと同様に『受験技術・方法』だけでなく進学に関する情報も特集化されたことである。第2には受験情報や進学情報に加えて, 学制改革情報や「時局と学校界の変貌」に関する情報も発信されるようになる。例えば, 1942 (昭和17) 年11月号『学制改革とその影響』, 12月号『時局と学校界の変貌』が特集として組まれた。また「錬成」という言葉が特集号に記載されのは, 同年9月号からである。第3に, 『中学生』に誌名が改称すると頁は全58頁と減少した。しかし記事数は少ないものの, 『受験技術・方法』情報は絶えることなく残されていた。そして編輯兼発行人が小酒井五一郎から小酒井益蔵に替わった。この益蔵が, 五一郎の肉親であったかどうかは不明である。

第4節　模索期としての『受験と学生』―1918～26年―

(1)　誌面構成とその変化

この時期の誌面の基本的構成は, 大きく5つに分類できる。

第1は, 論説・エッセーである。記者や各界の識者, 中高校の教員, 大学教授, 軍学校関係者等が執筆している。入学試験に応じるための受験の予備知識に関する論説が多いなかで, 例えば1920 (大正9) 年11月号には東京帝大法学部教授・吉野作造の「青年に対する社会の要求」を掲載している。

第2は, 受験の予備知識, 準備法, 模擬試験等受験技術・方法等に関する受験情報である。先述した編集者の刊行の経緯にあったように, 「本誌の標語である受験中心」の雑誌であるだけにその記事数は多岐にわたり膨大である。ほとんど毎号のように懸賞模擬試験問題が掲げられ, そして解答と講評が掲げられる。巻末には模擬試験合格者を掲載している。模擬試験に合格し自分の名前を見つけたときには, 受験者は喜びに充ち, 自信が湧いたことは容易に想像がつく。大学予科, 専門学校の入試問題も掲載される。

第3には，学校情報・学校選択情報である。この情報は上級学校紹介，「合格記」（名称は「受験記」「合格者の準備法」「合格者の経験より」「受験実記」等と一定ではない）というコーナーを設けるが，欄を設定せず単発でも掲載される。ここには学校の紹介，受験勉強の仕方，将来像等の多様な内容が盛り込まれている。

第4は，進路選択情報である。別の言い方をすれば学問選択情報や職業指導情報である。この情報の担当者は，記者や各界の識者，中高校の教員，大学教授，軍学校関係者等である。

第5は，苦学・独学情報である。この種の情報は創刊号から掲載されているが，この時期においても記事数は膨大である。

ここでも，①受験・学習情報，②学校選択情報，③進路選択情報，④独学・苦学情報という観点から，目次が完全に残っている雑誌をピックアップして記事を検討してみよう。

表5.4は，1920（大正9）年9月号の目次構成である。この号は，『受験準備最新号』という特集である。

①受験・学習情報としては，「高等学校入学試験成績講評」がある。ここには12頁から85頁まで，全体の約43.2％の頁が割り当てられている。32名の高等学校教授を配した。内訳は，一高14名，三高4名，七高3名，二高・四高・六高・八高各2名，五高・山口・山形各1名である。教科では，英語10名，数学7名，国語5名，歴史・物理・作文各3名，漢文1名である。「各高等学校は何点取れば入学出来るか（各校各科入学点）」は，読者にとっては魅力的な情報であった。また「全国各高等専門学校試験官より受験者へ」では，「一，九月より明年三月迄の理想的勉強法　二，教科書以外に如何なる参考書を選ぶべきか，教科書及参考書の読み方　三，本年度答案の欠陥に鑑みて学習上の希望並注意」の記事を掲載した。ここに登場する教授たちの専門の教科は，外国語28名，数学10名，国語漢文15名，物理化学14名，博物3名，歴史1名，商業簿記1名である。教授は，官立では一高から高工，高商，医専，外国語学校等の教授，私立では明治大学，早稲田高等学院教授等である。さらには，

表 5.4　1920（大正 9）年 9 月号の構成

タイトル	執筆者等	
▽日を追うて（表紙）		池田永治
▽扉		在田稠
九月から三月まで		椿強祐
十月の商船試験と卒業生の将来	商船学校長	石橋甫
陸軍将校生徒教育並召募規則の改正	陸軍試験委員	
英語受験者の注意すべき事ども	商船学校教授	勝田孝興
今秋の志願者への注意と数学準備	東京高師教授	國枝元治
高等学校入学試験成績講評（略）		
一高の体格検査成績（明年度受験者へ）	一高体格検査委員	中山敏樹
各高等学校は何点取れば入学出来るか（各校各科入学点）		
北海道帝大予科歴史答案講評	北海道帝大予科助教授	奥田□
全国各高等専門学校試験官より受験者へ		
一．九月より明年三月迄の理想的準備法		
二．教科書以外に如何なる参考書を選ぶべきか，教科書及参考書の読み方		
三．本年度答案の欠陥に鑑みて学習上の希望並注意（略）		
海軍生徒採用試験答案講評（略）		
大正九年海軍生徒採用試験成績概況		
外務省留学生試験を終りて	外務省試験事務主任	渡邊新一
鉄道省中央教習所入学試験成績		
Ⅰ．激増した志願者数	中央教習所監事	勝目泰彦
Ⅱ．数学問題と受験者の常識	中央教習所講師	今泉恒
誌上模擬試験問題（略）		
高等学校入学試験問題解答（略）		
合格記（略）		
高等学校入学者氏名（略）		
北海道帝国大学予科及実科入学者氏名		
▽高校戦のあと　▽学校時事　▽東京高師募集　要項▽模擬試験合格者　▽受験作文優等者　▽編集局より		

注：□は判読不能。

「誌上模擬試験問題」「高等学校入学試験問題解答」「合格記」「高等学校入学者氏名」「北海道帝国大学予科及実科入学者氏名」等が掲載された。②学校情報は，この号では正面から取り上げられていない。③進路選択情報では，「十月の商船試験と卒業生の将来」「陸軍将校生徒教育竝召募規則の改正」「海軍生徒採用試験答案講評」「大正九年海軍生徒採用試験成績概況」等，軍関係への進路を示す情報を提供している。④苦学・独学情報は，「鉄道省中央教習所入学試験成績」が掲げられ「Ⅰ．激増した志願者数」等の情報が提供された。

次に，表5.5は，1923（大正12）年3月号の目次を復刻したものである。創刊から5年後の目次である。①受験・学習情報は，「高等学校入学試験科目の発表」「四高試験官の採点ぶり」「誌上模擬試験問題解答竝講評」「懸賞誌上模擬試験問題」等が掲載された。②学校情報は，評判記として「六高商の出身者競ひ」として東京高商，神戸高商，「天下を二分する早慶両大学の解剖」等，生徒募集情報として，「本年度各学校生徒募集要項」等がある。③進路選択情報は，「林学志望者諸君へ（東大農学部実科より）」が掲載された。④苦学・独学情報は，「女子専検の成績」「東京女子高師入学専門学校入学検定試験問題」等がある。因みに，『受験と学生』の女子に対する進学情報は，筆者の調査では1920（大正9）年3月号に東京女子高等師範学校の試験問題を掲載しているのが最も早いものの1つである。『受験と学生』は男子向けの進学情報が多く，偏りがあったことは否定できないが，女子も読者対象としていることが推測できる。

「東京で施行した高検・専検の成績（東京府立三中校長・廣瀬雄）」，各種試験情報としては，「鉄道省教習所入学試験の改正」等が掲載された。

このように創刊号と比べると，高等学校等の「募集する側」からの情報や「模擬試験」に力点が置かれた情報が発信されるようになるなどの若干の相違があるにせよ，ほぼ同様の情報が掲載されている。この号は全127頁，定価は35銭であった。このようにして『受験と学生』は，1926（大正15）年11月号をもって百号目を刊行した。全496頁，定価1円であった。

第4節　模索期としての『受験と学生』　285

表5.5　1923（大正12）年3月号の構成

タイトル	執筆者等	
▽寫生（表紙）		池田永治
▽扉		浅井政蔵
物理学の意義と其将来	東京高工教授	竹内時男
高等学校入学試験科目の発表		
放たれたる二校合格者		
六高商の出身者競ひ		針井健八
体格検査に就て学校当事者への希望		津留美生
林学志望者諸君へ（東大農学部実科より）		小池武夫
高校入試に出さうな動物問題		阿佐美昌三
強烈な脳神経衰弱をおして独学で弁護士試験に及第判検事弁護士の試験改正	弁護士	堤幸一
四高試験官の採点ぶり		H I
鉄道省教習所入学試験の改正		一記者
欧米の速記術		小林次郎
千里山の学窓から（関西大学評記）	貴族院書記官	藍弗帽衣
東京で施行した高検・専検の成績	東京府立三中校長	廣瀬雄
天下を二分する早慶両大学の解剖		城西丘人
苦学案内ぐさ（二）		LMN生
数へ歌歴史記憶法		木村已智春
懸賞誌上模擬試験問題		
□和文英訳	東京高芸教授	小松武治
□幾何	第七高校教授	中島宗治
夜間授業の大学及専門学校		記者
アクセントの試験問題	浦和高校	田村精一
三角法公式処分の秘訣		唐牛桃世
総合的受験準備法（第三講）	東京高師	豊田国男
今年の高等試験資格試験		
税関監吏特別任用試験		
誌上模擬試験問題解答竝講評		
□和文英訳	「英作文雑誌」主筆	久保田正次
□幾何	第七高校教授	中島宗治
□物理	東京府立一中教諭	小山寅
□化学	陸軍教授　早稲田高院教授	池田清
女子受験欄		
□女子専検の成績	東京府立第二高女教諭	平田華蔵
□東京女子高師入学専門学校入学検定試験問題		

286　第5章　『受験と学生』『学生』『中学生』

　　□女子生徒募集要項
　受験と学生日誌
　最近の各種試験問題
　　▽陸軍士官学校予科入学試験　▽高等学校入学資格　試験　▽専門学校入学検定試験
　　　▽実業学校教員検　定試験
　本年度各学校生徒募集要項
▽東京高等工業学校　▽台湾総督府医学専門学校　▽京都高等蚕業学校　▽水産講習所　▽明治専門学校　▽鹿児島高等農林学校　▽山口高等商業学校　▽旅順工科大学予科　▽名古屋高等商業学校　▽東京高等工芸学校　▽神戸高等工業学校　▽大阪高等工業学校　▽京都高等工芸学校　▽商船学校　▽東京商科大学　▽盛岡高等農林学校　▽神戸高等商業学校　▽名古屋高等工業学校　▽南満州工業専門学校　▽北海道帝国大学　▽鉄道省教習所　▽金澤高等工業学校　▽台湾総督府高等農林学校　▽大分高等商業学校　▽広島高等工業学校　▽神戸高等商船学校　▽愛知医科大学予科
　　▽誌上顧問　▽読者欄　▽受験作文優等者　▽模擬試験合格者　▽新刊紹介　▽編集局から

(2)　紹介された教育情報

　紹介された教育情報を，もう少し詳しく内容的に検討してみよう。

①受験・学習情報

　受験・学習情報に関する記事は多彩である。とくに注目されるのは高等学校入学試験の成績講評である。高等学校の場合，最も多く講評された教科は，英語であり，続いて数学，国語であった。大学予科・高等専門学校の場合は，どのような特質を見せるのだろうか。例えば，1924（大正13）年9月号に掲載された「高等専門学校入学試験答案講評（一）」では，14教科中英語が7，数学が4，他は物理，漢文，簿記がそれぞれ1であった。英語の答案講評を受け持ったのは，第七高，福島高等商業，明治専門学校，浜松高工，第三高校の各

第4節　模索期としての『受験と学生』　287

教授たちである。これほど多彩な教授陣を揃えた教科は他にない。最も力点をおいた答案講評がなされていたのが特徴であった。

　各年度ごとに受験者に対して，準備法と受験法を授ける情報も提供された。例えば1927（大正16）年1月号掲載（奥付に依る）の「大正十六年度受験者への準備法と受験法」を見てみよう。どのような教科に力点が置かれたのだろうか。全13教科が掲げられたが，内英語が6，数学・物理2，国語・漢文・化学がそれぞれ1であった。出題者は，英語では神戸高等商業，第二高校，第一高校，北大予科，富山高校の教員であった。高等学校・高等専門学校に関して，教員による英語に重点を置いた受験指導情報が提供されていた。

　しかし，教員だけが準備法と受験法を伝えていたのではない。受験者自身も伝えていた。とくに合格体験記には，さまざまな学校に合格した人々の手記が寄せられていた。例えば，1923（大正12）年2月号・5月号・6月号・8月号の4冊分の合格体験記（「受験実記」欄となっている）欄に掲載されたものは，2月号は6件，5月号は4件，6月号は2件，8月号は6件である。毎号掲載されているわけではないが，都合18件である。手記を書いた受験者の在学する学校は，北海道帝大予科，明治専門学校，大阪高商，四高，京都府立医大予科，長崎高商，浦和高校，彦根高商，神戸高工，日露協会学校，東京商大専門部，一高，東京外語，東京高工，高知高校，大阪医大予科等である。高等学校から実業専門学校に合格した者まで，幅広く掲載されている。彼等の体験記には経歴，準備法，実際の試験の様子，将来像等が書かれていて興味深い。

　「模擬試験」に関する情報は，どのような特徴を見せるのだろうか。例えば，1920（大正9）年5月号は「誌上模擬試験問題」には，英文和訳，和文英訳，代数，平面幾何，国語，漢文の問題を出題している。出題者は，英語は一高教授と六高各教授，数学は山口高校と一高各教授，国語は一高，漢文は七高各教授である。そして誌上模擬試験への解答と講評が載り，講評者は出題者である。例えば，1924（大正13）年3月号に掲載されたものは，英文和訳が東京府立三中教諭，和文英訳は四高教授，代数は早稲田高等学院教授，幾何2問は七高教授と府立三中教諭，化学は府立一中の教諭である。このように中高の教員が出

題，解答，講評を担っていたことがわかる。

　受験の予備知識に関しては，『受験と学生』編集部は入学試験法の改正等，教育政策としての入試情報も提供している。例えば1923（大正12）年1月号「大正十二年度以後に於ける高等学校改正入学試験法に対する準備法と受験注意」では，1922（大正11）年5月に開催された全国高等学校長会議で1923（大正12）年度の入学試験・英語に「アクセント」の試験を行うこと，英文和訳，国語，漢文は試験問題中1問は長文を出題し，その大意を書かせるという情報も提供している（16頁）。受験者にとっては，傾向と対策上において貴重な情報である。

　そして記者は，各年度の1月号にその年度の受験界を展望している。1924（大正13）年1月号「震災に錯綜せる大正十三年度の受験界」と題する一文を載せ，そして官立学校入学試験科目は，「十三年度からは，学校個個が任意に決定する」ことになったことや，東京高工，大阪高工，神戸高商，東京高師，広島高師の「五校の大学昇格は一ヶ年延期」，歯科医学専門学校の新設が延びたことを伝えた（5頁）。また記者は，1925（大正14）年7月号「明年度の受験界の大変革」として高等学校，高等専門学校等の「受験期二分案」が成立したことを伝え，「受験者諸君は，高等学校なら高等学校，高工なら高工を，ハッキリ自問自答して，行くべき道を確立せられた方が，遙かに怜悧である」（7頁）とアドバイスしているのである。教育政策の動向を素早くキャッチしながら情報化しているところにも，この雑誌の特徴がある。

　②学校選択情報

　学校選択情報も多岐にわたっている。編集部による，例えば高等学校・大学予科入学案内や新設の学校の紹介や生徒募集の実際，教員や職員による学校案内や紹介，生徒による上級学校紹介の記事等が掲載される。例えば1922（大正11）年2月号は，「各学校当事者より志願者へ」欄を設け，早稲田高等学院長は「早稲田高等学院の改革」を，大倉高商校長は「大倉高商の入学者と将来」という一文を寄せて学校を紹介している。また大正期の進学案内書や苦学案内書の著者・出口競の「学校訪問」記が，1923（大正12）年8月号に載った。出

口は，1924（大正13）年6月号より1925（大正14）年3月号まで「全国学校周遊記」を連載した。1924（大正13）年11月号には「学校の紹介と案内」欄が設けられ，東京商大専門部，第七教員養成所，東洋大学，福井高工，東京外語，東京医専，早稲田高等学院，鳥取高農，東亜同文書院，慶大専門部，大阪外語，彦根高商の学生たちが自らの学校をガイドしている。1925（大正14）年1月号にも「学校の紹介」欄が設定され，早稲田大学，鉄道省教習所をはじめ13校の学生諸君が学校紹介を行っている。また記者は「学校訪問」も行い記事にしているが，1925（大正14）年8月号には敬亭「母性愛が生んだ帝国女子医専」を載せた。同誌は，女子受験生も読者対象としたことを知らせている。

　読者にとって魅力的なのは，上述のような受験技術・方法や準備法に関する情報だけでなく，高等学校等の入学難易等であった。編集部は，どの高等学校が比較的入学しやすいかを報じた。例えば，1922（大正11）年4月号は「本年度全国高等学校入学難易順」という記事を掲げ「志願者数から観た入学難易順は，（中略）昨年は一高，三高，八高，水戸，六高，松山，二高，山口，松本，四高，七高，新潟，松江，五高，佐賀，山形，弘前の順であつた，本年佐賀が第三位を占めて居るが如き，昨年志願者の少なかつた所へ今年殺到するといふ傾向は，依然として見る事ができる。」（34頁）と知らせている。しかし，記者は，志願者が多いところは試験になると受験者は少なくなり入学がしやすい，志願者の多い所をねらって受けることも肝要と説いている。

　1924（大正13）年12月号には関西子が「関西財界の学閥より見たる学校選択の実際的研究」を寄せた。関西子なる人物は受験生の悩みは「学校の選択にもかなり頭を悩ましてゐるに違ひない」と述べ，その理由を「『校門の選択』が将来の重大な力となり，幸不幸の分岐となるのであるが故」であると述べた（40頁）。そして読者の問題とするところは，「では銀行に入るに，校門はどれがよいか，紡績界に投じたい希望だがどの学校を出れば先駆者の引立を蒙り得るか」（40頁）ということであろうと指摘した。関西子は「学閥より見た校門選択の注意」を，以下のように記述した（43頁）。

　「（一）銀行界に入らうとせば，東京商大か，帝大か，慶応に入学の必要がある。

(二) 海運界に入らうとせば，帝大か，東京商大に入学せよ。
(三) 三井物産に入らうとせば，必ず東京商大に進めよ。
(四) 紡績，棉花界入らうとせば，大阪商大か慶応に入学せらるべし。
(五) 個人商店の経営を大阪でするには，大阪高商に進むべきである。」

この著者は，「主脳者の出た学校を卒へて来たものを引立てやうといふ母校愛に囚はれて引き入れることは人情であるから，受験者はこの点に注意と考慮をして入学すべきであらう」(43頁)と説いている。

この引用からわかることは，関西財閥という限られたエリアではあるが，老舗の慶応は別格としてほとんどが官立学校を勧めていることである。学歴社会が成立した1920年代において，「官高私低」の観念がますます強固なものになり実業界に浸透していることがわかる。つまり，学歴がないと働くことに不自由する時代が成立したことを物語っているのである。

③進路選択情報

進路選択情報を見よう。この時期の『受験と学生』の目次を各号検討すると，進路選択情報の記事もまた極めて少ない。いくつか拾ってみると，例えば1920 (大正9) 年7月号に早稲田大学文学部長文学博士・金子馬治は「文学志望者へ」を，1921 (大正10) 年2月号は「各高等専門学校卒業生の就職種別 (二)」を，8月号は「実業学校卒業者の進路」を，1926 (大正15) 年1月号には「各種学校卒業生の就職分布一覧」がそれぞれ掲載されているのみである。

この時期の『受験と学生』は，青年たちがどのような将来設計を行い，そのためにどのような学校で何を学ぶことが大切であるかという情報は前面には出していない。「競争としての『学び』」をどのように成就し，そしてよりよい方面に就職していくか，そのための受験技術と方法を授けている。

④苦学・独学情報

『受験と学生』が苦学・独学の情報を，多く提供していることは先にも述べた。なぜ，このように多量の苦学・独学情報が提供されたか。その理由は中等教育の普遍化に伴い高等教育機関の多様性とも重なり，多くの無産青年も上級学校進学を目指すようになったからではないかと考えられる。その無産青年のなかから苦学・独学して上級学校進学を志す青年たちの要求に対応しようとし

た。つまり研究社は，彼等をもう1つの重要な読者対象に据えたのである。

では，具体的にはどのような記事が提供されたのだろうか。1923（大正12）年1月号には慶應義塾大学・悟桐生「中学程度の学科を独習中の苦学生諸君へ」を，2月号では白頭権兵衛「高検を越えし鈍牛の足跡－独学合格者の受験経路と感想」を，3月号には「苦学案内ぐさ（二）」と「女子専検の成績」を，4月号には「奮闘八ヶ月にして専検を突破す」と「小学校教員検定高正を突貫する迄」を，6月号には「血にまみれたる独学者の凱歌」欄を設け「高検・専検は同情ある学校を選べ」他を，7月号には「高検・専検に三たび破れし者の叫び」と「帝大文学部選科受験者の為に」を，8月号には「独学者の苦験より」欄を設け「高校入学資格検定の敗北に泣く迄」他と「無学歴者苦学者の短期立身法（電気事業主任資格検定）」を，9月号には「苦学物語行商人」と「専検高検試験官へ謝す」を，10月号には「独学者の凱歌」欄を，そして11月号には「専検高検独学受験準備法」を，それぞれ掲載した（少し時代が下がるが，1916（大正15）年1月号には「紙上特別附録」として「立志受験 独学者年鑑」が約50頁にわたって掲載された）。

上記は約1年間の記事であるが，ここからわかることは少なくない。苦学・独学情報の特質は，第1には，「専検」「高検」に合格し中学校卒業資格，すなわち専門学校，高等学校への受験資格を獲得するための資格情報の提供であった。つまり高等教育機関への受験情報に止まらず，受験そのものを可能にするための情報を重視した。「学び」のカテゴリーからすれば，いわば「教育資格」志向の「学び」を情報を通して支えていたことになる。第2には，帝大への傍系入学の方法に関する情報の提供である。第3には，職業資格を志向する独学者に対する情報である。この時期には，小学校教員や電気事業資格検定等が掲げられた。第4には，『受験と学生』の場合は高等諸学校に在籍しながら自活勉学する若者を苦学生として位置づけ，彼等に情報を提供しているところにある。

このように『受験と学生』は，高い学歴をもたない者は「並みの生活」ができないという認識を前提とし，苦学・独学情報を提供しつつ，次第に掲載情報

の範囲を広げ正規の学校へと彼等の「学び」を誘引してゆく役割を果たしたのではないだろうか。つまり「競争的としての『学び』」をさらに助長しつつ，彼等の「学び」を鼓舞していったのではないだろうか。

　以上概観したように，模索期の『受験と学生』は，高等諸学校入学志望者を主対象とし苦学・独学を志向する人々とを副次的な読者対象とし，受験情報と苦学・独学情報とを提供した。しかし，学校選択情報や進路選択情報の記事は少なく，その情報は合格体験記に集約させる形での編集方針であったと考えられる。

　研究社は，この出発期における戦略に成功し，戦前日本における代表的な受験雑誌の位置を保持しつつ，長命な雑誌となったのである。

第5節　拡張期としての『受験と学生』―1927～41年―

（1）　誌面構成とその変化

　この時期すなわち1927～41（昭和2～16）年は拡張期と見られる。1941（昭和16）年までとしたのは，1942（昭和17）年4月号より戦時体制下の雑誌統制により誌名が『学生』と改称されたからである。

　この時期の『受験と学生』は，毎号が特集号となっていた。表5.3を見てみると，ほとんどのものが受験技術・方法に関する特集であることがわかる。7月号・9月号，ときには11月号・12月号でも，「全国学校選択号」「目的学校選定号」「就職と学校選定号」「独学苦学研究号」等のように進学・学校・苦学独学各情報が提供された。そのなかでも，学校選択情報が特集化されているのは特徴的である。

　さて，誌面の基本的構成は，前の時期と同様，大きく4つに分類できる。第1には，論説・エッセーである。第2には，受験の予備知識，準備法，模擬試験等受験技術・方法等に関する受験・学習情報である。第3には，学校情報・学校選択情報である。特集から判明するが，この種の記事数は前の時期と比して増加している。第4には，進路選択情報である。別のいい方をすれば，学問

選択情報や職業指導情報である。第5には，苦学・独学情報である。この種の情報は創刊号から掲載されているが，この時期において記事数はますます膨大になる。

①1927（昭和2）年9月号

具体的に検討してみる。例えば，表5.6は，1927（昭和2）年9月号の目次を復刻したものである。この号はそれまでの受験技術・方法をだけでなく，学校選択情報を前面に打ち出し特集「全国学校選択号・実質の比較研究」を組んだ最初のものである。①受験・学習情報としては，この号が学校選択情報を前面に打ち出したものであるので，頁数の多くはそれに割かれている。しかし受験・学習情報が全く掲載されていないということではない。「本年度の高校第一班の優良答案の公開」「懸賞誌上模擬試験問題」「懸賞誌上模擬試験問題解答竝講評」「英語入学試験問題の研究」「受験者の必ず心得べき代数問題の着眼点と其解法」に続き，「我等が勝利までの準備法」という合格体験記等が掲載された。②学校選択情報としては，まず日本勧業銀行総裁が「大学か専門学校か」という巻頭言を掲載した。「全国官立高校は旧設か新設か」「全国官公私立高商の新比較研究」や「誌上学校巡礼」等が掲載された。「誌上学校巡礼」には，広島高師，大東文化学院，無線電信講習所，台湾高校等の15在学生の学校紹介文が掲載された。③進路選択情報としては，「高工各科の内容と卒業生の就職方面」に13頁を割いている。④苦学・独学情報も多く掲載した。例えば，「独学で学士になる法」は太字になっている。また「専検」関係の記事，苦学法も掲載されている。

このように受験・学習情報だけでなく学校選択情報，進路情報，苦学・独学情報等の進学情報が掲載されるようになったのである。そしてそれが，特集になったことは注目される。高等教育拡張計画が実施完結の段階を迎えたことが反映され，進学希望者にとって学校の実際の姿が選択対象となった。

294　第5章　『受験と学生』『学生』『中学生』

表5.6　1927（昭和2）年9月号の構成

タイトル	執筆者等	
大学か専門学校か	日本勧業銀行総裁	梶原仲治
全国官立高校は旧設か新設か		蹴泥生
高工各科の内容と卒業生の就職方面		
【色染科】紡織科の関係と教授主要方針	東京高工色染科長	植村琢
【紡織科】所謂繊維工業と其就職方面	東京高工紡織科長	斉藤俊吉
【窯業科】我が国唯一の窯業科の内容	東京高工窯業科長	近藤清治
【応用化学科】特色ある製糖と製革方面	東京高工応用化学科長	橋本重隆
【電気化学科】電気を利用した化学工業	東京高工電気化学科長	加藤興五郎
【機械科】如何なる工業にも必要な機械学	東京高工機械科長	関口八重吉
【電気科】志願者の殺到する電気科内容	東京高工電気科長	山本勇
【建築科】卒業生の就職は勤勉第一	東京高工建築科長	小林政一
七年制高校の特色と其卒業生		記者
全国官公私立高商の新比較研究		上井櫻桃
入学試験問題の出題法	神戸高工教授	瀬尾武次郎
高校教員検定の独学合格者		記者
本年度の高校第一班の優良答案の公開		
独学一年で判任官になる道（上）		梵天丸
大学専門学校の差別撤廃の第一声	三菱合資会社人事課長	堤長述
男女受験者衛生五戒		伊賀哲人
専検三期の準備法と臨場記		SS生
受験生諸君の幾何の名解（一）	早稲田高等学院教授	高見豊
懸賞誌上模擬試験問題		
（代数）	第二高校教授	柴田寛
（国語）	山口高商教授	今泉浦治郎
誌上学校巡礼		
◇FAR FROM THE MADDING CROWD	広島高師	KMC
◇二本マストの快鷹丸	水産講習所	くにを生
◇古きものは竟に新し	大東文化学院	夢野通路
◇中華の古城に咆哮せよ	北京同学会語学校	留華学人
◇静岡高校のアトウライン	静岡高校	猪熊犲狼
◇早稲田の理工学部へ志す諸君へ	第一早高院	代志呂生
◇無電界に恵まれたる将来	無線電信講習所	IO生
◇椰子の葉繁る南国生活	台湾高校	なかむら生
◇一人一台宛の顕微鏡	東京慈恵医大	N生
◇志貴野頭に聳ゆる高楼	高岡高商	紫蘭
◇二十五円の給費で中等教員へ	第八臨教	けんご
◇中等学校を経ずに中等教員へ	日大高師部	IK生

◇個性を尊重せる教育法	浜松高工	松本敏鎌
◇日本海を一望の中に収めて	新潟高校	暴風の孤児
◇同志社学園の生んだ名士	同志社大学	芳郎生
受験者の必ず心得べき代数問題の着眼点と其解法	正則予備学校主幹	松村定次郎
殖民地の警察官と其試験		ST生
独学で学士になる法		
(1) 工業学校を出て帝大へ躍進	東北帝大法文学部	菊池つぐを
(2) 師範学校から真理の殿堂へ	東北帝大法文学部	史郎生
商業実務員検定問題と其解説	元関西大学講師	小林国太郎
全国私立中等学校編入めぐり（二）		辻恭平
新聞配達と新聞売子（東都苦学法（二））		杉山緑郎
英語入学試験問題の研究	正則英語学校講師 ▽和歌山高商　▽大阪医大予科　▽京都府立医大予科　▽山口高商	神崎保太郎
中学四年修了制度の犠牲者		梅陵生
海軍生徒採用試験問題を難ず	東京府立一中教諭	高田徳佐
専検高検の物理化学学習法（中）		高宮敬美
苦学求職六十日記（上）	日本大学	十八公子
我等が勝利までの準備法		
◇スタートは中学三年の三学期	第一高校	初陣の士
◇本誌を四ヶ年愛読して初陣戦	東京高師	漸第生
◇商大予科受験者の憲法十一ヶ条	商大予科	横田眞一郎
◇高校へいやでも入学できる法	第三高校	六稜
◇商業の四五年時代の準備	名古屋高商	KYZ
◇若人の憧るる楡の学府へ	北大予科	オリエント生
懸賞誌上模擬試験問題解答竝講評		
（英文和訳）	東京府立三中教諭	出口一郎
（幾何）	東京府立三中教諭	依田操
独学者への各種試験問題集		
▽技術者資格検定試験問題　▽師範学校第二部入学試験問題　▽小学校本科正教員検定試験問題		
最近の各種試験案内		
▽海軍生徒採用試験　▽神戸高等商船秋期入学案内　▽航空機操縦生採用試験　▽灯台看守業務伝習生試験　▽裁判所書記登用試験		
保健顧問	（解答者）医学博士	西田敏彦

296　第5章　『受験と学生』『学生』『中学生』

② 1929（昭和4）年9月号

　次に表5.7は，1929（昭和4）年9月号の目次を復刻したものである。創刊から10年が経過した。この号は「全国学校研究号」と題し，「特集」が組まれていた。

　①受験・学習情報としては，記者が「明年度の高等入試科目と在学成績問題」を記事にした。「模擬試験」は，「誌上夏期受験講習会解答竝講義」「懸賞誌上模擬試験問題」「懸賞誌上模擬試験解答竝講評」が掲載される。また，「海軍志願者身体検査の研究」も掲載された。②学校情報としては，「将に来らんとする実業専門学校時代」「誌上学校周遊（一）（二）」「都下各大学評判記」「高校から大学卒業までの学資調」「実際に貸給費せる大学高等専門学校の直接育英事業」等であるが，注目されるのは，女子を読者対象とした記事として寿美子「女子専門学校の内容研究」を掲載したことである。③進路選択情報として，日本勧業銀行理事「銀行家たらんとする人へ」や海軍省「海軍に於ける少年航空兵の採用」がある。④苦学・独学情報としては，「専検受験準備法の総括的考察」「昭和独学苦闘陣」「専検合格者の実専入学数と得点調」等が記事となっている。また，「保健顧問（医学博士　西川敏彦）」や「海外渡航顧問（横浜外語講師　田原春次）」も設けられている。「保健顧問」欄を見てみると，そこには次のような「規定」がある。

　　「一，用紙は葉書。　一，誌上の匿名は自由なれども，友人名簿作成の都合上，必ず住所本名を附　記されたし。　一，質問は一人何問にてもよろし。字は明瞭に書くこと，直接，解答者への質問は返　答せず。　一，宛名は『受験と学生』編集部『保健顧問』　一，質問は順次取捨回答す。」（『受験と学生』1929（昭和4）年9月号，202頁）

　「友人名簿」の作成や，解答者を設けて読者とのやり取りを行っていることなどは興味深い。この号は，全224頁，定価は50銭であった。

　ところで，創刊以来の同誌を通じて，掲載された広告数は膨大なものであった。学習参考書，受験参考書の類，講義録広告，学生募集記事等が多数掲載されている。同誌の主要読者層である高等教育機関受験者をターゲットして，広告合戦が展開されていたのである。

表5.7　1929（昭和4）年9月号の構成

タイトル	執筆者等	
巻頭言		記者
明年度の高等入試科目と在学成績問題	記者	
将に来らんとする実業専門学校時代	武江荘主人	
入社試験と各学校卒業生の成績	東京朝日新聞秘書	豊原瑞穂
銀行家たらんとする人へ	日本勧業銀行理事	杉浦俊一
誌上学校周遊（一）		
◇東海に聳ゆる工芸の殿堂	東京高等工芸学校	新芝浦生
◇露けき高原に蚕糸科学の建設	上田蚕糸専門学校	Ｔ生
◇興亞の使命を高く掲げて	旅順工科大学	雑誌部委員
◇波美しき瀬戸の海辺より	高松高等商業学校	南国生
◇オレンヂ実る南国の高農へ	宮崎高等農林学校	四本生
◇特色ある成蹊高校の内容	成蹊高等学校	文芸部委員
◇繊維工業に重心を置く桐生高工	桐生高等工業学校	山崎匡
◇世界の女流選手を生んだ我が体専	日本女子体育専門校友会委員	
全国高等学校展望台		金井磨川
時代の趨勢と社会事業職員の要求	明治学院社会科教授	三好豊太郎
学歴から見た浜口新内閣		下棚玄行
都下各大学評判記		三浦曉星
専検合格者の実専入学数と得点調		記者
海軍志願者身体検査の研究		昌郎
新合格者の夏期休暇活用法	本年度	新合格者
九州帝国大学法文学部縦横観（下）		不老生
苦学生の夏期休暇利用法（二）日本大学	和田南粋	
誌上夏期受験講習会課題		
誌上夏期受験講習会解答竝講義		
講習科目及講師　英文和訳	日進英語学校校長	佐川春水
講習科目及講師　和文英訳	学習院教授	長澤英一郎
講習科目及講師　代数	明治大学教授	村松定次郎
講習科目及講師　幾何	早稲田高等学院教授	高見豊
講習科目及講師　国語	早稲田高等学院教授	吉川秀雄
講習科目及講師　漢文	早稲田高等予備校講師	松本洪
文検国漢科予備試験問題の傾向	浜田中学教諭	千代延尚寿
高校から大学卒業までの学資調		追鹿学人
誌上学校周遊（二）		
◇感激に充ちた杜陵の生活	盛岡高等農林学校	柴崎生
◇生気溌剌たる日本医科大学	日本医科大学	波藤雅隆
◇奉仕と犠牲をモットーとして	東京女子大学	文芸部委員
◇風薫る奥羽の杏林より	岩手医学専門学校	丸田倭文雄

第５章 『受験と学生』『学生』『中学生』

◇愛宕山下の医学殿堂	東京慈恵会医大	西山鴇司
◇北陸の商都高岡より	高岡高等商業学校	文芸部委員
◇希望と愛の三ツ葉のクローバ	東京女子歯科医専	文芸部委員
◇医界に打鳴らす黎明の鐘	昭和医学専門学校	中居良悦
実際に貸給費せる大学高等専門学校の直接育英事業		文部省調査
懸賞誌上模擬試験問題		
（和文英訳）	第七高等学校教授	高田貞弥
（代数）	第二高校学校教授	柴田寛
専検受験準備法の総括的考察		曠寒楼
女子専門学校の内容研究		寿美子
北海の一隅から商業生へ	小樽高等商業学校	青木三良
不良少年が一躍模範生	文学士	山中良知
昭和独学苦闘陣		
▽三回戦で専検全科目奪取		KS生
▽坑夫から発奮して専検突破		想華生
▽たどたどしき独学の歩み		川中清
▽郵便局に勤務しつつ専検へ		眞佐乃夫
▽血と汗と涙と熱の苦闘生活		野田窓月
▽高資を目ざして突進又突進		のぼる生
▽薬剤師試験と専検に合格して		水洞生
懸賞誌上模擬試験解答竝講評		
▽英文和訳（七月号出題）	東京府立三中教諭	出口一郎
▽漢文（七月号出題）	東京高師講師	大島庄之助
最近の各種試験案内		
▽弁理士試験　▽東京高等商船秋季入学試験　▽神戸高等商船秋季入学試験　▽中等教員予備試験　▽歯科医師並薬剤師試験　▽灯台看守業務伝修生採用試験　▽神職高等試験		
海軍に於ける少年航空兵の採用		海軍省
保健顧問	医学博士	西川敏彦
海外渡航顧問	横浜外語講師	田原春次
▽受験と学生日誌　▽受験顧問　▽益々増加の博士数　▽十月特大「秋季白熱準備号」予告　▽模擬試験合格者　▽学校ニュース		
▽早大共済部事業成績		
▽本年度の高文受験者数		

第5節　拡張期としての『受験と学生』　299

③ 1930（昭和5）年7月号
　次に表5.8は，1930（昭和5）年7月号の目次を復刻したものである。「目的学校選定号」という特集号である。
　①受験・学習情報としては，「各帝大志望者の移動と高校別入学率研究」「中等学校英語リーダ難句難文詳解」「本年の入試成績を見て明年の受験者へ」「懸賞誌上模擬試験問題」「懸賞誌上模擬試験解答竝講評」等がある。「本年の入試成績を見て明年の受験者へ」に多くの頁を割り，英語の記事6編，国語1編，数学3編と各高等学校，高等専門学校の教員が講評を行った。例えば，国語では文検合格者，弘前高等学校教授・三浦圭三「芳しからぬ擬古文の成績」，英語では八高教授・椎尾調「本年度の問題と正答案」等を掲載し，受験生に受験準備の指南を行っている。また「全国高等専門学校入学試験問題集（四）」や「各種女子専門学校入学試験問題」等を掲載している。②学校選択情報として興味深いのは，帝大在学生から高校志望者へのメッセージが情報化されたことである。「帝大生から高校志望者へ」と題して，東京帝大工学部のSI生は「高等学校の選択法」を，九州帝国大法文学部の柴田平は「高校・大学志望者の覚悟」という記事を寄稿した。また，「高等専門学校入学費の実際計算」「学校選択と知能検査」も掲載された。③進路情報は，就職情報として「最近の学校卒業生の就職状況」「大学は出たけれど（就職対話）」等が掲載された。進路選択情報としては，「職業と学校との関係（一）」「陸軍軍医志望の学生諸君へ」「中等教員になるにはどんな学科を選んだらよいか」等である。他には「保健顧問」「読者欄」「受験顧問」「模擬試験合格者」等の構成となっている。しかし，④苦学・独学情報としては，この号には掲載された記事はない。全224頁，定価は50銭であった。
　巻頭言の次に，社会局社会部長・大野祿一郎の筆になる「最近の学校卒業生の就職状況」という一文が掲載されたことは象徴的である。昭和初期の慢性的経済不況と「知識階級」の就職難問題は一層深刻し，社会問題化した。帝国大学や官立大学出身者と私立大学出身者の間の雇用機会の上で差異という学校差が如実に明確化されていた。このような時代状況下に，就職情報が発信された

300　第 5 章　『受験と学生』『学生』『中学生』

表 5.8　1930（昭和 5）年 7 月号の構成

タイトル		執筆者等	
巻頭言			記者
最近の学校卒業生の就職状況		社会局社会部長	大野綠一郎
実業学校規程の改正と中学卒業生の新生面			記者
職業と学校との関係（一）			記者
（1）官吏になるには			
（2）実業家になるには			
（3）技術家になるには			
（4）医者になるには			
陸軍軍医志望の学生諸君へ		陸軍二等軍医	渡部秋雄
中等教員になるにはどんな学科を選んだらよいか			退役教員
「冶金」とは何か明治専門学校教授			原田蕃
学校選択と知能検査			森一郎
各帝大志望者の移動と高校別入学率研究			小島競
本年度高校英語入試問題の傾向文学士			赤祖父茂徳
帝大生から高校志望者へ			
▽高等学校の選択法		東京帝大工学部	SI 生
▽高校の何科を選ぶべきか		東京帝大法学部	川村壽三
▽高校・大学志望者の覚悟		九州帝大法文学部	柴田平
本年の入試成績を見て明年の受験者へ			
（英語）問題の急所を看破せよ		神戸高等商船教授	中野力人
（数学）本年度の問題と正答案		第八高等学校教授	椎尾詞
（英語）採点の主眼を推理力の考査に		桐生高工講師	西田巳四郎
（英語）精進と意気で行け		横浜商業専門教授	石井眞峯
（英語）英作文合格率と合格の秘訣		熊本薬専教授	上石保教
（数学）計算を正確に定理公式を徹底的に		神戸高等商船教授	堀乙次郎
（英語）平素英文に親しめ		小樽高商教授	濱林生之助
（国語）芳しからぬ擬古文の成績		弘前高等学校教授	三浦圭三
（数学）問題の早合点は大禁物		山口高等学校教授	田淵一郎
（英語）再び繰り返す忠告		福島高商教授	SO 生
入試レヴイウべえるしやの・まかむだら		山口高商教授	今泉浦治郎
高等専門学校入学費の実際計算			
▽横浜高工造船科			小島正男
▽京都医科大学予科			藤本省一
▽一高文科甲類			高橋貞夫
▽東京慈恵会医大予科			小菅正雄
▽東京商大専門部			武藤秀雄
▽慶大医学部予科			岸田壮一

第5節　拡張期としての『受験と学生』

▽日本医科大学予科　　　　　　　　　　　　　　　市原喜代雄
▽横浜高等商業学校　　　　　　　　　　　　　　　原幸男
▽東京外語独語部　　　　　　　　　　　　　　　　及川一郎
▽東京工芸精密機械科　　　　　　　　　　　　　　谷昌徳
▽東京高師文科二部　　　　　　　　　　　　　　　瀬川義纓
▽成蹊高校文科　　　　　　　　　　　　　　　　　松島通夫
▽東京女子医専　　　　　　　　　　　　　　　　　北見ヒロ
▽京城帝大予科理科　　　　　　　　　　　　　　　高丸　茂
▽第一早高理科　　　　　　　　　　　　　　　　　鈴木義之
▽大阪商大高商部　　　　　　　　　　　　　　　　森川正人
▽東京帝大農教　　　　　　　　　　　　　　　　　日浦晃
▽大阪外語英語部　　　　　　　　　　　　　　　　香坂龍男
▽東京高蚕養蚕科　　　　　　　　　　　　　　　　大塚利助
▽東京高芸木材科　　　　　　　　　　　　　　　　金子義寛
▽上田蚕糸製糸科　　　　　　　　　　　　　　　　室岡茂克
▽山梨高工電気科　　　　　　　　　　　　　　　　内田重春
▽第二早高文科　　　　　　　　　　　　　　　　　高橋政雄
▽神宮皇学館本科　　　　　　　　　　　　　　　　藤本吉雄
▽千葉医大薬専　　　　　　　　　　　　　　　　　水口純
▽国学院大学予科　　　　　　　　　　　　　　　　坂田憲勝
▽日大工学部予科　　　　　　　　　　　　　　　　的場潔
▽東京歯科医専　　　　　　　　　　　　　　　　　杉田潔
炬火台のアウトライン　　　　　東京外国語学校　　吉田呑天
問題紙が出来る迄（入学試験秘聞）　　　　　　　　森里村生
東北帝大数学教室の思ひ出　　　前某高工教授　　　那川空穂
大学は出たけれど（就職対話）　　　　　　　　　　えす・ひろはる
健康と学校の選択　　　　　　　医学博士　　　　　前田珍男子
全国高等専門学校入学試験問題集（四）
　▽東京美術学校　▽東京慈恵会医大予科
▽神戸高等商船学校　▽水原高等農林学校
▽台北帝大農林専門部　▽京城高等商業学校
　▽神宮皇学館　▽金沢医大薬学専門部　▽
南満州工業専門学校　▽東京音楽学校　▽日
本医学大学予科　▽大倉高等商業学校　▽鳥
取高等農業学校　▽巣鴨高等商業学校　▽満
州医科大学予科　▽大阪高等医学専門学校
▽九州医学専門学校　▽岩手医学専門学校
▽明治薬学専門学校　▽京都薬学専門学校
▽九州歯科医学専門学校　▽大阪歯科医学専
門学校
東京市内図書館巡り（一）　　　　　　　　　　　　渡邊弥太郎

懸賞誌上模擬試験問題		
（和文英訳）	姫路高等学校教授	多田齊司
（国語）	東京高師講師大島庄之助	
中等学校英語リーダー難句難文詳解	天理中学教師	安田菊太郎
各種女子専門学校入学試験問題 ▽東京女子医学専門学校　▽帝国女子医学専門学校 ▽大阪府女子専門学校　▽長野県女子専門学校　▽京都府立女子専門学校　▽広島女子専門学校　▽神戸女学院高等部　▽活水女子専門学校　▽大阪女子高等医専　▽東京女子歯科医専　▽宮城県女子専門学校		
懸賞誌上模擬試解答並講評		
▽英文和訳（五月号出題）	東京府立三中教諭	出口一郎
▽平面幾何（五月号出題）	東京府立三中教諭	依田　操
本年度全国臨時教員養成所入学試験問題 外務省書記生及外務省留学生採用試験問題 最近の入学検定試験案内		
保健顧問	医学博士	西川敏彦
海外渡航顧問	横浜外語講師	田原春次
受験作文	早稲田大学教授	竹野長次
原稿募集 ▽記者より　▽受験顧問　▽読者欄　▽模擬試験合格者　▽新刊紹介　▽既刊号目次		

ことは注目に値する。この雑誌は，時代状況をリアルタイムに情報化した雑誌メディアであったことの証左であるといえよう。

　このように，各号ともほぼ同様の情報が掲載されている。なかでも高等学校等の「募集する側」からの情報や「模擬試験」に力点が置かれた情報が，恒常的に発信されるという特徴を有している。加えて，大学の在学生からのメッセージも情報化されるようになるなどの注目すべき相違が生まれてきた。

　④ 1933（昭和8）年6月号

　表5.9は，1933（昭和8）年6月号の目次を復刻したものである。この号は，「新合格者戦績研究号」という特集号である。

　この誌面構成からわかることは，①受験・学習情報は，特集の性格上，合格

第5節　拡張期としての『受験と学生』　303

表5.9　1933（昭和8）年6月号の構成

タイトル	執筆者等	
▽表紙		初山滋
▽カット		藤崎邁象
深く考へよ（巻頭言）	慶応義塾大学予科主任	川合貞一
新合格者戦績研究		
□来て見て吾れ勝てり	第三高校	YK生
□経験から推した受験術	第一高校	田多井吉之介
□先づ不得手の英語を	福岡高校	岩崎宗次郎
□参考書選定は何に拠るか	東京高芸	KY生
□飽迄素志を貫徹せよ	高知高校	清水正三
□父兄の道を歩く	東京女高師	柳原八重
□慎重に志望校を選定せよ	松本高校	牧田善義
□実業界に雄飛せんがため	大阪商大高商	東門康次
□自惚も時には必要	松山高校	藤田生
□大胆にして細心の心構へ	帝国女子医専	森田俊子
□志望校の出題傾向研究	東京高芸	南正和
□三田山上に凱歌を挙げる迄	慶大予科	KOBOY
□受験雑誌の利用を薦む	北大予科	畠山貞男
□光陰矢の如し	第七高校	南風生
□夏休の終りから準備開始	第八高校	平田稔
□参考書一冊精読主義	第八高校	山内繁男
□出題傾向と各科の配点	第二高校	横山文男
□浪人生活を脱したる喜び	北大予科	安井寛治
□英数が入学の決定科目	東京高等商船	H□生
□努力・忍耐・徹底	東京高校	渡邊義朝
□刺激は「受験と学生」から	広島高校	松本正典
□浪人生活から二校合格	東京商大予科	湯浅庸一
□一校魂の洗礼を享く	第一高校	高見正道
□明春の栄冠を目指す人へ	第三高校	堤敬太郎
□七対一の競争陣を突破	大阪商大予科	奥村友彌
□「受験と学生」主義	京城帝大予科	瑞穂生
□一日五六時間の勉強	水戸高校	MY生
□正課の予習復習主義	横浜高商	内藤博典
□規則的勉強法の効果	東京商大商教	眞崎巨勢郎
□在学生よ成績の向上を図れ	第五高校	平戸喜信
□諸君悲観すべからず	大阪外語	永井博
昭和八年度入試英語問題大観	早稲田高等予備校講師	長谷川康
昭和八年度入試数学問題大観	愛知県立豊橋二中教諭	室由之
新学期に於る新受験生の覚悟	医学士	松本春

昭和八年全国高等専門学校入試答案講評
(二)
　　［英］花を吹く嵐の後　　　　　　　大阪外国語学校教授　　　　上田畊甫
　　［英］不注意が生んだ誤謬いろいろ　　北海道帝大予科教授　　　　奴角生
　　［英］構文解釈の重要性を高唱す　　　彦根高等商業学校教授　　　片岡彦一郎
　　［英］答案優劣の分岐点と常識の不足　名古屋高工教授　　　　　　岩月太刀夫
　　［漢］答案を調査して感じた事ども　　大阪外国語学校教授　　　　山本磯路
　　［英］文法的知識の不足と常識の欠乏　福島高等商業学校教授　　　SO生
　　［英］前車の覆るを見て　　　　　　　桐生高等工業学校教授　　　一試験委員
　　［英］構文上の急所は僅か三箇所　　　小樽高等商業学校教授　　　浜林生之助
新しきスターターに告ぐ
　　▼新受験準備開始の諸君へ　　　　　 第七高等学校　　　　　　　独法生
　　▼早き準備は半ば成功　　　　　　　 静岡高等学校　　　　　　　LS生
　　▼受験生活に於る重要問題　　　　　 東京商大専門部　　　　　　八木崎雄二
　　▼諸君の目的は明春の入学に在り　　 東京帝大理学部　　　　　　S生
　　▼浪人生活を始められる方へ　　　　 山形高等学校　　　　　　　或高校生
試験官は朗らかでない　　　　　　　　　　　　　　　　　　　　　　一試験官
浪人の唄（北大に敗るゝ三たび）　　　　　　　　　　　　　　　　　佐野濱夫
独学線上に躍るもの
　　◇専検失敗の巻　　　　　　　　　　　　　　　　　　　　　　　由良川清生
　　◇専検合格の巻　　　　　　　　　　　　　　　　　　　　　　　松居貞治郎
専検か？中学編入か？（下）　　　　　　　　　　　　　　　　　　　白雲山人
受験者数から観た本年度の入学競争率（二）
懸賞誌上模擬試験問題
（和文英訳）　　　　　　　　　　　　　京城帝国大学予科教授
（幾何）　　　　　　　　　　　　　　　神戸高等商船学校教授　　　藤井秋夫
受験と学生特設　受＝験＝英＝数　　　　　　　　　　　　　　　　 堀乙次郎
　　受験英語十二箇月講義（六）
　　受験数学十二箇月講義（六）　　　　駿河高等予備校講師　　　　小野圭次郎
　　大阪高校入試問題漫評　　　　　　　　　　　　　　　　　　　　吉岡斗□
懸賞誌上模擬試験問題解答並講評　　　　　　　　　　　　　　　　　さほり生
　　▽和文英訳（四月号出題）
　　▽幾何（四月号出題）
愛読者合格記念名簿（二）
全国高等専門学校入試問題集（三）　　　▽第七高等学校▽東京薬学専
　　　　　　　　　　　　　　　　　　　門学校▽桐生高等工業学校▽
　　　　　　　　　　　　　　　　　　　名古屋高工教員養成所▽昭和
　　　　　　　　　　　　　　　　　　　医学専門学校▽長崎医大薬学
　　　　　　　　　　　　　　　　　　　専門部▽東京高等工芸学校▽
　　　　　　　　　　　　　　　　　　　東京女子医学専門学校▽東京

全国高等専門学校入試問題集（三）	医学専門学校▽金沢医大薬学専門部▽大阪商科大学予科▽長岡高等工業学校▽名古屋高等工業学校▽金沢高等工業学校▽満州医科大学予科▽横浜商業専門学校▽岐阜薬学専門学校▽共立女子薬学専門学校▽大阪歯科医学専門学校▽熊本高等工業学校▽宮崎高等農林学校▽水原高等農林学校▽水産講習所▽鹿児島高等農林学校▽東京美術学校予科▽東京美術学校図画師範科▽横浜高等工業学校▽小樽高等商業学校▽仙台高等工業学校▽台北高等学校
昭和八年第一回男女専検試験問題	
新受験人国記（漫画）	庄司寸五
全国高等専門学校徽章物語（完）	
▽読者欄▽健康相談▽受験相談▽模擬試験合格者	
▽受験作文▽編集室雑記	

注：□は判読不能を意味する。

体験記からはじまり，31件の手記を掲載している。高等学校16校，大学予科6校等であった。「受験術」「出題傾向」「各科の配点」等が，学生自らの手で伝授されている。他には，これまで同様「全国高等専門学校入学試験問題集」も30校分掲載された。②学校選択情報としては，「受験者数から観た本年度の入学競争率」がある。③進路情報は，この号には合格体験記に代用させたのか記事は掲載されていない。④苦学・独学情報は，「専検」関係の記事である。この号は合格体験記，つまり受験者の側から受験・進学・学校各情報を提供したという特徴をもっている。読者の側に立つと，自らの志望選定をする際や学習計画を立てる上で貴重な体験者の声となったことは想像に難くない。

⑤ 1940（昭和 15）年 11 月号

表 5.10 は，1940（昭和 15）年 11 月号の目次を復刻したものである。この号は，「漢文の基本構文ノート」という特集号である。

この誌面構成からわかることは，①受験・学習情報は，特集号の性格から国語漢文そして物理の準備法，合格体験記，「添削返送 懸賞誌上模擬試験答案募集」，懸賞誌上の「九月号模擬試験問題の解答と講評」，英語数学国語漢文の実力養成講座等があること，②学校選択情報として興味深いのは，記者が学費についての情報を提供していることである。また，「希望と歓喜の学園生活」という記事を載せ学生生活を紹介している。③進路情報に関する記事は，掲載されていない。④苦学・独学情報は，「傍系から帝大官大に入るには」や「専検」関係記事がある。全 184 頁，定価は 40 銭であった。

⑥ 1941（昭和 16）年 10 月号

表 5.11 は，1941（昭和 16）年 10 月号の目次を復刻したものである。この号には，別冊として「英数国漢頻出問題研究」が附録として掲載されている。

この誌面構成からわかることは，①受験・学習情報は，「高校入試問題の再検討」「新合格記」「懸賞誌上模擬試験出題」「八月号模擬試験問題の解答と講評」等である。②学校選択情報としては，「学生と兵役関係」という新テーマの記事が載っていることである。1941（昭和 16）年という時期を考えると興味深い。この年の 11 月から文部省は，「大学学部等ノ在学年限又ハ修業年限ノ臨時短縮ニ関スル件」（勅令 924）を実施した。また「専門学校を巡る」という欄が設けられ，東京商大，山口・高松・大倉各高等商業等が紹介されている。③進路情報は，掲載されていない。④苦学・独学情報は，「実業専門学校卒業検定について」「独学受験記」「苦学物語」等が掲載された。全 240 頁，定価は 60 銭であった。

このように，1941（昭和 16）年に入っても誌面構成は，基本的には変化していないことがわかった。誌面構成という側面から『受験と学生』をみてみると，あくまで「受験中心」雑誌という立場を崩すことなく禁欲的に刊行されつづけた雑誌メディアといっても過言ではない。

第 5 節　拡張期としての『受験と学生』　307

表 5.10　1940（昭和 15）年 11 月号の構成

タイトル	執筆者等	
▷表紙		池田永一治
▷カット		藤崎邁象
学校グラフ（1）学園晩秋（2）土と学生（3）高専写真だより		
「受験と学生」カレンダー（学習予定表兼用）	（挿込）	
新体制と学生生活		中野正剛
あばらや中学と騒動（私の学生時代）	理学博士	小泉丹
高校入学者選抜方法の改正に就て	文部省督学官	宇野喜代之介
満州国立大学の新しい選抜法		
国漢と物理の新準備法		
（国語）高校の新入試制度と国語の準備	弘前高等学校教授	三浦圭三
（漢文）之から漢文の実力を附けるには	松山高等学校教授	小和田武紀
（物理）物理の準備はどうしたらよいか	府立高等学校教授	太田資郎
国史準備の要領	福岡県立福岡中学教諭	柴田親雄
高師の受験を語る		
◎大塚台を目指す新戦士へ	東京高等師範学校	桐の葉
◎高師突破の要諦茲にあり	広島高等師範学校	旭日生
一独学者の歩んだ茨の道　明日の太陽	日本大学	宮谷秩嶺
英語の出題方針と受験注意	広島高等師範学校教授	須貝清一
高校の新試験法と対策		和田道
（学生小説）ミーちゃん分隊		南城一人
僕等の合格ルート		
〇此の栄冠こそ数学征服の賜	第七高等学校	岸本七造
〇浪人一年輝く白堊の殿堂へ	横浜高等商業学校	金港生
〇学習の態度を変更して成功	第八高等学校	鷹野一男
〇桐工の出題教授と出題傾向	桐生高等工業学校	啓眞生
〇私立中学五年から堅陣奪取	第六高等学校	旭川清
〇大まかなプランで梨工突破	山梨高等工業学校	岳南工人
傍系から帝大官大に入るには		
◎実専卒業者の帝人官人進出路		狂虎学人
◎高専検定を経て官立医大へ	熊本医科大学	佐田勝清
裏日本の高専巡り〔上〕	本誌特派記者	秋風旅人
時代が生んだ高校の新入試制度		佐藤千壽
別冊附録　漢文の基本構文ノート		
英語と共に活きる四十年（英語漫談）	姫路高等学校教授	多田齊司
平均と標準偏差（数学講話）	東京高等師範学校教授	佐藤良一郎
英語時事文の教室	立教大学教授	久保田正次
世界の動き（受験生に必死な時事常識）	東京朝日新聞社欧米部	深澤長太郎

添削返送　懸賞誌上模擬試験答案募集		
◇和文英訳問題出題	大阪外国語学校教授	上田畊甫
◇平面幾何問題出題	福井高等工業学校教授	若杉専太
◇漢文問題出題	松本高等学校教授	星川清孝
九月号模擬試験問題の解答と講評		
九月号誌上模擬試験合格者		
（漫画）仲良し二人組		西澤育坊
病弱と貧苦と闘つて遂に高校教授となる迄	某高等学校教授	仲田義秋
学費はどの位膨張したか		記者
秋・の・専・検・ス・ケ・ツ・チ		牛亀生
希望と歓喜の学園生活		
▷清新の気みなぎる藤原工大	藤原工業大学予科	銀杏子
▷秋深き八雲ケ丘の学園から	府立高等学校	吉村章
▷想ひは翔ける椰子茂る南洋	神戸高等商船学校	大洋の寵児
▷自然の恩寵に恵まれた松高	松山高等学校	高嘯生
▷紫禁城下に守る興亞の伝統	北京興亞学院	大槻史郎
▷大陸雄飛と皇道精神顕揚に	国学院大学	大岡夕陽
受験界ニュース		
□高校入試明年度から大改革		
□東京及広島高師の生徒募集		
□両女高師も生徒募集を開始		
□陸軍で技術部依託生を設く		
□一高校長後任に安倍能成氏		
□高工語学教官協議会の宣言		
受験作文	東京高等学校教官	森本杉雄
健康相談	医学博士	立花次郎
受験相談		本誌編輯部
本年度第二回　男女専検及高試七試験問題		
▷受験オアシス▷一頁科学▷スポーツ短信▷原稿写真募集▷読者会▷読者研究室▷新刊紹介▷編輯だより		
特輯連載　英数国漢　実力養成講座（八）		
（国語）同形異義の語を含む文の解釈（上）	東京高等学校教官	大塚龍夫
（漢文）挿入句を含む文について	松江高等学校元講師	谷口為次
（代数）最大最少と不等式（二）	成蹊高等学校教授	鈴木一郎
（幾何）最大及び最少問題	府立高等学校教授	小林幹雄
（英和）直訳がよいか意訳がよいか	浦和高等学校教授	馬場吉信
（和英）結果・目的の Clause を含む問題	早稲田大学教授	増田綱

第 5 節　拡張期としての『受験と学生』　309

表 5.11　1941（昭和 16）年 10 月号の構成

タイトル	執筆者等	
▷表紙		藤崎邁象
▷カット		新井五郎・藤崎邁象
学校グラフ　学校の新角度　　①高工の新角度　②③高商の新角度　④高工の新角度		
「受験と学生」カレンダー（十月のプラン）	（挿込）	
受験春秋		
立志（葉隠武士の四誓願に倣ひて）		岩本啓治
千幹説話		加藤末吉
◎実業専門学校卒業検定について	文部省実業学務局	坂本文三
高校入試問題の再検討		
◎国語の特色と今後の学習法	姫路高等学校教授	荒木良雄
◎英語の平易化された問題に備へよ	福岡高等学校教授	信定育二
英文解釈の答案	小樽高等商業学校教授	濱林生之助
緑の星の生徒を中心に語る会	京城医専	下山豊彦
海兵第一難関突破の記	北海道	海の子生
龍南生活の素描	第五高校	三四郎生
高工の学費はどの位か	横浜高工	弘志生
就職より見たる大阪外語	大阪外語	魚崎二一
出典として観たる「臣民の道」解説	東京府立第一中学校教諭	吉田辰次
国漢名著講座		
「徒然草」の勉強	国学院大学教授	小柴値一
「孟子」の勉強	松本高等学校教授	星川清孝
学生の時事常識	第二東京市立中学校教諭	鎌田重雄
科学の新知識		福井丹三
受験タイムス（時事英語）	立教大学教授	久保田正次
国史の総括（二）	香川県丸亀中学校教諭	宇多田亮
独学陣営の雄叫び（独学受験記）		
○努力四年専検の鉄扉は開く		未来の高工生
○応試の体験から高検を語る		浪花健児
○丸二ケ年の刻苦で高検を破る		独学専人
○始めて専検を志す人々へ		今村淳
学生と兵役関係		松島讃
中学三年からの基礎復習講座（七）		
（英和）It—that の取扱ひ	早稲田大学教授	佐久間原
（和英）否定語句を中心に	東京商科大学予科教授	西川正身
（代数）疾風吹きて頸草を知る	第一早高学院教授	野村猛
（幾何）切線及び外切形	陸軍予科士官学校教授	高見清

苦学物語	東京帝大	柿本音作
白熱期の活用法を語る		
▷怖れず驀進	第四高校	超然生
▷能率増進には規則的	第八高校	瑞穂生
▷自覚に基くプラン	府立高校	緑風生
▷一寸の虫も五分の魂	北大予科	小田信雄
▷敗因に鑑みる	東商大予	牧島幸雄
▷屁理屈より実践	東商大専	中和生
▷自ら辛苦を求めよ	大商大	S・W生
▷私の採つたプラン	第一高校	文科生
憧れの白線生活へ（新合格記）		
▷砂上の楼閣を築くの愚をやめよ	第八高校	瑞穂生
▷突撃三度不屈の気魄で突破	静岡高校	岳南生
▷過去の経験より効果的方法を語る	福岡高校	在吉収
▷勝利の要諦は撓まぬ精進	大阪高校	図南生
▷体験口試を中心とした入試真相	浦和高校	散策生
専門学校を巡る		
高商の新角度		
○新体制下の学園	東京商大	一橋生
○伝統に輝く揺籃	山口高商	鳳翮生
○情熱の南国に生く	高松高商	紫雲生
○意気の清陵	横浜商専	涌井生
○絶対有利に繁栄	大倉高商	P・Q生
○風香しき白金丘上	明学高商	K・K生
高工の新角度		
○東洋一の大工都	多賀高工	H・W生
○国防第一線を保つ	浜松高工	F・T生
○工芸も純工業化す	東京工芸	I・M生
敗軍の将平を語る（敗戦血涙記）		
▷数学の実力不足で遂に惨敗（東京商大）		A・B・C生
▷山かけ準備で一年を棒にふる（三高）		神陵熱愛生
▷私はこんな答案を書いたが（東京外語）		背広受験生
特集読物		
郷土愛の詩人「一茶」（教養読物）		岩田九郎
伊太利の学生（外国事情）		柏熊達生
掲示板（学寮物語）		野川山鷹
トンカラリ教室（学生小説）		南城一人
姉の指環（受験綺譚）		宇野盟
工場実習日記（学生生活スケッチ）		快骨生
教授列伝（浦和高校）		常盤生

第5節　拡張期としての『受験と学生』　311

学生時代（漫画）		江原かつみ
熱し易く冷め易し（漫画）		岬伸一
○懸賞誌上模擬試験出題		
（英文解釈）	浦和高校	馬場教授
（代数）	明治専門	高橋教授
（国語）	神戸商大	関教授
○八月号模擬試験問題の解答と講評		
○誌上模擬試験合格者発表		
○受験作文	東京高等学校教官	大塚龍夫
○健康相談	医学博士	立花次郎
○受験相談		本誌編集部
○学習相談		和田道
○受験オアシス○読者文苑○僕の研究室○読者会○編集日記○原稿募集○回覧板最近の試験案内		
別冊附録　標準良問題の研究		
【英語】	北海道帝大予科教授	都築東作
【国語】	弘前高等学校教授	三浦圭三
【数学】	佐賀高等学校教授	山崎栄作

(2) 紹介された教育情報の特質

　以上，黎明期から模索期にいたる記事内容を検討してきた。これに基づいて，日米開戦前までの教育情報の特質を整理してみよう。

①受験・学習情報の視点から

　表5.3の特集号の名称から明らかなように，受験・学習情報は毎号提供された。例えば，入学試験の予想，答案の講評，受験準備，夏期講習講座，答案作成法そして合格者の手記である。これらの情報が基本情報となって，誌面を構成している。

　対象時期は，入試制度に大きな変化があった時代である。1928（昭和3）年から入学選抜法は，各高等学校が独立に試験を行っていた。問題作成も各高等学校において行うこととなっただけでなく，従来の入学試験科目に「口頭試問」が加わった。また，この入学試験制度改正により，入学試験科目中から外国語が除外され，文科から数学を，理科から国漢がそれぞれ除かれた。

『受験と学生』は素早く反応し，対策を打つべく特集を組んだ。例えば，1927（昭和2）年11月号では特集「受験公開状号改正高校入試法」を，12月号では特集「新入試の対応策改正試験研究号」を組んだ。そこでは12月号で，「受験公開状号改正試験法と各校の出題方針」を高等学校教授の名で記事にした。翌年の1928（昭和3）年1月号には「改正試験法の影響と其の準備法」という記事を，3月号には「口頭試問研究号」を特集し「新試験法と口頭試問」「口頭試問の合格問答」「口頭試問は斯うして受けよ」「口頭試問の内容と其答へ方」「高校の口頭試問と各科採点方針」の記事を提供し，口頭試問の内容や答え方等を情報化した。5月号は特集「改正試験速報号」を組み，「全国高等専門学校改正入学試験問題」を掲載した。6月20日臨時増刊号には，各高校の入試答案の講評を行い，そして6月号（日付欠損）には，専門学校の新入試問題の解答講評を記事化した。『受験と学生』は，年を跨いで9カ月間この問題に正面から対応した。受験生の側から見ると，新試験法における入学試験の内容の変化は心配の種である。その心配に即座に対応した同雑誌は，読者の信頼を勝ち取るために十分なものであった。

　1929（昭和4）年以降の特集名にあらわれているように，1930（昭和5）年3月号には「身体検査の実際と受験地案内号」を，4月号には「答案の作成法と口頭試問対策号」等をそれぞれ掲載した。1931（昭和6）年3月1日号には「ラストヘビー」を，9月号は「問題傾向研究号」等の特集を組んだ。1934（昭和9）年4月号には「試験場征服実力発揮号」を，1936（昭和11）年1月号には「昭和十一年必勝総準備号」を受験生たちに提供した。この他にも，各年度入試問題予想，入試答案講評，入試科目研究等のさまざまな受験情報を提供しつづけた。

　やがて，入試制度は1941（昭和16）年改正され，選抜は各高等学校で行うが，問題作成は各高等学校共通になった。口頭試問は「筆頭試問」に替わり，面接において学科内容をも質問するようになった。編集部はこの改正について，前年の1940（昭和15）年11月号に文部省督学官・宇野喜代之介談として「明年度より施行の高校入学者選抜方法の改正に就いて」を掲載している。このよう

に，入試制度改正に『受験と学生』は素早く対応している。一方で，先述してきたが，受験者たちの試験の実際等の体験記を載せている。例えば，1930（昭和5）年6月号では特集「新合格者体験号」を組み，はじめて「新合格者座談会」を行った。10名の合格者たちの座談会であった。

1941（昭和16）年3月号は「高校副科目の急所要所」として，「地理準備の要領と重要問題」を徳島県立徳島中学校教諭・山室寛二の名で掲載した。教諭は「本年度の高校文科受験科目中に日本地理及東亜地理（シベリア，満州，支那，外南洋）が選ばれた事は，国家の総力を挙げて建設中の東亜新秩序創造と何等か深い関係のあるところである。（中略）東亜に於ける皇国の地位及び使命を研究する心構へを以て学習に臨むべきである。単なる教科書参考書の棒暗記的速成法によつて間に合せようとする俄勉強では合格は期せられない」(20頁)と皇民としての学習の仕方と答案の書き方指導等を行う記事が登場した。また，1941（昭和16）年6月号は「陸海軍受験のプラン」を特集した。合格体験記は，「我等は産業戦士・希望への首途」という名称で「専門学校合格記」が掲げられた。1941（昭和16）年を境に，同誌には戦時色の濃い記事が掲載されるようになる。受験技術という観点から見れば，解答の仕方に反映された。しかし一方，「添削懸賞誌上模擬試験解答募集」が掲載されつづけた。学生帽をかぶり軍服姿で進軍ラッパを吹く姿を表紙にかざした1942（昭和17）年1月号にも，「和文英訳問題」「平面幾何問題」「国史問題」が高等学校教授によって出題されていた。

②学校選択情報

学校選択情報としては，特集名からもわかるように「目的学校設定」「志望学校案内」「学校選択の基準と方法」等の情報が提供されている。また，1928（昭和3）年11月号「学生煩悶解決号」にも，学校選択に煩悶する受験者にアドバスを与える情報を提供した。さらに，慢性的な不況のなかで高等専門学校への志願者が減少した1930（昭和5）年の9月号は「給費学校案内号」を特集し，通信官吏練習所，高等師範，軍関係等主要な給費学校の内容と給費制度を案内している。高等学校の選択については，1929（昭和4）年2月号に合格者

による「高校志望者の高校選択法」を掲載した。そのなかの 1 人で，佐賀高等学校文科乙類に合格した藤巻輝圀は「高校の選定を如何にすべきか」という手記において合格の「一因は，学校選択がよかった点にある」(115 頁) と述べた。

では，どのようによかったのか。藤巻は「私の故郷は静岡県」であるが，「学校の内容とかは重要視」せずに学校選択の「第一主眼を科目」に置いたと書いた。「私は元来数学が不得意であつた」ので「数学のなかつた佐賀文科」を選択したと述べている (115-116 頁)。文科から数学が除かれたのは 1928 (昭和 3) 年の入学試験制度改正からであるが，その改正をうまく利用した 1 つの例である。また『受験と学生』の編集部は，1928 (昭和 3) 年 12 月号に「競争率から見た入学難易の研究」を掲げ読者に提供しているのである。この情報等も，受験生の高校選択の基準になったと推測される。

1935 (昭和 10) 年 9 月号は，文学士・小島競「就職より観たる高校科類の選定」を載せた。1930 年代中葉といえば，昭和 8 年ごろより軍需景気を契機に重工業が活発化し，経済が好況の時代に入った時期である。小島は，高校科類の選択は大学の学部の選択と直結すると記した。小島は，「学士なるが故に歓迎されたのは昔の夢」であると述べつつも，大学の学部の就職率を紹介しながら高校科類の選定のための学校選択情報を提供している。小島は法学部を志望するものには，「この好景気が続く限り法学部の将来は有望 (中略) 高校文科であれば甲乙丙類の何れでも差支へない訳である。外交官志望者だけは文丙がよい。」と書いた。文学部に進むには，「高校は文科甲，乙，丙類何れでもよいが，英文科には甲類よく，仏文，独文には夫々丙，乙類がよいことは勿論である。(中略) 就職率はよくないが，入学は極めて容易」であると述べた。そして，「工学部は就職天国」であるとも述べている (17-21 頁)。

次に専門学校の選択について，同誌は 1927 (昭和 2) 年 9 月号に日本勧業銀行総裁・梶原仲治の「大学か専門学校か」という一文を掲載した。梶原は，社員の採用は「官立私立大学の方は，何れも法学部，経済学部から採用」し，「無論学校の成績順に採用する」と述べた。そして，「我が銀行への就職学校」を紹介した。それによると，帝大は 4 名，商科大と早稲田大学と慶應義塾大学

第5節 拡張期としての『受験と学生』 315

は2又は3名，明治・法政・中央各大学から1又は2名，横浜高等商業学校から10名，早稲田実業学校10名，東京府立商業学校10名となっている。初任給は，帝大78円，私大67円，専門学校65円，私立高商60円，商業学校33円と紹介された。寺﨑昌男編『日本の教育課題6　選抜と競争』に所載された「学校別初任給比較」表によれば，全ての会社ではないが事務部門においては帝大と私大では，5〜10円の差が見られる[11]。同誌は，1929（昭和4）年7月号特集「就職と学校選定号」を刊行した。その巻頭言で記者は，数年来の「入学難」に続いて「就職難」の時代に突入したことを指摘した。記者は，「知識階級の受難時代は，遂に重大なる社会問題」の1つになったと書いた。ところで，1929（昭和4）年の日本経済は，慢性的不況の時代にあった。記者は「就職と学校選定問題」という一文を掲載し，「根本の原因は矢張り不景気の影響」としながらも，「就職難」の原因を大学・高等教育機関卒業生の過剰に求めた。また記者は，就職難問題は学校選定問題であると主張した（4頁）。

同誌の記者は，「一昨年から昨年〈1927，8年〉にかけて『試験地獄』といふ言葉が流行」したと指摘する（2頁）。このような時代状況のなかで，また「就職難」の時代と呼ばれているなかで，どのような学校を選定せよというのだろうか。記者は「今の中等学校卒業程度は昔の小学校卒業程度に匹敵し，専門教育にして始めて普通教育たらんとしゝゝある状況なのである」のだから，大学に進学するよりも「専門学校卒業程度を以て適当と思惟する」ことが肝要と説いた（5頁）。

しかし，現実には違った情報が伝えられていた。例えば，同誌は1929（昭和4）年9月号で「全国学校研究号」という特集を組んだ。その号に東京朝日新聞秘書・豊原瑞穂の「入社試験と各学校卒業生の成績」が載った。1929（昭和4）年度の採用についてである。応募者約700名，採用者は編集部に5名，営業部に4名という。編集部に採用された人数と学校名は，「東京帝国大学二名。東北帝国大学一名。早稲田大学二名」。営業部については，「東京帝国大学一名。東京商科大学一名。早稲田大学一名。東京外国語学校一名」である。豊原は，「従来は早稲田大学が一番多かつたのであるが，近来帝大の受験者が中々多く

なり,「帝大が約半数」であると書いている (10頁)。やはり大学出身者で占められた。さらには不景気が大きな原因と考えられるが,マスコミへの就職は私大卒業生の専売特許であったが,ここでも帝大を中心とする官立学校が優位を占めていた。同誌は1935 (昭和10) 年7月号に,「全国高校専門学校研究号」を特集に組んだ。そこには,「全国実業専門学校の特殊学科研究」が掲載された。1941 (昭和16) 年1月号には,「専門学校出の名士競べ」や「実専へ入るにはどんな成績が必要か」で,各学校の合格者の成績が比較された。9月号は,「学校の選択の基準と方法」を特集した。合格の可能性や自己の性能や学費等を勘案し,単なる「憧れ」でなく「立志」を果たすことが学校選択の重要な要因と主張した (14-17頁)。

③進路選択情報とその変化

1929 (昭和4) 年7月号特集「就職と学校選定号」で記者は,どのような学科を選択すべきかについて述べた。先にも引用したが,「就職と学校選定問題」という一文において記者は,「現今就職難が最も問題となつてゐるのは法科,経済科,商科等の事務的方面で,医科,工学科の技術的方面と教育方面は比較的楽である。」(5頁) と指摘した。

1930 (昭和5) 年7月号には,「職業と学校の関係 (一)」が掲載された。記者は「官吏になるには」,東京帝大法学部・経済学部,京都帝大法学部・経済学部,東北帝大と九州帝大の法文学部,東京商科大学と同大専門部等の官立学校をまず紹介し,次いで早稲田,慶應義塾,明治各私立大学を挙げた。次に,技術家である。なかでも機械,電気,建築,造船に範囲を限って検討すると,ほとんどの分野で官立学校が優勢である。私立では,建築で早稲田大学理工学部,日本大学工学部,造船で早稲田大学理工学部が登場するぐらいである (4-8頁)。1930年代後半には軍需産業に関連して理工学系の大学・工業専門学校が増加するが,そのほとんどのものが官立学校であった。

1941 (昭和16) 年3月号には,「満州国の文官になるには」が載った。著者は「満州国は伸びる」と断言し,「満州国のため,否々全アジアに栄へを与へ,光を添へんがためにも勇躍奮闘なされようとする方のために」(68頁),満州国

の文官制度を紹介する記事を寄せている。

　④苦学・独学情報

　苦学・独学情報は，相変わらず記事数は多い。特集にも1927（昭和2）年から1934（昭和9）年までに傍系入学研究も含め，都合7回組まれた。特集の他にも毎回のように，この種の情報は提供されつづけている。1929（昭和4）年11月号は，特集「独学苦学研究号」を組んだ。掲載された記事は「独学苦学の是非」という論説，「専検」の科目合格数と合格科目，「専検」と「高資」の試験問題とその解答，独学苦学奮闘記，独学成功実話三編，そして九州帝大法文学部のわい・えらい生「専検より帝大への飛躍」等を掲載した。1932（昭和7）年11月号も，特集「独学苦学制覇号」を組んだ。この号には，「東都独学苦学案内」「独学苦学者の登龍門」という合格体験記，九州帝国大学・武藤正行「銀行給仕→夜間中学編入→書生→高検より高校を経て帝大への苦学血涙記」，および「専検」「高資」の試験問題等が掲げられた。1934（昭和9）年10月号は，臨時増刊「独学受験大観」であった。全480頁，定価85銭という大部なものである。この臨時増刊号には，独学者たちの資格を志向する「学び」を体系的に支援する情報が掲載された。そして特集は，検定試験を通して資格を得ることが重要であることを独学者たちに教えていた。これ以後この種の特集が組まれることはなったが，同誌に毎号のように苦学・独学情報は提供された。例えば，1941（昭和16）年6月号には「少年教師の思ひ出（独学手記）」が，10月号には「独学陣営の雄叫び（独学受験記）」欄を設け「専検」・「高検」合格者の手記を掲載した。

第6節　戦時体制下における誌名の改称─『学生』から『中学生』へ─

　『受験と学生』は，前記のように第26巻第1号すなわち1942（昭和17）年4月号より「受験」の2文字を削除し『学生』と改題した。『研究社八十五年の歩み』は，改称の理由を「戦時下の国策による雑誌統制のため」（149頁）と記した。そして1944（昭和19）年5月号より誌名を『中学生』と改め，高等教育

機関への入学志願者ではなく中等学校入学志願者を主な読者対象に据えた。

(1) 『学生』の誌面構成の特徴とその変化

戦中期の『学生』『中学生』の誌面の基本構成は，どのような特徴を見せるのだろうか。

まず最初に，『学生』を検討してみよう。筆者が入手できたのは，『学生』1942（昭和17）年3月号から1944（昭和19）年2月号まで，その内1943（昭和18）年9月号，1944（昭和19）年3月号・4月号が欠号である。

1942（昭和17）年7月号は，全144頁，定価40銭である。1943（昭和18）年2月号は，全128頁，定価40銭であるが，用紙統制の影響から6月号になると全64頁，定価35銭となった。この頁数と定価は，1944（昭和19）年2月号でも保持していた。頁数が全64頁になったのは何月号からは不明である。目次は，1942（昭和17）年7月号から1943（昭和18）年2月号は，見開き1頁である。1941（昭和16）年10月号の観音開き風の目次に比べると，極めて簡素になったことが特徴である。

もう1つの特徴は，『学生』が毎号のように特集を組んでいることである。表5.3の特集一覧からもわかるように，1942（昭和17）年には「不得意科目の征服策」「答案の正しい書き方」「国漢英数基礎知識の反省」等の受験技術情報と「新合格者の体験を聴く」である。また，特集号名ではないが1943（昭和18）年6月号には「志望校選択の基準」が記事化されている。

『学生』の誌面構成は，冒頭に「学生春秋」という巻頭言を掲げている。1942（昭和17）年7月号から1943（昭和18）年2月号まで存在しているが，その後は消滅した。巻頭言に続き，各界の識者，大学教授，文部省関係者，中学校教員等が毎号「論説」と「時局説明」を行う記事を掲載している。このなかには，青木誠四郎や小西重直の名前もある。続いて，各号が特定する問題を記事化している。受験情報，学校選択情報，進路情報，苦学情報等である。例えば，学校選択情報，進路情報には「進学方向とその将来（1942年7月号）」「専門学校卒業者の大学進学状況（1942年11月号）」「決戦下の学生と進学（1943年6月

第6節　戦時体制下における誌名の改称　319

号)」「志望校選択の基準 (1943年6月号)」が掲載された。もう少し時代が下がり1944年2月号には,「進学すべき諸君に与ふ」等が載り,学習方法や受験対策情報としては毎号のように「錬成道場」「国・漢・英・数基礎補習教室」等,時には学制改革の動向についての記事もトピック的に掲載される。これらの記事の執筆者は,各界の識者や中高の教員がほとんどである。学生の手になる記事は,上級学校紹介や受験体験記等であるが,これらは隔月ごとに掲載される。毎号掲載されるのは「懸賞誌上模擬試験問題」や模試の解答と講評,模擬試験合格者の氏名である。受験生を鼓舞する装置の役割を果たしている。また,読者とのコミュニケーションを図るために「誌上各科質問応答室」(但し1943年6月以降消滅)「作文演習」「健康相談」「進学相談」「学生オアシス」「読者会」「学生文苑」編集後記としての「回覧板」等が,毎号といってよいほど掲載されている。これが『学生』の基本的な構成の軸となっている。

　もう少し詳しく誌面構成の特徴と変化を検討してみよう。

　表5.12は,『学生』1942 (昭和17) 年10月号,特集「学制改革とその影響」の構成を復刻したものである。まず巻頭言に続いて,「時局解説」と「論説」が掲載された。軍関係者の時局解説が登場するのは,この号からである。大政翼賛会文化部長・高橋健二による「誇りをもつて慎ましく」という一文が掲載された。また11月号は,「時局と学校界の変貌」という特集を組み「時局」への素早い対応が見せている。後の号でも,『学生』編集部は,例えば,1943 (昭和18) 年10月号には国民精神文化研究所の紀平正美の「日本の青年」という一文を,陸軍省報道部・阿部仁三「戦争と学生」を,1944 (昭和19) 年1月号には,大本営陸軍報道部陸軍少佐・橋本選次郎「後に続く者」を掲載し,時局に対応している。このように論説・時局解説にはじまる構成は,『学生』の特徴の1つである。

　軍関係者だけでなく文部省の関係者,中学校高等学校教員,航空局航空官等による論説が掲載される。例えば,文学博士・小西重直は「戦場としての学生生活」(1943年2月号)を,文部省事務官・増田幸一は「決戦下の学生と進学」(1943年6月号)という一文を掲載している。時勢が必要としている人材とは何

表5.12　1942（昭和17）年10月号の構成

タイトル	執筆者等	
★表紙（東京工業大学風景）		池田永一治
★カット		藤崎邁象・松野斗思
★〔学生グラフ〕(1) 爽涼 (2) 秋風に躍る (3) 僕等のアルバム		
★学生に与ふる言葉（学生カレンダー）		友松圓諦（挿込）
学生春秋（巻頭言）		
誇りをもつて慎ましく	大政翼賛会文化部長	高橋健二
南進を志望する諸君のために	日本拓殖協会主事	柴山武矩
昭和十八年度入試　理数科の出題範囲について		記者
南方諸民族の歴史（二）	北亜細亜文化研究所	鎌田重雄
学制改革と其の影響		記者
日満支の官給費学校（一）		渡邊彌太郎
学界新人国記（愛媛県の巻）		小椎知安
理科物象の範囲と其の学習法	東京高師附属中学校教諭	水野國太郎
電柱に寝る男（学生ユーモア）		永田佐一
志士の家（随筆）		田中宇一郎
四年修了者に揚がる凱歌		
◎燃ゆる闘志でがんばる	富山高等学校	神通生
◎少量を確実に理解して	広島高等学校	薫風生
◎無刺激な田舎中学から	松江高等学校	春夜夢巧
高等師範はどうなるか		四谷新二
時局展望台（時事解説）		澤田謙
学生タイムス（時事英語）		編輯部
夜学と進学		河東金次
僕の勉強法		
☆夜間中学卒業生の東商専突破記	東京商大専門部	加納達夫
☆小学校に奉職して教科書中心の準備	多賀高等工業学校	天竺浪人
☆平凡な法で倦まずたゆまず努力	名古屋高等商業学校	剣陵生
国・漢・英・数　基礎補習教室		
（国語）国語沿革の大要	東京商科大学専門部教授	黒羽英男
（漢文）思想表現の諸形式（二）	大東文化学院教授	山内惇吉
（英和）ジエランドの働き	浦和高等学校教授	馬場吉信
（和英）会話文の訳し方	東京外国語学校教授	小川芳男
（代数）数値計算法について	府立高等学校教授	小林幹雄
（幾何）定点通過と定方向	第一早稲田高等学院教授	高見豊
新設学校だより		
○南進日本の魁・福岡拓専から	福岡拓殖専門学校	椰子の實
○大東亜建設の使命に生きる	北京興亜学院	支那浪人

○科学する女性の新殿堂から	帝国女子理学専門学校	木蓮女
昭和十八年度　陸海軍諸学校入学試験問題		
新設高工第二部の内容	広島高等工業学校第二部	田村定男
十八年度陸経体格検査の状況		世田正
三年生に与ふ	府立高等学校	大森生
◇誌・上・各・科・質・問・応・答・室◇		高専校諸教授
添削返送　懸賞誌上模擬試験問題		
◎英文解釈	府立高等学校教授	清野暢一郎
◎数学	成蹊高等学校教授	鈴木一郎
◎国語	姫路高等学校教授	荒木良雄
八月号模擬試験の解答と講評		
八月号模擬試験合格者氏名		
◇学生ニュース		
◇作文演習	東京高校教官	大塚龍夫
◇健康相談	医学博士	立花次郎
◇進学相談		本誌編輯部
◇学生オアシス　◇読者会　◇学生文苑		
◇回覧板		

か，日々の生活をどのように過ごすか等が繰り返し説かれているのである。

①受験・学習情報

表5.12で受験・学習情報について見ると，学生読者の投稿による受験体験記，「国・漢・英・数　基礎補習教室」，巻末には「懸賞誌上模擬試験問題」や模試の解答と講評も行われている。また「昭和十八年度　陸海軍諸学校入学試験問題」も掲載され，軍関係学校への進学情報も提供された。『学生』と改称されてから，「国・漢・英・数　基礎補習教室」は毎号掲載されている。表5.13で示した1943（昭和18）年6月号の構成の復刻からわかるように，「錬成講座」，その後「基礎錬成講座」「直前の錬成講座」といういずれかの名称で掲載されつづけている。この試験対策情報は，1944（昭和19）年に入っても継続して行われていた。また，受験体験記も隔月に掲載された。1942（昭和17）年5月号には「牙城への決戦譜（陸士合格記）」，8月号には「我が勝利の記」として第三高校文科，佐賀高文科，京城帝大予科の3名を，10月号には「僕の勉強法」と題され夜間中学卒業生で東京商科大学専門部に合格した者，多賀高工，名古

表5.13　1943（昭和18）年6月号の構成

タイトル	執筆者等	
表紙絵		松野斗思
カット		綠川廣太郎・藤崎邁象
決戦下の学生と進学	文部省事務官	増田幸一
志望校選択の基準	成城高等学校教授	仲田義秋
専検規程其の他の改正		「学生」調査部
昭和十八年度　全国高専入学競争率調（1）		「学生」調査部
入試和文英訳答案の講評	横浜高等商業学校教授	西村稠
機甲部隊について（科学兵器の話）	陸軍機甲本部陸軍中佐	谷鉄馬
錬成講座		
係と結に就て（国語）	国学院大学教授	今泉忠義
漢文とは何んなものか（漢文）	府立高等学校教授	小笠原錄雄
皇威の発展（上）（国史）	国士舘専門学校教授	鎌田重雄
角の計算問題解法研究（数学）	第一早稲田高等学院教授	高見豊
動詞の時制に就て（英語）	東京高等商船学校教授	龍口直太郎
国史試験問題最近の回想	東京高等学校教授	藤崎俊茂
栄冠斯くて我が手に（新合格者の体験記）		
点ノ存在スル範囲に就テ（数学）	京城帝大予科教授	中澤貞治
高等学校は躍進する		編輯部
学生の時事解説	ニッポンタイムズ編輯部	佐古利平
（新）・（語）・（解）・（説）	興亜教育会常任理事	土屋潤身
伴林光平（趣味の国文学）		忠軒學人
学＝生＝新＝聞		
添削返送　懸賞模擬試験問題		
◎数学問題	山形高等学校教授	荒田狷介
◎国語問題	松山高等学校教授	武智雅一
◎和文英訳問題	佐賀高等学校教授	渡邊眷吉
四月号模擬試験の解答と講評		
四月号模擬試験合格者氏名		
◇作文演習	東京高校教官	大塚龍夫
◇健康相談	医学博士	立花次郎
◇進学相談　◇読者会　◇学生文苑　◇編輯室		

屋高商に合格した者の体験記を載せている。12月号には「輝く勝利の記録」として浦高，名古屋高工，函館高等水産，彦根高商に合格した4名，1943（昭和18）年6月号には「栄冠斯くて我が手に（新合格者の体験記）」の6件，7月

号に1名の「専検」合格記，2名の高専合格者の手記が掲載された。その後は，この種の体験記は掲載されなくなった。これらの受験体験記には，学校紹介や受験・学習の技術や方法等受験情報だけでなく，学校情報・進路選択情報，時には独学情報といったように多岐にわたる進学情報が含まれ，しかもあくまで学生生徒の立場に立ってその視点から伝えるものとなっている。

　巻末には，「懸賞誌上模擬試験問題」や模試の解答と講評は毎号掲載された。戦時下に入っても，受験対策情報は途絶えることはなかった。また1942（昭和17）年3月号から「The Gakusei Times」「VoL.XXVI. MARCH, 1943 No.12」と表記された英字新聞が掲載されるようになった。ただし「学生タイムス」（時事英語）は，1943（昭和18）年4月号から『学生』に改称されて以降は掲載されなくなった。

②学校選択情報

　1942（昭和17）年5月号には「陸海軍受験者の為に」，6月号には「志望校決定の基準」のための論説が4件掲載された。7月号には「文科系進学」「理科系進学」とその将来を記事にして載せている。また進学案内書の著者・出口競が「福島高商と多賀高工を見る」を掲載した。9月号には「進学と憂国の精神」が載せられ，10月号には「夜学と進学」や「新設学校だより」が設けられ，福岡拓殖専門学校，北京興亜学院，帝国女子理学専門学校が紹介された。12月号に成城高等学校教授・仲田義秋が「高校志望者に必要な心構へ」，1943（昭和18）年6月号に「志望校選択の基準」を，また1944（昭和19）年2月号には慶應義塾大学教授・今泉孝太郎が「進学すべき諸君に与ふ」を掲載した。

③進路選択情報

　進路選択情報には，1942（昭和17）年7月号に法学士の「陸海軍技術将校への進出法」，11月号には「飛行機家になるには」，12月号には「医師になるには」，1943（昭和18）年1月号には「これからの実業人」，1944（昭和19）年1月号には「若き学徒よ特種部門に来れ」，2月号には「知と熱に燃ゆる若人よ海へ」という記事が掲載された。

④苦学・独学情報

　苦学・独学情報としては，1942（昭和17）年7月号に文学博士・河野省三がエッセー「苦学する心」を寄せた。9月号には「高校を経ずに帝大に入学する法」という傍系入学情報を，11月号には「苦難の道を踏み越えて」というコーナーに台北高商，逓信官吏練習所等4人の学生の入学体験記を掲載した。1943（昭和18）年6月号は「専検規程其の他の改正」を，10月号は高専教授担当「昭和十八年度第二回男子専検試験問題研究」をそれぞれ掲載した。

　このような『学生』の誌面構成の概観と，先述した寺﨑・浅沼が同時代の『螢雪時代』（当時の代表的受験雑誌であった）を対象に行った誌面構成分析を比較してみよう。

　第1には，『螢雪時代』では冒頭に社長・赤尾好夫による巻頭言が設けられていたが，『学生』の場合は巻頭言はなく，内容は短文で時事的トピックを扱っているにすぎなかった。第2には，『学生』にも，『螢雪時代』と同じく学習講座としての「錬成講座」が設けられていた。『学生』は多くの紙幅を割き，1944（昭和19）年まで継続して掲載した。第3に『学生』には，『螢雪時代』に頻出する「座談会」欄は設定されていなかった。第4には，「時事英文」に関する記事は，英字新聞の形で掲載されたものの，1943（昭和18）年3～6月には掲載されなくなった。『螢雪時代』と比べて，『学生』がもっていた特色の1つが消えたことになる。第5には，学校選択情報では，『螢雪時代』は軍関係の学校が主となったと指摘されているが，『学生』は必ずしも軍関係学校が主とはいえない。第6には，進路指導情報としては『螢雪時代』を分析した寺﨑が指摘しているように「軍事関係あるいは戦争生活を前提とした技術キャリアへの案内が多く占めていくようになった」[12]という点について『学生』においても同様の結果が得られた。

（2）『中学生』の誌面構成の特徴とその変化

　改称第1号の『中学生』1944（昭和19）年5月号を見よう。全64頁，定価40銭となっている。「編集室だより」には，「本誌は今度中等学生諸君の学習と教

第6節　戦時体制下における誌名の改称　325

表5.14　『中学生』1944（昭和19）年5月号・9月号

1944（昭和19）年5月号		1944（昭和19）年9月号	
表紙（昭南市街）	向井潤吉	表紙	吉岡堅二
中学生諸君に与ふ	末次信正	真の勤労精神	鈴木孝雄
日本海海戦と大東亜戦争	高戸顯隆	死を求めて起て	櫻井忠温
臣道無限	伏見猛彌	木銃（詩）	藪田義男
椰子の実（詩）	大木惇夫	太平記物語	島津久基
国史の教室・美しい日本	藤原音松	撃攘（短歌）	中村正爾
歴史と伝統	森本忠	日本武尊（国史の教室）	藤原音松
学徒挺身（短歌）	岡山巌	科学者から見た人間	長谷川幸雄
［グラビヤ頁］科学神兵日本的製鉄法の勝利		成層圏と高々度飛行	山本峯雄
		［グラビヤ］協力する大東亜の原住民	
印度洋の尖兵	大佛次郎		
寒地の気候	中原孫吉	空挺部隊	近藤満俊
どうして光の速度を測るか	長谷川幸雄	世界戦局講座・トルコ共和国の運命	齋藤忠
近代戦と星	野尻抱影		
物象の教室・重炭酸ソーダと炭酸ソーダ	藤木源吾	大東亜海（小説）	甲賀三郎
		南洋群島と珊瑚礁（英語の教室）	寮佐吉
数学の教室・飛ばぬ大型模型機の謎	佐藤良一郎	計算の機械化（数学の教室）	佐藤良一郎
英語の教室	寮佐吉	酸と金属（物象の教室・第二類）	藤木源吾
土窯式製鉄法・飛行機の知識		気体の性質（物象の教室・第一類）	宇野芳夫
欧羅巴戦局鳥瞰・風雲バルカン	齋藤忠		
陸軍航空整備学校訪問記			
大東亜（小説）	甲賀三郎	誌上試し	
国民座右銘		進学知識	
投稿募集		学生文苑	
航空の知識		読者の頁	
進学知識		進学相談	
編集室だより（目次になし…筆者）		編集室だより	
		（本誌の掲載写真は海軍省許可済第八七五号）	

養の雑誌として新しく生まれることになつた」と記している。しかし「進学知識」欄では，「上級学校に進まれる志望の方のために，進学上の心得ともなるべき知識を，あらゆる角度から記述して直接間接にお役に立てたいとおもふ。」と述べ，「『進学相談』では，諸君の受験に関する質疑を一問一答の形式」

で答ると記している (64頁)。9月号 (全58頁, 定価40銭) の「読者の頁」では松本に居住する男子が投稿し,「我々上級の者にとつては物足らぬけれども基礎の勉学となつてよい。」と評価している。また「陸士, 陸経の入試問題及びその解答がない」と嘆いた横須賀のK・N生に対しては,「本誌は受験雑誌ではなくなりましたから, 直接入試問題や解答は取扱ひません」と編集室・記者は回答している (58頁)。

これまでは, ①受験・学習情報, ②学校選択情報, ③進路選択情報, ④苦学・独学情報という観点から検証してきたが,『中学生』の進学情報は, ①に限定されていることがわかった。

表5.14は, 5月号と9月号の目次を復刻したものである。この目次を見ると, たしかに懸賞模擬試験問題の講評も解答も消滅しているが, しかし,「英語の教室」「数学の教室」「物象の教室」という受験のための学習指導は続けられていた。このことは, 注目に値しよう。『中学生』はまさしく, 学習と教養の雑誌に変身している。『中学生』は, 国立国会図書館 (プランゲ文庫) に1945 (昭和20)年9月号より12月号まで所蔵されている。筆者が所蔵しているのは, 1944 (昭和19) 年9月号までである。1944 (昭和19) 年10月号から1945 (昭和20) 年8月号までの所在は確認できていない。

(3) 紹介された教育情報
①受験・学習情報

受験・学習情報は, どのようなものが提供されていたのだろうか。まず, 自らの実力がどの程度あるかを点検するために重要な情報は, 添削して返送してもらえる「懸賞模擬試験問題」であった。では, どのような教科の模擬試験問題が出されていたのだろうか。整理してみると, ほとんど毎号出されるものは英語 (英文解釈, 和文英訳), 数学 (平面幾何等) であり, 国語, 漢文の出題がそれに続く。国語漢文の問題が出ないときには, 歴史, 理科物象の問題が出される。問題数は, 例えば英文解釈なら2問, 歴史なら記述式で2問出題される。1944 (昭和19) 年2月号にも, 和文英訳の模擬問題が出されていた。解答や講

評は，出題者が行っている。

　出題者は高等諸学校の教員が担当していたが，同じ教員が継続して担当することはなかった。例えば，1942（昭和17）年7月号には東京商大専門部教授，第一早高学院教授，大阪外国語学校教授が，1944（昭和19）年1月号には都立高等学校教授と学習院教授がそれぞれ名を連ねた。一方，連続して数回開催された「国漢英数　基礎補習教室」では，同じ人物が担当した。「国語」は東京商大専門部教授，「漢文」は大東文化学院教授，「英和」は浦和高等学校教授，「和英」は東京外国語学校教授，「代数」は府立高等学校教授，「幾何」は第一早高学院教授である。「和英」には小川芳男の名が見られる。1943（昭和18）年1月号からは，「国漢英数　基礎知識の反省」という名の連載が始まった。これまでのメンバーとは違う担当者が当てられ，この連載中は固定されていた。補習のための学習参考書の役割を担っている。

　『学生』が『中学生』に改称された後は，表5.14からもわかるように試験問題は全く見られなくなるが，細々とではあるが基礎的な学習指導の側面は残っていた。英語・数学・物象，時には国史の学習参考書としての性格は辛うじて残っていた。しかし，執筆陣の所属は明記されていない。

②学校選択情報

　1942（昭和17）年6月号は，「志望校決定の基準」という特集を組んだ。和田道は「志望校選定の要諦」で，「青年が上級学校へ行きたいと念願し，親達が子供を学校へ入れてやりたいと考へるのも，彼等の生存上，それが大切な武器となるからである。(中略) 実際問題として，学校を出た者と出ない者との間には，大きな懸隔があることは否定出来ない。(中略) 何といつても学校の成績がよいといふことが最も社会的には有力である。そこで人間が生きて行く為には，なるべく上級学校へ進み，その上級学校もなるべく私立よりは官立を選び，官立校へ入るならば，なるべく所謂二，三流校よく（ママ）も一流校へ入りたいと，すべてが『なるべく』の前提の下に学校選んでゐる現状である」と記した (18頁)。「志望理念を十分に検討」せよと説き，「受験者は，自分の志望を決定するについて，それが生存上絶対的なものであるといふ自覚に乏し

い」と嘆いている (19頁)。1942, 43年ごろは「学生刈り」という言葉で学生を非難し, 法文系学生にとっては, 徴兵猶予停止が切実な問題として迫っていた時代であった。1944 (昭和19) 年2月号に, 慶應義塾大学教授・今泉孝太郎が「進学すべき諸君に与ふ」という文を載せた。今泉は,「自己の能力, 志向, 家庭の事情等により上級学校への進学が決定されたならば, 従来の自己本位の個人主義的な考へ方を去つて, 勉学そのものの国家に対する意味を熟考し, 確乎たる信念を持たなければならない。」と説いている (5頁)。国家のための進学, 勉学が強調されたのである。

　学校紹介欄では, 1942 (昭和17) 年10月号に「新設学校だより」というコーナーを設けて, 福岡拓殖専門学校, 北京興亜学院, 帝国女子理学専門学校を紹介した。12月号には「感激の学園生活」欄で, 九州帝大臨時医学専門部, 津田英学塾, 東京女子医学専門学校, 大阪外国語学校等が紹介された。1943 (昭和18) 年1月号には,「学校生活春夏秋冬」として第一早稲田高等学院等5校, 3月号には「全国高専所在地案内」欄で國學院大学予科, 中央大学, 拓殖大学, 上智大学, 無線電信講習所等7校が掲載された。しかし1943 (昭和18) 年6月号より, 学生生徒の手になる学校紹介は消えていった。編集者等による学校紹介は続くが, 個別学校の紹介ではなくなっていくのである。受験記は, 7月号まで掲載された。6月号より各年度の「全国高専入学競争率調」という記事が連載されるが, この情報は12月号まで続いた。1943 (昭和18) 年11月号で「高等商船学校募集に就いて」を, 1944 (昭和19) 年2月号で「高等商船学校入学試験問題」を掲載している。個別学校の紹介は, 戦局が悪化するにつれ高等商船学校が主に紹介されるようになった。読者は,「進学知識」で進学・学校情報を得ていた。記者は一問一答形式で答えているが, 戦時色を強めた進学相談になっている。例えば, 次のような相談が寄せられた。

　　〔問〕進学する場合なるべく近くの学校を受験せよといふ理由如何, 遠方の学校
　　　　の志願は不利なりや。(旭川, 太田生)
　　〔答〕自己の勉学に好都合のことが多いからであつて, 戦時中郵送力を戦争一本
　　　　に集注するため, なるべく遠方の受験を遠慮するのが国民の義務。(後

略)」(『中学生』1944 (昭和19) 年8月号, 59頁)

戦時下における「国民の義務」を強調するのである。

③進路選択情報

進路選択情報としては，1942 (昭和17) 年6月号に敬亭山人というペンネームの執筆者が「之からの有望校と有望学科」という一文を寄せた。彼によると有望な学科は，「先づ第一が造船工学科」であるという。「大学程度としては　東京帝国大学工学部　船舶工学科」「九州帝国大学工学部　造船学科」「専門学校としては　横浜高等工業学校　造船工学科」「大阪高等工業学校 (造船学科十七年新設)」(29-30頁) を紹介している。

次に，「航空機関係もまた有望」と述べ，大学としては「東京帝国大学工学部　航空工学科」「東北帝国大学工学部　航空学科」「九州帝国大学工学部　航空学科」「東京工業大学　航空機工学科」，高等工業としては「名古屋高等工業学校」「横浜高等工業学校」「浜松高等工業学校」の「航空工学科」を挙げている (31頁)。このように何れも官立学校を列挙している。「次は船舶乗員の養成」として紹介された学校は，主に官立であった。

これより先，『学生』は，1942 (昭和17) 年11月号において「時局と学校界の変貌」と題する特集を組んだ。また，同名の欄も設けられた。記者は，「文部省以外の最高指導部で『私学は入用でない』」という「私学廃止論」が飛び出したことを紹介し，そしてこの論が「沙汰止みになったやうである」(10頁) とも伝えている。戦時色を強めた進路指導であり，戦争生活を前提としたキャリア形成の案内情報となっている。1943 (昭和18) 年1月号には，東洋大学学長，大倉精神文化研究所長，株式会社大倉洋装店前社長であった大倉邦彦の「これからの実業人」という一文を掲載した。大倉は「自由主義経済観を精算」せよと唱え，「実業人たらんとする若人は，過去の誤れる伝統観念に捉はれることなく，皇国を中心の指導国家とする大東亜の経済新秩序建設といふ高邁な識見を養はなければならぬ。」と説き，「それに向かつて自分を錬成して行く努力」を欠かさないことが「皇国実業人たる資格」(10-11頁) であると説いている。1943 (昭和18) 年5月号には「学生」調査部が「若人よ大空へ！」と題

して，「目下召募中の少年飛行兵その他」(16-17頁) という勧誘のための記事も掲載するようになった。1944 (昭和19) 年1月号は，官立無線電信講習所生徒監が「若き学徒よ特殊部門に来たれ―官立無線電信講習所の紹介―」を載せた。彼はこの練習所こそが，「これぞ知性と素養ある若人の行くべき職場にあらずして何であらう」(38頁) と叱咤激励した。

『中学生』には，海軍大将・末次信正「中学生諸君に与ふ」(1944年5月号)，陸軍大将・荒木貞夫「魂を持て」(1944年6月号)，教学錬成所々長・橋田邦彦「決戦下の学問」(1944年8月号) という論説が巻頭言として掲載された。彼等の多くが提供したのは，進学情報でもなく受験情報でもなく，中学生学徒の使命を説いたものであった。

④苦学・独学情報

苦学・独学情報には，次のような記事がある。1942 (昭和17) 年6月号には，独学者の手記「中学二十年」が掲載された。これは20年間「専検」を受け続けた人物の受験記である (86-87頁)。9月号には，東北帝大，九州帝大への傍系入学案内が掲載された。聴講生制度，選科制度，「高検」に関する紹介の記事が掲載された (76-79頁)。11月号には，「苦難の道を踏み越えた」4人の体験記である。例えば，台湾高商南方幸夫は「会社員生活から起上つて」を書いた。その体験記に対して記者は，「卑屈なサラリーマン根性を精算して更正奮闘された意気を嬉しく思ひます」(79頁) と評した。また逓信官吏練習所隈桜生「高工を断念して遂に逓官へ」に記者は，「この時局下に在つては一逓信官吏となるも立派な奉公の道です。」(81頁) と励ましている。1943 (昭和18) 年4月号は，傍系入学体験者の手記「戦時下の傍系進学」を掲載した。この体験者は，工業学校を首席で卒業後，東北帝大法文学部聴講生となり同学部の本科編入試験を受けて合格し卒業後，学士号を授けられた人物である。彼は，東京帝大の二，三の学部以外は傍系入学できる可能性は大きいと述べつつも，「浪人」という受験生活は徴兵や総動員業務就役関係から許されないと注意している。「戦争目的遂行のためには，功遅主義より寧ろ拙速主義」(70頁) を選択しなければならないと説くのである。また「傍系進学の統制」，すなわち「志望

統制」が進んでおり，「傍系者の進み方が，（中略）国家の要請に合致し得ることがある」と指摘している（71頁）。6月号には「学生」調査部が「専検」「実検」等の規程改正を記事にしている。7月号には，「独学の友へ－専検突破記」が掲載された。苦学・独学情報は戦時下においても発信されつづけた。しかし『中学生』に誌名が改称されてからは，「進学相談」欄にも苦学・独学情報を求める相談は寄せられていない。

第7節　小　括—教育情報の特徴と変化—

　近代日本における高等教育機関拡張期の出発期の1918（大正7）年に登場した『受験と学生』（『学生』『中学生』と改称）とは，どのような特徴を有する雑誌メディアであったのだろうか。

　まず，書誌的に概観してみよう。

　第1には，大正・昭和戦前期はいうに及ばず，激動期の戦中，敗戦期を乗り越え，戦後まで長期にわたって実に多様な情報を送り続けた雑誌であった。第2に，1935（昭和10）年ごろから旺文社（欧文社）の『受験旬報』に発行部数等で引き離されたが，しかし，約3万部を発行した著名な受験雑誌として多くの受験生やその保護者に大きな影響を与えつづけた雑誌であった。第3には，大正・昭和戦前，戦中を通じて一貫して高等諸学校，時には軍関係学校入試のための受験情報を提供した雑誌であった。刊行の言葉で語られた同誌の編集方針は揺らぐことなく，淡々と受験生のニーズに対応した受験情報誌であった。第4に，同誌のもう1つの大きな特徴は，苦学生・独学者をも読者対象としていたことである。高等諸学校に在籍し苦学する青年を鼓舞し，「専検」「高検」等の中学卒業資格の獲得を目指す独学青年たちを励ました雑誌であった。

　筆者は，『受験と学生』の歴史を大きく3期に，すなわち模索期（創刊〜1926年），拡張期（1927〜43年），そして戦中期（1944〜45年）に分けた。全期間を通じて論説やエッセーが掲載されたことが特徴である。第5に，各期を見てみると，模索期は受験情報と苦学・独学情報が多くの紙幅をとっている。第6に，

拡張期は受験情報，学校選択情報，進路選択情報，苦学独学情報と情報の幅が広がり多様で，多岐にわたる種々の受験・進学情報が提供された。また，入試予想等の特定の問題が毎号特集として提供したのもこの時期である。第7は，戦時色を強めながらも拡張期同様の誌面を維持し，多様な情報を提供しつづけた。しかし，戦時下の用紙統制により頁数は激変した。300頁近くあった同誌は，64頁前後まで減少した。第6は，この時期を通して，入試制度の改正に敏感に反応し，その改正に向けての予備知識，準備法，模擬問題等の情報をタイムリーに提供した雑誌でもあった。高等教育制度と入学選抜との関係を受験界の変化という視点から捉え，常に新受験情報を，受験対策指南として，的確，迅速に受験生に届けている。第8には，全3期を通して合格体験記が掲載されたことである。この合格体験記には学習の仕方，受験準備等の受験情報はいうに及ばず，学校情報等の情報が提供された。合格体験記は，読者とのコミュニュケーションを図る有力なチャンネルの1つであった。

　次に，先に設定した3つの時期に提供された情報を，受験情報，学校選択情報，進路選択情報と，苦学・独学情報という4つの角度を通して検討してみた。

　その結果，第1に，同誌は英語を中心に数学，国語漢文，理科，歴史という5教科に焦点を当て受験に関する情報を提供した雑誌であった。この特徴は3期を通して変更されることはなかった。研究社といえば英語だが，英語のみに偏った情報は提供していなかった。

　第2には，『螢雪時代』のように座談会によって学習論，学校論・時事問題が常態化はしていなかった。論説やエッセーは掲載されたが，各界の識者，高校の教員，記者等が担っていた。また『螢雪時代』と同様に懸賞問題は先述したように継続的に出され，読者が投稿するという読者とのコミュニケーションが図られる形になっていた。

　第3には，高等諸学校といえども，具体的には高等学校が中心となり，専門学校，軍関係学校を対象として情報を提供していたことである。

　第4には，「官高私低」の観念が前提となった学校選定情報が提供されていた。

第5には，学問の選定に関しては，学校序列化された進路指導情報が提供されていた。

　第6に，とくに独学情報は，「専検」「高検」等の受験記や問題を提供しながら，正規の学校へ誘引する情報を提供していた。このように同誌は，高等教育志願者たちの前に受験・進学・学校・苦学独学情報を提供した。受験生にとっては極めて重要な情報であった。『螢雪時代』を歴史的に分析した寺﨑・浅沼は，「戦時下にあっても高等教育志願者たちの前に受験・進学問題がさまざまな形で存在し，それが彼らにとってきわめて重要な問題であった」(105頁) と指摘したが，『受験と学生』にも同様の指摘ができる。

　『受験と学生』は，一方において受験参考書・学習参考書の役割を担い「競争としての『学び』」を支援し，他方では「資格を志向する『学び』」を鼓舞する総合受験情報誌としての側面を有していた。

　寺﨑・浅沼が指摘しているように，同誌は『螢雪時代』と同じく受験・進学・学校・苦学・独学「そのものについて，さらにそれを取り巻く社会的環境や制度変化について多様な情報を発信し，『時代』に対してきわめて適応的に対応しうる性格をもっていた」[13]と指摘できる。

　しかし残された課題も多い。急ぎ行わなければならないのは，1936〜44年まで刊行された同誌の発掘である。こうした当面の課題だけでなく，『受験と学生』に現れた個別学校のデータを沿革史編纂に活用すること，同誌が伝えた受験生の率直な意見の研究等があり，多様な視点からの分析が可能なリソースである。

注
(1)　研究社社史編集室編『研究社八十五年の歩み』1992年，154頁。
(2)　百周年記念誌編集委員会編『百年史』(学校法人海城学園) 1991年，184頁。
(3)　鈴木省三『日本の出版界を築いた人びと』柏書房，1985年，206頁。
(4)　田中治男『ものがたり・東京堂史』1975年，283頁。
(5)　小熊伸一「戦時体制下における教育情報の統制」『教育学研究』第61巻第2号，1994年。

（6）　大村善吉『英語教育史資料　5　英語教育事典・年表』東京法令出版，1980 年，112 頁．
（7）　寺﨑昌男・浅沼薫奈「『螢雪時代』―戦中戦後の高等教育志願者にもたらされた教育情報―」菅原亮芳編『受験・進学・学校』学文社，2008 年，80－106 頁．
（8）　『受験と学生』は，1918（大正 7）年 11 月号から 1920（大正 9）年 1 月号までと 1934（昭和 9）年 2 月号から 1942（昭和 17）年 4 月号まで大きく欠落している．とくに，日中戦争がはじまった 1937（昭和 12）年から，太平洋戦争がはじまる前年 1940（昭和 15）年までの同誌の所在は全く判明していない．個人所有している創刊号と 1920（大正 9）年 2 月号から 1933（昭和 8）年 12 月号までは，多くの欠頁，破損頁等はあるものの特集号も含んで 171 冊が国立国会図書館に所蔵されている．しかし 1918（大正 7）年 11 月号から 1920 年 1 月号まで，都合 25 冊は，国立国会図書館をはじめ他の大学・公共図書館にもほとんど所蔵されておらず，金光図書館（岡山県）には，1925（大正 4）年 5 月号，1932（昭和 7）年 3 月号，1933（昭和 8）年 5 月号から 1934（昭和 9）年 2 月号，4 月から 6 月号が所蔵されている．筆者が入手できたのは，国立国会図書館所蔵分の 1940（昭和 15）年 2 月号と 10 月号，1942 年 1 月号の 3 冊に加えて，私蔵分の 1940 年 11 月号，1941（昭和 16）年 10 月号の 2 冊，神戸大学人間科学図書館所蔵分の 17 冊（1934 年 1・4・9 月号，1935 年 5〜7・9・12 月号，1936 年 12 月号，1941 年 1〜7・9・11 月号）である．一方，『学生』は 1942（昭和 17）年 5 月号から 1944（昭和 19）年 4 月号までの 25 冊中 17 冊は私蔵している．『中学生』は 1944 年 5 月号から 11 月号まで 7 冊を私蔵している．
（9）　『受験と学生』（創刊号）研究社，1918 年，60－61 頁．
（10）　山田邦佑『小酒井五一郎追悼録』1963 年，226－227 頁．
（11）　寺﨑昌男編『日本の教育課題 6　選抜と競争』東京法令出版，1994 年，122－124 頁．
（12）　前掲（7），91 頁．
（13）　同上，105 頁．

第6章

『受験界』が伝えた「専検」と受験者・合格者

　本章では，1920〜43（大正9〜昭和18）年という長いスパンを時期対象として，雑誌『受験界』に所載された「専門学校入学者検定試験」（後「専検」と略記する）の合格体験記を全て抜き出し，年代別に並べて整理，研究する。1920〜43年に至る24年間に132の事例がそれである。『受験界』とは，後に述べたようにさまざまな資格試験受験ごとに制度情報や受験情報を伝える，いわば「資格」試験受験雑誌であった。そのなかで，「専検」は重要かつ継続的な特集テーマだったのであり，他誌に類を見なかった。

　『受験界』に所載された合格体験記のフォームには，一定の共通性を見い出すことができる。ほぼ全ての体験記に，どのような環境のもとで「専検」受験を思い立ち，どのような受験勉強をして「専検」に合格したのかについて，すなわち受験前の家庭環境，学歴・職歴，受験動機，学習のプロセス等が事細かに記されている。それらに加えて，試験場の情景や合格後の感想が書かれているものもある。このようにかなりの共通性をもった合格体験記が毎号のように掲載されたという事実は，もちろん編集方針によるものである。しかしそれだけでなく，それに期待を抱いて読んだ数多の読者が存在したことを想定することができる。合格体験記は，それを書いた本人の昂揚感を語ると同時に「専検」受験を目指す読者に対する受験の指南書の役割を果たしていたのである。ただし，それは教師の生徒に対する受験指導とは異なり，先輩の後輩に対するアドバイスに相当した。つまり体験記は，先輩と同様の境遇におかれた後輩がいかにすれば先輩と同じ「専検」合格に辿り着けるのかについての直接的なモ

デル提示の役割を果たしていた。それゆえ,雑誌は合格体験記に多くの頁を割いていた。合格体験記を心酔しつつ読んだ青年たちが,数多く存在したことは想像に難くない。

　筆者が,この合格体験記に着目するのは,戦前期において正規の中学校教育の機会にあずからなかった青少年たちが,どのような学習のプロセスを辿って正規の中学校卒業と同等の資格を得たのかについてを,その具体的記述を通して知ることができるからである。「専検」とは,後に詳述するが,中学校卒業の学歴を取得していない者が,それと同等の資格を得,専門学校の受験資格(専門学校によっては受験できない場合もあるが)を取得するための検定試験であった。因みに,正規の中学校教育を受けていない者が,それと同様の教育内容を独自に学習するための手段として,「講義録」という活字メディアがあったがここではそれを正面から取り上げることはしない。

　ところでなぜ,『受験界』に着目するか。とくに大正期半ば以降となる 1920年代は,どれほどの能力をもっていても学歴のない者は社会的に認知されず,報酬も少なかった時代である。

　「学問を多くせしてふ證書
　　われ持たざれば頭あがらず
　　学歴を持たで学歴持つ人と
　　肩ならぶるを許されぬ世ぞ」
　　(天野郁夫「学歴の時代としての昭和」『コモンセンス』教育社,1985 年 3 月,8 頁)
　学歴社会の成立を多くの国民が感知し,その結果,専門学校・高等学校・大学予科等の高等教育学歴に連なる中等学校卒業資格のニーズが高まった時代であった。このような状況下で,該当雑誌は単独の専門学校受験資格取得の専門受験雑誌として登場し,長期にわたって刊行され,正規の学校教育以外の人々の「学び」を組織化しえた,唯一の雑誌メディアであったと考えるのである。

　これまで「専検」研究としては,関正夫・竹内洋・天野郁夫,そして筆者のものがある[1]。しかし,「雑誌メディアは,『専検』の動静や合格者の学習体験情報等について,どのような基準に則って『専検』に関する情報を読者に提供

したか」という観点に立った研究は部分的にしかなされていない。また、『受験界』そのものの研究は皆無といってよい。

ここで行いたいのは、現時点までに収集し得た史料に基づいて、(1)「専検」制度の拡大・普及過程を中心に、その制度史の再整理を行い、(2)『受験界』の書誌的検討をし、(3)『受験界』に見られる「専検」の実態と動態を検証し、(4) 合格体験記に基づく合格者の経歴、動機、学習体験等を整理するという作業である。このような基礎的な作業の上に本編のテーマに即した考察を加えてみたい。

第1節 「専検」試験制度史の展望

法令の性格をもとに時期区分すると、次のように大きく3期に分けることができる。

第1期　1903～23（明治36～大正12）年までの模索・形成期
第2期　1924～31（大正13～昭和6）年までの確立・整備期
第3期　1932（昭和7）年以降の展開期と戦時期

(1) 第1期：模索・形成期

第1期の模索・形成期の始まりをなすのは、1903（明治36）年3月31日、文部省令第14号に依る「専門学校入学者検定規程」であった。

「第一条　専門学校ノ本科ニ入学セントスル者ニシテ中学校若ハ修業年限四箇年以上ノ高等女学校ヲ卒業セサル者ハ此規程ニ依リ検定ヲ受クヘキモノトス」

この規程によって「専検」制度は出発した。同年3月27日勅令第61号に依り専門学校を中等教育システムとの関連において明確にし、高等教育制度のなかに位置づけることを目的として「専門学校令」が公布された。この勅令に依り、帝国大学以外の高度の専門教育機関はすべて専門学校という枠組みに統合されたのである。このことは同時に、中等教育と高等教育との接続関係が制度化されたことを意味した。専門学校への入学資格は、原則として中学校あるい

は高等女学校の卒業が必要条件とされた（第一条）。しかし逆にいえば，中学校や高等女学校卒業者でなければ，原則として，専門学校受験資格は付与されなかったのである。この結果，正規の中学校卒業者以外の者は，専門学校に入学するどころか受験もできない状況が生まれた。そこに用意されたのが，「専検」制度である。

「専検」制度の内側を見ると，第1に，検定の種類は試験検定と無試験検定の2つのタイプがあった。ここで取り上げるのは試験検定についてである。第2に，試験検定は，便宜上，官立，公立中学校あるいは高等女学校で実施されることになっていたが，実施するか否かは各学校の判断に委ねられていた。「毎年之を行なふものとは限らない」[2]という放任主義的性格をもつ，不確実な試験であった。しかも，第3に，受験科目は，男子は修身，国語から図画，体操までの12科目に，女子は修身，国語から家事，裁縫，体操にまでの9科目，全科目に一度の試験で合格しなければならなかった。「畢竟，禁止試験」[3]といわれる所以である。

評論家・大宅壮一は，大阪の茨木中学校を自主退学した1919（大正8）年，「徳島中学で検定試験を受け，百人近い中からたった一人，偶然にも合格した。退学されたお蔭で，いっしょに入学した仲間がまだ四年生でいるうちに，私だけ卒業の資格を得た」[4]と述懐している。この回想からも明らかなように，極めて難試験であったことがわかる。

このように合格率の低い試験ではあるが，合格のために100点満点で平均60点をとることが必要だったようである。

例えば，富山県立富山中学校所蔵の『明治四十三年以後専門学校入学者検定試験受験者名簿』に記載されたある生徒の場合は，以下のような結果であった。

> 「明治15年6月10日生／明治30年富山県立第一中学校入学／34年第5学年在学中退学／43年3月検定受験（点数修身60・国語45・漢文60・英語70・歴史60・地理　地文67・代数50・幾何65・三角55・物理70・法制経済60）総点数662点平均点60／明治43年合格証書授与」（『明治四十三年以降専門学校入学者検定試験受験者名簿』より）

徳島県における「専門学校入学者試験検定心得」によれば,「第三条　各科目五十点以下六十点以上ヲ得タルモノヲ合格トス」[5]とある。これらから,試験の実施主体が府県である以上,出題内容も合格の裁量も各府県に任されていたであろうが,ほぼ平均60点で合格とするという共通性があったようである。

(2)　第2期：確立・整備期

　上記の規程が改正（文部省令第22号）されたのは,1924（大正13）年のことである。

　検定の種類に変更はない。ただし試験検定については,「社会政策上の立場に立ち優秀な人材獲得」という観点から大幅な改正が行われた。変更内容のなかで特徴的な点は,第1には,科目合格制度（合格証書を交付する）が導入されたことである。第2には,実施主体が文部省となり毎年少なくとも1回実施となったこと,第3には,出願期間や試験期日,場所は官報告示となったこと,第4に,検定料が5〜7円に増額,第5には,正規の中等教育機関で履修取得した学科目中1科目あるいは数科目につき中学校あるいは4年制の高等女学校卒業者と同等以上の学力がある者と認定された場合はその該当科目は試験を免除することとなったことなどである。つまり,国家試験制度となったのである。

(3)　第3期：展開・戦時期

　この時期の特徴は,従来,夜間授業を行う中学校に類する各種学校ならびに高等女学校に類する各種学校,すなわち夜間中学,夜間高等女学校に「専検」指定が認定された時期とも符合する。1932（昭和7）年に夜間中学が,1935（昭和10）年に夜間高等女学校が当該校の卒業生に専門学校入学者検定規程第11条に依る指定内規に基づいて学校指定としての「専検」指定が認定されることになった[6]。

　翻って,出願者・合格者の特徴とその変化からみると,第1期は統計数値が残されておらず全体を概観することはできなかった。『文部省年報』に出願者・合格者,科目合格者が記載されるのは,1924（昭和13）年以降のことであ

る。それを見ると，第2期は出願者は男女とも漸増の傾向にあったのに対して合格率は徐々に低くなっていった。科目合格者は全体的にみると漸増の傾向にあるが，女子の科目合格者は年々増加傾向にあった。しかし，第3期に入る1年前の1931（昭和6）年から出願者，合格者，科目合格者数は逓減していった。

『受験界』は，1935（昭和10）年3月号に「夜間通学する人せむとする人々へ」等を掲載し，夜間授業する中等教育機関を紹介した。

しかし，1939（昭和14）年を境に出願者・合格者は急激に増加し，1941（昭和16）年には年3回の実施となった。戦争が泥沼化していく1944年以降は，出願者は大幅に減少するが，合格率は高くなっていった。しかし，全体的にみれば合格率は平均約5％と決して高い割合を示していたとは思われない[7]。それほど難しい試験であったのである。

因みに，佐藤忠男は「専検」制度を次のように酷評した。

「独学が苦しいものだとされてきたのは，独学しようとする者の多くが，文部省の行う専門学校受験資格検定試験（「専検」といわれた）というモノモノしくバカバカしいものを目指してがんばったからである」（『いかに学ぶべきか』大和出版，1975年，11頁）

「専検」は，第二次世界大戦後，大学入学資格検定試験（通称「大検」）に統合されていくのだが，文部省は「都道府県において行う新制大学の入学資格を認定する試験」を行うために1948（昭和23）年5月文部省告示第47号と改正告示同年9月第79号による「新制大学入学資格認定試験」制度をスタートさせた。これは旧制の中等学校卒業者および「専検」合格者の大学入学資格を付与する試験制度であった。この試験制度は当時はよく知られていなかった制度であったといわれる[8]。

大学入学資格検定規程が制定されたのは，1951（昭和26）年6月22日文部省令第13号に依ってであった。2005（平成17）年1月31日文部科学省令第1号に依り「大検」は高等学校卒業程度認定試験（通称「高認」）となった。

本章で研究対象とする『受験界』所載の合格体験記は，「専検」制度が国家試験としてシステム化されるようになった1924（大正13）年以降のことである。

第2節 『受験界』の書誌的概観

　『受験界』は，いつ，誰によって，どのようなねらいのもとに刊行されたのだろうか。

　1929（昭和4）年，出版元である受験界社社長・平岡壽は「創刊十周年の新年を迎へて」という一文を載せ，次のように述べた。

　　「試験制度の撤廃も屡々聴いている。されど駸々乎たる文明は暫時も止まず，一方人口の増加に随ひ，英才を輩出し，鈍物は続出する所謂玉石混淆の激しき今日，理想論は格別，限りある人物選択法としては，勢ひ試験制を採るはまた已むを得ぬ事象と言はねばならぬ。否時代の推移と共に益々熾烈ならむとするは自然の数のみ。されば吾人は試験難を嚼つより，寧ろ積極的に晴の舞台で堂々と輸贏を決することが，男児たるの栄誉本懐ではあるまいか。既に試験が免れないものとすれば，周到なる計画と慎重なる準備と多大なる困苦とを覚悟して対戦しなければならぬ。此の間に処して後進受験者の師友たるべき指導機関は緊必の事たるに，世未だ此の挙なきを痛く慨して起てるが抑々本誌の呱々の声を挙げたる所以である。」（平岡壽「創刊十周年の新年を迎へて」『受験界』1929年1月号，2-3頁）

　また1935（昭和10）年，後を受けた同社社長・平岡靖章は「顧みれば高文普文其他官界各種試験受験者の指導機関として後進受験者唯一の師表たるべく，暗夜の一大灯明として受験界が初めて呱々の声を挙げたのは大正九年の四月桜花爛漫と咲き乱れた春四月のことであった」[9]と記した。

　『受験界』は，1920（大正9）年4月，受験界社の創立者・平岡繁樹の手によって創刊された。発刊の目的は，「高文普文其他官界各種試験」「受験者の師友たるべき指導機関」として後進の受験指導に当たるというものであった。

　平岡繁樹は，「福岡県の産，（中略）時恰も官界各種受験者が悲運に沈淪しつつあるを観るや，茲に之が指導に終生を委すへきの一大決意を堅め，之が警鐘して『受験界』を創刊（中略）大正十二年十一月二一日，遂に牛込甲良町の喬居に於て，溘焉として永遠の眠りに就かれた」[10]と記されている。1927（昭和2）年4月叔父・平岡繁樹の後を継ぎ，本社社長に就任したのは平岡壽である。彼は，福岡県朝倉郡三奈木村字城の出身であった[11]。

ところで、受験雑誌が単独な形で、しかも本格的に出版されるようになったのは、第5章で述べたとおり大正期に入ってからのことである。もちろん明治期には、高等教育機関への受験希望者を対象として『中学世界』が定期増刊号として受験情報を提供した。また他方で中学講義録等の発行所・大日本国民中学会は1903（明治36）年『新国民』を発行していたが、それは講義録購読者のみが手にすることができる限られたメディアであった[12]。大正期になると、1918（大正7）年に研究社が『受験と学生』を、1932（昭和7）年には欧文社（1942年・旺文社）が添削指導を旨とする『受験旬報』（1941年・『螢雪時代』）をそれぞれ創刊し、長期にわたって刊行しつづけた。これらの他にも『受験世界』（1913年）、『受験燈』（1927年）、『学粋』（1929年）、『受験戦線』（1929年）、『受験往来』（1931年）等が刊行されている。

他方で、資格検定試験を受験しようとする青年たち、とりわけ正規の学校教育以外の青年たちを対象として受験指導を行った雑誌メディアは、まさにここで研究対象とする『受験界』が嚆矢である。後に『受験生』（1929年）、『専検』（1932年）が出版されるが、現存状況、刊行のスパンからして『受験界』を凌ぐメディアはない。

『受験界』は姉妹誌として、1916（大正5）年に『警察新報』および『刑務界』を刊行したが、1941（昭和16）年「政府に於ては、今般総力戦体制強化の見地より、先頃来の用紙統制を更に徹底化すること、相成つた」ことを契機として「時勢の推移に順応するの要を感ぜられ」たとして先の姉妹誌は統合された[13]。また1944（昭和19）年5月に『受験界』は、『教学錬成』となり1945（昭和20）年10月『学芸界』と改題した。廃刊はいつなのかは不明である。ところで1944（昭和19）年5月号の表紙には、『国家試験』と『教員と文検』が統合されて『教学錬成』となったと記されている。

内容は、いかなる特徴を有しているだろうか。

創刊号の欄構成は、「講話」「研究」「模範答案」「最近問題」「最新学説」「講評と注意」「受験談」「雑俎」となっていた。この欄構成は、基本的に全号に踏襲され、大きな変化が見られないことが特徴である。もちろん、欄の名称はし

ばしば改められる。

　「専検」以外のものも含めて取り上げた試験の種類は，「高文」「普通文官」「裁判所書記」「専検」「文検」「神職」「弁理士」「外務省留学生」「森林主事」「県警部補」等幅広い資格試験を対象としていた。高等文官試験とはいかなる試験なのか，試験科目をどのように研究したらよいのか，どんな試験問題が出題されたか，受験上の注意とは何か，どのような答案が高得点に結びつくか，受験者が最も知りたい内容を提供しながら，他方で「受験談」「受験記」「奮闘の後」「受験奮闘記」という欄に多くの頁を割き，受験者を鼓舞する体験記を掲げるのである。各種検定試験受験へのアドバイス，試験問題，試験の講評，答案の書き方，さらには試験の日時等を知らせる「試験情報」を提供し，時には出題者の「委員小伝」も連載した。創刊号の「講話」には大審院長法学博士・横田國臣「高等試験資格に就いて」，「研究」には神戸地方裁判所判事・江藤惣六，「模範答案」には「判検事登用試験・樺太庁文官普通試験など」，「講評と注意」には常任試験委員法学博士・馬場鍈一「大正八年高等文官試験」等を掲げている。

第3節　『受験界』が伝えた「専検」システム情報

(1)　「専検」試験制度について

　『受験界』は，「専検」制度をどのように位置づけ，報じていたのだろうか。1924（大正13）年8月号は，「国家試験となる改正中学卒業検定試験制通過　第一回を十月頃全国二十箇所で施行」という記事を掲げた。そこには「従米各府県に於て施行されていた該試験は殆んど禁止的試験と称する位合格困難なものであつた」[(14)]と述べ，次のように報じた。

　　「夜間中学等の未だ認められざる今日独学者，中学校類似の各種学校等に通学する者，大学別科等の向学心に酬ゆる所以でないといふので之が試験制度改善の為め予算八千四百八十円を特別議会に提出し協算を得たのでいよいよ多年の懸案が解決することゝなり文部省の門戸開放主義に今一歩を進めることが出来た訳で

ある」(「国家試験となる改正中学卒業検定試験制通過　第一回を十月頃全国三十箇所で施行」『受験界』1924年8月号，41頁)

　この記事は，1924（大正13）年10月11日に発表になる文部省令第22号に依る「専検」規程の改正までの動向，すなわち科目合格保留制度が採用されたことのなどを伝えた記事である。教育の機会均等の原則のもとに改正作業が進行中であると伝えていた。やがて『受験界』は，11月号に「独学者の福音　新専検令に就いて」を掲げた。

　記者・宮島某（名不記）は，「鈍才の為に入学試験にドロップする様なものはいざ知らず，それに合格するだけの確信があるものが，単に学資がない為に又資格がない為に入学が出来ないとすれば，不遇の学生を自然の成行に放置したならば，彼等は，天を，世を，人を恨んで，悪化するに違いない。社会の一構成員の不遇は，其の社会の不遇である。況や多数構成員の不遇をや，社会をして健全ならしめやうとするならば，その不遇者を救済し慰撫せねばならない」[15]と改正規程を歓迎した。さらに宮島は旧規程と新規程を比較紹介し，「これに因つて受験生は大なる負担の免除を得た」のであるが，資格取得後はそのことに満足せず「高等試験を受けるか，各高等専門学校へ入学」[16]することを鼓舞している。翌12月号には，「専検施行時期及場所」「第一回専門学校入学者試験検定日時割並出願者注意」が掲げられた。これ以降，この情報は継続して読者に提供された。

　さらにまた，「専検」の社会的意義について『受験界』は1937（昭和12）年以降，「専検」合格者で法学士・渡邊彌太郎に原稿を依頼し「専検の社会性と合格者の高文進出法」(1937年2・3月)，「専検の時代性と受験の要諦」(1940年3月)を掲げる，その一方で「専検の社会的意義と受験上の知識」(1937年2月)，「専検の社会的意義と受験者の心構へに就いて」(1938年2月)という記事を掲載した。

　渡邊は，「専検は，不遇なる一般独学苦学者にとつての唯一無二最大の登竜門」であると記した。「専検」合格者は，「官公私立高等学校大学予科其他各種専門学校の入学試験は勿論のこと，判任文官竝宮内判任官の任用資格，各府県

巡査の無試験採用資格，保姆竝小学校教員の無試験検定受験資格，竝同上特定科目に対する特別扱，中等教員竝実業教員両試験，計理士試験竝高等試験予備試験の各受験資格が得られる」[17]のであると述べている。

1942（昭和17）年，『受験界』編集局は「学歴萬能から実力本位へ！ 時代は力強くも遷り行きつつあるが，然も尚現在の社会では資格がものを言ふ時代である。それに又考へて見るならば人間の教養の程度の一般に進んで居る現在に在つて中等学校卒業程度の学力を有する，この必要なのは当然であると言はなければならない」「毎年国民学校の門を出る三百万に達せんとする卒業生のうち，恵まれて中等学校に進む者はその一割にも当らない状態であつて，国民教育に於ける機会均等の精神より観れば遺憾なき得ない訳である」と主張した[18]。そして1942（昭和17）年6月号に，「専門学校入学者検定試験改正要項」を掲載した。

(2)　「専検」受験へのアドバイス

『受験界』は，1921（大正10）年3月号に「独学者のための専検高検の成績」を載せ，「志願者三六七，数学外国語国語漢文合格六三，物理化学地理歴史博物図画合格三四，修身体操合格二四」と報じた[19]。1925（大正14）年7月号に専門学務局第三課長・菊澤季麿の名で「専検及高資試験の成績」を掲げた。この記事は，おそらく『受験界』の記者がインタビューを行い，それをもとに記事にしたものと思われる。「専検」出願者は，男子1939名，女子243名，合格者は男子113名，女子31名，科目合格者は男子1184名，女子155名となったと紹介した。菊澤は「物理，化学，数学の類」が「最も不成績」で「大部分の受験者が之等の科目に因つて落とされたやうである」と評した。その上で，わざわざ体操について言及し「実際は一種の体格検査位のものに過ぎないのであつて将来学問する上に於て差支へない程度の体格であったならば合格をさしている」と述べた[20]。菊澤は，1926（大正15）年1月号にも「専検応試者は更に熱心なる研究を要す」という記事を掲げさせ，「専検は諸君を救済の意味ばかりもつて試験を施行しているのではない」「この試験の目的精神は，独学者諸

君に対し中学卒業同等の資格を与へて,社会に活動していたゞきたいわけで,この社会は何事に於ても資格を必要とするのであつて,ある人にその資格を有するや否やにつき保証を与へるためにこの試験を課する次第である」(21)と学歴の時代の到来を告げ,学歴主義の意識化を図った。

また,1927(昭和2)年9月には前文部省大臣官房文書課員・田中幸助の「専検最後の戦法」を掲載した。田中は,「筆者が今日までの調査に依れば,専検受験者中大部分は苦学独行の諸子である。随つて昼間は役所に或は会社,工場に勤務され,夜間中学校等に於て勉学にいそしむ三学年程度の人々が最も多く,残る四,五年程度は各自独学に依る者が多い」「一方全然の独学者は高等小学校卒業位にて以来独学に依りて徐々に基礎を築きつつ」ある青年たちであると記した。そして表6.1のような,1928(昭和3)年第1回と1929(昭和4)年第1回「専検」の科目合格者のリストを掲げた(22)。

田中は,「筆者が例年毎回の科目合格数の統計に依れば,先づ男子にありては其の合格率の多きは国語・体操・漢文・地理・図画等にして博物・化学・歴史・物理等は比較的面倒なる科目であり,数学・英語・修身は最も合格率少く,随つて難関とされて居る」(23)と述べた。

表6.1 1928(昭和3)年第1回と1929(昭和4)年第1回「専検」の科目合格者一覧

年度科目	昭和3年度第一回(人)	昭和4年度第一回(人)	年度科目	昭和3年度第一回(人)	昭和4年度第一回(人)
合格者数(男子)	1420	4056	合格者数(女子)	−	467
修 身	535	71	体 操	−	125
国 語	740	1182	国 語	−	131
漢 文	291	1540	家 事	−	106
地 理	293	591	修 身	−	77
歴 史	354	394	歴 史	−	56
数 学	199	273	数 学	−	81
物 理	132	352	地 理	−	39
化 学	190	477	理 科	−	37
博 物	81	1174	裁 縫	−	27
英 語	181	148			
図 画	163	733			
体 操	615	865			

1931（昭和6）年9月号には，文部省普通学務局専検係・小田島政蔵が「独学者の登竜門『専検』に就て」(第12巻第9号）を掲げ，「専検」の試験の程度について「大体中学校，高等女学校の教科書を一通り勉強すればよい」「別に標準参考書といふものは指定していない」と記した。しかし「教科書は唯要点だけが述べられているから，よくそれを理解する必要がある」「講義録によるとか，受験準備の学校に行くとか，ラヂオに依りて勉強するとか」したほうがよいと述べた。加えて，彼は「兎に角試験問題の山をかけずに一通り精読することが肝要である」とも注意している[24]。

『受験界』は，1934（昭和9）年10月から翌年3月にわたり，不連続ではあるが「研究資料本年度第一回専検答案調査報告要旨（1）～（6）」(第15巻第10号・第15巻第11号・第15巻第12号・第16巻第1号・第16巻第2号・第16巻第3号）を連載し，『文部時報』の記事を転載した。その一方で，1936（昭和11）年3月には「受験指針専検各科勉強法乃至答案の認め方」を載せ，専検受験指南講座をなした。1941（昭和16）年12月号は「専検施行回数増加と受験法」を掲載し「専検」の施行が従来の2回から「四月，八月，十二月の三回に亙つて」実施されるようになったことを伝えた。「独学少年達に，働きつゝも学問に励むといふことが，何よりも国家奉仕の道なのだといふことを教へる意味に於て深い意義を持つものだと思ふ」[25]と記者はコメントした。

第4節 『受験界』にあらわれた「専検」合格者・受験者

（1） 全体的傾向

「専検」合格者は，どのようなプロフィールをもっていたのだろうか。

筆者は，132事例を，『受験界』への掲載年（「専検」合格年とほぼ対応する），性別，出身県と現在の居住県，学歴，職歴，利用した講義録の種類，夜学や予備校等への通学経験，「専検」合格までの受験回数（もしくは，合格までにかかった年数），「専検」以外に合格した各種資格試験にわたって整理した。しかし合格体験記の記載方法・内容は多様であり，全ての体験記にこれらの情報がもれ

なく記載されているわけではなく，そのため以下で扱う数値は厳密さの点では問題があるが，おおよその傾向を把握することは可能である。

まず全体的傾向を概観すると，1920～43（大正9～昭和13）年にいたる24年間に掲載された132事例のうち，女子は20例で15.2％にあたる。最も早くには，1928（昭和3）年に女子の事例が掲載されているが，1930年代後半から1940年代に集中している。

出身地域と現在の居住地域が記載されている者についてみると，全国さまざまな地域に合格者は拡がっている。ただし，132の事例中24例（18.2％）が，地方から東京（大阪が1例）へ上京して受験生活を送っていることが注目される。上京の理由は，ほとんどが「専検」受験のためである。地方よりは東京のほうが，参考書，予備校等受験勉強の機会にも恵まれ，受験に関する情報の入手も容易であり，例え東京で苦学したとしても，合格に至る時間は短縮できると考えてのことである。

(2) 受験者のキャリア

ここでは，合格時における学歴，職歴そして受験回数について整理したい。

表6.2からわかるように，「専検」とは，すなわち中等学校卒業資格，専門学校受験資格を得るための試験であるから，受験者は当然のことながら，正規の中等学校を修了していない。学歴に関する記載がない9例を除いた123例のうち，57例（46.3％）が高等小学校卒業であり，最も多い。高等小学校以上の教育を受けているのは，中学・高女・実業学校の中等教育機関の中退者が13例（10.6％），通信講習所等の官費学校修了者が9例（7.3％）である。また，数は少ないが，専門学校受験資格が得られない乙種の実業学校卒業者もいる。

「専検」合格までの受験勉強期間の生活を維持するための生計の手段は，農業・家事手伝い等もあるが，多くが官庁，会社，商店等の給仕，事務員，店員等，下級のホワイトカラー的な被雇用者となっている。こうした職業の雇用機会が多いという点でも，東京へ上京することは，多くの受験生にとって魅力ある受験生活と映ったことであろう。

第4節 『受験界』にあらわれた「専検」合格者・受験者

表6.2 合格体験記筆者のキャリアと受験歴

	学　歴	人数	%	職　歴	人数	%	受験回数	人数
第1・2期 36人	高等小学校卒	16	55	給仕・雇員・書生	7	25	1	4
	尋常小学校卒	3	10	店員・小僧・住み込み・手代・奉公	5	18	2	10
	逓信講習所	2	7	会社勤め	4	14	3	8
	その他	2	7	小学校教員	3	11	4	3
	鉄道教習所	1	3	農業	2	7	不詳	10
	中学校中退	1	3	巡査	1	4		
	中学校在学	1	3	鉄道員	1	4		
	高等小学校中退	1	3	郵便局	1	4		
	女学校中退	1	3	家事手伝い	1	4		
	乙種実業学校	1	3	造船所	1	4		
	合計	29	100	役所勤め	1	4		
	不詳	7		学校勤め	1	4		
				合計	28	100		
				不詳	7			
第3期 99人	高等小学校卒	41	44	会社勤め	14	21	1	12
	尋常小学校卒	15	16	給仕・雇員・書生	11	16	2	10
	中学校中退	8	9	家事手伝い	7	10	3	15
	実業学校中退	4	4	役所勤め	7	10	4	13
	乙種実業学校	4	4	店員・小僧・住み込み・手代・奉公	6	9	5	8
	逓信講習所	4	4	農業	6	9	6	6
	各種学校	4	4	見習工	5	7	7	3
	その他	4	4	鉄道員	3	4	8	3
	高等小学校中退	2	2	郵便局	3	4	9	0
	師範学校中退	2	2	学校勤め	3	4	10	1
	女学校中退	2	2	食堂経営	1	1	不詳	24
	鉄道教習所	2	2	新聞配達	1	1		
	実業補習学校	1	1	牛乳配達	1	1		
	青年学校	1	1	小学校教員	0	0		
	中学校在学	0	0	巡査	0	0		
	合計	94	100	造船所	0	0		
	不詳	2		合計	68	100		
				不詳	25			

「専検」制度は，1923（大正12）年から科目合格制度となったが，合格までに要した受験回数についてみると，それに関する記載がある106例のうち，最も多いものが3回で23例，次いで2回の20例，1回と4回の16例と続く。5回以上になると少なくなり，5回が8例，6回が6例，10回以上1例である。1回で合格するのは，やはり相当困難であったようである。多くが，今回はどの科目，次回はどの科目というように初めから数回に分けて合格を目指していた。通常2～3回で合格することを目指しているようである。

また，「専検」受験が主目的ではあるが，それと併行して，「高資」や「高検」を受験して合格している者がいる。ここでは合格者のみをまとめたが，受験したが不合格となった者を加えればその数は更に増加し，「専検」以外の資格試験と掛け持ちで受験勉強をするような層が，一定数いたことがわかる。

（3） 講義録・夜学等の利用

表6.3は，受験勉強によく利用された講義録・夜学等を一覧化したものである。ここからわかることは，昼間は働き主に夜の時間を受験勉強にあてるため，夜間中学や予備校の利用者が多いことである。具体的に学校名を挙げれば，研数学館，正則英語学校，開成予備校（夜間中学）等が代表的予備校である。その他，記載された事例は多くはないが，日本大学，中央大学等の私大の専門部別科に在籍して法律を学びながら「専検」を受験し，そこから専門部へ移ることを目指している者がいる。「専検」合格者が合格後どのような進路を辿ったかについては記載されていないが，進学するとすれば多くがここに挙げたような私大であったのではないかと推測される。第2期にはいると，夜間中学の利用者が多くなるのも1つの特徴である。

「専検」受験と講義録の密接な関係についてはいうまでもないことだが，どの時期においてもかなり利用されている。最も人気の高かったものが『早稲田中学講義録』，次いで『大日本国民中学会講義録』である。中学校の教科をオールラウンドに学習するには，この2つの講義録が最適であったのだろうが，それ以外に特定の科目についての講義録としては，研究社の『英語講義録』が

第4節　『受験界』にあらわれた「専検」合格者・受験者　351

表6.3　講義録・夜学等の利用状況一覧

	名　称	人数	%	夜学・予備校の利用	人数	%
第1・2期 36人	早稲田中学講義録	6	25	正則英語学校	5	16
	英語講義録（研究社）※	5	21	研数学館	4	13
	大日本国民中学会講義録	4	17	夜間中学	4	13
	大日本中学講義録	3	13	夜間実業学校	4	13
	某講義録	3	13	国民英学会	3	9
	中学講義録	2	8	英語の学校	2	6
	東京数理専修学院講義録	1	4	日本大学専門部別科	2	6
	合　計	24	100	予備校	2	6
	不　詳	16		夜　学	2	6
				大日本国中学会付属予備校	1	3
				正則予備校	1	3
				二松学舎	1	3
				明治大学夜間部	1	3
				合　計	32	100
				不　詳	15	
第3期 99人	早稲田中学講義録	17	31	夜間中学	11	31
	大日本国民中学会講義録	12	22	夜　学	7	19
	英語講義録（研究社）※	7	13	夜間女学校	3	8
	某講義録	5	9	夜間実業学校	3	8
	早稲田尚学会専検講義録	4	7	日本大学専門部	2	6
	中学講義録	3	6	裁縫学校	2	6
	井上英語講義録	2	4	YMCA英語夜学校	1	3
	英語の講義録	1	2	研数学館	1	3
	帝国教育会講義録	1	2	中央大学法科別科	1	3
	大日本通信中学講義録	1	2	私立大学専門部別科	1	3
	日本通信大学法制学会講義録	1	2	電気学校電気科	1	3
	合　計	54	100	大阪数学院	1	3
	不　詳	47		中学校中退	1	3
				早稲田入学校外生	1	3
				予備校	0	0
				合　計	36	100
				不　詳	62	

注：※印の英語講義録（研究社）の名称は不正確である。正式には，1911（明治44）年9月に大日本国民英語学会編「新式教育英語講義録」が発行され，1924（大正13）年10月に研究社通信学部編「研究社英語通信講座」，1939（昭和14）年10月に研究社英語通信学部編『研究社新英語通信講座』が刊行されている。「受験記」の著者たちが，どの講座を利用していたかは確認できない。

比較的よく利用されたようである。中等教育を全く受けたことのない者にとっては，英語の習得が最も困難であったようで，そうした点からこの研究社の英語の講義録は特定科目の講義録として人気があったのであろう。

第2期に入ると，夜間中学の利用者が激増しはじめるのが大きな特徴である。講義録が，夜学・予備校等に学ぶ機会に乏しく，そのうえ参考書の入手が困難な地方の居住者にとくに利用されたかというと，必ずしもそうした傾向は見い出せないし，また，年代が下がるほど利用頻度が下がるかというと，そうした傾向もみられない。ただし，1ついえることとしては，中学校中退者は，講義録をあまり利用していないようである。彼らは中等学校で初歩的基礎的な学習を終わっていた。一方講義録は，中等学校のカリキュラムの初歩を学ぶためには，おおいに得るところがあったと見られる。その講義録だけでは「専検」合格は覚束なかったらしい。これらは，合格体験記からうかがえることである。

(4) 「専検」以外に合格した検定試験

合格者たちは，「専検」以外のいかなる資格試験に挑んだのだろうか。その結果を示したものが表6.4である。

表から明らかなように，割合は低いものの，「高等試験令第七条及八条ニ関スル件」に依る検定試験（いわゆる「高資」），「高等学校高等科入学資格試験」に依る検定試験（いわゆる「高検」），普通試験令に依る「普通試験」，「尋常小学校本科正教員資格検定」試験（いわゆる「尋正」）に挑戦している者が多い。ただし第1・2期と第3期と比較しても大きな変化は見て取れなかった。思うに学校教育以外の機会を利用して「専検」合格を目指す青年たちにとって，上のような資格はもう1つの自己証明の証書(あかしぶみ)であったが，合格への道は険しい道のりだったのではないだろうか。

(5) 受験動機

(1)～(4)で明らかにしたようなプロフィールをもつ「専検」合格者は，いかなる動機のもとに，どのように学習することによって合格に至ったのか。そ

表6.4 「専検」以外に合格した試験一覧

	名称	人数	%		名称	人数	%
第1・2期 36人	高等試験令第七条及八条ニ関スル件（高資）	5	36	第3期 99人	高等試験令第七条及八条ニ関スル件（高資）	6	23
	高等学校高等科入学資格試験（高検）	2	14		高等学校高等科入学資格試験（高検）	6	23
	（普通試験令に依る）普通試験	2	14		（普通試験令に依る）普通試験	5	19
	尋常小学校本科正教員資格検定	2	14		尋常小学校本科正教員資格検定	3	12
	尋常小学校准教員資格検定	1	7		尋常小学校准教員資格検定	1	4
	判検事試験	1	7		中等教員検定	1	4
	弁護士試験	1	7		高等試験予備試験	1	4
	合計	14	100		裁判所書記	1	4
	記載無し	25			看護婦検定試験	1	4
					森林主事試験	1	4
					合計	26	100
					記載無し	76	

の学習のプロセスを，いくつかの事例を引いて検討しよう。

　そもそも『受験界』の編集部は，どのような動機の持ち主を掲載したのだろうか。表6.5は，合格体験記に所載された受験動機を一覧化したものである。いうまでもないが，もともと「動機」というものは一様でない。また編集部は，商業主義的な配慮から，なにがしかの思惑をもって，合格者に原稿を依頼していたのかもしれない。資料群のこうした史料的限界を考慮しつつも，ここではあくまで『受験界』という雑誌メディアの提供した合格体験記に所載された人々の動機を抽出して整理しておきたい。

　表6.5からも明らかなように，受験動機は第1・2期を通して，全体的に見れば実に多様であった。しかし1つの特徴は「中等学校卒業資格取得」が7名，「資格がないと社会的に認められない」が3名，併せて10名とstatus‐seekingを獲得することを目指した者が他を大きく離していたことである。

　例えば，1920（大正9）年合格の岡山県のM生は，「将来何に成るにしろ中学だけはすまさねばならない，それには専検を受けるより他に道がない」[26]と記す。1921（大正10）年に合格した「みのる生」は，「高等小学校卒業後は夜

354　第6章　『受験界』が伝えた「専検」と受験者・合格者

表6.5　合格期における受験動機

内　容	第1・2期 受験動機（人）	％	第3期 受験動機（人）	％
中学校卒資格取得	7	23	32	26
資格がないと社会的に認められないから	3	10	21	17
合格体験記の影響から	3	10	9	7
恩師の影響	2	7	7	6
政治家・官吏になる為	2	7	1	1
上級学校進学断念の為	2	7	0	0
学問の必要性にきづいて	2	7	0	0
メディアの影響	1	3	7	6
友人の影響	1	3	7	6
先輩の影響	1	3	5	4
同僚の影響から	1	3	1	1
夜間中学への入学を契機として	1	3	1	1
家族の幸福の為	1	3	0	0
東京への憧憬	1	3	0	0
人格者となる為	1	3	0	0
高師受験の為	1	3	0	0
向学心から	0	0	20	16
病気からの脱却	0	0	7	6
家庭の事情	0	0	1	1
歯科医師になる為	0	0	1	1
高校への憧れ	0	0	1	1
兄弟の影響	0	0	1	1
合　計	30	100	122	100
記載なし	8		4	

学で普通学を学びました。年と共に一定の資格を有たなければ社会で充分の活動が出来ぬことを熟々感んずるやうになりました」(27)という。また，名古屋地方裁判所司法官試補のKは，「中学卒業の資格をもつて置かなければ，私立大学の正科へも入れないし，徴兵猶予も出来ないし，高文（高等文官試験あるいはその試補試験）も判検事（二年の司法科）も受けられないと思つた」(28)から「専検」を受けたという。1927（昭和2）年に合格したSは，高等小学校卒業後に単身上京して，某会社に勤務する傍ら夜学校に入学・卒業した。当初は，「時恰も欧州戦乱の好景熟期とて最初はかなり嬉しかった」が，「私の心には又

第4節 『受験界』にあらわれた「専検」合格者・受験者　355

段々と不満の雲が生じ始めました。そして世の中が次第に暗黒の様になって来ました。鬼の首と思ったのが、いや鬼の足にもならないではありませんか」と、夜学校を卒業しただけでは、充分とは思わなくなったと記す。「私も何とかして人後に落ちざる様にと一奮発せんとすれば何ぞ計らんや、何処の学校でも、直ぐに中学校卒業程度とか何とか言うではありませんか（中略）その時初めて専検なるものが、我々独学者の為一途の公道として、開放せられて居る事を知りました。それは大正12年の初めのことでした」[29]と、「専検」受験を決意する。1929（昭和4）年に合格したXYZ生は、「老ひたる下級官吏が自分の子供位の年頃の大学出の上役にペコペコ頭をさげるのを見せつけられた時、其処にやがて来らん自己の姿をまざまざと見たやうな気がした。（中略）今の自分より抜け出で向上の道を歩ゆまんとなど、思つて」[30]受験したと記している。このように資格取得を目指し、今ある自分の境遇を脱出し、status-seekingを目指す受験者がいる。

　一方で、より精神的な面を強調する者もあった。すなわち「合格体験記からの影響」が3名、恩師や友人の影響、さらにはメディアの影響等を指摘すると同時に「上級学校進学断念の為」がそれぞれ2名という結果になっている。1928（昭和3）年に合格したKI生は、「独学苦学の戦場に於て戦ひつゝある諸君よ、同じ人として生まれながら僅かの財力に左右せられて、貧しさ農民として下級労働者として一生を暮すやうな事が、吾等青年としての正しい理想であらうか」と問い、「同じ農業でも研究的にやりたい」といって「専検」に向かい栄冠を勝ち取っている[31]。

　第3期に入ると、第1・2期と同様に「中等学校卒業資格」「資格がないと社会的に認められないから」が併せて53名と断然他を圧しているが、このようななかで注目すべきは、この理由に加えて「向学心から」という動機が第1・2期と比してその数を20名と増加したことである。例えば、1932（昭和7）年「五回にして専検合格」と題した体験記を書いた福岡のHは、「小学校卒業後直ちに測候所の給仕」として勤務する傍ら、「福岡市の夜間中学」に入学、5年間学んだ後、「併し夜間中学は昼間の中学」と「同様の資格が与えられ」な

い，「俺だってその位の実力が有るのだぞ」ということを「昼間の中学生に示してやりたい為」「専検」受験を思い立ったという(32)。1933（昭和8）年に6回目で合格したMは，「小学校を卒へたのが大正十四年の十五歳の春でしたその夏一給仕として森林事務所へ入りましたが，好学の心と境遇とは私を励まして遂に勉学を志すに至らしめました」(33)。女性の例を引けば，「私は昭和六年大なる希望を抱いて女師に入学しました。(中略) 僅か一年で退学のやむなくさせられました。(中略) 私は昨年十一月大阪に兄の病気看護中専検のある事を知りました。例の向学心が活動し出しました」と述べている(34)。同じ 1934（昭和9）年，「血涙四ヵ年専検を征服す」とした合格者で長崎のNは，20歳にして合格した。彼は，尋常小学校「八ヵ年は常に首席で通したのだが，自分より成績の悪かった他の級友達が続々中学校へ入る。休暇ともなれば見よ制服制帽に金釦天下国家は我が物とばかり満面得意然として大道を闊歩する彼等の姿」に「悶々たる心情に日夜」悩まされ「単調な童心には羨望と嫉妬が凡べてを支配した」という。そして「登竜門専検の征服を誓」い，高等小学校に入学と同時に『早稲田中学講義録』を買い求めて勉強を続けるとともに，卒業後，長崎の夜間中学に入学した。新聞配達人をしばらく経験したのち，長崎紡績の給仕となったが，夜間中学3年の時，県立中学理科教室の助手となり，その傍ら勉強を続けた(35)。同じ 1934（昭和9）年に合格したMH生は，「私は非常に，と云つては変だが兎角勉強は此上なく好きで」(36)『大日本中学講義録』を購入して勉強したという。同年「思想的煩悶を解決して専検合格」したIは「最初に専検の存在を知ったのは国民中学会の機関雑誌『新国民』に依つてであった」，また「先輩の燃ゆるような受験記に刺激されていた」という。彼は17歳の秋に通信講習所に入所，1年間の学生生活の後「東京××局出向を命」ぜられたが，「忘れていた向学心が湧きだし」「専検」受験を志した(37)。1936（昭和11）年に合格した横浜のHは，「学歴万能から実力本位へ　時代は力強くも遷り行かうとはしているが，然も尚，社会は必要以上に学歴を過重視し，事毎に資格，資格を以て吾々の前途を阻まうとする。が一面，考へてみるならば，人間の教養の程度の一般に進んだ現代に在つては，中等程度の学力の如きは，最

早常識化しているとも思はれる。吾々が如何なる方面に目的を立つるにもせよ，『専検』なる関門を突破せねばならぬ所以であり，同時に私自身が専検受験を志した理由でもある」と記している(38)。

いま一度，女性の例をあげよう。1938（昭和 13）年合格の FK 子は，大逓信講習所に在所中，そこの教師から「『君，是からの女性は高女卒で普通のレベルだよ。高小や実補では社会は認めてくれないからネ』」と言われる。「逓講の先生から戴いた（中略）其の御言葉こそ今日の動機となり，学問への関心を呼び起さして下さつたのだ」(39)。1943（昭和 18）年に合格した「H 女史」は，「弟妹の多い貧しい家庭の長女に生まれた私は小学校卒業後直に実社会に出ました。女学校の制服を着たお友達にあふと何んだか自分一人が取りのこされてしまふ様な気がしてなりませんでした。（中略）本を読みたい勉強したいと云ふ思は捨てきれず昭和十五年二月早稲田の校外生となりました」(40)と記した。

(6) どのように学習していたか

これら「専検」合格者たちは，どのような教材を使用し，どのように学習していたのだろうか。

表 6.6 は主要科目において，どのような教材を利用したか，ベスト 3 を一覧化したものである。教科ごとに教科書・講義録・参考書を記した人物を抽出したものである。もともと合格体験記に所載された参考書の名称には省略や誤記が多く正確さに欠けたところが多々ある。そこでできる限り正式名称を探り当てる調査はしたが，不正確な面がある。また教科書，講義録は各科目ごとに複数利用していても，一人 1 回としてカウントした。このような限界はあるが，おおまかな傾向は読み取れるのではあるまいか。

第 1 には，教科書中心主義をとる合格者が多かったこと，第 2 には，おそらく尋常小学校卒業者が多く利用したと思われるのが講義録であることである。第 3 には，①教科書＋参考書は，高等小学校以上の学校の卒業者，②講義録＋参考書は尋常小学校卒業者，③参考書のみは夜間中学等の何等かの中等程度の教育機関に在学しているものか，卒業者と大きく 3 つに分類できるように思わ

表6.6 合格者たちが使用した教科書・講義録・参考書等ベスト3

科目	学習材	著者	書名	出版社	人数
国語	教科書				28
	講義録			早稲田・大日本国民中学会・帝国教育会・尚学会	11
	参考書	塚本哲三	『国文解釈法』	有朋堂	53
		塚本哲三	『現代文解釈法』	有朋堂	23
		塚本哲三	『国文学び方教へ方と解き方』	山海堂→考へ方研究所	6
漢文	教科書				23
	講義録			早稲田・大日本国民中学会・帝国教育会	10
	参考書	塚本哲三	『漢文解釈法』	有朋堂	37
		塚本哲三	『漢文の学び方教へ方と解き方』	考へ方研究所	6
		佐藤正範	『漢文の解釈』	山海堂	6
数学	教科書				49
	講義録			早稲田・大日本国民中学会・帝国教育会・数理専修学院	16
	参考書	藤森良蔵	『代数学学び方考へ方と解き方』	山海堂	23
		藤森良蔵	『幾何学び方考へ方解き方』	山海堂	22
		藤森良蔵	『三角法学び方考へ方と解き方』	山海堂	11
英語	教科書				43
	講義録			研究社・井上・早稲田・大日本国民中学会・正則英語学校	28
	参考書	小野圭次郎	『英文の解釈』	山海堂	35
		小野圭次郎	『英語の作文』	山海堂	15
		小野圭次郎	『英語の文法』	山海堂	14
地理	教科書				39
	講義録			早稲田・大日本国民中学会	8
	参考書	諏訪徳太郎	『最も要領を得たる外国地理』	大修館書店	35
		諏訪徳太郎	『最も要領を得たる日本地理』	大修館書店	29
		諏訪徳太郎	『最も要領を得たる地理通論』	大修館書店	19

	教科書				39
歴史	講義録			早稲田	6
	参考書	諏訪徳太郎	『最も要領を得たる日本歴史』	大修館書店	30
		諏訪徳太郎	『最も要領を得たる西洋歴史』	大修館書店	30
		諏訪徳太郎	『最も要領を得たる東洋歴史』	大修館書店	26
物理	教科書				37
	講義録				1
	参考書	高田徳佐	『物理学粋』	慶文堂	13
		河邊要之助	『新選物理学提要』	盛林道	6
		三省堂編	『学生の物理学』	三省堂	5
化学	教科書				29
	講義録			大日本国民中学会	3
	参考書	高田徳佐	『化学粋』	慶文堂	15
		三省堂編	『学生の化学』	三省堂	6
博物	教科書				37
	講義録			大日本国民中学会	7
	参考書	水野矢作	『博物通論の講義』	大修館書店	4
		三省堂編	『学生の鉱物』	三省堂	4

れる。

では，実際に合格者たちの声を聴いてみよう。第1・2期では，例えば，乙種の工業学校を卒業したKは，「予備校は二ケ月位で止めました。理由は第一に経済上の都合と，第二に時間を浪費することが多いからです。勿論中学校の課程を全然初歩からやられる人は，予備校に入られて実力を養はれる事を望みます，独力で充分埋解出来ると云ふ人は独力でやられる方がよいと思ひます」「全科を通じて私は教科書主義で行きました」[41]。

私立の商業学校夜学専修科に通学したKは，「家庭の事情」で高等小学校卒業後，図書館の給仕として勤務する一方で，私立商業学校夜学専修科に2年通学したが，あまり勉強もしないでいたが「こんな風にして居てはならないと考え」，国民中学会の講義録をとって勉強した。しかし，「独学の悲しさには時として一問を何時間もかかって出来ず，講義録はたまる一方でやめてしまおうか

と思うことも度々」であったと記す。「続けて居りますと大正11年3月から9月始めまで近所に居られた辻氏が代数，平面幾何，英語の初歩を教えて下さった」「専検という制度がある事を知ったので熱心に勉強」を始めた。その時，Kは17歳であった。途中でどこかの中等学校に勤めが変わったようである。勤務先の中学校で教師に英語を教わり，「生徒と共に代数の講義」を聴講した。彼の勉強方法は，国民中学会の講義録を利用するだけでなく，同時に参考書を使用している。彼がよく利用した参考書は，以下のとおりである（書名等は原文のままとした）。「修身＝講義録及び修身書，国語＝講義録，漢文＝講義録，数学＝天野氏代数講義（敬文館），林氏中等教育幾何学教科書，竹内氏中等三角法教科書，英語＝藍谷氏ニュースクールグラマー（開成館），斉藤氏イングリッシュランゲージ　プライマリー2巻（興文社），上條氏ザ　カルチャー　リーダーズ（開成館），地理＝小川氏地理教科書，西田氏地文地理概説（目黒書店），歴史＝講義録，物理＝教科書，化学＝高田氏答案式化学粋，博物＝講義録，図画＝富岡氏用器画法神解（武田芳進堂）[42]。

　21歳で「専検」を志した東京在中の「近藤生」は，「私は教科書主義参考書主義両方を取つた」[43]。会社員の傍ら夜学に学んだSは，「如何なる学習法に依るべきかは知らなかったのですが，東京等に居住する者は大抵夜間中学校に通学する事が，便利なることを知りました。然し，私は年齢を考へなければなりませんでした。(中略)一ケ年の独学突破する覚悟にて早速国民中学会の正則講義録（一ケ年半卒業）の一年及二年級分を古本屋から買求め尚四月より三年級へ入会して丁度翌年の三月に卒業の予定でありました。(中略)震災後は会も災厄を蒙り，大切な講義録の原版が焼失の為中止となり，我前途は全く暗黒の如き心細さを感じました。(中略)大正十三年其時我国民中学会に講義録にて独学せられた者に対して，実力を補充し，以て専検，高検に応ずる目的の為に予備校があることを知りました。(中略)私はいきなりB級へ入学し」た。この予備校は「A級B級の二ヵ年終了にて，A級は中学校の一，二，三級分を，B級は四，五級分を各一ヵ年宛教授するので，勿論時間の少ない夜間のことですから，修身，図画，体操等はやりません」という，「専検」あるいは高

検受験者のための予備校であった。彼は休暇を利用し徹底的に勉強し，見事合格した。

　1927（昭和2）年4月号に「学校通過し去るまで」という体験記が掲載された。ある合格者は，「専検の準備には何と云つても中学の教科書は第一です。（中略）教科書丈で理解に困難な学科や不足を感ずる学科には参考書は是非其必要です」と記した(44)。一方，27歳で合格したJは，「世の合格者の中には教科書万能主義を，唱へらるる人々があるやうですが，私としては寧ろ参考書万能主義を唱へたいと思ひます。教科書は先生ある人々への書籍と思ひます」(45)と述べる人もいた。

　第3期に入ると，例えば，横須賀の夜間中学で学んだKは，「僕は教科書参考書併用主義です」(46)とか，森林事務所の給仕Mは，「明治44年生まれ。大正14年小学校卒業後，給仕として森林事務所に勤務する傍ら，国民中学講義録で『全科併進主義』」で勉強したという。彼は「日程表を作つてどんなに苦しくても必ずやりました。夜です。十二時を越したようなことは毎夜続きました。時には，二時も三時頃までやり疲れきつて前後不覚の眠りに落ちたことも一再に止りません」と述べている。ここでも，使用参考書が詳細に列挙されている。「数学＝代数を除いたほかはすべて講義録，根津秋山氏『代数』，修身＝講義録，国語＝講義録，漢文＝講義録，博物＝中等植物教科書，化学＝『学生の化学』（三省堂），地理＝講義録，物理＝『学生の物理』（三省堂），歴史＝日本・『学生の日本歴史』（三省堂），東洋・諏訪氏『最も要領を得たる東洋史』，西洋・『学生の西洋史』（三省堂），図画＝大村氏『用器画法詳解』，英語＝小野氏『英文の解釈』『英語の作文』」(47)と記されている。新潟のSは，「教科書で充分合格出来るのだ。徒に無用の而も非常に難しい解し難いものは避くるべきです。但し物理化学は教科書では不充分です。英語数学も参考書に依れば得る所大です」(48)，長崎の夜間中学に通学したNは「凡べての学科を教科書本位に」学習したと記す(49)。鉄道局の職員となったNは，「最初定評ある講義録で一通り仕上げ，自己の好きな学科が分つて来れば，その学科に定評ある参考書，又は教科書（科目に依り参考書を要しないものもある）を求め懸命に邁進す

る」[50],そうすれば効果的に合格することができるであろうと述べる。なかには,「高検」にも合格したＩのように「参考書至上主義者」[51]とか,銀行勤務の「Ｎ女史」のように「私は基本参考書一科一冊主義でした」[52]という者もいる。群馬のＮは,「私は主として講義録を用いました。尋常小学校を卒業しただけで教師も学友も無い独学の境遇ではこれより外には方法がありませんでした」[53]。早稲田の校外生Ｈは,「早稲田の女学講義録のみで参考書は余り使ひませんでした。早稲田の女学講義録は名実共によい講義録だと思ひます。尋常小学校卒業の私にはむづかしい参考書は見てもわからず,又よい参考書も知りませんでしたので唯この講義録を頼りに専検を突破いたしました」と記している[54]。

第5節 小 括─資格試験と「学び」の実態─

これらの事例から,一定の共通性を見い出すことができる。

まず,受験を決意した動機としては,概ね以下の3つが要因となっている。第1には,主として経済的事情から正規の中学校へ進学できなかったことに対するルサンチマンが基層にある。第2に,中学校卒業の学歴をもたないと,社会で充分な処遇を得られないことに対する不満や焦燥感が,受験を思い立つバネとなっている。とりわけ第2の学歴志向は,大正中期以降,すなわち「専検」第1期の終わりから第2期以降にかけての時期に極めて強くなったという印象を受ける。それは中学校や中卒の学歴が,誰にとっても手を伸ばせば届く範囲にあるものと思われるほどに身近なものとなり,逆に,そのために,それをもたないことが,さまざまな社会的場面において,不利に働くと認識されるようになったことを示唆している。第3に,第3期に入ると第1期,第2期の要因を凌駕するごとく「向学心から」という理由が大きな比重を占めるようになった。それは学歴志向だけでなく,「自己学習」の機会として受験者たちは意識しはじめたことを示唆している点は注目されよう。

次に,「専検」受験のための学習プロセスが詳細に記述されている点に,共

通性を見い出せる。これこそが，読者が最も必要とした情報であろう。正規の中学校教育を受けていないこれらの青少年たちは，基本的には独学で学習するしか方法はないのであるが，そうであるがゆえに，どうやって勉強したら合格を掌中にできるかについての情報に餓えていたと思われる。

さらに，この学習プロセスそのものにも，いくつかの共通点がある。その第1には，講義録は随所に使用されているが，受験生たちは全面的にそれに依拠して受験勉強をしてはいない。第2には，講義録以外に，各種参考書を使っているが，それぞれの科目で定番らしきものがあった。第3には，夜間中学，予備校，あるいは，中学校の助手といった形で，学校教育に触れている者が少ないと見られることである。すなわち，制度改正後も合格率の低かった「専検」に合格した極めて少数の者は，正規ではないが中学校に相当するレベルの「学校」教育を享受し，正規の中学生と同様の参考書を使用して勉強しているのである。独学とはいえ，「学校」という face to face の教育の場から全くかけ離れたところで勉強していた例ばかりではない。中学校の教育内容を印刷した活字メディアである講義録だけに依存していたわけでもなかった。彼らの合格の秘訣の1つに，何らかの学校教育に接触できたことがあげられるならば，講義録―「専検」という独学の道も内閉的な「学習」だけでは容易に完結するものではなかったことを指摘できよう。

これまで日本教育史分野において昭和戦前期の学習・学歴・人材・需要等の研究を手がけてきたのは，木村元を中心とするメンバーである[55]。しかしながら，少なくとも彼等の研究には，上述したような視点は欠落している。

注
(1) 関正男「戦前期における中等・高等教育の構造と入学者選抜」広島大学大学教育センター『大学論集』第6集，1978年。竹内洋『立志苦学出世』講談社新書，1991年。竹内洋『立身出世主義』NHK出版，1997年。天野郁夫『日本の教育システム』東京大学出版会，1996年。菅原亮芳「戦前日本における『専検』試験検定制度史試論」『立教大学文学部教育学科年報』第33号，1989年。
(2) 教育史編纂会『明治以降教育制度発達史　第7巻』教育資料調査会，1964年，357

頁。
(3) 前掲 (1) と同じ。
(4) 『大宅壮一日記』中央公論社，1971 年，480 頁。『裸の大宅壮一』三省堂，1996 年。
(5) 寺本伊勢松編『専門学校入学者検定独学受験法』大明堂，1923 年，146 頁。
(6) 菅原亮芳「昭和戦前期『夜間中学』史試論」『日本の教育史学』教育史学会紀要第 30 集，1987 年。水野真智子「女子教育史における夜間女学校」『日本の教育史学』教育史学会紀要第 35 集，1992 年。教育史編纂会『明治以降教育制度発達史　第 7 巻』370－373 頁。文部省普通学務局『昭和十三年十月一日現在専門学校入学者検定規程ニ依ル指定学校ニ関スル調査』1939 年を参照。
(7) 同上，菅原論文，41 頁。
(8) 佐々木享「新学制の最初の大学入学者選抜における高校―大学の接続関係について」『研究論集』第 22 号，愛知大学短期大学部，1999 年。
(9) 平岡靖章「独立独行の成果を収めよ」『受験界』1935 年 4 月号，2－3 頁。
(10) 平岡壽「創刊十周年の新年を迎へて」『受験界』1929 年 1 月号，2－3 頁。
(11) 柴田義彦「故受験界社々長平岡壽君を悼む」『受験界』1931 年 4 月号，2－3 頁。
(12) 「受験界新体制の出発」『受験界』1941 年 11 月号，2 頁。
(13) 菅原亮芳「中学講義録の世界」『近代化過程における遠隔教育の初期的形態に関する研究』研究報告 67（放送教育開発センター）1994 年参照。
(14) 「国家試験となる改正中学卒業検定試験制通過　第一回を十月頃全国三十箇所で施行」『受験界』1924 年 8 月号，41 頁。
(15) 宮島「独学者の福音新専検令に就て」『受験界』1924 年 5 月号，8 頁。
(16) 同条，11 頁。
(17) 渡邊彌太郎「専検の社会性と合格者の高文進出法」『受験界』1937 年 2 月号，92－93 頁。「専検の時代性と受験の要諦」『受験界』1940 年 3 月号。「専検の社会的意義と受験上の知識」『受験界』1937 年 2 月号。「専検の社会的意義と受験者の心構へに就いて」『受験界』1938 年 2 月号。
(18) 「専検制度と其の受験方法の解説」『受験界』1942 年 6 月号，94 頁。
(19) 「独学者のための専検高検の成績」『受験界』1921 年 3 月号，中表紙。
(20) 「専検及高資試験の成績」『受験界』1925 年 7 月号，7 頁。
(21) 「専検応試者は更に熱心なる研究を要す」『受験界』1926 年 1 月号，11－12 頁。
(22) 田中幸助「専検最後の戦法」『受験界』1929 年 9 月号，70 頁。
(23) 同上，71 頁。
(24) 小田島政蔵「独学者の登竜門『専検』に就て」『受験界』1931 年 9 月号，99 頁。
(25) 「専検施行回数増加と受験法」『受験界』1941 年 12 月号，133 頁。
(26) 「専門学校入学者検定試験合格記」『受験界』1920 年 6 月号，72 頁。
(27) 「専検突破の後に」『受験界』1921 年 5 月号，51 頁。
(28) 「小学校訓導をなしつつ専検より判検事試験に」『受験界』1921 年 7 月号，35 頁。
(29) 「専検を通過し去るまで」『受験界』1927 年 4 月号，64 頁。
(30) 「専検突破の記」『受験界』1930 年 9 月号，98 頁。
(31) 「独学独歩専検への努力」『受験界』1928 年 12 月号，97 頁。
(32) 「五回にして専検合格」『受験界』1932 年 9 月号，95 頁。

(33) 「連闘六度専検攻落の記」『受験界』1933 年 5 月号，87 頁．
(34) 「志あるところ」『受験界』1933 年 11 月号，100 頁．
(35) 「血涙四カ年専検を征服す」『受験界』1934 年 3 月号，100 頁．
(36) 「独学で専門学校に入学する迄」『受験界』1934 年 11 月号，97 頁．
(37) 「思想的煩悶を解決して専検合格」『受験界』1935 年 1 月号，161 頁．
(38) 「道は光明の彼方に通ず」『受験界』1937 年 6 月号，139 頁．
(39) 「これからの女性として」『受験界』1938 年 9 月号，122 頁．
(40) 「苦闘遂に酬いられて」『受験界』1943 年 12 月号，54 頁．
(41) 「専検に合格して」『受験界』1926 年 11 月号，84 頁．
(42) 「専検受験記」『受験界』1927 年 2 月号，76-77 頁．
(43) 「専検合格まで」『受験界』1927 年 3 月号，80 頁．
(44) 「専検を通過し去るまで」『受験界』1927 年 4 月号，64-66 頁．
(45) 「鈍才は斯くして西洋史の年号を記憶せり」『受験界』1929 年 2 月号，78 頁．
(46) 「第一回専検に合格する迄」『受験界』1933 年 10 月号，158 頁．
(47) 「連闘六度専検攻落の記」『受験界』1933 年 5 月号，87 頁．
(48) 「専検合格と勉強法」『受験界』1933 年 10 月号，163 頁．
(49) 「血涙四カ年専検を征服す」『受験界』1934 年 3 月号，102 頁．
(50) 「若き血潮をたぎらせて」『受験界』1937 年 7 月号，189 頁．
(51) 「戦跡を追憶して」『受験界』1937 年 10 月号，167 頁．
(52) 「健康に留意しつゝ突破するまで」『受験界』1941 年 10 月号，134 頁．
(53) 「十六年度専検受験記」『受験界』1942 年 2 月号，124 頁．
(54) 「苦闘遂に酬いられて」『受験界』1943 年 12 月号，54 頁．
(55) 木村元編著『人口と教育の動態史』多賀出版，2005 年。木村元「日本社会における学校の受容と接続問題―起点としての 1930 年代の教育と社会―」『教育学研究』2010 年 6 月，144-155 頁．

結 章

第1節 要 約

　教育関係ジャーナリズムといえば，教師を読者層とする多種多様な教育雑誌，あるいは家庭向け幼少年向け雑誌が主であり，教育史研究の対象となったのもそれらの雑誌であった。それらのなかに置いてみると，本研究で取り上げた種類の雑誌は，「教育関係雑誌」の枠外に置かれるものかもしれない。加えて「学校における学習」を「学び」の主軸と見れば，本研究で取り上げた雑誌は，その周辺にある副次的なメディアにすぎない。しかし筆者は，それらが，独自の意味をもつ教育メディアであることに着目して，研究を進めてきた。

　この「結章」では，これまでの6章で明らかにしてきたことを振り返りながら，取り上げたメディアが伝えた教育情報の位置を確かめ，併せて，「序章」で述べた諸問題を，改めて考察しよう。

　「序章」のなかで，次の問いを掲げておいた。
（1）近代の日本でどのような情報が青年の志をインスパイア（鼓舞）したか。
（2）従来の日本教育史研究の限界にとらわれず，青年（男子青年に限定した）の「学び」の全体的な構造はどのような特質を有するか。
　この2つの問いに答えることを目指して，以下に結びを試みてみよう。
　近代日本の青年の「学び」の全体的な構造は，「序章」に書いたように多種

多様な「学び」を総合的・歴史的に検証することによって,はじめて描くことができる。その主流は,正規の学校体系における「学び」であり,従来の研究もそこに集中してきた。しかし,本研究では,その主軸に限定することを避け,その周辺に展開された,「受験を通して学校への学習を志向する『学び』」(第1〜5章)と,他方「学校での学習に代わる資格を志向する『学び』」(主として第6章)を主たる対象とし,それに関わる情報を分析した。

もちろんその他に,フォーマル／インフォーマルな形をとった成人の学習,あるいは広義の社会化を通じての「学び」等,近代日本には幾層もの「学び」があったことは事実である。その意味では本研究は「学び」の総体を解明することからは遠いが,少なくとも従来の「学校学習史」ともいうべき限界を破ることはできたのではないのかと考える。

既に示したように本研究では,書誌的分析を基盤的な方法とし,出版発行主体,編集者,目次分析にはじまる雑誌そのものの分析を基盤として情報分析を進めてきた。いわば,メディア史と情報史の双方を並行して行ってきた。

遡って,本研究で取り上げたメディアを振り返ってみよう。

第1に,第1〜3章にわたって取り上げた進学案内書は,寺﨑昌男によって発掘された。寺﨑による進学案内書の研究は,多くの研究成果として蓄積されてきた[1]。筆者は,寺﨑の研究に多くを学んだ。その上で,これまでの研究の対象時期は主に明治期を中心になされることが多かったが,今回は対象時期を拡張し,大正期,昭和戦前期に発行された進学案内書を検索した。

第2に,進学案内書のなかでも「自活勉学生」,すなわち「苦学生」を読者対象とした苦学案内書の本格的な歴史的研究ができたことは大きな成果であった(第4章)。これまでの先行研究では書誌的検討が不十分であったため,断片的に苦学案内書を利用した研究が多かった。しかし今回は,明治・大正・昭和戦前期苦学案内書の出版状況を把握することができた。

第3に,受験雑誌メディアとしては,①欧文社(旺文社)の『螢雪時代』より古い歴史を有する研究社の『受験と学生』(後に,『学生』『中学生』と改称)を

取り上げ（第5章），②「専検」等の検定試験受験準備雑誌として最も早くに創刊されたものの1つで，しかも長命であった受験界社の『受験界』（後に，『教学錬成』『学芸界』に改称）をそれぞれ取り上げた（第6章）。

なお筆者は，かつて船寄俊雄と共に『受験と学生』の書誌的検討と内容分析を行ったが，今回はその時の不十分さを補うことができた。

「序章」に記した「1．本研究の目的」「2．主題と関心」に即しつつ，明治・大正・昭和戦前期において進学・学校情報を4つの観点，すなわち①学校選択情報，②進路選択情報，③受験情報，そして④苦学・独学情報から検討した。

以上の作業を行うにあたって，筆者は2つの問いを立ててみた。

第1の問いは，正規の学校での「学び」とそれに誘引する情報はいかなるものであったかであり，第2の問いは，正規の学校での「学び」の世界の周辺にはその「学び」を支えるもう1つの「学び」の世界があったのではないか，具体的には資格を志向する「学び」に着目する必要があるというものである。

なぜ，このような問いを立てたのか。そこには2つの理由があった。

第1の理由は，日本人の「学び」の形態と意味，その吟味と革新が問われているからである。この問いに答えるためには，日本社会の学校化過程，つまり日本人が学校に行くことを当然のこととして受容し，学校での秩序が日本人の行動や規範を制約する社会を形成する過程という事実がどのようなメカニズムによって進行したかについて，さらなる研究が必要とされる。しかし，他方で，学校教育場面に青年たちを引きつけてきたものの分析がとくに不可欠になる。「学校において学ぶ」「学校に収斂される学び」あるいは「正規の学校を志向する学び」という「学び」の構造が支配的になったのはなぜか。そこには，どのような社会的・心理的メカニズムが「学ぶ」者の側に生まれ，形成されたか，それをもたらした情報は何であり，その情報は学校システムとどのように関わりをもって「学ぶ」者の側に届けられたかを検討することは重要なテーマだからである。

第2の理由は，伝統的教育史研究に止まることなく，学習・進学の動機が

「制度化された，学校における学習への参入」だと見る従来の研究へ疑問をもちつつ「正規の学校を志向する学び」や「資格を志向する学び」への意欲と志がいかに喚起され，どのような方向へ鼓舞されていったかを検討することによって，「学ぶ」者の側から日本の近代学校の基本的性格を捉え直すことになると考えたからである。

　進学案内書・苦学案内書が伝えた進学情報の検討結果から，第1の問いに対して答えることができる。これまでの日本教育史研究において，青年たちの前に「進学体系の王道」ができあがったのは20世紀初頭であるとする説が有力であった（『日本の教育課題6　選抜と競争』1994年等）。しかし巨視的には誤りではないが，本書のように詳細に検討を加えてみると，次のような諸点を指摘しておくべきである。明治・大正・昭和戦前期の進学案内書と苦学案内書とが伝えた進学情報を検討してみると，案内書の著者たちは，①帝国大学を頂点とする学校序列が20世紀初頭に成立したこと，②案内書の内容は「官高私低」の構造をもった学校序列と資格制度に重点を置く情報を中心とするものへと変化したこと，③その変化は学校の実態におけるヒエラルヒーの成立と深く即応し，かつ強化するものとなったこと，を制度史・実態史の変化に即応しながら説いた。

　第2の問いに対する回答は，要するに進学案内書・苦学案内書は一方では，教育政策の反映を示したものであり，もう一方では学習する側の人生選択にとっての権利を獲得する手段を得る情報という性格を有していた。

　次に，受験雑誌メディア，具体的には『受験と学生』が伝えた進学情報の検討結果から第1の問いに対する回答を試みよう。

　1918（大正7）年創刊のこの雑誌の基調は，高等教育機関の拡張計画を目前にした時点で，①帝国大学を頂点とするヒエラルヒーをさらに強化したこと，②進学案内書と同様に同誌の内容は「官高私低」の構造をもった学校序列と資格制度に重点を置く情報を中心とするものであったこと，③入試の予備知識，準備法，懸賞模擬試験，合格体験記等多彩な記事を掲載し，読者とのコミュニ

第1節 要約

ケーションを図りながら，学校の実態におけるヒエラルヒーをさらに強化したことである。その説き方は，制度史・実態史の変化に完全に即応するものであった。

第2の問いについては，『受験と学生』は，一方で，先行研究の指摘と同様に，受験・進学・学校・苦学について触れながら，「『時代』に対してきわめて適応しうる性格」[2]の形成を促した。雑誌のこの傾向は，一見，受験等が存在しなかったかに見える戦時下においても基本的に持続した。

もう1つの受験雑誌メディア『受験界』によって，第1の問いに回答するとすれば，①独学を前提とした多種多様な検定試験合格者の手記を多量に掲げ，自己学習，自発的学習を進めながらも，正規の中等教育機関を卒業できなかった者が高等教育に進もうとするならばその前提条件となる「専検」等に合格し受験資格を得ることが先決であることを伝えたこと，②整備された学校体系，「学ぶ」者から見れば進学体系，完成された学校序列に乗り遅れまいと検定試験に合格した人々の手記を通して，学校の実態としてのヒエラルヒーをさらに強化したことを，制度史・実態史の変化に即応しながら説いた。

次に，第2の問いについて述べよう。要するに『受験界』は一方で，独学者を取り巻く検定試験制度変化や社会的環境について多様な検定試験情報を発信し，独学者の自己学習，自発的学習を学校システムとリンクさせる性格をもっていたものであり，もう一方で独学者の側から見れば高等諸学校受験資格を獲得する手段を得る情報という性格を有していた。この検定試験の実態の解明は従来の日本教育史研究を超えて，近代日本における「資格社会」化の研究の一端を担うことになると考える。

以上のように，取り上げた進学案内書・苦学案内書，受験雑誌メディア，これら諸メディアは，第1に，進学・受験に関する情報を媒体として青年（苦学生・独学者も含む）の就学・進学あるいは勉学の志と具体的な学校—制度としての学校—と彼等の志に一定の方向性を与える有力な要因であったと，同時に，第2に，日本の近代学校の構造的・機能的性格を「学ぶ」者の側からとらえ直すのに基本的な示唆を与えてくれる有力な史料的性格をもっていたものと考え

られる。

　「先行研究の検討」(序章) での指摘を踏まえ，本研究が何を課題とし，何を補完したか，言い換えれば本研究のオリジナリティはどこにあるかについて考えるところを記しておきたい。
　第1点は，これまでの研究における書誌的研究の不十分さを補い得たことである。
　本研究では厳密にテーマを絞った上でジャーナルを選択し，その書誌的研究に精密を期した。とくにそれらのジャーナルの発刊の趣旨，発行部数，編著者，目次の構成等の検討を行い雑誌メディアの「顔」が見えるようにした。
　第2点は，「官高私低」の構造をもった近代日本の学校序列の存在がどのような情報ルートを通して青年に届けられかを解明した。
　これまで，さまざまなメディアや情報を部分的に利用した研究はあった。しかし本研究では，進学・受験・苦学・独学・進学資格獲得といった種々の行動に即応して，いかなる情報が青年たちのもとに届けられたかを総合的に確かめる一方で，その言説・情報によって，諸高等教育機関に関するイメージがいかに定形化されて普及されたか，それによって青年の学校選択さらには職業選択がどのような影響を受けたかを明らかにした。
　第3点は，「独学情報誌」が説く自己学習，自発的学習は，学校化の動向から自立したものであったのか否かということである。
　「独学情報誌」は，独学を前提とした多種多様な検定試験合格者の手記を大量に掲げ，自己学習，自発的学習を進めながらも，正規の中等教育機関を卒業できなかった者が高等教育に進もうとするならば，その前提条件となる「専検」等に合格し受験資格を得ることが先決であることを伝えた。しかし，受験記を読めば，受験者たちの動機はそれだけでなく「自己学習」の機会として意識したということが事実であったことを解明した。
　次に，本研究はどのような学術的意義を有するかである。
　あえていえば，第1が本研究を通じて青年の志の所在と志の実現の中間にあ

るメディアを体系的・実証的に精査することができ，さらには明治・大正・昭和戦前記及び戦中期を含む通史的視野のもとに情報の推移を確かめることができたことである。

　第2は，急速に制度的整備を遂げた近代日本の学校教育システムのもとで，とくに青年たちの「学び」の意欲と志とはどのように形成され方向づけられてきたか。その歴史的過程を彼等に届けられた有力なメディアの書誌的・内容的分析を通じて明らかにし，近代日本教育史の未拓の領域を解明したことである。

第2節　今後の研究課題

　繰り返すが，本研究は青年の意欲と志とを動機として近代日本の青年の「学び」の全体的構造を明らかにする試みである。しかし若者たちの営み（営為）を「学習」の歴史という視角に止めず，志と意欲が含まれている「学び」のための情報の歴史を分析した。この視点の設定もまたオリジナリティの1つに加えることができるかもしれない。また制度的なスクリーニングから外れ，卒業履歴だけでなく資格獲得を志向した者にも志が，「学び」があった。それを鼓舞したものが教育情報である。つまり，人間主体と知の乖離への批判を絡め，筆者は「学び」というリーディングを尊重し，研究の手始めとしてそのための情報を分析したのである。

　この研究をまとめる過程で，筆者自身が補い，深化させたいと考えた研究課題を挙げてみよう。

（1）　多様な進路系統の研究

　筆者は「序章」で，1920（大正9）年創刊の『受験界』大附録「全国学校系統一覧図」を掲載した（本書8頁）。ここには，小学校卒業後の多様な進路系統が一覧化されている。その多様な進路系統図は多様な「学び」の世界が広がっていたことを教えている。

　とくに興味深いのは，小学校卒業後に可能な正規の学校外の「学び」が記さ

れていることである。例えば，小学校卒業後鉄道局教習所に入り車掌，運転手になる者，逓信講習所に入り通信事務員になる者，普通試験に合格し下級官吏になる者，「高等試験第七条及八条ニ関スル件」に依る試験に合格し，さらに外務省留学生及書記生試験にも合格し書記官等になった者，小学校教員検定に合格し小学校の教員になる者等である。近代日本の社会は，さまざまな試験に応じようとする者にその試験に即応した雑誌メディアを刊行した。それらの雑誌メディアが対象とした青年たちは，独学者である。彼らの学びを鼓舞した『鉄道青年』や『国家試験』『教員受験生』等の雑誌メディアや案内書類にまで対象を広げていく必要がある。

(2) 職業案内書の研究

本研究では進学案内書・苦学案内書，受験雑誌メディアを取り上げたが，例えば人生選択としての職業選択情報を検討しようとすれば，職業案内書が重要なメディアになる。同僚諸氏と文部省科研費による共同研究で明治期の職業案内書の研究[3]を行ってきたが，さらに後の時代まで対象を広げたい。また独学者たちだけでなく青少年向け雑誌，例えば『少年園』『中学世界』『成功』等の検討も不可欠である。

(3) 学習主体を主人公とした研究

本研究では，学習主体を主人公にする研究は十分に検討できなかった。各雑誌メディアに掲載された合格体験記を断片的に紹介できたにすぎなかった。明治・大正・昭和戦前期に生きた日本人，なかでも小学校，中学校等で学んだ人々はどのような雑誌メディアを購入し，どのように利用したのかを追跡調査すべきだと考える。それが明らかにできて初めて「学び」の全体的な構造が精細になる。

この研究を行うためには，日本人の伝記や回想録等を組織的に検索する作業が不可欠と思われる。また各雑誌メディアには，読者の相談コーナーが設けられている。このコーナーの分析も，学習主体を主人公とした研究には必要であ

ると考える。さらには，広義の読者研究が必要であると考える。雑誌メディアが受験生たちの意見を反映したものかそれとも発行主体が受験生たちの進学行動を一方的にキャナライズしたものか，あるいは読者の要求要望を忖度しつつ提供したものかどうかという分析が必要であろう。いわばコミュニケーションの双方向性の分析が今後残されている。

(4) 女子・婦人へと対象を拡大した研究

本研究では，対象とした青年は男子青年であった。今後は女子・婦人を対象とし，女子青年や婦人の「学び」を鼓舞した雑誌メディアの研究が必要であると考える。案内書や雑誌メディアに女子に関する進学情報が見られたが，正面から検討できなかった。

本研究を出発点として，これらの点について研究を進めていきたい。

---

(1) 寺﨑昌男『日本の教育課題5 なぜ学校に行くのか』東京法令出版，2000年。『日本の教育課題6 選抜と競争』東京法令出版，1994年。
(2) 寺﨑昌男・浅沼薫奈「『螢雪時代』―戦中戦後の高等教育志願者にもたらされた教育情報―」菅原亮芳編『受験・進学・学校』学文社，2008年，106頁。
(3) 菅原亮芳・下山寿子・八木美保子「明治期における職業案内書の研究」菅原亮芳『近代日本人のキャリアデザインの形成と教育ジャーナリズム（平成19〜22年度科学研究費補助金（基盤研究（B）研究成果報告書））』高崎商科大学，2011年，5-16頁。

巻末資料編

I 第1〜4章までの主要目次

巻末資料 I-1 明治期刊行「進学案内書」主要目次

【資料1】
●下村泰大『東京留学案内　完』
　　　1885（明治18）年7月，和田篤太郎
○留学者ノ注意
［諸学校の規則…筆者］
　　　　　（略）

●下村泰大・和田民之助（増補人）『増補東京留学案内』
　　　1885（明治18）年10月，春陽堂
凡例四則
○留学者ノ注意
［諸学校の規則…筆者］
　　　　　（略）

【資料2】本富安四郎『地方生指針』
　　　　　　　　　　　　1887（明治20）年，嵩山房
序　　　　　　　　　田口卯吉
序
第一編上　地方書生ノ東京ニ対スル妄想，学資金ノ通額，貧書生修学ノ方便，東京学校ノ両便利，私立学校入学ノ注意並ニ転校ノ害，地方ニ在ル間ニ学力ヲ養フノ必要，新上京者ノ注意諸件，下宿詳細事情，留学生衛生ノ注意
第一編下　書生ノ東京繁盛ニ大関係アル事，在京各地書生気風ノ差，在京書生ノ品行，在京書生ノ衣服，在京女書生ノ事情，府下洋学の流行，東京諸学校ノ，東京市街ノ景況
第二編上　諸官立学校規則（男女）
　　　　（略）
第二編中　有名諸私立学校規則（男女）
　　　　（略）
第二編下　諸官立学校入学試験問題
　　　　（略）

【資料3】榊信一郎『明治廿三年東京遊学案内』
　　　　　　　　　　　　1890（明治23）年，少年園
凡例
第一章　発端
第二章　上京前の注意
　第一節少年の前途，第二節学科の選定，第三節修業の年限，第四節学費の出途，第五節遊学の準備
第三章　上京後の注意
　第一節都下の状況，第二節知己の訪問，第三節宿所の考察，第四節学校の採択，第五節入学の手続，第六節女子の遊学
第四章　各学校の規則　　　（略）
第五章　入学試験問題

其一第一高等中学校，其二高等商業学校，附録　東京諸学校一覧
其三陸軍幼年学校

【資料4】黒川隆一『明治廿六年東京遊学案内』　1893（明治26）年，少年園
上編　遊学者の指鍼
第一章　将来の事業
　　政治事業，兵備事業，殖産事業，布教事業，審美事業，究真事業
第二章　前途の生活
　　精神界の生活，物質界の生活，真率恬淡なる生活，
　　高雅優美なる生活，敬虔誠実なる生活，富裕豪華なる生活，厳粛勇武なる生活，荘重高貴なる生活
第三章　処世の方針
　　都会と地方，殉国の精神，社会の需要，供給系統と分配系統
第四章　才幹の修練
　　性格の偏向，実務と思索，知情意の修養
第五章　学問の方法
　　自我観念と他物観念，生活と死滅，競合と衝突，党同と伐異，目的方法の知識，原因結果の知識，生命保存と勢力保存，万有庶物と定理定則，原因結果
と目的方法，必至の目的と必然の趨向，宇宙の生命と万有の活動，意志と情感との転化，意の運動と情の振動，快楽の感と苦痛の情，物の現象と物の意象
第六章　上京の用意
　　学校の程度，修業の年限，学費の概算，携帯の物品，到着の宿所，保証人の訪問，在京中の心得
中編　各学校の規則
　　第一章官立高等諸学校（略），第二章特別認可各学校（略），第三章中等受験科学校（略），第四章私立専門各学校（略），第五章公私立女学校（略），
下編　入学試験問題
　　第一高等中学校，高等商業学校，東京工業学校，海軍兵学校，東京郵便電信学校，東京商船学校，陸軍士官学校，陸軍幼年学校
附録　官省検定試問
　　文部省教員検定試験，内務省医術開業試問，司法省判事検事登用試問

【資料5】須永金三郎『明治廿六年東京修学案内』　1893（明治26）年，東京堂
第一編　修学指針
　　緒論，学問の要，学問の選択，学問と時勢との関係，学問と才能との関係，学問と嗜好との関係，学問と職業との関係，学問と境遇との関係，学校の選択，官立学校と私立学校，都門軽薄の俗，下宿屋生活，寄宿舎生活，書生部屋の不潔と其生活の不規律，学生風儀の頽廃，入学手続，学費，生産的及不生産的学問，学者の相場
第二編　官立及公立学校　（学校名略）
第三編　特別認可学校　　（学校名略）
第四編　私立専門及普通学校　（学校名略）
第五編　官立公立及私立女学校　（学校名略）
附録
　　海軍兵学校入学試験例題
　　陸軍一年志願兵術試験問題

I-1　明治期刊行「進学案内書」主要目次

【資料6】博文館編輯局（内山正如）『日用百科全書第三十七編就学案内』
1899（明治32）年，博文館

口絵
第一　出京前の注意
　学問の選択，学校の選択，学資の概算，遊学の季節
第二　着京後の注意
　宿所の選定，勧工場と鉄道馬車，学費の送付と保管，都下学生の実況

第三　官立諸学校要覧　（学校名略）
第四　私立専門諸学校要覧　（学校名略）
第五　中等教育諸学校要覧　（学校名略）
第六　公私立女学校要覧　（学校名略）
第七　官立学校入学試験問題　（学校名略）
鼇頭目次　　最近改正諸学校令及編制設備規則

【資料7】木下祥眞『東京遊学案内』
1902（明治35）年，内外出版協会

上篇　遊学者の指針
第一章　上京の準備
　○遊学の目的，○志操の転変，○学校の選択，○中学教育の素養，○父兄への注意
第二章　受験の格例
　○入学試験科目，○身体の検査，○年齢の制限，○身元保証人
第三章　学費の概算
　○入学受験料又は束脩，○月謝又は授業料，○月俸及下宿料，○書籍及筆墨紙料，○制服制帽調整費，○年額及月額の比較
第四章　修業の年限
　○学科卒業の年限，○分科大学と大学院，○陸海軍の諸学校，○学習院及華族女学校，○官立高等諸学校，○私立専門各学校
第五章　着京の注意
　○遊学の季節，○各学校の学年学期，○東京迄の鉄道旅行，○各港汽船便，○金銭の注意，○旅行中の警戒，○東京市中

の旅店，○着京後の乗車注意，○鉄道馬車と勧工場，○交際の注意
第六章　宿所の選定
　○監督の必要，○下宿所の位置，○区役所所在地，○郵便局所在地，○郵便為替取扱所
第七章　衛生の注意
　○都会と病原，○伝染病と季節との関係，○著名の病院及医師，○体育の必要，○精神の休養，○公園の散策，○博物館及遊就館，○新聞雑誌縦覧所，○文部省直轄学校の入学者数
中篇　各学校の規則
　第一章　官立学校（学校名略），第二章　公私立専門学校並に各種学校（学校名略），第三章　官公私立中学校並に同程度の学校（学校名略），第四章　高等女学校並に各種女学校（学校名略）
下篇　入学試験問題　（学校名略）
附録　図書館

【資料8】柳内蝦洲著，佐藤儀助編『東都と学生』
1901（明治34）年，新声社

『東都と学生』の巻首に題す（友人　志賀重昂）
［序　筆者］

第一　緒言
第二　東都の特長
第三　東都の欠点

第四　上京者の覚悟
第五　年少者と東都
第六　東都の学校
第七　下宿屋の弊風
第八　東都の感化
第九　実際的能力の養成所
第十　結論
附録　東京学校一覧
　　尋常中学校（学校名略），各種女学校（学校名略），官立諸学校（学校名略），公私立専門学校（学校名略）

【資料9】 吉田甚蔵『中学小学卒業志望確立学問之選定』　1905（明治38）年，保成堂

序（高田早苗）
自序
第一編　総説
　第一章　本書の趣旨，第二章　吾人は如何なる学科を選定修学するを以て得策なる可き乎
第二編　法律政治学志望者に与ふる解説
　第一章　概説（目的性質），第二章　吾人は法律政治の学を修て後如何に之を活用す可き乎，第三章　高等文官志望者に与ふる解説，第四章　外交官領事官志望者に与ふる解説（目的性質），第五章　政治家志望者に与ふる解説，第六章　司法官（判事検事）志望者に与ふる解説，第七章　弁護士志望者に与ふる解説
第三編　軍人志望者に与ふる解説
　　　　　　　　　　　　（略）
第四編　文学美術志望者に与ふる解説
　第一章　概説，第二章　文学者として何れに進む可き乎（小説家。作劇家。詩人。歌人。批評家），第三章　文学志望者は何れに之を養ふ可き乎，第四章　美術家志望者に与ふる解説。概説（目的性質），第五章　美術家志望者は何れに之を修む可き乎，第六章　画家として日本。西洋画科（ママ）何れに向ふ可き乎
第五編　医学志望者に与ふる解説
　第一章　概説（目的性質），第二章　医学志望者は何れに学ぶ可き乎（官学出身の医家と内務省開業試験及第者との比較及弁護士との比較）
第六編　工業志望者に与ふる解説
　第一章　概説（目的性質），第二章　工学志望者は何れに修む可き乎
第七編　水産家志望者に与ふる解説
　第一章　其必要と学修所
第八編　実業家志望者に与ふる解説
　第一章　概説（目的性質），第二章　実業家志望者は何れに学ぶ可き乎（学校に入るの要ある乎），第三章　法学士の実業家（番頭），第四章　慶應義塾と高等商業学校（説て当代実業家政治家の各名士に及ぶ）
第九編　教育家志望者に与ふる解説
　第一章　概説。目的。性質。地位。学校選択
第十編　各学校出身者の俸給表

【資料10】 大日本国民中学会『学生立身要鑑』　1909（明治42）年，東京国民書院

序（島田三郎）
序（鎌田栄吉）
学生立身要鑑に題す　竹越与三郎
序（高田早苗）

序（大町桂月）
第一編　学生の本領（略）
第二編　独学（略）
第三編　準備編
如何にして工業家たる可き乎（略）
如何にして商業家たる可き乎（略）
実業家たるべき準備（略）
如何にして教育家たるべき乎（略）
教育家たるべき準備（略）
如何にして弁護士たるべき乎（略）
弁護士及び法官たるべき準備（略）
如何にして医師たるべき乎（略）
医師たるべき準備（略）
軍人となるべき準備（略）

如何にして美術家たるべき乎（略）
美術家たるべき準備（略）
如何にして文学者たるべき乎（略）
文学者たるべき準備（略）
如何にして音楽家たるべき乎（略）
音楽家たるべき準備（略）
如何にして新聞記者たるべき乎（略）
外交官たるべき準備（略）
宗教家となる準備（略）
航海員たるべき準備（略）
大学案内（略）
予備校案内（略）
語学校案内（略）
第四編　立志編（略）

【資料11】高橋都素武『全国学校案内』　　　　　　1908（明治41）年，内外出版協会

序（高田早苗）
凡例
第一篇　目的及学校の選定
　其一目的の選択を論ず，其二現在の諸学校，其三学校の選択を論ず，其四官立と私立との得失，其五帝国大学と専門学校，其六入学試験について
第二篇　法律及政治並経済及殖民（略）
第三篇　文学及語学（略）

第四篇　教育及宗教（略）
第五篇　理学及工学（略）
第六篇　美術及技芸（略）
第七篇　医学及薬学（略）
第八篇　軍事及体操（略）
第九篇　農業及商業（略）
第十篇　予備学及雑（略）
第十一篇　中学校及高等女学校（略）
第十二篇　参考諸表（略）

【資料12】博文館編輯所『男女全国遊学案内』　　　　1912（明治45）年，博文館

口絵
第一編　修学者指針
第一章　修学上の心得
　一遊学の目的，二遊学の時期，三学友と交際，四身辺の警戒
第二章　学校の種類と其選択
　一学校の選択，二志操と決心，三各学校系統表
第三章　受験と入学の心得
　一受験の各科目，二答案の書き方，三官

公立高等専門学校入学志願者と入学者の人員表（略），四身体の検査，五年齢の制限，六身元保証人
第四章　学費の予算（略）
第五章　宿所の選択（略）
第六章　衛生上の注意（略）
第七章　依託生及外国人入学規程（略）
第八章　各種任官試験規則（略）
第二編　各種学校規則（男子部）
第一章　法律，政治，経済，殖民（略）

第二章　文学，教育（略）
第三章　軍事（略）
第四章　農業，林業，蚕業，水産，獣医（略）
第五章　工業（略）
第六章　商業（略）
第七章　医学，薬学（略）
第八章　理科学（略）
第九章　外国語学（略）

第十章　美術，音楽（略）
第一一章　宗教及宗教主義（略）
第一二章　高等諸学校及大学予科（略）
第一三章　官公私立中学校（略）
第一四章　雑種
第三篇　各種学校規則（女子部）
第一章　特種教育（略）
第二章　高等普通教育（略）

【資料13】佐藤正『中学を出でゝ如何に進むべき乎』　　　　1912（明治45）年，大成社

序（後藤新平）
自序
○内篇
文学，新聞記者，創作家，作家，学者，教員，美術家，演芸家（略）
政治経済法律，文官出身―高等文官，外交官，司法官―判事検事，銀行，会社員，新聞記者，弁護士（略）
理学，工学　理学者，工学者，教員，技術官，実業家（略）
医学　学者，教員，開業医（略）
農学　学者，農業教員，農業実際家，技師（略）
商業　実業家―銀行，会社員，商業教員（略）
陸軍（略）
海軍―商船（略）
神学，宗教（略）
○外篇
中学校卒業者への一般的注意（略）
独逸と英国と米国との国語及び其の学風（略）
官私大学の過去現在及び将来（略）
我が学会の趨勢と学問の独立（略）
大学教育論　一，大学教育の根本義，二，大学待遇論，三，大学制度論，四，結論（略）
○附篇　（略）

巻末資料　Ⅰ-2　大正期刊行「進学案内書」主要目次

【資料1】 東華堂編輯部『最近東京遊学案内』　　　　1913（大正2）年3月3版，東華堂

第一編遊学者ノ注意
　第一章上京ノ準備
　第二章遊学者ノ注意
　第三章遊学ノ目的
　第四章着京ノ注意　　　　（略）
　第五章宿所ノ選択　　　　（略）
　第六章監督ノ必要
　第七章学校ノ選択
　第八章入学者ノ心得
　　　　入学試験科目　　　（略）
　第九章学費ノ概算
　　　　学費
　　　　束脩及授業料
　　　　下宿料
　　　　書籍及諸雑費
　　　　年額及月額ノ比較
　第十章修業ノ年限　　　　（略）
　第十一章着京後ノ心得　　（略）
　第十二章衛生上ノ心得
　　学生ノ病及病院
　　精神ノ休養
　　体育ノ必要
第二編各種学校規則
　第一章陸海軍学校　　（学校名略）
　第二章政治，法律，経済学校　（学校名略）
　第三章農工商業学校　（学校名略）
　第四章外国語学校　　（学校名略）
　第五章医学薬学校　　（学校名略）
　第六章国語漢文学校　（学校名略）
　第七章簿記専修学校　（学校名略）
　第八章雑種諸学校　　（学校名略）
　第九章官公私立中学校（学校名略）
　第十章各種女学校　　（学校名略）
　第十一章諸宗教諸学校（学校名略）
　第十二章日清語学校　（学校名略）
第三編官立学校入学試験問題集

【資料2】 集文館編輯部『新撰東京遊学案内』　　　　1916（大正5）年，集文館

自序
凡例
第一章学校の選択，修学の目的
第二章入学試験，苦学方法，学費及生活費
第三章其一大学，其二陸軍諸学校，其二海軍諸学校
第四章其一学習院，其二高等学校，其三予備学校
第五章師範学校
第六章中学校
第七章高等女学校
第八章工業学校
第九章農業学校
第十章其一商業学校，其二商船学校，其三美術学校及音楽学校
第十一章宗教学校
第十二章其一医学校及獣医学校，其二数学及理化学校，其三皇漢学校
第十三章外国語学校
第十四章簿記学校
第十五章裁縫及技芸学校
第十六章産婆学校及看護婦学校
第十七章教育盲聾唖学校
第十八章寄宿舎の設ある学校
第十九章夜学校
第二十章無月謝学校

第二十一章 講義録を発行する主要学校
第二十二章 官費入学指針
　其一 小学校卒業後入学の出来る官費学校
　其二 中学校卒業後入学の出来る官費学校
第二十三章 女子官費学校
第二十四章 官費留学生の制度ある学校及官庁
第二十五章 学資貸付の制度ある諸学校
第二十六章
　其一 小学校卒業後入学の出来る工業学校
　其二 小学校卒業後入学の出来る商業学校
　其三 小学校卒業後入学の出来る農業学校
　其四 小学校卒業後入学の出来る実業学校
第二十七章
　其一 普通学校入学願書及履歴書書式
　其二 一般中学校及各女学校入学願及履歴書書式
　其三 一般の中学校女学校諸学校に於ける卒業証書
第二十八章 一般の卒業生に対する特典
第二十九章 各主要諸学校所在地一覧表
第三十章 各主要諸学校授業料一覧表
附録　大正五年度高等女学校優等卒業生

【資料3】出口競『東京遊学学校案内』 1922（大正11）年，大明堂書店

序　　　　　　　　　　　松浦鎭次郎
巻首
第一篇　人と学校との関係
一，一番大きな「人」の問題
　　―三十代で気がついても最う遅い―
二，何事を行ふも若い内
　　―中年の勉強に大層骨の折れる話―
三，日本にほしい此機関
　　―さりとは両親が余り迂闊過ぎる―
四，何年で『人』になれるか
　　―東京は学問をするに便利な土地―
五，懐中の具合も考へて
　　―当人には一生を支配する一大事―
六，目的を選定する順序
　　―『大学』を奮発するか『専門』にするか―
七，数ある職業の区分け
　　―学校から職業へ此の系統を進む―
八，官界志望者と実業界
　　―先づ学校としては此れ位のもの―
九，技術家の世界の広さ
　　―工業と其の目的を解釈して示す―
十，農業林業と就職方面
　　―農業をやるには内地よりも海外―
十一，海員生活と水産業者
　　―進出して島国的地位を脱すべし―
十二，医師歯科医師の世界
　　―少くも五つの条件を備ふべき事―
十三，陸海軍人の志望者へ
　　―各種将校へ進むべき道いろいろ―
十四，教師特に中等教員を
　　―黙つて居ても資格を呉れる学校―
十五，学問学校に国境なし
　　―土地の学校へ他所者の這入る訳―
第二篇　東京の知識
一，東京は学校の百貨店
　　―名も無いの迄加へて約三百あり―
二，専門以上で五十余校
　　―男の学校女の学校何でも御座れ―
三，女の職業を求むるに
　　―産婆の学校から料理の学校まで―
四，上の学校への足溜り
　　―此が東京の味，予備校と其の活用―
五，何時でも入れる学校
　　―日本にも見る一種の好機会学校―
六，横から抜けて大学へ

Ⅰ－2　大正期刊行「進学案内書」主要目次　　385

　　　　―心得次第勉強一つ学士になる道―
　七，東京に落着く段取り
　　　　―宿を定めるには斯様斯様の手段―
　八，注意すべき徴兵関係
　　　　―寄留をして諸君等も遺漏無き様―
　九，東京学校区の案内記
　　　　―東京駅を下りてから神田を一週―
第三篇
　一，大学　（学校名略）
　二，大学に這入る門　（学校名略）
　三，政治・法律・経済・商業　（学校名略）
　四，簿記及タイピストの養成　（学校名略）
　五，工業家技術者方面　（学校名略）
　六，農業林業水産獣医　（学校名略）
　七，医師・歯科医・薬剤師　（学校名略）
　八，文学美術音楽一般　（学校名略）
　九，教員の養成機関　（学校名略）
　十，宗教に関する学校　（学校名略）

　一一，陸軍と海軍の学校　（学校名略）
　一二，交通運輸其他の方面　（学校名略）
　一三，海外発展の専門　（学校名略）
　一四，不幸な人々の為に　（学校名略）
　一五，外国語，国漢数其他　（学校名略）
　一六，高等予備科と予備校　（学校名略）
　一七，女子教員の養成　（学校名略）
　一八，女医と産婆看護婦　（学校名略）
　一九，女事務員の学校　（学校名略）
　二〇，技芸裁縫刺繡等の学校　（学校名略）
　二一，絵や音楽を習ふに　（学校名略）
　二二，お料理と髪結の学校　（学校名略）
　二三，一般上の修養に　（学校名略）
追記　中学校高等女学校卒業資格の無い人へ
中学校，高等女学校一覧
附表　「東京学校総覧」
附表　東京学校所在地図

【資料4】芳進堂編輯部『最新東京学校案内』　　1926（大正15）年，武田芳進堂

緒言
第一章　総説
第一　現代は学問の世の中
第二　東京は学術の淵藪
第三　智力・資力・体力
第四　目的に依る学校の選択
第五　専門学校入学者検定規程につき
第六　高等学校大学予科入学につき
第七　高等学校卆業学力検定試験
第八　学資の概算
第九　公費・補給・貸費
第十　受験準備と夜学校
第十一　各学校体格検査標準
第十二　出郷前に予定すべき事項
第十三　東京市の交通機関
第十四　図書館の利用
第十五　心身の休養
第十六　著名の病院
第十七　区役所の位置
第十八　一年志願兵に関する規定
第二章　各学校概説
第一種男子の部
第一類大学　（学校名略）
第二類高等学校　（学校名略）
第三類中学校　（学校名略）
第四類陸海軍の学校　（学校名略）
第五類宗教学校　（学校名略）
第六類音楽美術の学校　（学校名略）
第七類医学薬学の学校　（学校名略）
第八類教員養成の学校　（学校名略）
第九類農業水産の学校　（学校名略）
第十類工業学校　（学校名略）
第十一類商業学校　（学校名略）
第十二類簿記タイプライチングの学校

（学校名略）
第十三類外国語の学校　（学校名略）
第十四類通信交通の学校　（学校名略）
第十五類予備学校　（学校名略）
第十六類雑種の学校　（学校名略）
　第二種　女子の部
第一類大学及高等女学校　（学校名略）
第二類実科方面の女学校　（学校名略）
第三類女事務員の学校　（学校名略）
第四類料理と髪結の学校　（学校名略）
第五類女医産婆看護婦の学校　（学校名略）
第六類女子教員養成の学校　（学校名略）
第七類雑種の女学校　（学校名略）
大正十四年度入学試験問題
苦学せんとする人のために　（略）
大正十三年度に於ける東京府管内中等学校入学者調
各学校概説追加
臨時教員養成所規程
主要高等専門学校受験要覧

【資料5】東京市役所『東都学校案内』　　　　1926（大正15）年，三省堂
序　　　　　　　　東京市教育局庶務課
序　　　　　　　　　　　　　大島正徳
凡例
大学の部　（学校名等略）
高等学校の部　（学校名等略）
専門学校の部　（学校名等略）
実業専門学校の部　（学校名等略）
実業学校の部　（学校名等略）
師範学校（之に類するものも含む）の部
（学校名等略）
中学校の部　（学校名等略）
高等女学校の部　（学校名等略）
実科高等女学校の部　（学校名等略）
実業補習学校の部　（学校名等略）
各種学校の部　（学校名等略）
文部省管外諸学校の部（陸海軍其他の学校）
附録　学校卒業者就職状況調査

【資料6】実業之日本社『中学卒業就学顧問』　　　　1914（大正3）年，実業之日本社
本書の内容略説
第一篇　中学の卒業と目的の立て方　（略）
第二篇　社会に出てからの職業
　一，官界に出でんとする人々に
　二，実業界に出でんとする人々に
　三，刀圭界（医学・薬学等…筆者）向はんとする人々に
　四，学者たらんとする人々に
　五，教育家たらんとする人々に
　六，文壇に出でんとする人々に
　七，芸壇に出でんとする人々に
　八，新聞雑誌記者たらんとする人々に
第三篇　学校案内
　一，政治・法律・経済・商業の方面
（学校名略）
　二，文芸語学の方面
　　（a）文学，哲学，史学　（学校名略）
　　（b）美術と音楽の方面　（学校名略）
　　（c）語学の方面　（学校名略）
　三，教育方面の諸学校　（学校名略）
　四，理工の方面　（学校名略）
　五，農業方面の諸学校　（学校名略）
　六，水産及海運の方面　（学校名略）
　七，医薬の方面　（学校名略）
　八，陸軍の方面　（学校名略）
　九，海軍の方面　（学校名略）
　十，宗教の方面　（学校名略）

十一，其他特殊方面　（学校名略）
十二，各地高等学校　（学校名略）
十三，官立専門学受験準備の方面　（学校名略）

第四篇　学生と学費
　一，学問は金持ちの道楽になつた
　二，一般高等学生の学費に就いて
　三，苦学に就いて

【資料7】小林角馬『立志向上　中等学校卒業生の進路』　1917（大正6）年，積文館
序　　　　　　　　　　　　澤柳政太郎
第一章　立志の根本問題　（略）
第二章　高等専門学校入学準備の方法（略）
第三章　受験準備の勉強方法　（略）
第四章　受験上の要件　（略）
第五章　中等学校卒業生に与ふ　（略）
第六章　帝大及専門学校卒業生の就職問題（略）
第七章　東京学生生活　（略）
第八章　高等学校総覧　（略）

第九章　学者たるべき者の進路　（略）
第十章　官吏たるべき者の進路　（略）
第十一章　農業家たるべき進　（略）
第十二章　商業家たるべき進路　（略）
第十三章　工業家たるべき進路　（略）
第十四章　芸術家たるべき進路　（略）
第十五章　軍人たるべき進路　（略）
第十六章　教育家たるべき進路　（略）
第十七章　医師たるべき者の進路　（略）
第十八章　特殊なる方面の進路　（略）

【資料8】出口競『高等学校入学の研究』　1924（大正13）年，実業之日本社
はしがき
凡例
第一篇　高等学校の知識
　一，正系を行く利益と傍系
　二，新たに認められた受験資格
　三，側系進入者と実力の養成
　四，高等学校の総収容力と新受験者
　五，受験者はどこに一番多いか
　六，直轄外高等学校と収容力
　七，将来の方針と部類の選定
　八，専門家の保証せる外国語選定の標準
第二篇　入学手続と試験
　（一から四は略）
　五，傍系入学と準備法
　六，勉強の仕方に就いて
第三篇　各科の準備法　（略）
第四篇　高等学校篇　位置，交通，創立，文科，綱領，寄宿舎，下宿，校友会，生徒府県別，経費，物価，土地，校長
　一，官立（直轄）高等学校（A）（学校名略）
　二，官立高等学校（B）　（学校名略）
　三，公立高等学校　（学校名略）
　四，私立高等学校　（学校名略）
　五，高等学校と同程度の学校
　　　高等学校の学費
　　　卒業者の持つ資格に就いて
第五篇　試験問題と答案の書き方　（略）
第六篇　高等学校（高等科）の教科書
　　　　既往五ヶ年間入学試験問題集
第七篇　高等学校関係法令
附録　（官公私立高等学校官立大学予科）
　　　入学試験問題集

巻末資料編 I

【資料 9-1】高木亮『帝国大学入学受験提要』 1924（大正13）年，文信社調

はしがき
第一　大学の拡張と文学部の入学試験
第二　高校理科出身者の収容不足
第三　大正十四年度各大学収容予定人員
第四　大正十四年度各高等学校卒業予定人員
第五　帝大各学部入学志望者出願者入学者
第六　出身高等学校別入学者表
第七　入学試験に対する東大教授談
第八　入学願書の書き方と試験の様子
第九　帝国大学通則抜粋　（略）
附録　帝国大学入学試験問題集（自大正十一年度至大正十三年度）

【資料 9-2】高木亮『帝国大学入学受験提要』 1926（大正15）年，文信社

はしがき
第一　大学の収容不足
第二　東大法学部の新規則と選抜試験
第三　東大工学部の新規程と入学者への注意
第四　学究の自由と個性の尊重
第五　大正十六年度各大学収容予定人員
第六　大正十五年度各高等学校卒業予定人員
第七　東大工学部入学試験出身高等学校別成績一覧
第八　帝大各学部入学志望者出願者入学者調
第九　出身高等学校別入学者表
第十　東大工学部入学志願者試験成績調
第十一　東大工学部入学志願者体格検査成績表
第十二　入学試験に対する東大諸教授談
第十三　入学願書の書き方と試験の様子
第十四　帝国大学及官立大学規程抜粋（略）
第十五　選科生専攻生聴講生ニ関スル各大学各学部規程抜粋　（略）
第十六　帝国大学入学志願者心得抜粋（略）
第十七　帝国大学選抜試験受験者心得（略）
附録　帝国大学入学試験問題集（自大正六年度至大正十四年度）

【資料10】村田勤『帝国中学入学の栞』 1921（大正10）年，有朋堂書店

序　　　　　　　　　　　　江原素六
序　　　　　　　　　　　　川田正澂
緒言
例言
一　中学及び中学入学者の概況
二　入学の時期を外づすな
三　高等小学校に入るの可否
四　尋常五年で中学に移るの可否
五　自宅と学校との距離
六　試験入学と無試験入学
七　落第でない選抜洩れだ
八　本人の成績と健康
九　東京高師附属中学校
十　府立中学校概観
一一　公中の入学試験を受ける手続
一二　府立第一中学入学試験問題
一三　府立第二中学入学試験問題
一四　府立第三中学入学試験問題
一五　府立第四中学入学試験問題
一六　府立第五中学入学試験問題

一七　私立東京開成中学入学試験問題
一八　私立早稲田中学入学試験問題
一九　私立京華中学入学試験問題
二〇　私立麻生中学入学試験問題
二一　私立日本大学中学入学試験問題
二二　私立錦城中学入学試験問題
二三　私立芝中学入学試験問題
二四　私立順天中学入学試験問題
二五　私立明治中学入学試験問題
二六　府立第一中学校教育方針
二七　府立第四中学校教育方針
二八　府立第三中学校教育方針
二九　府立第五中学校教育方針
三〇　中学五年間の学費概算
三一　公中と私中の比較
三二　公中の共通点—看板に偽りなし
三三　学校の柱石
三四　私立中学の生徒監督法
三五　私立中学の経済
三六　特色ある私立中学
三七　誤解され易い中学の為に一言す
三八　私立大学の附属中学
三九　校舎兼用の中学校
四〇　有資格教員と無資格教員
四一　広い校庭と狭い校庭
四二　私中の試験期日
四三　私中の受験手続
四四　中学の良否判定法
四五　中学に相当する学校
四六　転学，諭示転学，編入試験・中学検定試験
四七　休学，退学，復校
四八　受験準備としての転学の利害　（略）
四九　統計表の説明と疑義
　附録
　—入学後本人の勉強法と家庭の注意—
　（略）

巻末資料　I-3　昭和戦前期刊行「進学案内書」主要目次

【資料1】芳進堂編輯部『最新東京学校案内』　　1928（昭和3）年，武田芳進堂
　緒言
　第一章　総説
　　第一　世界の進歩と国民の覚悟
　　第二　東洋文化の中心としての東京
　　第三　立志と諸条件考察の必要
　　第四　就職の上より見たる学校の種類
　　第五　独学立身の方法
　　第六　学資の概算
　　第七　給費貸費の制ある学校
　　第八　受験準備と夜学校
　　第九　各学校体格検査標準
　　第十　「東京」に関する主要な知識
　　第十一　兵役に関する事項
　第二章　各学校概説
　　第一種　男子の部
　　　第一類　大学　（学校名略）
　　　第二類　高等学校　（学校名略）
　　　第三類　中学校　（学校名略）
　　　第四類　陸海軍の学校　（学校名略）
　　　第五類　文学宗教の学校　（学校名略）
　　　第六類　美術音楽の学校　（学校名略）
　　　第七類　医学薬学の学校　（学校名略）
　　　第八類　教員養成の学校　（学校名略）
　　　第九類　農業水産の学校　（学校名略）
　　　第十類　工業学校　（学校名略）
　　　第十一類　商業学校　（学校名略）
　　　第十二類　簿記・タイプライチングの学校　（学校名略）
　　　第十三類　外国語の学校　（学校名略）
　　　第十四類　通信交通の学校　（学校名略）
　　　第十五類　予備校及中等夜学校　（学校名略）
　　　第十六類　雑種の学校　（学校名略）
　　第二種　女子の部
　　　第一類　大学（校…筆者）及高等女学校　（学校名略）
　　　第二類　実科方面の女学校　（学校名略）
　　　第三類　女事務員の学校　（学校名略）
　　　第四類　料理と髪結の学校　（学校名略）
　　　第五類　女医産婆看護婦の学校　（学校名略）
　　　第六類　女子教員養成の学校　（学校名略）
　　　第七類　雑種の女学校　（学校名略）
　第三章　入学試験問題　（学校名略）
　第四章　苦学せんとする人の為に　（略）
　（追編）各学校概説追加　（学校名略）
　　東京府管内中等学校入学者調
　　高等専門学校受験要覧
　　高等学校大学予科入学指定者
　　中学卒業と同等の指定者
　　高等試験　（略）
　　青年訓練所令
　　青年訓練所規程
　　東京市青年訓練所一覧

【資料2】芳進堂編輯部『最新東京男子学校案内』　　1935（昭和10）年，武田芳進堂
　緒言
　前編　総説
　第一章　学芸の都「東京」
　第二章　職業と学校　（略）
　第三章　修学と資金　（略）
　第四章　体格検査の標準　（学校名略）

第五章　学生と兵事法規　（略）
第六章　独学立身の道　（略）
第七章　苦学と其の方法
第八章　夜学校
第九章　学生生活と東京　（略）

本編　各学校案内
凡例其の他（中学卒業と同等指定者，高等
　　　　　学校入学指定者，中学四年修
　　　　　了課程…筆者）
　　第一類　高等学校高等科　（学校名略）
　　第二類　大学（予科及学部）（学校名
　　　　　略）
　　第三類　専門学校（及び之に準ずるも
　　　　　の）
　　（一）法文経商の学校　（学校名略）
　　（二）実業の学校　（学校名略）
　　（三）医薬の学校　（学校名略）
　　（四）教員養成の学校　（学校名略）
　　（五）其の他の学校　（学校名略）
　　第四類　師範学校（及び之に準ずるも

の）　（学校名略）
　　第五類　中学校（之に相当する学校を
　　　　　含む）（学校名略）
　　第六類　夜間中学　（学校名略）
　　第七類　高等学校尋常科　（学校名略）
　　第八類　実業学校
　　（一）工業学校　（学校名略）
　　（二）農業学校　（学校名略）
　　（三）商業学校　（学校名略）
　　第九類　技術の学校　（学校名略）
　　第十類　芸術の学校　（学校名略）
　　第十一類　簿記・会計の学校　（学校
　　　　　名略）
　　第十二類　語学・数学・予備学校
　　　　　（学校名略）
　　第十三類　各種の学校　（学校名略）
　　第十四類　陸海軍の学校　（学校名略）
　　第十五類　東京市立実業補習学校
　　　　　（学校名略）
　　附録　東京男子各学校入学競争率

【資料3】吉村正『独学男女の進むべき道』　　　1938（昭和13）年，早稲田大学出版部
第一篇　男子
第一部　検定試験　（略）
第二部　学校　（学校名略）
第三部　独学と苦学の心得　（略）
第二篇　女子
緒言

第一節　専門学校入学者検定試験
第二節　女子商業学力検定試験
第三節　中等学校教員
　　　　（第4節から第15節略）
第三篇　試験問題　（略）

【資料4】池田佐次馬『全国上級学校大観』　　　1938（昭和13）年，欧文社
序
高等学校之部　（学校名略）
高等商業学校之部　（学校名略）
高等工業学校之部　（学校名略）
高等農林学校之部　（学校名略）
医専・歯科医専・薬専之部　（学校名略）

大学予科之部　（学校名略）
陸海軍諸学校之部　（学校名略）
其他諸学校之部（専門学校程度以上…筆
者）（学校名略）
女子諸学校之部　（学校名略）
大学之部　（学校名略）

附録（専門学校入学に関する諸事項等…筆者）　※（それぞれの部に概説と入学競争率一覧が附されている）

【資料5】旺文社『昭和十九年度　全国上級学校綜覧』　1945（昭和20）年2月，旺文社
詔書
青少年学徒ニ賜ハリタル勅語
序［序文］
教育界の回顧
大学之部　（学校名略）
高等学校之部　（学校名略）
経済専門学校之部　（学校名略）
工業専門学校等之部　（学校名略）
農林専門学校之部　（学校名略）
医・歯・薬学専門学校之部　（学校名略）
陸海軍諸学校及び高等海員養成学校之部
（学校名略）
高等師範学校及び教員養成所之部　（学校名略）
一般専門学校之部　（学校名略）
女子専門学校之部　（学校名略）
各種準専門学校之部　（学校名略）
外地諸学校之部　（学校名略）
上級学校受験の心得　（略）
委託生・給費生・育英会　（略）
各種資格検定・採用試験検定概要

【資料6】野口絢齋『官立大学傍系者・独学者入学受験法』　1939（昭和14）年，大明堂書店
改訂版に際して
序
第一編　大学傍系受験予備知識篇
　第一章　大学への発展　（略）
　第二章　大学傍系入学制度概説　（略）
　第三章　各大学傍系入学者募集要項　（略）
　第四章　専攻学科の決定と大学の選択　（略）
　第五章　学費問題に就いて
第二編　大学傍系独学受験準備法指導篇
　第一章　準備法総説　（略）
　第二章　各科準備法　（略）
第三編　大学傍系入学試験問題研究篇
　第一章　各大学出題傾向研究
　第二章　外国語問題出題傾向研究
　第三章　各科答案例と練習問題選集　（略）
第四編　大学傍系独学受験研究篇
　第一章　大学傍系独学受験研究　（略）
　第二章　大学傍系受験対策研究　（略）
附録　官立大学独学者傍系者入学試験問題集
附設　独学者・傍系者諸賢に告ぐ

【資料7】正木昊『上級学校　選定より突破まで』　1930（昭和5）年，木星社書院
序
HASIGAKI
自序
志望選定秘訣五十ヶ条
第一条　熱心と研究心の必要
第二条　永久のXに価値なし
第三条　職業と変人は自ら選べ
第四条　人生に対して積極的であれ
第五条　志望選定に関しては禁欲的であること勿れ
第六条　生活難に非ずして力量難
第七条　自己の天性と社会の需要との調和

I-3 昭和戦前期刊行「進学案内書」主要目次

| | 点 | 第二十九条 | 名人独特の悦び |

第八条　余り大問題より出発すること勿れ　　第三十条　　全然特徴の無い人間
第九条　専門的であれ　　　　　　　　　　　第三十一条　素質と職業
第十条　職業を手段化する勿れ　　　　　　　第三十二条　学者
第十一条　学校の成績に拘泥する勿れ　　　　第三十三条　医師，技師
第十二条　本能的の嗜好を知れ　　　　　　　第三十四条　行政官，司法官，外交官
第十三条　遊んで食つて行かうとする了見　　第三十五条　教育家
第十四条　分に安んずる勿れ　　　　　　　　第三十六条　美術家，音楽家，文芸家
第十五条　家人の無理解に失望するな　　　　第三十七条　宗教家
第十六条　先輩の共通性　　　　　　　　　　第三十八条　記者，弁護士
第十七条　易者人相見は出鱈目　　　　　　　第三十九条　農業者，漁業者
第十八条　短気を起すな　　　　　　　　　　第四十条　　工業家
第十九条　上級学校への迷信　　　　　　　　第四十一条　商人，実業家，運輸業者
第二十条　万人平等の世界に生きよ　　　　　第四十二条　神官，僧侶，牧師
第二十一条　名誉の意義を知れ　　　　　　　第四十三条　歯科医，獣医，薬剤師
第二十二条　天職を持つ者に羨望なし　　　　第四十四条　海外発展と移民
第二十三条　新しき志望の許に新しき職業　　第四十五条　軍人
　　　　　　あり　　　　　　　　　　　　　第四十六条　政治家
第二十四条　修養の力を信ぜよ　　　　　　　第四十七条　楽学生と苦学生
第二十五条　公共心の有無　　　　　　　　　第四十八条　文科，理科，甲乙丙
第二十六条　芸術的衝動に気をつけよ　　　　第四十九条　景気，不景気
第二十七条　見聞を広めよ　　　　　　　　　第五十条　　人生
第二十八条　心の表面と裏面

【資料8】大矢書店編輯部『東京男女中等学校案内』　　　1940（昭和15）年，大矢書店
はしがき　　　　　　　　　　　　　　　　　陸軍諸学校　（学校名略）
新考査法に就て　　　　　　　　　　　　　　男子の各種学校
高等学校尋常科　　　　　　　　　　　　　　学校の特色・教育方針　（略）
中学校　　　　　　　　　　　　　　　　　　高等女学校
夜間中学　　　　　　　　　　　　　　　　　女子職業学校　（学校名略）
商業学校　（学校名略）　　　　　　　　　　夜間高等女学校
工業学校　（学校名略）　　　　　　　　　　学校の特色・教育方針　（略）
師範学校　　　　　　　　　　　　　　　　　新考査方法懇談会
農業学校　　　　　　　　　　　　　　　　　編入学校一覧

【資料9】『（昭和十六年度）東京府内中等学校進学案内』　1941（昭和16）年，教育錬成会
はしがき　　　　　　　　　　　　　　　　　七年制高等学校の部　（学校名略）

官公私立中学校の部　（学校名略）　　農業学校の部　（学校名略）
公私立商業学校の部　（学校名略）　　官公私立高等女学校の部　（学校名略）
公私立工業学校の部　（学校名略）　　女子実業学校の部　（学校名略）

【資料10】谷島正義『学区制実施による東京府中等学校入学案内』

1943（昭和18）年，育成社

はしがき
　学区制について
　大学区制実施による文部省及び東京府学
　　務部通牒
　学区制実施による男女中等学校と適用国
　　民学校一覧
　東京府市立中学校案内
　東京府市立認・指定夜間中学校之部
　東京府市立高等女学校之部
　東京府立認・指定夜間女学校
　私立中学校之部
　認・指定各種学校（昼夜）
　私立高等女学校之部
　認・指定各種学校
　東京府市立男子昼夜間商業学校之部
　私立男子昼夜間商業学校之部
　私立男子夜間商業学校之部
　国民学校高等科修了者及同等以上の資格
　　ある者志願出来る夜間商業学校
　東京府立工業学校之部
　東京府市立昼夜併置工業学校之部
　国民学校高等科修了者及同等以上の資格
　　ある者志願出来る市立工業学校之部
　私立男子昼夜併置工業学校之部
　私立男子職業学校之部
　東京府市立農業学校之部
　私立農業学校之部
　東京府市立女子商業学校之部
　私立女子商業学校之部
　東京府市立女子実業学校之部
　私和（ママ…筆者）女子実業学校之部
　所管外中等学校及之ニ準スベキ校
　東京府師範学校之部

※この後64頁から187頁にわたり各中等の
学校（高等学校常科・中学校・高等女学校・
実業学校）の口頭試問の内容が載された…筆
者

巻末資料　Ⅰ-4　明治・大正・昭和戦前期刊行「苦学案内書」主要目次

【資料1】吉川庄一郎『自立自活東京苦学案内』

1901（明治34）年，保成堂／1902（明治35）年，保成堂

●1901（明治34）年版の目次
序　　　　　　　　　　　遅塚金太郎
第一章　現今学生の状態
第二章　学資は即ち放蕩の資本
第三章　最後の勝利は自活苦学生なり
第四章　苦学の方法
第五章　自活の種類（職業名略）
諸学校入学試験及手続（学校名略）
政治　法律　経済　文学（学校名略）
実業学科（学校名略）
医学（学校名略）
諸学校入学予備之部（学校名略）
雑部（学校名略）
漢学（学校名略）
和学（学校名略）
語学（学校名略）
数学（学校名略）
中学科（学校名略）

●1902（明治35）年版の目次
序　　　　　　　　　　　遅塚金太郎
序　　　　　　　　　　　大谷誠夫
第一章　現今学生の状態
第二章　学資は即ち放蕩の資本
第三章　最後の勝利は自活苦学生なり
第四章　苦学の方法
第五章　携行品の用意
第六章　先哲の苦学経歴
第七章　着京後の準備
第八章　自活の種類（職業名略）
諸学校入学手続（学校名略）
政治　法律　経済　文学（学校名略）
医学（学校名略）
諸学校入学予備之部（学校名略）
理学（学校名略）
漢学（学校名略）
雑部（学校名略）
中学，同程度学校及受験科（学校名略）

【資料2】日本少年会『実行簡易苦学の方法』

1910（明治43）年，三友社

緒言　日本少年同人
序　　　　　　　　　　　増本河南
序　　　　　　　　　　　霞城生
▲苦学生たらんとする者は斯の如き資格を要す
▲現代の成功者は殆ど苦学生なり
▲苦学生たらんとする者は人生の価値を知れ
▲苦学生は天与の賜を独占す
▲斯の如き簡易なる苦学の方法あり
（一）尋常小学校卒業生に適するもの
（二）高等小学校卒業生に適するもの
（三）中学程度のもの
（四）午前学校に通ふもの
（五）午後学校に通ふもの
（六）夜間学校に通ふもの
▲苦学生に適する最も有望の学校
▲一ヶ月幾何の費用を要すか
（一）下宿屋生活
（二）自炊生活
▲最も便利にして親切なる求職機関
（一）雇人口入業
（二）新聞紙の希望広告
（三）工場の掲示広告

▲独学の最良法
(一) 講義録
(二) 図書館
▲官費及貸費の学校
▲誘惑と悪魔の東京
(一) 衛生
(二) 市内の悪魔
(三) 事務員募集の詐欺広告
▲上京の注意
▲苦学成功の実例

(一) 絵葉書を売りつゝ大学を卒業せし者
(二) 新聞配達して医術開業試験に合格せしもの
(三) 独学にて中学校の教員となりし者
(四) 化粧品の行商をなしつゝ中学校に通ふ者

『追補』
▲各種学校及講義案内
▲女子の職業と独立思想

【資料3】森山正雄『苦学生と独学者の為めに　東京自活勉強法』

1925（大正14）年，啓文社書店

序
第一章　独学者と苦学生の為めに
第一節　緒言
第二節　どうすれば成功し得るか
第三節　無学資の青年はこうして進め
第四節　自学勉学青年の登竜門
　　　　専門学校入学資格を得るまで
　　　　―受験資格―試験の学科目と
　　　　其の程度
第五節　専門学校入学資格検定試験問題
第六節　各科独学勉学法
第七節　編入試験と其の学校
第八節　専検の改正と独学者の福音
　　　　大福音の改正―改正専検の三
　　　　要点―高等試験との流用
第九節　夜間中学（商業，工業）其他学
　　　　校と夜間大学
第十節　官費諸学校一覧
第十一節　一年志願兵と入営延期
第二章　東京の諸学校
第一節　目的と学校の選択
第二節　予備校
第三節　独学でも学士になれる
第四節　高等試験（高級官吏となる方法）
第五節　着京直後の身のふり方
第六節　安価生活法
第七節　区役所の所在地
第八節　職業紹介所
第九節　図書館の利用と所在地
第三章　成功法
第一節　官吏の部
　　　　勅任文官の資格と要件―文官
　　　　高等試験―文官高等試験問題
　　　　―特殊高等文官
第二節　会社員成功法
第三節　技術員成功法
　　　　（略）
第四節　新聞記者成功法
　　　　（略）
第五節　文学者芸術家としての立身法
　　　　（略）
第六節　医師，弁護士，歯科薬剤師成功法
第四章　自活勉学法
第一節　巡査
第二節　看守
第三節　各官庁雇員
第四節　市役所吏員並に雇員

Ⅰ-4 明治・大正・昭和戦前期刊行「苦学案内書」主要目次　397

第五節　通信事務員	教授の書生―書生としての注
（略）	意―給料其の他
第六節　給仕	第十一節　新聞配達
（略）	第十二節　露天商人
第七節　車夫	第十三節　勧誘員，外交員，販売員
第八節　小荷物配達	第十四節　学生八百屋
第九節　筆耕	第十五節　鶏卵商
第十節　書生	第十六節　自活方法に就いて
華族の書生―弁護士の書生―	第五章　独学苦学成功談
医師の書生―文学者の書生―	第一節　二ヶ年の独学で高校に入る迄
画家の書生―実業家の書生―	第二節　十二円の小学校代用教員から

【資料4】箕輪香村『全国官費・公費・貸費学校入学指針』『男女東京遊学指針　苦学と就職の秘訣』の目次比較

1928（昭和3）年，文憲堂書店／1941（昭和16）年，文憲堂書店

1928（昭和3）年本の目次（目次と本文の節立てが違っているので基本的には本文のそれによって作成した）	1941（昭和16）年本の目次	
（序文）	緒言	三，生活編
緒言	一，序編	苦学生の生活法
一，入学希望者への一般注意	運命の開拓	下宿生活
一つの進路	苦学は出来る	間借生活
官費公費貸費の区別	苦学成功の現代名	自炊生活
学費支給の程度	士	雑費，学費
義務について	貫徹心	一ヶ月の生計費
入学資格について	堅忍不抜の精神	簡易宿泊所
学歴資格を得る方法	忍耐心	四，職業編
卒業後の特典	苦学者の資格条件	職業の選択
二，官費公費貸費学校総覧	苦学と年齢	就職上の注意
（イ）教員養成の学校	二，準備編	職業紹介所
▽中等教員養成の部	苦学は東京に限る	求職上の注意
▽小学教員養成の部	東京裏面の姿	勤務上の注意
▽植民地教員養成所	軽挙妄動を慎しめ	先輩を重んぜよ
（ロ）陸海軍人養成の学校	上京に際しての注	給料の契約
（ハ）官吏養成の学校	意	苦学生の職業（書
（ニ）技能官技術者養成の学校	着京当初の心得	生・銀行会社商会等
（ホ）船員養成の学校	宿所について	の雇員・諸官庁役員
	苦学生活中の注意	の雇員・給仕・店
	市内図書館案内	員・局員・外交員，

（ヘ）実業家養成の学校
　　（ト）その他
　　授業料不要の学校
　◇附録
　全国育英事業団体一覧
三，各学校最近入学試験問題集

外務員・筆耕生・家庭教師・教員・巡査・新聞配達・新聞社発送係・雑誌社の発送係・牛乳配達・自動車運転手・販売員・職工・学僕・独立営業）
　五，学校編
　　学校選択上の注意
　　小学より大学迄の進路
　　大学選科入学
　　大学聴講生
　　大学専門部特科入学
　　予備学校
　　上級学校入学資格を得る便法
　　中学校編入学
　　夜間甲種実業学校入学と編入
　　夜間中学校（ママ）
　　東京所在中学校一覧
　六，東京諸学校総覧
　（一，大学・二，大学専門部・三，専門学校・四，高等学校・五，教員養成の

学校・六，陸海軍学校・七，各種講習所・八，美術，音楽学校・九，宗教の諸学校・十，予備学校，十一，外国語の学校・十二，数学の学校・十三，商業学校・十四，実業学校・十五，商工学校・十六，工業学校・十七，簿記学校・十八，タイピスト学校・十九，農業，獣医学校・二十，貿易学校・二十一，鉄道，飛行，自動車学校・二十二，其他の諸学校）
　七，苦学体験記
　・苦学奮闘大学までの私の道程
　・我が苦学奮闘の記録
　・苦学一貫大学卒業記録
　・余が上京苦学の体験記
　・東京苦学生の生活振
女子編（割愛）

II 明治・大正・昭和戦前期刊行「進学案内書」「苦学案内書」文献目録

巻末資料 II—1 凡例

① 1883（明治16）年11月から1945（昭和20）年2月までの「進学案内書」「苦学案内書」を時系列に収録した目録である。

② この目録の作成に当たっては以下の書誌を検索した。

　国立教育研究所編『明治以降教育文献総合目録』、国立国会図書館編『国立国会図書館明治期刊行図書目録教育の部』、『帝国図書館和漢図書書名目録明治大正編』、『明治三十七年十一月山口県立図書館和漢図書分類目録』、『明治四十三年六月印行山口図書館和漢書図書目録（明治四十二年十二月末現在）』、『山口図書館和漢書籍分類目録（大正五年末現在）附大正六七年中追加』、財団法人大橋図書館（代表者主事、坪谷善四郎）編『明治四十年六月印行財団法人大橋図書館和漢書分類目録』、『京都図書館分類書目録和漢部（明治四十二年十二月現在)』、『明治四十三年十月印行私立成田山図書館和漢書分類目録（第一編）』、『大正三年四月印行私立成田山図書館和漢書分類目録（第二編）』、『大正七年四月末現在長崎県立長崎図書館和漢図書目録』、東京都立中央図書館編『東京都立中央図書館蔵東京関係図書目録』、東京都中央区立京橋図書館編『東京都中央区立京橋図書館蔵戦前図書目録―明治―昭和20（1945）和漢図書（一般、児童）・洋書―』、大阪府立図書館編『蔵書目録和漢書第3巻』、早稲田大学図書館編『早稲田大学図書館和漢図書分類目録教育の部1』等。

③ 以下の大学図書館・公共図書館・私設図書館等の調査を行った。

　国立国会図書館、高崎商科大学教育情報室ほか、小樽商科大学図書館、東京大学教育学部図書室、京都大学図書館、一橋大学図書館、和歌山大学図書館、静岡大学図書館、東京女子大学図書館、早稲田大学図書館、慶応義塾大学図書館、立教大学図書館、財団法人三康文化研究所附属三康図書館、成田山文化財付属成田山仏教図書館、山口県立図書館、新潟県立図書館、日本近代文学館、東京大学大学史資料室、東京都立中央図書館、東京都中央区立京橋図書館、大阪府立中之島図書館、国立教育研究所附属図書館、国立教育政策研究センター図書館、（財）日本私学教育研究所図書館等の各蔵書を検索した。

④ 国立国会図書館所蔵検索システム（NRL-OPAC）、各大学のOPAC、国立情報学研究所綜合目録データベース（NACSIS webcat）を検索した。

⑤ 各年度の『出版年鑑』と朝倉治彦監修『日本書籍分類総目録』（全40巻、日本図書センター刊、1985～88年）を利用し調査した。

⑥ このような調査に基き、本目録には編（著）者・書名・発行所・発行年月・頁数・備考・定価という項目を設置した。表記は原則として奥付に拠った。奥付のないものについては、表紙・中表紙の情報を記載した。記載のないものは空欄としたが、定価のみに不明あるいは調査中の文字を記入した。

⑦備考は附録部分がある案内書については,附録の表題を備考欄に記載した。その際,原資料において「附録」「付録」「付」とされているものであっても,一律に「附録」とした。ただし附録の表題については,原資料を再現し,漢数字などをそのまま用いた。また,附録部分の頁数が明らかになっているものについては頁数の欄に併記した。版数は算用数字とした。研究の過程で現物を手にし得た資料については,初版本に則るのではなく,資料そのものの発行年月に拠った。また備考欄に初版,第2版などの版数を記載するように心がけた。版数については,アラビア数字を一律に使用した。

⑧この文献目録では『中学世界』・『少年世界』(共に博文館刊)等の青少年向け雑誌メディアや『受験と学生』(研究社刊)等の受験雑誌等に掲載された「案内書」の広告記事と例えば『早稲田大学案内』等の各個別学校の入学案内・一覧・手引き・心得・栞等を省いた。さらには「受験案内書」群は省いたが,「入学受験案内」とタイトルに表記されているものは収録した。ただし軍関係学校ものは個別学校のものを掲載した。

⑨付記として,この目録には,筆者の力不足のため数多くの遺漏と誤謬を含んでいるのではないかと懼れている。より十分な目録作成を今後は重ねていかなければならないと考えている。大方のご叱正とご教示とをお願いする次第である。

巻末資料 Ⅱ-2 明治期刊行「進学案内書」文献目録―1883～1912（明治16～45）年―

No.	編(著)者	書名	発行所	発行年月	備考	定価
1	小田勝太郎	東京諸学校学則一覧	英蘭堂	1883（明治16）年11月		60銭
2	下村泰大	東京留学案内 完	和田篤太郎	1885（明治18）年7月		20銭
3	下村泰大・和田民之助（補）	増補 東京留学案内	春陽堂	1885（明治18）年10月	増補再版、1885（明治18）年5月初版	38銭
4	木當安四郎	地方生指針	嵩山房	1887（明治20）年6月		30銭
5	久野金治郎	官立私立東京諸学校一覧	伊藤誠之堂	1888（明治21）年2月	附録：入学試験科目及校則	35銭
6	木當安四郎	地方生指針	嵩山房	1888（明治21）年6月	第2版	不明
7	江木巧	大阪学校便覧	江木巧	1888（明治21）年9月		6銭
8	児玉又七	明治二十二年改正新版 官公私立東京諸学校一覧	児玉又七	1889（明治22）年1月		不明
9	山本謙次郎	官立私立諸学校規則総覧	日本法律社	1889（明治22）年6月		不明
10	興文社	東京留学指針	興文社	1889（明治22）年12月	附録：普通文官試験問題、高等試験問題	20銭
11	棚信一郎	明治廿三年東京留学案内	少年園	1890（明治23）年8月	明治23年	30銭
12	岩崎鐵次郎	遊学者必携 東京諸学校攷圍集	成文館	1890（明治23）年10月		不明
13	黒川安治	東京遊学案内	少年園	1891（明治24）年7月	明治24年	30銭
14	園田三郎	官私立大学校案内	文学館	1891（明治24）年11月	附録：明治二十四年諸官立大学校入学試験問題及文部省教員検定試験問題集	10銭
15	黒川安治	東京遊学案内	少年園	1892（明治25）年7月	明治25年、附録：各書籍館一覧	36銭
16	黒川隆一	東京遊学案内	少年園	1893（明治26）年7月	明治26年、附録：官省検定試験問	36銭
17	須永金三郎	明治廿六年 東京修学案内	東京堂	1893（明治26）年7月	附録：海軍兵学校入学試験例題、陸軍一年志願兵術試験問題	25銭

	著者	書名	出版社	出版年	出版月	附録・備考	価格
18	黒川俊隆	東京遊学案内	少年園	1894（明治27）	年7月	附録：官省検定試問	25銭
19	黒川俊隆	東京遊学案内	少年園	1895（明治28）	年1月	訂正再版、附録：各書籍館規則	25銭
20	廣原新	改正 官立公立及ビ私立諸学校規則集	廣原新	1895（明治28）	年4月		不明
21	黒川俊隆	東京遊学案内	少年園	1895（明治28）	年5月	第3版	調査中
22	黒川俊隆	東京遊学案内	少年園	1896（明治29）	年1月	訂正第9版、附録：各書籍館規則	25銭
23	黒川俊隆	東京遊学案内	少年園	1896（明治29）	年5月	改正第10版	30銭
24	大橋又四郎	東京遊学案内	少年園	1897（明治30）	年1月	第11版	30銭
25	大門鐵太郎	官立公立及ビ私立諸学校規則集	旭昇堂	1897（明治30）	年1月		15銭
26	嵯峨彦太郎	東京諸学校入学便覧	嵯峨彦太郎	1897（明治30）	年4月		18銭
27	大橋又四郎	東京遊学案内	少年園	1897（明治30）	年7月	第12版 附録：各図書館	30銭
28	安田太助	蚕業学校案内	丸山舎	1897（明治30）	年8月	附録：蚕種検査法同随行規則	18銭
29	嵯峨彦太郎	東京諸学校入学便覧	嵯峨彦太郎	1897（明治30）	年12月	訂正増補2版	18銭
30	長井庄吉	東京入学便覧	上田屋	1898（明治31）	年1月	4版、1897（明治30）年4月初版、標題紙に諸学校規則集改正とあり、附録：学科過程表	18銭
31	大橋又四郎	東京遊学案内	少年園	1898（明治31）	年1月	改正増補第13版	上篇：15銭 中篇：20銭 下篇：15銭
32	松木亀造	官公私立諸学校要覧	修学館	1898（明治31）	年3月		35銭
33	大橋又四郎	東京遊学案内	少年園	1898（明治31）	年7月	第13版、附録：各図書館、1890（明治23）年8月初版、版権所有（毎年二回改正 遊学者の指針、全三冊上編 表紙、中篇 各学校の規則、下篇 入学試験問題）	上篇：15銭 中篇：20銭 下篇：15銭

II-2 明治期刊行「進学案内書」文献目録

No.	著者	書名	出版社	年月	備考	価格
34	大橋又四郎	東京遊学案内	少年園	1899 (明治32) 年3月	訂正第14版	40銭
35	松本亀吉	明治三十二年新刊遊学案内	修学堂	1899 (明治32) 年1月	附録：試験問題集	35銭
36	博文館編輯局 (内山正如)	就学案内	博文館	1899 (明治32) 年4月	日用百科全書第37編	20銭
37	大橋又四郎	東京遊学案内	少年園	1900 (明治33) 年4月	訂正第15版	30銭
38	研玉社	新編 日本遊学案内	尾白志屋書店	1900 (明治33) 年10月		不明
39	光井深	学生自活法	大学館	1900 (明治33) 年11月	附録：東京諸学校入学試験及同入学試験問題	25銭
40	吉川庄一郎	自立自活 東京苦学案内	保成堂	1901 (明治34) 年3月	附録：諸学校入学試験及手続	28銭
41	三好仲雄	東京就学案内	四海堂	1901 (明治34) 年5月		20銭
42	博文館編輯局	就学案内	博文館	1901 (明治34) 年5月	5版	25銭
43	小野磯次郎	全国高等学校規則便覧	丸善	1901 (明治34) 年6月		不明
44	秋山鎌吉	留学の栞 一名 下宿屋案内	留学の栞板事務所	1901 (明治34) 年8月		不明
45	柳内蝦洲	東都と学生	新声社	1901 (明治34) 年10月	学生叢書第2編 附録：東京学校一覧	18銭
46	鈴木絹一	東京女子遊学案内	積文社	1901 (明治34) 年10月		不明
47	柳内蝦洲	学生と自活	新声社	1901 (明治34) 年10月	学生叢書第3編	18銭
48	佐藤儀助	貧児成功談	新声社	1901 (明治34) 年11月	学生叢書号外	20銭
49	柳内蝦洲	学生の将来	新声社	1901 (明治34) 年12月	学生叢書第5編	18銭
50	松本亀蔵	立志成業 東京修学案内	修学堂	1902 (明治35) 年1月	附録：諸官立学校入学試験問題集	40銭
51	西原實光	近畿遊学便覧 大阪之部	近畿遊学便覧発行所	1902 (明治35) 年1月		不明
52	村上逸進	京都修学案内	山中勘次郎・中澤達吉	1902 (明治35) 年2月		不明
53	木下祥真	東京遊学案内	内外出版協会	1902 (明治35) 年3月	改正増補第17版	15銭

No.	著者	書名	出版社	出版年月	備考	価格
54	佐久間恵美	京都遊学案内	中西印刷合名会社	1902（明治35）年6月		15銭
55	帝国青年議会 秋廣秋郊	実験 東京苦学遊学手続	博報堂	1902（明治35）年9月		30銭
56	鮫龍子	男女東京苦学校案内	大学館	1902（明治35）年9月		25銭
57	黒堤隠士	博士苦学談	大学館	1902（明治35）年9月		25銭
58	吉川庄一郎	自立自活東京苦学案内	保成堂	1902（明治35）年11月	増補訂正8版、1901（明治34）年3月初版、増補再版1901（明治34）年4月、3版1901（明治34）年6月、4版1901（明治34）年9月、5版1901（明治34）年10月、6版1902（明治35）年2月、7版1902（明治35）年5月、附録：官立諸学校入学試験問題集・私立学校入学手続	30銭
59	緒方流水	学生自活法	金港堂	1903（明治36）年1月		18銭
60	山徳正之輔	最近東京遊学案内	明進堂	1903（明治36）年2月	附録：東京全図挿入諸官立学校入学試験問題集	35銭
61	木下祥眞	東京遊学案内	内外出版協会	1903（明治36）年3月	改正増補第18版、附録：図書館	35銭
62	徳田紫水	独立自活 実験苦学案内	矢島誠進堂	1903（明治36）年5月		判読不能
63	松原岩五郎	女学生の栞	博文館	1903（明治36）年6月		35銭
64	苦学子	自活苦学生	大学館	1903（明治36）年7月		25銭
65	袒水散史	青年成功策	青木嵩山堂	1903（明治36）年9月	附録：東都遊学心得	30銭
66	吉川庄一郎	成功秘訣 諸学校官費入学案内	保成堂	1903（明治36）年11月	附録：諸学校入学試験問題	不明
67	三好直蔵	明治三十七年改正 最近東京遊学案内	東華堂書店	1904（明治37）年3月	再版、初版1904（明治37）年2月	45銭

II-2 明治期刊行「進学案内書」文献目録　405

No.	著者	書名	出版社	出版年	備考	価格
68	宮崎来城	名流苦学談	大学館	1904（明治37）年3月		15銭
69	藤本西洲・秋廣秋郊	海外苦学案内	博報堂	1904（明治37）年3月		30銭
70	苦学社	苦学の伴侶	日高有隣堂	1904（明治37）年4月		30銭
71	上村貞子	官公私立諸学校 改訂就学案内	博文館	1904（明治37）年7月	日用百科全書第37編	25銭
72	吉川庄一郎	成功秘訣 諸学校官費入学案内	保成堂	1904（明治37）年8月	第9版（1903（明治36）年11月初版），再版1903（明治36）年12月，第3版1904（明治37）年3月，第4版1904（明治37）年4月，第5版1904（明治37）年4月，第6版1904（明治37）年5月，第7版1904（明治37）年7月，第8版1904（明治37）年8月，附録：官立諸学校入学試験問題	27銭
73	森泉南	東京自活苦学案内	東華堂	1904（明治37）年12月		30銭
74	酒井勉	男女東京遊学案内	修学堂	1904（明治37）年	2月4日訂正再版	50銭
75	酒井勉	明治三十八年度 男女東京遊学案内	修学堂書店	1905（明治38）年1月		50銭
76	受験学会	明治三十八年度 最近東京遊学案内	東華堂	1905（明治38）年1月	附録：各種学校入学参考書	45銭
77	吉田楚蔵	中学小学卒業生志望確立 学問之選定	保成堂	1905（明治38）年2月	附録：官学私学の優劣	40銭
78	原田東風	男女東京遊学案内	大学館	1905（明治38）年3月	附録：参考書及入学試験問題	30銭
79	山徳貫之輔	受験必携 陸海軍志願者案内	大学館	1905（明治38）年4月	改正増補第20版	25銭
80	木下諄眞	東京遊学案内	内外出版協会	1905（明治38）年5月		不明
81	吉田楚蔵	青年之成功各種実業学校教示	保成堂	1905（明治38）年6月	附録：各種実業界立身案内	35銭

No.	著者	書名	出版社	年	備考	価格
82	齋藤與七郎	苦学成功宮城時雨郎	明治図書	1905（明治38）年8月		15錢
83	大月久子	新選東京女子遊学案内	文学同志会	1905（明治38）年9月		30錢
84	吉田建蔵	中学小学案生志望確立学問之選定	保成堂	1905（明治38）年10月	第5版, 2版 1905（明治38）年3月, 3版 1905（明治38）年4月, 4版 1905（明治38）年9月. 附録：官学私学の優劣	35錢
85	吉川庄一郎	成功秘訣 諸学校官費貸費入学案内	保成堂	1905（明治38）年	附録：官立諸学校入学試験問題集	不明
86	酒井勉	明治三十九年度 男女東京苦学遊学案内	修学堂	1906（明治39）年1月		50錢
87	受験学会	明治三十九年改正 最近東京遊学案内	東華堂	1906（明治39）年1月		50錢
88	臼田卯一郎	最近学校評論	秋錦館	1906（明治39）年2月		40錢
89	萩野鳳州	明治三十九年度 男女京都修学案内	中華明盛堂	1906（明治39）年2月	附録：入学試験問題集	30錢
90	小西乙吉	立身要訣 官費陸海軍将校志願者案内 籍部	三八光商会書	1906（明治39）年4月	附録：一年志願兵六週間兵心得	不明
91	菅原臥龍	新撰 女子就学案内	便利堂	1906（明治39）年4月		20錢
92	柳内觀洲	学生の将来	文学同志会	1906（明治39）年4月	附録：名家譚叢	20錢
93	河野亀治	学界之先蹤 青年修学指針	博文館	1906（明治39）年6月		60錢
94	星野すみれ	現代女学生宝鑑	益世堂書店	1906（明治39）年7月		35錢
95	中村千代松	実地精査 女子遊学便覧	東京堂書店	1906（明治39）年8月		30錢
96	中島優二	官立学校入学秘訣 一名 受験者必携	女子文壇社	1906（明治39）年9月		25錢
97	佐藤青袗	学生の前途	実業之日本社	1906（明治39）年9月		35錢

Ⅱ-2 明治期刊行「進学案内書」文献目録

	著者	書名	出版社	出版年	備考	価格
98	河村繁山	最新大阪遊学案内	野島明文堂	1906（明治39）年10月	附録：大学試験問題、大阪市全図	不明
99	酒井勉	男女東京遊学案内	修学堂書店	1907（明治40）年1月		不明
100	酒井勉	東京苦学案内	修学堂書店	1907（明治40）年1月		30銭
101	受験学会	明治四十年改正最近東京遊学案内	東華堂	1907（明治40）年1月		50銭
102	高柳淳之助	小学校卒業立身案内	育英書院	1907（明治40）年4月		不明
103	世外生	明治四十年六月改正全国直轄学校入学案内	大学館	1907（明治40）年6月		15銭
104	白眼子	学生自活苦学行商案内	大学館	1907（明治40）年10月	附録：行商経験談	20銭
105	高柳淳之助	小学校卒業立身案内	育英書院	1907（明治40）年11月	増訂第6版、初版1907（明治40）年4月	25銭
106	酒井勉	男女東京遊学案内	修学堂	1908（明治41）年1月		不明
107	田山停雲	東京修学案内	井上一書堂	1908（明治41）年2月	第3版、1908（明治41）年2月、初版、第2版1908（明治41）年2月	45銭
108	高橋郁素武	全国学校案内	内外出版協会	1908（明治41）年3月		50銭
109	受験学会	明治四十一年改正最近東京遊学案内	東華堂書店	1908（明治41）年5月	附録：各種学校入学参考書	50銭
110	高橋郁素武	全国学校案内	内外出版協会	1909（明治42）年1月		50銭
111	太田英隆	男女学校評判記	明治教育会	1909（明治42）年2月		50銭
112	村尾章代治	青年自立案内 大阪ノ部	大阪図書出版協会	1909（明治42）年2月		30銭
113	河岡潮風	東都游学校評判記	博文館	1909（明治42）年3月		45銭
114	今井翠巌	最近課査男子東京遊学案内	博文館	1909（明治42）年3月		50銭
115	大日本国民中学会	学生立身要鑑	東京国民書院	1909（明治42）年3月		1円20銭
116	酒井勉	最近課査男女東京遊学案内	修学堂書店	1909（明治42）年5月		50銭

117	篠原静文	独立自活 東京苦学の栞	山岡商会出版部	1909（明治42）年8月		30銭
118	酒巻源太郎	東京苦学成功案内	帝国少年会出版部	1909（明治42）年9月		25銭
119	渡邊光風	立志之東京	博報堂	1909（明治42）年10月		35銭
120	洞口北涯	中学卒業者成効案内	海文社	1909（明治42）年12月		30銭
121	精華堂	三府遊学案内	精華堂	1909（明治42）年	3月1日新版	50銭
122	受験学会	最近東京遊学案内	東華堂	1909（明治42）年		不明
123	高柳曲水	小学校卒業立身案内	学友社	1910（明治43）年2月		不明
124	岡本学	修学便覧	文成社	1910（明治43）年3月	増補2版	45銭
125	酒井勉	最新調査 東京遊学案内	修学堂書店	1910（明治43）年4月		50銭
126	学校新聞社編集部	帝国学校名鑑	学校新聞社出版部	1910（明治43）年4月	附録：各学校令	2円
127	青年教育会	最新調査 男女東京遊学案内	博愛館	1910（明治43）年4月		55銭
128	日本少年会 笹井利三郎	実行簡易苦学の方法	三友社	1910（明治43）年4月		30銭
129	永田兵淵	苦学力行の人	富田文陽堂	1910（明治43）年5月	修養叢書第2編	50銭
130	今井淳	最近調査 女子東京遊学案内	博文館	1910（明治43）年9月	附録：東京実測明細地図	58銭
131	斎藤留吉	小学卒業苦学成功就職手続立身案内	成功社	1910（明治43）年10月		25銭
132	今井淳	最近増訂 男子東京遊学案内	博文館	1910（明治43）年11月	増補再版、1909（明治42）年3月初版	75銭
133	成文社編輯部	官費校入学案内	盛文社	1910（明治43）年11月		25銭
134	受験学会	明治四十四年改正 最近東京遊学案内	東華堂書店	1911（明治44）年2月		50銭
135	嶌貫兵太夫	新苦学法	警醒社書店	1911（明治44）年3月		40銭
136	内外出版協会	最新全国学校案内	内外出版協会	1911（明治44）年4月		50銭

Ⅱ-2 明治期刊行「進学案内書」文献目録

137	学芸普及社立志就学顧問部	男女立志之羅針盤 東京就学万来	学芸普及社出版部	1911（明治44）年5月		50銭
138	苦学研究会	新苦学職業学校案内	弘文堂	1911（明治44）年5月		判読不能
139	相良忠道	学生の進路	昭文堂	1911（明治44）年6月	附録：諸学校の案内	85銭
140	学芸普及社立志就学顧問部	男女立志之羅針盤 東京就学万来	学芸普及社出版部	1911（明治44）年7月		不明
141	形影生	米国苦学実記	内外出版協会	1911（明治44）年7月		50銭
142	岩崎徂堂	最新 男女東京修学案内	大学館	1911（明治44）年9月		40銭
143	岡本淡山（正一）	実地貝京苦学案内	学靜舎	1911（明治44）年9月		25銭
144	今井淳	最新増訂 男子東京遊学案内	博文館	1911（明治44）年12月	増訂4版、附録：東京実測明細図	不明
145	榛原清治	陸海軍諸学校官費入学案内	三洋堂	1912（明治45）年2月		26銭
146	博文館編輯所	男女全国遊学案内	博文館	1912（明治45）年4月		65銭
147	鈴木明	苦学奮闘録	民友社出版部	1912（明治45）年4月		65銭
148	佐藤正	中学を出でゝ如何に進むべきか	大成社	1912（明治45）年5月		55銭
149	出口鏡	全国高等学校評判記	敬学館	1912（明治45）年6月		60銭

410　Ⅱ　明治・大正・昭和戦前期刊行「進学案内書」「苦学案内書」文献目録

巻末資料　Ⅱ-3　大正期刊行「進学案内書」文献目録—1913〜26（大正2〜15）年—

No.	編（著）者	書名	発行所	発行年月日	備考	定価
1	三友社編輯部	東京府中学校程度男女入学案内	三友社書店	1913（大正2）年2月		25銭
2	東華堂編輯部	最近東京遊学案内	東華堂	1913（大正2）年3月	3版、1913（大正2）年1月初版、2月再版	50銭
3	伊藤忍軒	入学試験独学成功法	光文社	1913（大正2）年10月		35銭
4	立志期成学会　日野初蔵	官公私立自費貸費入学案内	東江堂書店	1913（大正2）年10月		25銭
5	帝国教育会	東京遊学案内	大洋堂書店	1913（大正2）年10月	附録：官立学校入学試験問題	50銭
6	富屋翠軒	東京苦学立身案内	魁進堂	1913（大正2）年11月		25銭
7	帝国青年指導会　荻野忠二郎	官費貸費入学案内	明進堂書店	1913（大正2）年12月		26銭
8	足利暁江	最新資料　東都遊学就職案内	神田書房	1913（大正2）年		不明
9	中村柳葉	東京遊学成功法	東盛堂書店	1913（大正2）年	附録：東京学校案内	30銭
10	安蒜商店出版部　安蒜龍雄	各種学校入学案内	安蒜商店出版部	1914（大正3）年1月		35銭
11	枯水	東京遊学成功法	博文社	1914（大正3）年2月		不明
12	東華堂編集部	最近東京遊学案内	東華堂書店	1914（大正3）年4月	再版、1914（大正3）年3月初版	50銭
13	実業之日本社	中学卒業就学顧問	実業之日本社	1914（大正3）年4月	4月20日新版	45銭
14	川西房治郎	最近調査　男女東京遊学案内	修学堂書店	1914（大正3）年7月		不明
15	実業之日本社	中学卒業就学顧問	実業之日本社	1914（大正3）年11月	11月20日訂正3版	45銭
16	長坂金雄	全国学校沿革史	東都通信社	1914（大正3）年11月		7円
17	東京実業研究会　会長　田中佐七雄	東京苦学成功法	大成社	1915（大正4）年4月		35銭

II-3 大正期刊行「進学案内書」文献目録

No	著者	書名	発行所	発行年月	備考	価格
18	木仙居士 柘合仙太郎	苦学奮闘 我修養	求光閣書店	1915（大正4）年5月		20銭
19	帝国教育会	大正五年度 東京遊学案内	大洋堂書店	1915（大正4）年9月		50銭
20	南総堂編輯部編	東京最近苦学法	南総堂書店	1915（大正4）年10月		25銭
21	集文館編輯部編	大正五年版 新撰東京遊学案内	集文館	1916（大正5）年5月	附録：東京市全図	20銭
22	東華堂編輯部編	最近東京遊学案内	東華堂書店	1916（大正5）年5月	再版, 1916（大正5）年4月初版	50銭
23	深海豊二	立志成功苦学の裏面	須原啓興社	1916（大正5）年10月		38銭
24	東華堂編輯部編	最近東京遊学案内	東華堂書店	1917（大正6）年2月		50銭
25	松尾正直	苦学十年	国民書院	1917（大正6）年2月		35銭
26	帝国教育会	教育年鑑	冨山房	1917（大正6）年2月		48銭
27	小林角馬	立志向上 中等学校卒業生の進路	積文館	1917（大正6）年3月		80銭
28	国民教育会	最近東京遊学の友	上田屋書店	1917（大正6）年4月		40銭
29	野木愛太郎	苦学と就職思いのまゝ	東京生活堂	1917（大正6）年5月		30銭
30	出口鏡	最新式入学案内	米山堂	1917（大正6）年10月		65銭
31	松尾正直	苦学実験物語	大文館	1917（大正6）年11月		80銭
32	伊藤佐太郎	苦学志望者及父兄に	ルーテール社	1917（大正6）年		25銭
33	東華堂編輯部編	大正七年改正 最近東京遊学案内	東華堂書店	1918（大正7）年1月		55銭
34	帝国教育会	学生年鑑	冨山房	1918（大正7）年2月		55銭
35	帝国教育会	教育年鑑	冨山房	1918（大正7）年3月		65銭
36	葛岡敏	中学より大学卒業まで	国民書院	1918（大正7）年4月		45銭
37	藤田秀雄	苦学実験引 地方青年引 苦学成功策	大盛堂書店	1918（大正7）年10月	9版, 1914（大正3）年10月初版	35銭
38	大田英隆	大学選定 男女東京遊学案内と学校の評判	二松堂書店	1918（大正7）年12月		1円30銭

№	著者	書名	出版社	発行年月	備考	価格
39	森泉南	東京自活苦学案内	東華堂書店	1918（大正7）年12月		30銭
40	帝国教育会	大正七年度調 東京遊学案内	大洋堂書店	1918（大正7）年	附録：入学試験問題	55銭
41	東華堂編輯部	大正八年改正 東京諸学校案内	東華堂書店	1919（大正8）年2月		60銭
42	帝国教育会	教育年鑑	冨山房	1919（大正8）年4月		80銭
43	東華堂編輯部	大正九年改正 最近東京諸学校案内	東華堂書店	1919（大正8）年5月	5版, 1919（大正8）年1月初版, 再版1919（大正8）年2月, 訂正3版1919（大正8）年3月, 訂正4版1919（大正8）年4月	70銭
44	帝国教育会	教育年鑑	南北社	1920（大正9）年6月		2円50銭
45	香村学人	苦学力行と独立自営	松陽堂書店	1921（大正10）年1月		50銭
46	村田勤	帝都中学入学の栞	有朋堂書店	1921（大正10）年2月	附録：入学後本人の勉強法と家庭の注意／現在公私立中学校・名称・校長・位置	1円
47	大生川志郎	最新東京苦学案内	教成社	1921（大正10）年3月		1円
48	帝国教育会	大正十年版 教育年鑑	大日本文華株式会社出版部	1921（大正10）年8月	3版	1円90銭
49	芳進堂編輯部	大正十年版 最新東京諸学校案内	武田芳進堂	1921（大正10）年9月		90銭
50	出口競	東京の苦学生	大明堂書店	1921（大正10）年10月		1円
51	服部英雄	学校案内 高等専門学校志望の諸君へ	弘道閣	1921（大正10）年11月	訂正改版, 1921（大正10）年2月初版	1円20銭
52	三浦藤作	大正十二年版 教育年鑑	文化書房	1921（大正10）年11月		1円90銭
53	大生川志郎	最新東京夜学校案内	教成社	1921（大正10）年		60銭
54	東華堂編輯部	最近東京苦学校案内	東華堂書店	1922（大正11）年2月		85銭
55	出口競	大正十一年版 東京遊学案内	大明堂書店	1922（大正11）年4月	附録：自活勉学法	1円
56	岩本光良	東京苦学成功案内	虹文社	1922（大正11）年4月		1円50銭

II-3 大正期刊行「進学案内書」文献目録

No.	著者	タイトル	出版社	年	備考	価格
57	福井文雄	東都に於ける苦学の実際	受験界社	1922（大正11）年6月		75銭
58	小野寺秀男	東京苦学立身案内	秀興社	1922（大正11）年6月	3版、1921（大正10）年8月初版	不明
59	京都教育社	一読瞭然 京都遊学校案内	文港書店	1922（大正11）年10月		80銭
60	京都教育社	一読瞭然 京都遊学校案内	文港書店	1922（大正11）年11月	再版	80銭
61	出口競	大正十二年版 一目瞭然 員労遊学学校案内	大明堂書店	1922（大正11）年		1円
62	小山文太郎	男女学生の向ふべき職業と学校の選定	培風館	1923（大正12）年2月	附録：高等専門学校一覧表、諸学校令・規程・心得	1円50銭
63	金子出版部	大正十二年版 最新調査 東京学校案内	金子出版社	1923（大正12）年2月		70銭
64	鎌田長江	現代立身策と苦学案内	博信舎	1923（大正12）年3月	附録：利殖研究	75銭
65		東京学校一覧表	帝国学芸通信社調	1923（大正12）年3月		不明
66	相澤秋月	実行の苦学	相澤秋月	1923（大正12）年5月		60銭
67	中原隆三	東京各学校内情調べ 修学案内	二松堂	1923（大正12）年		1円
68	出口競	東京の苦学生	大明堂書店	1924（大正13）年1月	復興8版	1円
69	出口競	大正十三年版 一目瞭然 東京遊学学校案内	大明堂書店	1924（大正13）年3月	文部省通俗図書御認定、附録：東京学校総覧・東京学校所在地図	1円
70	森山正雄	震災後の東京学校遊学案内	啓文社	1924（大正13）年3月	附録：苦学生と其就職案内	1円
71	高木克	帝国大学大学受験提要	文信社	1924（大正13）年10月	6版、附録：入学試験問題集	90銭
72	出口競	高等学校入学の研究	実業之日本社	1924（大正13）年12月		1円50銭
73	中原隆三	大正十四年度用 入学試験必勝入 東京遊学苦学案内	日刊第三通信社	1924（大正13）年12月	附録：苦学成功の要諦	2円50銭

No.	著者	書名	出版社	発行年月	備考	価格
74	田村初	大正十四年度 高等学校各種専門学校 入学受験案内	文久社	1924（大正13）年		1円30銭
75	芳進堂編輯部	最新東京学校案内	武田芳進堂	1924（大正13）年	国立国会図書館行方不明本	不明
76	治外山人	苦学する者へ	苦学同志会	1925（大正14）年2月		1円
77	出口競	大正十四年版 東京遊学学校案内	大明堂書店	1925（大正14）年2月	附録：大正14年東京府主要中学高女入学試験問題	1円
78	吉村正	独学者の進むべき道	早稲田大学出版部	1925（大正14）年3月		1円
79	森山正雄	苦学生と独学者の為めに 東京自活勉学法	啓文社書店	1925（大正14）年5月		1円50銭
80	学事研究会編輯局	私学の熱叫 東都遊学案内	学事研究会出版部	1925（大正14）年6月		1円
81	高木完	帝国大学受験提要	文信社	1925（大正14）年10月	増補第4版改訂，附録：大学試験問題集	1円10銭
82	清水由松	近畿遊学校一覧	清水由松	1925（大正14）年11月		不明
83	出口競	大正十五年版 東京遊学学校案内	大明堂書店	1925（大正14）年12月		1円
84	冨田浩	女子高等専門学校入学受験提要	文信社書店	1925（大正14）年	附録：入学試験問題集	不明
85	南光社	全国大学高等専門学校入学案内	南光社	1925（大正14）年		1円
86	陸軍歩兵学校准士官下士集会所	陸軍歩兵学校案内	陸軍歩兵学校准士官下士集会所	1925（大正14）年		不明
87	山口泰智	大東京男女苦学就職成功指導	東明書院	1925（大正14）年	国立国会図書館行方不明本	不明
88	帝国地方行政学会	大正十五年版 全国学校名鑑	帝国地方行政学会	1926（大正15）年3月		6円50銭

Ⅱ-3 大正期刊行「進学案内書」文献目録

No.	著者	書名	出版社	発行年	備考	価格
89	芳進堂編輯部	最新東京学校案内	武田芳進堂	1926（大正15）年4月	改訂60版（1924（大正13）年6月初版）附録：東京府全図（1926（大正15）年版）増訂版20版（1924（大正13）年10月）改増訂25版（1925（大正14）年1月）大増訂35版（1925（大正14）年4月）改増訂40版（1925（大正14）年8月）改増訂45版（1925（大正14）年10月）改増訂50版（1926（大正15）年1月）主要学校の短評あり	1円20銭
90	小野寺清治	独学受験苦学就職成功の指針	研究社	1926（大正15）年4月		不明
91	高木克	帝国大学入学受験提要	文信社	1926（大正15）年10月	第6版改訂増補．附録：大学試験問題集	1円20銭
92	大日本雄弁会	苦学力行新人物立志伝	大日本雄弁会	1926（大正15）年11月	21版．1922（大正11）年3月初版．附録：東京苦学案内	1円50銭
93	東京市役所	東都学校案内	三省堂	1926（大正15）年12月	附録：学校卒業者就職状況調査	1円20銭
94	富田浩	女子高等専門学校入学受験提要	文信社書店	1926（大正15）年	第3版	不明
95	吉村正夫	諸学校案内	大阪明文館	1926（大正15）年		不明
96	吉村正	独学者の進むべき道	早稲田大学出版部	1926（大正15）年	訂3版	不明
97	山海堂	受験と就職 学生年鑑	山海堂出版部	1926（大正15）年		不明

Ⅱ 明治・大正・昭和戦前期刊行「進学案内書」「苦学案内書」文献目録

巻末資料　Ⅱ－4　昭和戦前期刊行「進学案内書」文献目録―1927～45（昭和2～20）年―

No.	編（著）者	書名	発行所	発行年月日	備考	定価
1	出口競	一目瞭然 東京遊学校案内	大明堂	1927（昭和2）年2月	昭和2年版	1円
2	大周社編輯部	最新調査女子高等専門学校 大学受験案内	大周社	1927（昭和2）年2月		90銭
3	吉見文雄	全国及東京府官私学校入学案内	十條書房	1927（昭和2）年2月		80銭
4	箕輪香村	男女東京遊学指針 苦学と就職の秘訣	文憲堂書店	1927（昭和2）年2月		95銭
5	大周社編輯部	大学受験案内	大周社	1927（昭和2）年3月		1円
6	吉見文雄	東京府官私学校 女子入学案内	十條書房	1927（昭和2）年3月	附録：大正15年度全国高等女学校試験問題集	70銭
7	海老原庄作	青少年苦学成功策	大日本国民立志会	1927（昭和2）年4月		2円
8	高木寛	昭和二年度版改訂増補 帝国大学入学受験提要	文信社書店	1927（昭和2）年6月	増補9版、附録：大学試験問題集	1円30銭
9	田口卯三郎	小学校卒業 官費入学立身案内	昭学社	1927（昭和2）年7月	附録：入学試験問題集	60銭
10	帝国教育会	全国高等専門学校入学提要	文信社	1927（昭和2）年10月		90銭
11	帝国教育会	昭和二年版 教育年鑑	寶文館	1927（昭和2）年10月		2円50銭
12	東京市役所	改訂版 東都学校案内	三省堂	1927（昭和2）年11月	改訂16版、（1926（大正15）年12月初版）、改訂6版（1927（昭和2）年10月）、附録：教育法規抜粋、学校卒業者就職状況調査を収録	1円20銭
13	吉見文雄	東京府官私学校女子入学案内	十條書房	1927（昭和2）年12月		70銭

II-4 昭和戦前期刊行「進学案内書」文献目録

№	著者	書名	出版社	刊行年	備考	価格
14	東京市役所	改訂増補版 東都学校案内	三省堂	1927（昭和2）年		1円20銭
15	佐伯喜太郎	昭和二年度 大阪府学校へピ―ヤ書店案内	ペピーヤ書店	1927（昭和2）年		70銭
16	吉見文雄	全国高等専門学校入学案内	十篠書房	1927（昭和2）年	国立国会図書館不明本	不明
17	京都教育社	最新京都学校案内	カワイ書店	1927（昭和2）年		1円
18	千葉芳水	東京学校案内	進文館	1927（昭和2）年		60銭
19	芳進堂編輯部	最新東京学校案内	武田芳進堂	1928（昭和3）年1月	大改増訂80版、1924（大正13）年6月初版）、増訂版20版（1924（大正13）年10月）、大増訂35版（1925（大正14）年4月）、改増訂60版（1926（大正15）年4月）、大改増訂75版（1927（昭和2）年1月）、大改増訂76版（1927（昭和2）年2月）、大改増訂77版（1928（昭和3）年1月）、大改増訂80版（1928（昭和3）年1月）	1円20銭
20	吉見文雄	昭和三年度版 東京府官私学校女子大学案内	十篠書房	1928（昭和3）年1月	附録：大正15年度全国高等女学校試験問題集	70銭
21	箕輪香村	全国官費・公費・貸費学校入学指針	文憲堂書店	1928（昭和3）年2月	附録：最近入学試験問題集	1円
22	虚心学主人	苦学十年の血涙記 高等試験に合格する迄	受験新誌社	1928（昭和3）年5月		80銭
23	高木亮	昭和三年度版改訂増補 帝国大学入学受験提要	文信社書店	1928（昭和3）年9月	附録：入学試験問題集	1円40銭
24	東京市役所	昭和四年版 東都学校案内	三省堂	1928（昭和3）年10月	改訂20版	1円20銭

418　Ⅱ　明治・大正・昭和戦前期刊行「進学案内書」「苦学案内書」文献目録

No	著者	書名	出版社	年	備考	価格
25	山海堂編輯部	昭和四年 学生年鑑	山海堂	1928（昭和3）年11月		80銭
26	新聞時報社	東京私立女学校入学案内	恒生堂	1928（昭和3）年		不明
27	大同社編輯部	最新小学卒独学苦学案内	大同社	1928（昭和3）年		1円
28	吉村正	独学者の進むべき道	早稲田大学出版会	1928（昭和3）年	訂21版	不明
29	合野巌	小学校を卒業する諸君へ ――その父兄へ―― 学校の選び方と職業の決め方	先進堂書店	1929（昭和4）年2月	附録：東京付近中等学校案内	80銭
30	中等教育社	東京女子諸学校案内	中等教育社	1929（昭和4）年4月		60銭
31	女子大学講義録編輯部	職業別学校案内と婦人職業指導	目白合書肆	1929（昭和4）年9月		1円30銭
32	文信社編輯部	帝国大学入学提要	文信社	1929（昭和4）年9月	附録：大学試験問題集	1円
33	富田浩	女子高等専門学校入学受験提要	文信社	1929（昭和4）年9月	改訂増補第11版，附録：大学試験問題集	1円10銭
34	中等教育社	全国官費入学案内	東華堂	1929（昭和4）年11月		80銭
35	中等教育社	男女最近苦学案内	東華堂	1929（昭和4）年11月		80銭
36		全国官費公費貸費学校就職大鑑	受験と就職社	1929（昭和4）年12月		4円80銭
37	帝国地方行政学会	昭和四年版 全国学校名鑑	帝国地方行政学会	1929（昭和4）年	国立国会図書館不明本	不明
38	田原春次	苦学遊学 アメリカ大学案内	萬里閣	1929（昭和4）年		1円80銭
39	帝国教育向上社	女学校卒業者の進むべき上級学校と選ぶべき職業	帝国教育向上社	1930（昭和5）年1月		1円
40	帝国高等研究会	昭和五年版 全国高等専門学校入学年鑑	成文社書店	1930（昭和5）年1月		70銭
41	中等教育社	昭和五年度 東京男女諸学校案内	東華堂	1930（昭和5）年2月		1円30銭

II-4 昭和戦前期刊行「進学案内書」文献目録

No	編著者	書名	出版社	出版年月	備考	価格
42	中等教育社	昭和五年度 男子部 昭和王年度 東京男女諸学校案内	東華堂	1930（昭和5）年2月		70銭
43	中等教育社	昭和五年度 女子部 昭和王年度 東京男女諸学校案内	東華堂	1930（昭和5）年2月		60銭
44	文信社編輯部	昭和五年度新版 帝国大学入学提要	文信社	1930（昭和5）年5月	改訂3版	1円
45	正木昊	上級学校選定より突破まで	木星社書院	1930（昭和5）年6月		1円20銭
46	箕輪香村	全国官費・公費・貸費学校入学指針	文憲堂書店	1930（昭和5）年8月		1円
47	日昭館	新調 東京男女学校案内	日昭館	1930（昭和5）年9月		1円
48	日昭館	新調 東京男子学校案内 及入学考査解答	日昭館	1930（昭和5）年9月		70銭
49	日昭館	新調 東京女子学校案内 及入学考査解答	日昭館	1930（昭和5）年10月		65銭
50	吉田雄司	新版 高等学校案内	大同論社	1930（昭和5）年11月		2円70銭
51	帝国教育研究会	昭和六年版 全国高等専門学校入学年鑑	成文社書店	1930（昭和5）年11月		75銭
52	帝国教育研究会	昭和六年版 全国高等専門学校入学年鑑	成文社書店	1930（昭和5）年11月		75銭
53	芳進堂編輯部	最新東京学校案内	武田芳進堂	1930（昭和5）年12月	大改増訂99版．大改増訂90版1929（昭和4）年1月．大改増訂93版1929（昭和4）年6月．大改増訂94版1929（昭和4）年9月．大改増訂96版1930（昭和5）年1月．大改増訂97版1930（昭和5）年4月．大改増訂98版1930（昭和	1円20銭

Ⅱ　明治・大正・昭和戦前期刊行「進学案内書」「苦学案内書」文献目録

No	編著者	書名	出版社	出版年	備考	価格
54	芳進堂編輯部	全国女子高等専門学校入学案内	武田芳進堂	1931（昭和6）年1月	5) 年11月, 附録：昭和5年度高等専門学校受験要覧	35銭
55	教育年報教育会	昭和六年度版 教育年報	第一出版協会	1931（昭和6）年2月		2円80銭
56	受験研究社編輯部	最新 官費・貸費学校入学案内	白永社	1931（昭和6）年9月		50銭
57	松江武夫・小島毅	昭和七年度 官立大学入学指針	成文社	1931（昭和6）年11月		85銭
58	野村太刀雄	全国官公費貸費入学受験案内	啓文社書店	1931（昭和6）年11月	附録：最近各学校入学試験問題集	1円40銭
59	芳進堂編輯部	昭和七年版 最新東京学校案内	武田芳進堂	1932（昭和7）年4月	103版, 大改増訂90版 1929（昭和4）年1月, 大改増訂95版 1930（昭和5）年1月, 大改増訂100版 1931（昭和6）年10月, 大改増訂101版 1931（昭和6）年11月, 大改増訂102版 1932（昭和7）年1月	1円20銭
60	文信社編輯部	帝国大学入学提要	文信社	1932（昭和7）年5月	改訂9版（昭和4年9月初版）	1円30銭
61	箕輪香村	陸軍戸山幼年学校入学受験案内	東華堂	1932（昭和7）年7月		50銭
62	芳進堂編輯部	全国官公私立高等専門学校入学案内	武田芳進堂	1932（昭和7）年10月		45銭
63	帝国大学新聞高校部	進路と展望 高等学校	考へ方研究社	1932（昭和7）年11月		1円
64	箕輪香村	陸軍工科学校入学受験案内	東華堂	1932（昭和7）年		50銭
65	村田昇司	昭和八年版 全国学校案内	丸ノ内出版社	1933（昭和8）年1月		1円30銭

II-4 昭和戦前期刊行「進学案内書」文献目録

№	著者	書名	出版社	年	備考	価格
66	大日本学生保護者協会	昭和八年度版 男子部 標準東都学校案内	春陽社	1933（昭和8）年2月		70銭
67	文信社編輯部	昭和八年度新版 帝国大学入学提要	文信社	1933（昭和8）年5月	改訂10版、附録：大学試験問題集	1円40銭
68	宗川久四郎	書生と苦学 就職の秘訣	書生と苦学出版社	1933（昭和8）年6月		1円
69	受験時代社編輯部	小学校卒業者官費立身案内	東華堂	1933（昭和8）年7月		50銭
70	受験時代社編輯部	立身成功 独学者の進路	東華堂	1933（昭和8）年9月		60銭
71	大日本学生保護者協会	男女合本 標準東京学校案内	春陽社	1933（昭和8）年10月		1円
72	大日本学生保護者協会	男子用 標準東京学校案内	春陽社	1933（昭和8）年10月		70銭
73	大日本学生保護者協会	女子用 標準東京学校案内	春陽社	1933（昭和8）年10月		60銭
74	榛名譲	大学評判記	日本公論社	1933（昭和8）年11月		1円30銭
75	帝国教育研究会	昭和九年度版 全国高等専門学校入学年鑑	成文社書店	1933（昭和8）年11月		60銭
76	芳進堂編輯部	最新東京女子学校案内	武田芳進堂	1933（昭和8）年12月		60銭
77	丸の内出版社	昭和九年版 最新大東京学校案内	丸ノ内出版社	1934（昭和9）年1月		1円
78	日昭館編輯部	昭和十年度 新調東京学校案内 男女子用	日昭館	1934（昭和9）年2月		70銭
79	日昭館編輯部	昭和十年度 新調東京学校案内 男子用	日昭館	1934（昭和9）年2月		1円
80	日昭館編輯部	昭和十年度 新調東京学校案内 女子用	日昭館	1934（昭和9）年2月		65銭
81	箕輪香村	男女東京遊学指針 苦学と就職の秘訣	文憲堂書店	1934（昭和9）年2月		1円

II 明治・大正・昭和戦前期刊行「進学案内書」「苦学案内書」文献目録

82	丸ノ内出版社	昭和九年度 最新大東京学校案内	丸ノ内出版社	1934（昭和9）年2月		1円
83	佐々木勝忠	東京中等学校入学要覧	尚学会	1934（昭和9）年2月		20銭
84	大村八郎	帝都大学評判記	三友堂書店	1934（昭和9）年3月		80銭
85	箕輪香村	全国官費・公費・貸費・給費学校入学指針	文憲堂書店	1934（昭和9）年3月	附録：最近試験問題集	1円
86	宮本彰三	最新小学卒業立身成功案内	国民書院	1934（昭和9）年3月		60銭
87	文信社編輯部	昭和九年度新版 帝国大学入学提要	文信社	1934（昭和9）年5月	改訂12版．附録：入学試験問題集	1円40銭
88	帝国大学新聞社	昭和九年度版 帝国大学年鑑	帝国大学新聞社	1934（昭和9）年5月	3版．1934（昭和9）年4月初版．1934（昭和9）年5月再版	80銭
89	日昭館書店	新調 東京男女学校案内 及各学校入学考査解答	日昭館書店	1934（昭和9）年9月	1930（昭和5）年10月初版．1931（昭和6）年11月2版．1932（昭和7）年10月3版．1933（昭和8）年2月4版．1933（昭和8）年10月5版．1934（昭和9）年2月6版．1934（昭和9）年9月改訂7版	1円
90	大日本学生保護者協会	男女合本 昭和十年版 標準東京学校案内	春陽社	1934（昭和9）年10月		1円
91	大日本学生保護者協会	男子部 昭和十年版 準東京学校案内	春陽社	1934（昭和9）年10月		70銭
92	大日本学生保護者協会	女子部 昭和十年版 準東京学校案内	春陽社	1934（昭和9）年10月		60銭
93	東京子備学校出版部	最新東京苦学案内	東京子備学校出版部	1934（昭和9）年11月		50銭
94	帝国教育会出版部	小学卒業立身案内	帝国教育会出版部	1934（昭和9）年	附録一：小学卒業程度で入学出来る特殊学校	不明

II-4　昭和戦前期刊行「進学案内書」文献目録　**423**

	著者・編者	書名	出版社	出版年	附録二：各種の試験成績調査一覧	価格
95	大阪府教育会	大阪各学校入学要覧	大阪府教育会	1934（昭和9）年		非売品
96	芳進堂編輯部	最新東京男子学校案内	武田芳進堂	1935（昭和10）年1月	訂正6版	60銭
97	大村八郎	帝都大学評判記	三友堂書店	1935（昭和10）年3月		80銭
98	箕輪香村	改正された海軍兵学校入学受験案内	東華堂	1935（昭和10）年4月	附録：最近十ヶ年試験問題全集	75銭
99	安達義雄	帝大修系入学受験提要	大同館	1935（昭和10）年5月		1円
100	文信社編輯部	昭和十年度新版 帝国大学大学提要	文信社	1935（昭和10）年6月	改訂13版．附録：大学試験問題集	1円50銭
101	「産業と教育」編輯部	昭和十年版 教育年鑑	成美堂書店	1935（昭和10）年6月		2円
102	日昭館	新調 東京男女学校案内及各学校入学考査解答	日昭館	1935（昭和10）年9月		1円
103	日昭館	新調 東京男子学校案内及各学校入学考査解答	日昭館	1935（昭和10）年9月		70銭
104	日昭館	新調 東京女子学校案内及各学校入学考査解答	日昭館	1935（昭和10）年9月		65銭
105	松江武夫・小島競	昭和十一年版 官立大学入学指針	成美社	1935（昭和10）年9月		85銭
106	欧文社通信添削会受験相談部	昭和十一年版 上級学校入学試験宝鑑	欧文社	1935（昭和10）年9月		50銭
107	帝国大学新聞社	昭和十年度版 帝国大学年鑑	帝国大学新聞社	1935（昭和10）年4月		1円
108	文学士 青葉学人	帝国大学受験法	大同館書店	1935（昭和10）年11月		2円50銭
109	日昭館	昭和十一年度 男女資格検定試験給費学校学生就職法及職業案内	日昭館	1935（昭和10）年11月		50銭

No.	著者	書名	出版社	発行年月	備考	価格
110	野口鶴斉	官立大学傍系者・独学者大学受験法	大明堂書店	1935 (昭和10) 年12月		1円50銭
111	芳進堂編輯部	昭和十一年度 最新東京男子学校案内	武田芳進堂	1935 (昭和10) 年12月		60銭
112	芳進堂編輯部	昭和十一年度 最新東京女子学校案内	武田芳進堂	1935 (昭和10) 年12月		60銭
113	帝国軍事教育部	陸軍幼年学校工科学校入学受験準備完成	三友堂	1935 (昭和10) 年		1円40銭
114	丸ノ内出版社	昭和十年版 最新大東京学校案内	丸ノ内出版社	1935 (昭和10) 年		不明
115	箕輪香村	全国官立諸学校官費入学受験案内	東華堂	1936 (昭和11) 年2月	附録：最近試験問題集	1円
116	箕輪香村	小学校卒業程度で大学出来る官費学校入学案内	東華堂	1936 (昭和11) 年3月	附録：最近試験問題集及答案例	70銭
117	大日本通信中学校 鶴岡一雄	最新中学講義録 最新東京諸学校案内	大日本通信中学校	1936 (昭和11) 年4月	臨時増刊号	非売品
118	箕輪香村	陸軍工科学校入学受験案内	東華堂	1936 (昭和11) 年4月		50銭
119	大日本通信中学校 鶴岡一雄	最新中学講義録 官費貸費学校案内	大日本通信中学校	1936 (昭和11) 年5月	臨時増刊号	非売品
120	帝国教育研究会	昭和十一年度 全国高等専門学校全国学年鑑	成文社	1936 (昭和11) 年5月		60銭
121	文信社編輯部	昭和十一年度新版 帝国大学入学提要	文信社	1936 (昭和11) 年6月	附録：入学試験問題集	1円70銭
122	帝国大学新聞社	昭和十一年度版 帝国大学案内	帝国大学新聞社	1936 (昭和11) 年6月	3版, 1936 (昭和11) 年5月初版, 1936 (昭和11) 年6月再版	1円
123	陸軍軍人受験立身指導会	最新 陸軍幼年学校入学受験案内	文憲堂書店	1936 (昭和11) 年8月	附録：最近試験問題と卒業後の立身	50銭

II-4　昭和戦前期刊行「進学案内書」文献目録

No.	編著者	書名	出版社	年	備考	価格
124	陸軍軍人受験立身指導会	最新 陸軍工科学校入学受験案内	文憲堂書店	1936（昭和11）年8月	附録：最近試験問題と卒業後の立身	50銭
125	陸軍軍人受験立身指導会	最新 陸軍飛行学校入学受験案内	文憲堂書店	1936（昭和11）年9月	附録：最近試験問題と卒業後の立身	50銭
126	陸軍軍人受験立身指導会	最新 陸軍戸山学校入学受験案内	文憲堂書店	1936（昭和11）年10月	附録：最近試験問題と卒業後の立身	50銭
127	和田進	上級学校紹介及び受験対策	青雲堂	1936（昭和11）年10月		1円20銭
128	春陽社	昭和十二年度版 標準東京男子学校案内	春陽社	1936（昭和11）年10月	附録：著名学校所在地明細図入	70銭
129	箕輪香村	最新 陸軍通信学校入学受験案内	文憲堂書店	1936（昭和11）年10月		50銭
130	箕輪香村	男女東京遊学指針 苦学と就職の秘訣	文憲堂書店	1936（昭和11）年11月		1円
131	春陽社	昭和十二年度版 標準東京京男女学校案内	春陽社	1936（昭和11）年11月		1円
132	春陽社	昭和十二年度版 標準東京京女子学校案内	春陽社	1936（昭和11）年11月		60銭
133	日本教育評論社調査部	昭和十二年度版 最新東京学校案内	日本教育評論社	1936（昭和11）年12月	改訂第2版、1936（昭和11）年11月初版	50銭
134	産業と教育編輯部	昭和十二年版 教育年鑑	成美堂書店	1936（昭和11）年12月		2円
135		陸軍工科学校入学受験案内	良国民社	1936（昭和11）年	職業指導叢書第32編	不明
136	陸軍軍人受験立身指導会	最新 陸軍通信学校入学受験案内	文憲堂	1936（昭和11）年		50銭
137	文憲堂編輯部	昭和十一年度版 全国官立・公立・私立高等学校大学受験提要	文憲堂	1936（昭和11）年	附録：大学試験問題全集	1円40銭

426　Ⅱ　明治・大正・昭和戦前期刊行「進学案内書」「苦学案内書」文献目録

No.	著者・編者	書名	出版社	刊行年月	備考	価格
138	日昭館	昭和十二年度 新調東京男女学校案内及各学校入学考査解答	日昭館	1937(昭和12)年1月		1円
139	日昭館	昭和十二年度 新調東京男子学校案内及各学校入学考査解答	日昭館	1937(昭和12)年1月		70銭
140	日昭館	昭和十二年度 新調東京女子学校案内及各学校入学考査解答	日昭館	1937(昭和12)年1月		65銭
141	日本教育調査会	東京男女学校案内及各学校入学考査解答	日本教育調査会	1937(昭和12)年2月		不明
142	欧文社通信添削会受験相談部	上級学校受験生必携	欧文社	1937(昭和12)年5月		50銭
143	帝国大学新聞社	昭和十二年度版 帝国大学年鑑	帝国大学新聞社	1937(昭和12)年5月		80銭
144	文信社編輯部	昭和十二年度新版 帝国大学入学案内提要	文信社	1937(昭和12)年6月	改訂版、17版	1円70銭
145	春陽社編輯部	昭和十三年度版 標準東京男子学校案内	春陽社	1937(昭和12)年10月		75銭
146	春陽社編輯部	昭和十三年度版 標準東京女子学校案内	春陽社	1937(昭和12)年10月		65銭
147	長谷川瀾兵	東京男女中等学校案内	大矢書店	1937(昭和12)年10月		30銭
148	日昭館	男女資格検定試験給費学校苦学生就職法及職業案内	日昭館	1937(昭和12)年10月		50銭
149	帝国大学新聞社	帝国大学案内	帝国大学新聞社	1937(昭和12)年12月		80銭
150	陸軍軍人受験立身指導会	東京陸軍航空学校入学受験案内	文憲堂書店	1937(昭和12)年	附録：参考試験問題と解答	60銭

II-4 昭和戦前期刊行「進学案内書」文献目録

151	日本教育普及会	昭和十三年版 新調東京男子学校案内	日昭館	1938（昭和13）年2月		70銭
152	箕輪香村	全国官費・公費・給費・貸費学校入学指針	文憲堂書店	1938（昭和13）年4月		1円
153	箕輪香村	男女東京遊学指針と克服の秘訣	文憲堂書店	1938（昭和13）年4月		1円
154	中上川義一郎	新制度に據る高等学校入学の要領	富勘書院	1938（昭和13）年5月		80銭
155	陸軍軍人受験立身指導会	最新 陸軍予科士官学校入学受験案内	文憲堂書店	1938（昭和13）年5月	附録：最近試験問題集	70銭
156	文憲堂編輯部	昭和十三年度新版 帝国大学入学提要	文信社	1938（昭和13）年7月	附録：入学試験問題集	1円80銭
157	陸軍軍人受験立身指導会	最新 陸軍幼年学校入学受験案内	文憲堂書店	1938（昭和13）年8月		60銭
158	陸軍軍人受験立身指導会	最新 陸軍工科学校入学受験案内	文憲堂書店	1938（昭和13）年9月		60銭
159	中上川義一郎	高等工業学校入学の要領	富勘書院	1938（昭和13）年9月		80銭
160	箕輪香村	東京陸軍航空学校入学受験案内	文憲堂書店	1938（昭和13）年10月	附録：試験問題と解答	60銭
161	箕輪香村	海軍兵学校・機関学校・経理学校入学受験案内と試験問題解答集	文憲堂書店	1938（昭和13）年10月		1円
162	春陽社編輯部	昭和十四年度版 標準東京女子学校案内	春陽社	1938（昭和13）年10月		70銭
163	日本教育調査会	新調 東京女子学校案内 資格検定試験及職業案内	日昭館	1938（昭和13）年10月	表紙には日本教育普及会編とあり奥付には日本教育調査会とあるが、奥付の記入に従った。	不明
164	日本教育調査会	新調 東京女子学校案内	日昭館	1938（昭和13）年10月		70銭

Ⅱ 明治・大正・昭和戦前期刊行「進学案内書」「苦学案内書」文献目録

№	著者	書名	出版社	年	備考	価格
165	日本教育調査会	昭和十四年度 新調東京男女学校案内	日昭館	1938（昭和13）年10月		1円20銭
166	日本教育調査会	昭和十四年度 新調東京男子学校案内	日昭館	1938（昭和13）年10月		75銭
167	日本教育調査会	昭和十四年度版 新調東京女子学校案内	日昭館	1938（昭和13）年10月		70銭
168	池田佐次馬	全国上級学校大観	欧文社	1938（昭和13）年11月		2円
169	長谷川瀾氏	東京男女中等学校案内	大矢書店	1938（昭和13）年11月		30銭
170	受験研究会	陸軍諸学校志願案内	洛東書院	1938（昭和13）年12月		1円20銭
171	箕輪香村	最新 陸軍経理学校子科大学受験案内	文憲堂	1938（昭和13）年12月		60銭
172	吉田正	独学男女の進むべき道	早稲田大学出版部	1938（昭和13）年		不明
173	日本教育調査会	昭和十四年度 新調東京女子学校案内	東栄堂書店	1939（昭和14）年1月		70銭
174	箕輪香村	男女東京遊学指針 苦学と就職の秘訣	文憲堂書店	1939（昭和14）年4月		1円
175	箕輪香村	最新 陸軍工科学校入学受験案内	文憲堂書店	1939（昭和14）年5月		60銭
176	文信社編輯部	昭和十四年度版 帝国大学入学提要	文信社	1939（昭和14）年6月		1円80銭
177	野口鞠斎	官立大学傍系者・独学者入学受験法	大明堂書店	1939（昭和14）年8月	増補再版．1935（昭和10）年11月初版．附録：最近施行問題集	1円80銭
178	欧文社通信添削部受験相談部	昭和十四年度入試準拠 上級学校受験生必携	欧文社	1939（昭和14）年8月		30銭
179	箕輪香村	東京陸軍航空学校入学受験案内	文憲堂	1939（昭和14）年8月		60銭
180	松本書店	小学校から入学出来る東京男子全学校案内	松本書店	1939（昭和14）年9月		75銭

II-4 昭和戦前期刊行「進学案内書」文献目録

	編者	書名	出版社	年月	価格
181	「受験と学生」編輯部	全国高等学校・大学予科入学案内	研究社	1939（昭和14）年9月	50銭
182	「受験と学生」編輯部	海軍各学校入学案内	研究社	1939（昭和14）年9月	50銭
183	「受験と学生」編輯部	全国高等商業学校入学案内	研究社	1939（昭和14）年9月	50銭
184	「受験と学生」編輯部	陸軍各学校入学案内	研究社	1939（昭和14）年9月	50銭
185	「受験と学生」編輯部	全国飛行学校入学案内	研究社	1939（昭和14）年9月	50銭
186	長合川隅兵	東京男女中等学校案内	大矢書店	1939（昭和14）年10月	30銭
187	春陽社	昭和十五年度 標準東京男子学校案内	春陽社	1939（昭和14）年10月	80銭
188	春陽社	昭和十五年度 標準東京女子学校案内	春陽社	1939（昭和14）年10月	70銭
189	「受験と学生」編輯部	全国主要給費学校入学案内	研究社	1939（昭和14）年12月	50銭
190	箕輪香村	陸軍士官学校入学受験案内	文憲堂	1939（昭和14）年10月	70銭
191	「受験と学生」編輯部	全国高等学校・大学予科入学案内	研究社	1940（昭和15）年2月	50銭
192	「受験と学生」編輯部	全国高等農林・蚕糸学校案内	研究社	1940（昭和15）年3月	50銭
193	「受験と学生」編輯部	満州医諸学校入学案内	研究社	1940（昭和15）年3月	50銭
194	箕輪香村	全国官費・公費・貸費給費学校入学指針	文憲堂書店	1940（昭和15）年4月	1円
195	欧文社受験相談部	昭和十五年度 入試準拠上級学校受験生必携	欧文社	1940（昭和15）年5月	30銭

Ⅱ　明治・大正・昭和戦前期刊行「進学案内書」「苦学案内書」文献目録

No.	発行者	書名	出版社	年	備考	価格
196	陸軍軍人受験立身指導会	最新 陸軍幼年学校入学受験案内	文憲堂	1940（昭和15）年5月		70銭
197	海軍々人受験立身指導会	海軍兵学校機関学校経理学校入学受験案内	文憲堂	1940（昭和15）年5月		1円
198	箕輪香村	最新 陸軍工科学校入学受験案内	文憲堂	1940（昭和15）年6月		70銭
199	箕輪香村	最新 陸軍経理学校子科大学受験案内	文憲堂	1940（昭和15）年7月		70銭
200	箕輪香村	東京陸軍航空学校入学受験案内	文憲堂	1940（昭和15）年8月		60銭
201	春陽社	標準東京女子学校案内	春陽社	1940（昭和15）年9月		80銭
202	春陽社	標準東京男子学校案内	春陽社	1940（昭和15）年10月		90銭
203	大矢書店編輯部	東京男女中等学校案内	大矢書店	1940（昭和15）年10月	3版. 1940（昭和15）年9月初版	40銭
204	受験時代社	陸軍兵器学校入学受験案内	受験時代社	1940（昭和15）年10月		60銭
205	箕輪香村	男女東京遊学指針 苦学と就職の秘訣	文憲堂書店	1940（昭和15）年11月		1円
206	野口鞠齋	官立大学傍系者・独学者入学受験法	大明堂書店	1940（昭和15）年12月	増補3版, 附録：最近施行問題集	不明
207	海軍々人受験立身指導会	海軍兵学校機関学校・経理学校入学受験案内	文憲堂	1940（昭和15）年12月		80銭
208	陸海軍人受験立身指導会	陸軍戦車学校入学受験案内	文憲堂	1941（昭和16）年1月		70銭
209	森本清	数学中・高等教育独学者の行くべき道	文修堂	1941（昭和16）年2月		1円35銭
210	春陽社	標準東京女子学案内	春陽社	1941（昭和16）年3月		1円
211	春陽社	標準東京女子学校案内	春陽社	1941（昭和16）年3月		90銭
212	陸軍々人受験立身指導会	最新 陸軍通信学校入学受験案内	文憲堂	1941（昭和16）年3月		50銭

II-4 昭和戦前期刊行「進学案内書」文献目録　431

213	教育錬成会	(昭和十六年度)東京府内中等学校進学案内	教育錬成会	1941 (昭和16)	年5月		85銭
214	箕輪香村	全国官費・公費・賞費・給費学校入学指針	文憲堂書店	1941 (昭和16)	年9月		1円
215	大矢書店編輯部	東京男女中等学校案内	大矢書店	1941 (昭和16)	年9月		50銭
216	春陽社	標準東京男子学校案内	春陽社	1941 (昭和16)	年9月		1円
217	春陽社編輯部	標準東京女子学校案内	春陽社	1941 (昭和16)	年9月		90銭
218	大田原邦清	最新詳録東京学校案内(女子)	昭児堂	1941 (昭和16)	年9月		不明
219	大田原邦清	最新詳録東京学校案内(男子)	昭児堂	1941 (昭和16)	年10月		1円
220	村田清	陸軍兵器学校入学受験案内	受験時代社	1941 (昭和16)	年10月		60銭
221	箕輪香村	男女東京受験学指針 苦学と就職の秘訣	文憲堂書店	1941 (昭和16)	年11月	3版, 1940 (昭和15) 年11月初版, 1941 (昭和16) 年2月再版	1円
222	皇民錬成指導協会	最新東京男女中等学校受覧	教育日本社	1941 (昭和16)	年11月		20銭
223	婦人日日新聞社石田昌	昭和十七年版 東京女子専門中等各種学校しらべ イタリアの友の会		1941 (昭和16)	年12月		1円80銭
224	帝国大学新聞社	昭和17年度版 帝国大学年鑑	帝国大学新聞社	1941 (昭和16)	年12月		2円50銭
225	箕輪香村	官費新空機乗員養成所入学受験案	文憲堂	1941 (昭和16)	年	附録：試験問題と解答集	80銭
226	小西元夫	昭和十七年版 東京府中等学校新入学案内	研究社	1942 (昭和17)	年1月		70銭
227	教育新報社	昭和十七年版 大阪府下中等学校男女入学案内	南昌堂	1942 (昭和17)	年2月		25銭
228	進学社	昭和十七年版 大阪府学校案内	進学社	1942 (昭和17)	年2月		50銭

№	著者	書名	出版社	刊行年	備考	価格
229	帝国大学新聞社	昭和十八年度版 帝国大学年鑑	帝国大学新聞社	1942（昭和17）年8月		2円50銭
230	大原田邦清	最新評録 東京学校案内（女子）	昭晃堂	1942（昭和17）年		1円
231	欧文社編輯局	昭和十七年改訂版 全国上級学校大観	欧文社	奥付無し	序には蠢に昭和13年秋「全国上級学校大観」を上梓し、その後年々「上級学校受験生必携」を刊行したと記している。	1円
232	富田眞一	昭和十七年度入学案内 大阪府・兵庫・京都 中等学校要覧	数学社	1942（昭和17）年		50銭
233	有楽倶楽部・小西元夫	昭和十七年度版 東京府中等学校 新入学案内	研究社	1942（昭和17）年		70銭
234	谷島正義	学区制実施による 東京府中等学校入学案内	育成社	1943（昭和18）年3月		1円30銭
235	春陽社編輯部	標準東京男子学校案内	春陽社	1943（昭和18）年7月	5版, 1941（昭和16）年10月初版	1円
236	帝国大学新聞社	昭和十九年度版 帝国大学年鑑	帝国大学新聞社	1943（昭和18）年9月		2円80銭
237	野口鞠齋	官立大学傍系者・独学者 大学受験法	大明堂書店	1943（昭和18）年11月	訂正六版	80銭
238	旺文社	昭和十九年度 全国上級学校綜覧	旺文社	1945（昭和20）年2月		2円50銭

巻末資料 Ⅱ-5 明治・大正・昭和戦前期刊行「苦学案内書」文献目録 1900~41（明治33~昭和16）年一

	編（著）者	書名	発行所	発行年月日	備考	定価
1	光井深	学生自活法	大学館	1900（明治33）年11月	附録：東京諸学校案内・同入学試験問題	25銭
2	吉川庄一郎	自立自活東京苦学案内	保成堂	1901（明治34）年3月	附録：諸学校入学試験及手続	28銭
3	柳内蝦洲	学生と生活	新声社	1901（明治34）年10月	学生叢書第3編	18銭
4	佐藤儀助	貧児成功談	新声社	1901（明治34）年11月	学生叢書号外	20銭
5	帝国青年議会　廣秋郊 秋	東京苦学遊学手続	博報堂	1902（明治35）年9月		30銭
6	黒堤隠士	博士苦学談	大学館	1902（明治35）年9月		25銭
7	吉川庄一郎	自立自活東京苦学案内	保成堂	1902（明治35）年11月	増補訂正8版、1901（明治34）年3月初版、増補再版1901（明治34）年4月、3版1901（明治34）年6月、4版1901（明治34）年9月、5版1901（明治34）年10月、6版1902（明治35）年2月、7版1902（明治35）年5月、附録：諸学校入学試験問題集・官立・私立学校入学手続	30銭
8	緒方流水	学生自活法	金港堂	1903（明治36）年1月		18銭
9	徳田紫水	独立自活 実験苦学案内	矢島誠進堂	1903（明治36）年5月		判読不能
10	苦学子	自活苦学生	大学館	1903（明治36）年7月		25銭
11	祖水散史	青年成功策	青木嵩山堂	1903（明治36）年9月	附録：東都遊学心得	30銭
12	吉川庄一郎	成功秘訣　諸学校官費入学案内	保成堂	1903（明治36）年11月	附録：諸学校入学試験問題	不明
13	宮崎来城	名流苦学談	大学館	1904（明治37）年3月		15銭
14	藤本西洲・秋廣秋郊	海外苦学案内	博報堂	1904（明治37）年3月		30銭

433

15	苦学社	苦学の伴侶	日高有隣堂	1904（明治37）年4月		30銭
16	吉川庄一郎	成功秘訣 諸学校官費入学案内	保成堂	1904（明治37）年8月	第9版，1903（明治36）年11月初版，再版1903（明治36）年12月，第3版1904（明治37）年3月，第4版1904（明治37）年4月，第5版1904（明治37）年4月，第6版1904（明治37）年5月，第7版1904（明治37）年7月，第8版1904（明治37）年8月．附録：官立諸学校入学試験問題	27銭
17	森泉南	東京自活苦学案内	東華堂	1904（明治37）年12月		30銭
18	齋藤與七郎	苦学成功宮城時雨郎	明治図書	1905（明治38）年8月		15銭
19	吉川庄一郎	成功秘訣 諸学校官費入学案内	保成堂	1905（明治38）年	附録：官立諸学校入学試験問題集	不明
20	酒井勉	明治三十九年度 男女東京苦学遊学案内	修学堂	1906（明治39）年1月		50銭
21	酒井勉	東京苦学案内	修学堂書店	1907（明治40）年1月		30銭
22	髙柳淳之助	小学校卒業立身案内	青英書院	1907（明治40）年4月		不明
23	白眼子	学生自活苦学行商案内	大学館	1907（明治40）年10月	附録：行商経験談	20銭
24	髙柳淳之助	小学卒業立身案内	育英書院	1907（明治40）年11月	補訂第6版，1907（明治40）年4月初版	25銭
25	篠原靜文	独立自活 東京苦学の栞	山岡商会出版部	1909（明治42）年8月		30銭
26	酒巻源太郎	東京自活 東京苦学成功案内	帝国少年会出版部	1909（明治42）年9月		25銭
27	渡邊光風	立志之東京	博報堂	1909（明治42）年10月		35銭
28	髙柳曲水	小学校卒業立身案内	学友社	1910（明治43）年2月	増補2版	不明
29	日本少年会 笹井利三郎	実行簡易苦学の方法	三友社	1910（明治43）年4月		30銭

Ⅱ-5 明治・大正・昭和戦前期刊行「苦学案内書」文献目録

					修養叢書第2編	
30	永田兵淵	苦学力行の人	富田文陽堂	1910（明治43）年5月		50銭
31	斎藤留吉	小学卒業苦学成功就職手続立身案内	成功社	1910（明治43）年10月		25銭
32	島貫兵太夫	新苦学法	警醒社書店	1911（明治44）年3月		40銭
33	苦学研究会	新苦学職業学校案内	弘文堂	1911（明治44）年5月		判読不能
34	形影生	米国苦学実記	内外出版協会	1911（明治44）年7月		50銭
35	岡本淡山（正一）	実地東京苦学案内	学静舎	1911（明治44）年9月		25銭
36	鈴木明	苦学奮闘録	民友社出版部	1912（明治45）年4月		65銭
37	立志期成学会 日野初蔵	官公私立自費貸費入学案内	東江堂書店	1913（大正2）年10月		25銭
38	富屋翠軒	東京苦学立身案内	魁進堂	1913（大正2）年11月		25銭
39	帝国青年指導会 荻野忠二郎	官費貸費入学案内	明進堂書店	1913（大正2）年12月		26銭
40	枯水	東京苦学成功法	博友社	1914（大正3）年2月		不明
41	東京実業研究会 会長 田中佐七雄	東京苦学成功法	大成社	1915（大正4）年4月		35銭
42	木仙居士 森合仙太郎	苦学奮闘 我修養	求光閣書店	1915（大正4）年5月		20銭
43	南総堂書輯部編	東京最近苦学法	南総堂書店	1915（大正4）年10月		25銭
44	深海豊二	立志成功苦学の裏面	須原啓興社	1916（大正5）年10月		38銭
45	松尾正直	苦学十年	国民書院	1917（大正6）年2月		35銭
46	野木愛太郎	苦学と就職思いのま、	東京生活堂	1917（大正6）年5月		30銭
47	松尾正直	苦学実験物語	大文館	1917（大正6）年11年		80銭
48	伊藤佐太郎	苦学志望者及父兄	ルデール社	1917（大正6）年		25銭
49	藤田秀雄	地方青年手引 苦学成功策	大盛堂書店	1918（大正7）年10月	9版, 1914（大正3）年10月初版	35銭
50	森泉南	東京生活苦学案内	東華堂書店	1918（大正7）年12月		30銭
51	香村学人	苦学力行と独立自営	松陽堂書店	1921（大正10）年1月		50銭

No	著者	書名	出版社	年月	備考	価格
52	大生川志志郎	最新東京苦学案内	教成社	1921（大正10）年3月		1円
53	出口競	東京の苦学生	大明堂書店	1921（大正10）年10月	附録：自活勉学法	1円
54	岩本光良	東京苦学成功案内	虹文社	1922（大正11）年4月		1円50銭
55	福井文雄	東都に於ける苦学の実際	受験界社	1922（大正11）年6月		75銭
56	小野寺秀男	東京苦学立身案内	秀興社	1922（大正11）年6月	3版、1921（大正10）年8月初版	不明
57	鎌田長江	現代立身策と苦学案内	博信舎	1923（大正12）年3月	附録：利殖研究	75銭
58	相澤秋月	実行の苦学	相澤秋月	1923（大正12）年5月		60銭
59	出口競	東京の苦学生	大明堂書店	1924（大正13）年1月	復興8版	1円
60	中原隆三	大学試験問題人 大正十四年度用 東京遊学苦学案内	日刊第三通信社	1924（大正13）年12月	附録：苦学成功の要諦	2円50銭
61	治外山人	苦学する者へ	苦学同志会	1925（大正14）年2月		1円
62	森山正雄	苦学生と独学者の為めに 東京自活勉学法	啓文社書店	1925（大正14）年5月		1円50銭
63	山下泰智	大東京男女苦学就職成功指導	東明書院	1925（大正14）年	国会図書館所在不明本	不明
64	小野寺清治	独学受験苦学就職成功の指針	研究社	1926（大正15）年4月		不明
65	大日本雄弁会	苦学力行新人物立志伝	大日本雄弁会	1926（大正15）年11月	21版、1922（大正11）年3月初版．附録：東京苦学案内	1円50銭
66	箕輪香村	男女東京遊学指針と就職の秘訣	文憲堂書店	1927（昭和2）年2月		95銭
67	海老原庄作	青少年苦学成功策	大日本国民立志学会	1927（昭和2）年4月		2円
68	田口卯三郎	小学卒業・官費・貧費苦学案内	昭学社	1927（昭和2）年7月	附録：入学試験問題集	60銭
69	箕輪香村	全国官費・公費・貧費学校入学指針	文憲堂書店	1928（昭和3）年2月	附録：最近入学試験問題	1円

II-5 明治・大正・昭和戦前期刊行「苦学案内書」文献目録

No.	著者	書名	出版社	出版年	備考	価格
70	虚心亭主人	苦学一年の血涙記 試験に合格するゞ迄	受験新誌社	1928（昭和3）年5月		80銭
71	大同社編輯部	最新入学卒独学苦学案内	大同社	1928（昭和3）年		1円
72	中等教育社	全国官費入学案内	東華堂	1929（昭和4）年11月		80銭
73	中等教育社	男女最近苦学案内	東華堂	1929（昭和4）年11月		80銭
74		全国官費公費貸費学校就職大鑑	受験と就職社	1929（昭和4）年12月		4円80銭
75	田原春次	苦学遊学 アメリカ大学案内	萬里閣	1929（昭和4）年		1円80銭
76	箕輪香村	全国官費・公費・貸費学校入学指針	文憲堂書店	1930（昭和5）年8月		1円
77	受験研究社編輯部	最新苦学案内	白永社	1931（昭和6）年9月		50銭
78	野村太刀雄	全国官公費貸給費学校入学受験案内	啓文社書店	1931（昭和6）年11月	附録：最近各学校入学試験問題集	1円40銭
79	宗川久四郎	書生と苦学 就職の秘訣と案内	書生と苦学出版社	1933（昭和8）年6月		1円
80	受験時代社編輯部	小学校卒業者官費立身案内	東華堂	1933（昭和8）年7月		50銭
81	宮本彰三	最新小学卒業立身成功策	国民書院	1933（昭和8）年3月		60銭
82	箕輪香村	男女東京遊学指針 苦学と就職の秘訣	文憲堂書店	1934（昭和9）年2月		1円
83	箕輪香村	全国官費・公費・貸費・給費学校入学指針	文憲堂書店	1934（昭和9）年3月	附録：最近試験問題集	1円
84	東京予備学校出版部	最新東京苦学案内	東京予備学校出版部	1934（昭和9）年11月		50銭

II 明治・大正・昭和戦前期刊行「進学案内書」「苦学案内書」文献目録

85	日昭館	昭和十一年度 男女資格検定試験給費苦学生就職法及職業案内	日昭館	1935（昭和10）年11月		50銭
86	箕輪香村	全国官立諸学校官費入学受験案内	東華堂	1936（昭和11）年2月	附録：最近試験問題集	1円
87	箕輪香村	小学卒業程度で入学出来る官費学校入学案内	東華堂	1936（昭和11）年3月	附録：最近試験問題集及答案例	70銭
88	大日本通信中学校 鶴岡一雄	最新中学講義録 官費貸費学校案内	大日本通信中学校	1936（昭和11）年5月	臨時増刊号	非売品
89	箕輪香村	男女東京給費 苦学と就職の秘訣	文憲堂書店	1936（昭和11）年11月		1円
90	日昭館	男女資格検定試験給費苦学校苦学生就職法及職業案内	日昭館	1937（昭和12）年10月		50銭
91	箕輪香村	全国官費・公費・給費 貸費学校入学指針	文憲堂書店	1938（昭和13）年4月		1円
92	箕輪香村	男女東京遊学指針 苦学と就職の秘訣	文憲堂書店	1938（昭和13）年4月		1円
93	「受験と学生」編輯部	全国主要給費入学案内	研究社	1939（昭和14）年12月		50銭
94	箕輪香村	全国官費・公費・貸費 給費学校入学指針	文憲堂書店	1940（昭和15）年4月		1円
95	箕輪香村	男女東京遊学指針 苦学と就職の秘訣	文憲堂書店	1940（昭和15）年11月		1円
96	箕輪香村	全国官費・公費・貸費 給費学校入学指針	文憲堂書店	1941（昭和16）年9月		1円
97	箕輪香村	男女東京遊学指針 苦学と就職の秘訣	文憲堂書店	1941（昭和16）年11月	3版、1940（昭和15）年11月初版、1941（昭和16）年2月再版	1円

あ と が き
　　　─小さな研究自伝を兼ねて─

　本書は，2012（平成12）年8月に九州大学より博士（教育学）の学位を授与された「近代日本における青年の『学び』と教育情報─雑誌メディアとその言説の分析─」と題する論文に加筆修正を加えたものである。
　急速に制度的整備を遂げた近代日本の学校教育システムのもとで，とくに青年たちの「学び」の意欲と志とはどのように形成され方向づけられてきたか。その歴史的過程を彼等に届けられた有力なメディアの書誌的・内容的分析を通じて明らかにし，近代日本教育史の未拓の領域を解明したいというのが，本研究の目的である。
　本研究では，さまざまなメディアや，情報を部分的に利用するのではなく，進学・受験・苦学・独学・進学資格獲得といった種々の行動に即応して，いかなる情報が青年たちのもとに届けられたかを総合的に確かめるとともに，その言説・情報によって，諸高等教育機関に関するイメージがいかに普及・形成され，青年の学校選択さらには職業選択がどのような影響を受けたかを明らかにしたいと考えた。
　1981～82年にかけて，筆者は修士論文「明治期における青年と学校─『進学・学校案内書』の史的分析を手がかりに」という主題のもとに進学案内書の研究を行ったが，準備の期間から入れて，あれから本年（2013年）が32年目に当たる。多くの時間が経過した。この間，博士学位論文との関連で書いた論考が稚拙ながら幾つかある。それらを基礎として第1章と第6章は，従来の論文に補筆訂正を行い，修正を加えた。しかし，序章・第2～5章・結章は，全面的に書き下した新稿である。
　初めに考えていた分量よりも大幅に膨らみ，広がり，大部なものとなった。論文の審査をいただいた九州大学大学院の新谷恭明先生，稲葉継雄先生，山口裕幸先生，野々村淑子先生，岡幸枝先生の諸先生に厚く御礼を申し上げなけれ

ばならない。

　このような研究テーマや青年の「学び」をインスパイアしたメディアに出会うことができたのは，筆者の師匠である寺﨑昌男先生から筆舌に尽し難いご指導を受けたからである。

　先生との「出会い（無理矢理お会いしていただいた）」は，今から36年前のことである。先生が立教大学から東京大学に転任しようとされて居られる，まさにその直前であった。

　先生のもとで勉強したいと考えたが，筆者は東京大学の大学院入試に失敗してしまった。そこで教育学研究科の研究生となった。その研究生時代に，先生よりたまわった学恩こそが，その後の筆者の心を支える糧となった。「君は一体何を研究したいのか」「研究の主題とその動機は何か」等を常に，厳しく，問われた。研究をすることは，問題意識をもつということは，先行研究の不足を補うことでもなく，着眼点の素晴らしさをもつことでもない，それは自らの「思い」をもつこと，それが根本的な生の営みであり，その「思い」を見極め，普遍化し追求することであると，教えていただいた（寺﨑昌男「歴史研究の基礎―私の教育史研究の歩みと関わらせて」日本看護歴史学会第三回大会記念講演1990年8月（1996年6月修訂）を参照）。

　2度目の大学院の受験の季節がやってくる。先生は，1年間，君の話を聞いていると，君のテーマは「近代日本における青年の形成と教育」ではないかとおっしゃってくださった。

　だが，この年も入試に失敗，しかし併願していた立教大学大学院文学研究科（教育学専攻）博士課程前期課程に入学させていただいたのだった。

　その後の筆者の研究歴は，以下のとおりである。

　［Ⅰ］1980～1991年，立教大学大学院時代の研究。
　［Ⅱ］1991～2002年，財団法人日本私学教育研究所員時代の研究。
　［Ⅲ］2002年～現在。高崎商科大学教員時代の研究。

　この間どのような研究を行ってきたか。

　［Ⅰ］大学院時代は，主に中野光先生の「中野ゼミ」と立教大学大学院で非

常勤の形で開かれていた「寺﨑ゼミ」で鍛えられた。先輩の指導力も大きかった。新谷恭明先生（九州大学大学院教授），故中野実先生（東京大学助教授），樽松かほる先生（桜美林大学教授），前田一男先生（立教大学教授），小熊伸一先生（中部大学教授）等々の諸先輩に憧れた。このような研究環境のなか，①明治期における「進学案内書」の研究，②昭和戦前期「夜間中学」史研究，③近代日本民間育英・奨学事業史研究，そして④雑誌の復刻，解題等の書誌的研究を行った。①の「進学案内書」は寺﨑先生が山口県立図書館で発掘し，その後折に触れて古書店で収集し，大切に所蔵されていたものである。故中野実先生の仲介により，修士論文に失敗した筆者のために寺﨑先生が貸与してくださった。②「夜間中学」の研究も，故中野先生が「学校に行きたくても行けない青年にとって学校って何だったのか」という問いは重要であると助言してくださったことが主な動機となり，着手した。この研究を教育史学会で発表し，紀要掲載が決定した時，寺﨑先生はご自宅を開放してくださり，毎週論文指導をしてくださった。③の研究は，寺﨑先生が公益財団法人日本証券奨学財団から依託された研究をお手伝いさせていただいたことが契機となった。この研究は，1985年度立教大学大学院博士予備論文『近代日本における民間育英奨学事業の研究―青年の「学び」を支えたもの―』として提出した。④は東京大学に国内留学された樽松先生が教育ジャーナリズム史研究会を発足させ，小熊先輩と筆者が協力した。3人で明治，大正，昭和戦前・戦中期に刊行された101誌の教育関係雑誌の目次を復刻した。準備期間を含めて，約10年に及んだ。『近代日本教育関係雑誌目次集成　第Ⅰ期から第Ⅳ期』（1986～1994年，全85巻，日本図書センター刊）がその成果である。この「集成」が完成したとさお祝いの会が開かれ，多くの先生方が集まって，労をねぎらってくださり，望外の喜びであった。この作業を通じて多くの教育雑誌，青少年向け雑誌，受験雑誌等と出会うことができた。この体験が筆者のその後の研究の礎となった。

　このようなプロセスを経て，後期課程在籍中に「研究の主題と関心」をより明確にできた。テーマは，「近代日本における青年の『学び』の構造史」と修正した。近代日本における青年の人生選択と学校選択，資格取得との関係を見

極め，それを通じて日本人の「学び」の構造を歴史的に，実証的に明らかにしようとすることを目指した。近代日本において青年の「学び」を鼓舞し，オリエンテートした情報・機会・条件さらに独学者を含む学習主体の意識・学習システム・未来像等の研究である。換言すれば，学問形成を通じた国民の自己形成プロセスと意味を探求することが生涯の研究テーマとなった。あくまで学習主体に重点を置いて，日本人の「学び」の構造を歴史的に明らかにするというものである。また生涯教育の研究の一翼を担うという意味で，この研究が現代的意義をも発揮できるものと考えた。主題と関心が明確化ができた時，とても嬉しかった。大海に浮かぶ小さな舟の上で突然海図を与えられたように安堵した。

　[Ⅱ] 生涯研究テーマを抱き，故山村俊夫先生（日本大学教授）のご高配をいただき，一般財団法人日本私学教育研究所員に就任した。12年の間，研究所にお世話になった。全国の私立小学校・中学校・中等教育学校・高等学校の諸先生方と交流させていただき，彼らの教育実践等に多くを学ばせていただいた。

　寺﨑先生が研究代表者として開催する第1次と第2次との「文検」研究会に加えていただいたのは，この間のことである。メンバーは樽松先生，船寄俊雄先生（神戸大学大学院教授），竹中暉雄先生（桃山学院大学教授），岩田康之先生（東京学芸大学教授），西山薫先生（清泉女学院短期大学教授），茂住實男先生（拓殖大学教授），佐藤英二先生（明治大学教授），奈須恵子先生（立教大学教授）等であった。「文検」受験生の意識史の研究が筆者の担当である。この時利用した資料群こそ『近代日本教育関係雑誌目次集成』の編集作業過程で発掘したものであった。「文検」研究は，8年間続いた。研究所での研究生活は充実したものになった。

　この研究は，筆者にとって大きな意味をもった。授業の担い手である教師研究をテーマとしてもつことができたからであった。専門職としての教師とは何かを真剣に考えさせられる貴重な機会を得た。日本教師教育学会で発表する前日，皆でホテルに泊まり込み，その夜に発表原稿の読み合わせをしたことも懐かしく思い出される。

［Ⅲ］高崎商科大学に移り，ほぼ10年になる。この間，体調を壊したこともあったが，命を拾い，幸運にも，2度にわたって科学研究費補助金を受けた。1回目が2003年に，2回目が2007年に採択された。1回目のテーマが「近代日本における教育情報の研究」（平成15～18年度科学研究費補助金（基盤研究（B）課題番号15330166），2回目が1回目で収集した資料群等を活用した「近代日本人のキャリアデザインの形成と教育ジャーナリズム」（平成19～22年度科学研究費補助金（基盤研究（B）課題番号19330177）という題目である。メンバーは全体総括者として寺﨑先生をはじめ，樽松先生，小熊先生，船寄先生，三上敦史先生（愛知教育大学准教授），浅沼薫奈先生（大東文化大学），石渡（野坂）尊子先生（桜美林大学専任講師），下山寿子先生（高崎商科大学教授）であった。2回目は1回目のメンバーに加え，吉野剛彦先生（東京電機大学専任講師），八木美保子先生（当時立教大学学術研究員），高瀬幸恵先生（鶴川女子短期大学准教授）の参加を得た。本当に楽しい研究会ができた。筆者は「進学案内書」，受験雑誌『受験と学生』『受験界』，そして下山，八木各先生と協働で「職業案内書」の研究を行った。1回目の成果は拙編『受験・進学・学校―近代日本教育雑誌にみる情報の研究』（学文社，2008年）である。2回目の成果が2011年に『近代日本人のキャリアデザインの形成と教育ジャーナリズム』と題する「科研研究成果報告書」である。

　このような筆者の研究を見守り，励まし，支えてくださった立教の先輩がいた。その人が新谷恭明先生（九州大学大学院教授）である。新谷先生は，これまでの研究をまとめ博士学位論文にするように強く勧めてくださった。新谷先生は今から16年前に，第1次の審査委員会を設定してくださった。しかし，筆者はそのご懇情とご高配に応えることができなかった。再挙を試みるにあたって，新谷先生はサバティカルであったにもかかわらず，筆者のためにわざわざ幾度も出校してくださった。また，いつも「期待している」とか「よくやった」とか「もう少し」と暖かいお言葉をかけてくださった。先生は，菅原が煩わしさに悩まされない論文作成環境づくりをしてくださった。感謝しきれない。

　多くの先生方，先輩や仲間たちが筆者を支えてくださった。「科研」で高崎

に集まる度ごとに船寄先生が「『博論』はどうした，新谷さんが待っている」と脅かし，「『中学浪人だから『博論』が書けない』」と陰口をたたかれるのが悔しいではないか，奇跡をおこせ，と言ってくださった。中学浪人を実際に経験した筆者のことを知っての冗談めかした励ましであった。また，北海道大学大学院の逸見勝亮先生はわざわざお電話をくださり「『博論』はどうなっているのか…」と心配してくださった。逸見先生のお弟子の三上先生が，「北海道に帰る度に，逸見先生から，菅原の『博論』はどうなっているのか」と詰問され困っていると嘆かれた。

2010（平成10）年12月21日（火），寺﨑先生が電話をくださった。この電話を境に，博士学位論文の作製がはじまった。先生は進学案内書や雑誌を多数私蔵して居られたが，その全てを筆者のためにご恵贈くださった。2011（平成11）年4月9日（土），新谷先生に再度「お願い」のお手紙を投函した。他方，既に学位を九州大学で取得しておられた大東文化大学の荒井明夫教授が書面でご丁寧なご助言をくださった。深くお礼申し上げる。

筆者の研究は，日本教育史研究集団によって随分鍛えられた。新谷先生をはじめ立教の先輩，同輩の皆さんはもちろんのこと，米田俊彦先生（お茶の水女子大学大学院教授），友野清文先生（昭和女子大学教授），川村肇先生（獨協大学教授），駒込武先生（京都大学大学院准教授），髙橋陽一先生（武蔵野美術大学教授）等から有益なご示唆をいただいた。立教大や東大以外にも，湯川次義先生（早稲田大学大学院教授），高田文子先生（白梅学園大学准教授），内海崎貴子先生（川村女子大学教授）にはお世話になった。

同じ意欲と志をもった研究者仲間たちとの集い，その時間と空間をご一緒させていただいていること自体が楽しく，嬉しいことであった。

また博士学位論文のことを我がことのように心配してくださった神辺靖光先生（元明星大学教授），執筆中にお電話をくださりいつも激励し続けてくださった逸見先生，研究生時代の筆者の未熟さを知りつつも，いつも遠くからやさしく見守ってくださる北村和夫先生（聖心女子大学教授・副学長），畏友小野雅章先生（日本大学教授）には励ましをたまわった。万謝する。

こうした励ましがなかったならば，このような形でまとめることができなかった。今は，書けない自分の弱さとだらしなさを長い間責め続けてきたが，その苦しさと辛さから少しは解放されたように感じる。「雨垂れ石を穿」ったが如き心境である。もちろんこの論文が出発点であることは十分承知している。

　高崎商科大学の教職課程の学生の皆さん（卒業生・在学生）にも御礼を申し上げたい。3・11東日本大震災で筆者の研究室は壊滅状態となったが，卒業生の渡辺浩史君（しののめ信用金庫），金子美紀さん（群馬県立安中総合学園高等学校教諭），長井俊樹君（前群馬県立前橋高等学校非常勤講師）たちがいち早く駆けつけてくれ，研究室を元の姿に復旧してくださった。

　彼らのなかには，毎日朝早くから原稿を書いている筆者に「先生何しているのわからないけど，頑張って」と励ましてくれたり，「先生も勉強するんだ」と妙な関心のされ方をした。彼らの純真で，温かい眼差しに心を和ませたことは多い。しかし筆者は無我夢中であった。

　同僚諸氏，特に山崎紫生教授には大きな励ましをいただいた。また教職課程をこれまで支えてきた同志，下山寿子教授には諸事万端，ご厚情とご高配をたまわった。

　最後に，研究生活を支えてくれている家族に感謝の言葉を記したい。

　また，膨大な本書の編集に当たられた学文社の二村和樹氏にお礼申し上げる。

2013年9月

著　者

付　記

　「平成15～18年度　科学研究費補助金　基盤研究（B）近代日本における教育情報の歴史的研究」，「平成19～22年度　科学研究費補助金　基盤研究（B）近代日本人のキャリアデザインの形成と教育ジャーナリズム」に基づいている。

【著者略歴】
菅　原　亮　芳（すがわら　あきよし）
山形県鶴岡市生まれ。
立教大学大学院文学研究科教育学専攻博士課程後期課程単位取得満期退学。
（財）日本私学教育研究所主任研究員を経て，
現在，高崎商科大学教授。
博士（教育学）。
［単著］
『私立学校の歩み（中その2）』『私立学校の歩み（中その3）』（財）日本私学教育研究所，
1995・1997年
［編著］
『進学・受験・学校—近代日本教育雑誌に見る情報の研究』学文社，2008年
［共著］
『近代日本教育関係雑誌目次集成』日本図書センター，1986年～1994年
『現代の教育と学校』田研出版，1993年
『私立学校の歩み（上）』『私立学校の歩み（中その1）』『私立学校の歩み（下）』（財）
日本私学教育研究所，1993・1994・1998年
『近代日本における知の配分と国民統合』第一法規，1993年
『「文検」の研究』学文社，1997年
『「文検」試験問題の研究』学文社，2003年
『近代日本中等教員養成に果した私学の役割に関する歴史的研究』学文社，2005年など

近代日本における学校選択情報
――雑誌メディアは何を伝えたか――

2013年10月15日　第1版第1刷発行

著者　菅原亮芳

発行者　田　中　千　津　子

〒153-0064　東京都目黒区下目黒3-6-1
電話　03（3715）1501代
FAX　03（3715）2012

発行所　株式会社学文社
http://www.gakubunsha.com

ⓒAkiyoshi SUGAWARA 2013　　　　　　　印刷　亜細亜印刷
乱丁・落丁の場合は本社でお取替します。
定価は売上カード，カバーに表示。

ISBN 978-4-7620-2396-5